普通高等教育"十一五"国家级规划教材

金融法学

（第二版）

刘少军 著

中国政法大学出版社

2016·北京

图书在版编目（ＣＩＰ）数据

金融法学 / 刘少军著. —2版. —北京：中国政法大学出版社，2016.8（2022.4重印）
ISBN 978-7-5620-6856-3

Ⅰ. ①金…　Ⅱ. ①刘…　Ⅲ. ①金融法—法的理论—中国　Ⅳ. ①D922.280.1

中国版本图书馆CIP数据核字(2016)第181037号

出 版 者　中国政法大学出版社
地　　址　北京市海淀区西土城路 25 号
邮　　箱　fadapress@163.com
网　　址　http://www.cuplpress.com (网络实名：中国政法大学出版社)
电　　话　010-58908435(第一编辑部) 58908334(邮购部)
承　　印　固安华明印业有限公司
开　　本　720mm×960mm　1/16
印　　张　24.75
字　　数　458 千字
版　　次　2016 年 8 月第 2 版
印　　次　2022 年 4 月第 3 次印刷
印　　数　8001～11000 册
定　　价　49.00 元

作者简介

刘少军 辽宁朝阳人，1963年12月生，金融学学士、硕士，法学博士，1994年破格晋升为副教授，1999年晋升为教授。现任中国政法大学教授、博士生导师、博士后合作导师，金融法研究中心主任。兼任中国银行法学研究会副会长、学术委员会主任，中国经济法学研究会理事，“全国大学生金融法知识竞赛”发起人和竞赛学术事务负责人，北京市高级人民法院专家咨询委员会委员。

主要著作有《法边际均衡论》《经济本体法论》《经济法理论的反思与完善》《货币财产（权）论》《金融法审判截断标准》《金融经济法纲要》《金融法原理》《立法成本效益分析制度研究》《证券投资学》《投资管理学》等十余部。主编《经济法学总论》《金融法》《金融法学》《税法学》《税法案例教程》等教材十余部。

在国内外发表的主要论文有《法本质边际均衡论》《论法的目标与法部门的划分》《经济法的目标与体系研究》《论经济法的原则》《经济法与经济法主体理论》《论法程序的本质与经济法程序》《法财产基本类型与本质属性》《论法律监督权与经济公诉权》《金融法的基本理论问题研究》《信用货币财产权理论研究》《电子货币性质与发行条件的法律规制》《货币区域化的法理思考与裁判标准》《虚拟货币性质与监管的法学研究》《金融控股公司立法的困境与现实选择》《银行抵销权的认定标准研究》《委托理财的性质分析与法理思考》《民间金融的类型与法理分析》《我国民间金融的功能定位与监管体系研究》《美国金融危机引起的法律思考》《论投资调控的经济法律机制、投资与通货膨胀的总量研究》《中央银行与总需要的调控》《论证券市场价格的宏观理论模型》等八十余篇。

出版说明

中国政法大学出版社是国家教育部主管的，我国高校中唯一的法律专业出版机构。多年来，中国政法大学出版社始终把法学教材建设放在首位，出版了研究生、本科、专科、高职高专、中专等不同层次、多种系列的法学教材，曾多次荣获新闻出版总署良好出版社、国家教育部先进高校出版社等荣誉称号。

自2007年起，我社有幸承担了教育部普通高等教育“十一五”国家级规划教材的出版任务，本套教材将在今后陆续与读者见面。

本套普通高等教育“十一五”国家级规划教材的出版，凝结了我社二十年法学教材出版经验和众多知名学者的理论成果。在江平、张晋藩、陈光中、应松年等法学界泰斗级教授的鼎力支持下，在许多中青年法学家的积极参与下，我们相信，本套教材一定会给读者带来惊喜。我们的出版思路是坚持教材内容必须与教学大纲紧密结合的原则。各学科以教育部规定的教学大纲为蓝本，紧贴课堂教学实际，力求达到以“基本概念、基本原理、基础知识”为主要内容，并体现最新的学术动向和研究成果。在形式的设置上，坚持形式服务于内容、教材服务于学生的理念。采取灵活多样的体例形式，根据不同学科的特点通过学习目的与要求、思考题、资料链接、案例精选等多种形式阐释教材内容，争取使教材功能在最大程度上得到优化，便于在校生掌握理论知识。概括而言，本套教材是中国政法大学出版社多年来对法学教材深入研究与探索的集中体现。

中国政法大学出版社始终秉承锐意进取、勇于实践的精神，积极探索打造精品教材之路，相信倾注全社之力的普通高等教育“十一五”国家级规划教材定能以独具特色的品质满足广大师生的教材需求，成为当代中国法学教材品质保证的指向标。

中国政法大学出版社
2007年7月

第二版说明

《金融法学》第一版出版后，我国金融法律、法规没有进行比较大的调整，在再次印刷的过程中没有进行修订。自2012年以来，随着我国民间金融、互联网金融的不断发展，资本市场和货币市场的全面开放，全面修改和完善现行各主要金融法律、法规已经成为金融法学领域的主要任务。目前，我国正在进行金融监管体制机制的全面改革，系统地修改《证券法》、制定《期货法》，并已经决定将《商业银行法》修改为“银行业法”。同时，在此过程中，还要将已经成熟的法规和规章全面整合成为系统的法律。

本次金融法律、法规的修改和制定，并不是简单的某些法律条文的完善，而是要奠定真正适应市场经济的金融法律、法规的基础。这些法律、法规的修改和制定完成，会使金融法学与传统民商法学、行政法学等的界限更加清晰，使金融法学的目标体系、概念体系、逻辑体系和规范体系更加严谨，使金融实体法的内容基本上得以完善。并且，随着多层次金融纠纷解决机制的形成，还需要建立金融法学的纠纷裁判机制体系。

当然，这样重大的金融法律、法规调整是不可能一次性实现的，它至少需要3~5年的时间才能初步完成，这就给教材的编写带来了比较大的困难。一方面，原有教材的内容已经不能反映这次金融法律、法规的调整，必须按照它们新的内容进行较大的修订。另一方面，目前这些新的法律、法规仍处于研究和审议过程中，还没有颁布实施，不能作为教材编写的依据。最理想状态是待全部法律、法规修改完成后再编写教材，这样在近几年内就难以有反映本次金融法律、法规调整的教材出现，影响金融法学的教学与研究。

按照本人的理想，教材应该是向初学者讲述一个学科基本的目标体系、概念体系和规范体系的读物，以为读者的深入学习和研究奠定基础，而不能等同于对法律、法规的具体解释。因此，虽然我国具体的法律、法规仍然处于研究和审议的过程中，但是改革的基本方向和内容已经确定。其中大部分内容都已经在现实生活中进行了试验。为规范这些金融行为，监管机关和司法机关也颁布了许多相关的法规、规章和司法解释。再加上有金融经济成熟国家的相关法律、法规作参考，编写出一部适合未来需要的教材还是可行的。

本教材正是在这一条件下修订而成的，在修订过程中，力求建立完善的金融法学概念体系、关系体系、规范体系和逻辑体系，全面反映我国金融体制机制改革的方向和内容，全面总结和归纳各主要国家金融法律、法规的经验教训，指出我国金融法律、法规未来的发展方向，明确金融法学同民商法学、经济法学、行政法学、责任法学、诉讼法学的联系与区别，使读者能够从整个法学的综合角度对解决金融纠纷作出合理的判断。

我国的金融产业还处于迅速发展壮大的过程中，相关的法律、法规也必然处于不断调整、修改和完善的阶段。作为一个代表时代特征的新兴经济体系，它在全世界也都处于发展变化之中，世界各国的金融法律、法规也都处于不断的调整之中。在此条件下，试图有一个稳定不变的金融法学教材是不可能的。但是，也必须看到，金融法学的概念体系、关系体系、规范体系和逻辑体系已经形成，无论具体业务和制度如何变化，它的基本理论、基本内容和基本规范是稳定的，某些金融法律、法规的修改与完善，对金融法学教材并不会产生决定性影响。本教材正是在这一思想的指导下修订完成的，希望它有助于读者的学习和研究。

刘少军

2016 年 4 月 18 日于中国政法大学

前　言

金融法学是一门新兴的法学学科，它是随着金融业不断成为当代经济中的主导性特殊产业，货币财产成为当代财产中的独立财产，金融行为成为当代行为中的特种行为，而不断发展和从其他学科中独立出来的。金融法学是相对独立的法学学科，它具有相对独立的法学思维体系、概念体系和逻辑体系，具有独立或相对独立的主体、客体和行为规范体系，这已成为各国立法、执法和司法的事实。由于金融法学的发展历史比较短，对它完整的思想和规范体系总结和归纳得还不够，目前的金融法教材基本上都是法规解释型的。这固然有利于读者学习某具体金融法规的内容，但它却难以使读者从金融法学特有的法学思维上去准确地理解这些规范，难以明确它同民商法学、经济法学、行政法学、责任法学、诉讼法学等的区别与联系，也难以对金融案件进行综合判断，更难以解决内容重复、结构混乱的问题。

本人是多年从事金融法学教学的教师，一直试图写出一本以我国和世界各主要国家的金融法律规范为基础，以这些规范所体现出来的特殊法学概念和理论为指导，以法学的思维体系和语言体系为工具，向读者全面系统地介绍金融法学的基本概念、基本知识和基本原理的基础性教材。在1999年撰写的《金融经济法纲要》中，首次在这方面作了初步的尝试；在2000年的《经济本体法论》中又作了进一步的努力，也在主编的多部金融法教材中进行了探索；最终在2006年的《金融法原理》中初步完成。此后，在2007年出版了《法边际均衡论》（中青年法学文库）一书，它是从法哲学的角度研究当代混合经济条件下所应有的法哲学思想的著作，为进一步完善金融法学的理论和思维体系奠定了比较坚实的法哲学基础。在完成本教材写作前，又完成了《货币财产（权）论》一书，它为货币财产理论体系的建立和本教材体系的最终完成创造了条件。正是在这些学术积累的基础上，最终完成了本教材的写作。

在本教材的写作过程中，力图构建金融法学的理论框架体系，努力使任何观点都以现行法律规范为基础，任何理论都以现行的法律规定为依据。为实现这一目的，同时扩展读者的阅读范围，本书在每个知识点后面都标注了详细的注释，特别注意它的现行法律规范出处，以使教材中的每个观点和每项内容都有明确的法律和法理依据。为帮助读者具体理解教材中的内容，在每章的开始都编写了真实的引导案例，结尾编写了真实的司法案例。为便于读者逐步深入学习，在每章的开始处撰写了学习目的和要求。其中，重点掌握的内容，应是学习中及格的标准；一般了解的内容，应是学习中良好的标准；深入思考的内容，应是学习中优秀的标准或研究生阶段需要学习的内容。本教材的教学时间应至少在54课时以上。

在本书的写作过程中，吸收了许多以前出版的著作和发表的论文中的内容，也吸收了我主编的多部金融法教材的许多合理之处。同时，也参考了许多相关的法学著作和论文，在此向这些论著的作者表示衷心感谢。由于金融法学形成的时间还比较短以及能力的限制，写作中对金融法学某些具体内容的把握可能还不够准确，许多个人观点还需要经过实践的不断检验，许多违反法学传统理论的论述还有待学界的认同，许多缺点和错误可能还没有认识到，非常诚恳地希望读者给予批评指正。

2008年7月13日于中国政法大学

目 录

第一章

金融法学总论

学习目的与要求　金融法学总论是对金融法学全部内容的总体归纳和概括，目的在于使读者了解金融法学的概念和历史沿革、金融法学的基本特征及其法律地位、金融法学的基本原则和法律关系；明确金融法学的基本法学理论、金融法学的独立性以及同相关法学学科的关系，为进一步学习金融法学的具体规范奠定基本的理论基础，也为深入理解各项法律规范提供基本的知识储备。通过本章的学习，要求学生：

●重点掌握：金融法的概念；金融法的原则；金融关系的特征。

●一般了解：金融的沿革；金融法学的沿革；金融法学的基本体系。

●深入思考：金融法学与其他法学的界限；金融法学相对独立的理由。

【核心概念】金融法　基本原则　法律关系　基本体系　部门关系

【引导案例】

2008年11月13日，上海市浦东新区人民法院在“金融审判专项合议庭”的基础上，成立了全国首个“金融审判庭”。在此之后，上海市高级人民法院以及一中院、二中院也正式成立了金融审判庭，北京、重庆、沈阳、郑州、温州等地法院为应对金融案件迅速增加的局面，也先后成立了金融审判庭。法院成立金融审判庭后，改变了传统的审判模式，开始加入更多的“金融元素”。一方面，金融审判庭加强了对金融运行领域及金融危机应对中可能涉及法律问题的调查研究，对金融创新中可能出现的法律风险、诉讼风险进行预测性研究。在此基础上，提出预防和化解金融风险的建议和对策，并将这些方案提供给金融机构，共同探讨。另一方面，也健全、完善了信息交流平台，可以定期向有关部门和金融监管机关通报金融审判情况，及时向银行等金融机构反映案件中的典型、普遍问题。

2010年1月27日，一些政协委员在政协上海市十一届三次会议上表示，法制环境是上海国际金融中心建设的重要因素，可以考虑适时在上海设立金融法院。这些委员同时建议，法院应调整金融案件划分标准，将涉及信托法、证券法、投资基金法、商业银行法、保险法等金融法的案件，统一纳入金融法庭集中审理，充分发挥现有金融审判庭的专业审判力量，形成具有示范效应的司法判例。我国目前正在对司法系统进行全面的改革，改革的重点内容之一就是不断强化司法和审判的专业化。可以预见，将来普遍设立专业的金融法庭或金融法院是我国金融业和金融法发展的必然趋势。[1]

【案例导学】

金融法是一个新兴的法律体系和法学体系，代表着法学发展的新趋势。就通俗意义上来讲，金融法是规范金融产业经营活动的法律体系，金融产业的发展依赖于社会公众所掌握的货币财富数量的增加。随着我国经济的不断发展、金融产业的国内和国际地位不断提高，金融法律规范的数量也在不断增加。由于金融法具有自己特有的价值追求、法学关系和法律特征，有必要设立专门的学科对其进行系统的总结和归纳，也有必要设立专门的法庭或法院来专业审理金融案件。当然，我们也不能因此否认它与其他法学学科的联系，整个法学体系是一个完整的整体。法学之间的联系是普遍的，独立是相对的，因为具有普遍性才都是法学，因为具有特殊性才形成不同的法学学科。

■ 第一节　金融法的界定

一、金融的概念与沿革

金融法学是法学体系的重要组成部分，在整个法学体系中占有越来越重要的地位。金融法并不是社会生活中固有的，它是随着金融关系的发展和各种金融矛盾的不断深化而产生、发展和不断完善起来的。金融关系决定着金融法学关系。因此，要了解金融法学关系，必须首先了解金融关系；要了解金融法学关系的发展历程，就必须首先了解金融关系的产生和发展历程。

（一）金融的概念

金融是货币、货币流通、货币融通、风险分配、金融调控和金融监管等活动的统称，也有人称之为货币流通和信用活动以及与之相关的经济活动的总称。[2] 金融活动首先是货币与货币流通活动，它是由非货币财产流通引起的媒

---

〔1〕 资料来源：根据《南方周末》和《法制日报》的相关报道整理。

〔2〕 参见黄达等主编：《中国金融百科全书》，经济管理出版社1991年版，第198页。

介非货币财产流通行为的经济活动，是一切金融活动的基础。从金融发展历史的角度看，货币流通主要包括金属货币流通和信用货币流通两种基本形式。[1]其中，金属货币流通是信用货币制度出现以前的货币流通，它具体包括铜货币流通、银货币流通、金货币流通以及金银货币同时流通四种基本形式。信用货币流通是当代社会的货币流通，它具体包括法定货币流通、存款货币流通、货币票据流通和虚拟货币流通四种基本形式。此外，随着国际贸易和投资的发展，信用货币流通还包括外币流通和本国货币的国际流通，它们也同样是货币流通的重要内容。

金融活动的核心是货币融通，它是由同一经济主体在不同时期以及不同主体之间资金余缺引起的，货币在主体内部或主体之间的流动，它具体包括直接融通和间接融通两种基本形式。其中，直接货币融通是指没有融通经营主体参加的，货币融通双方直接进行的融通。它的主要形式是在证券市场上，通过各种类型的财产证券买卖实现的货币融通。间接货币融通是指通过银行等融通经营主体间接进行的，货币融通双方不发生直接业务联系的货币融通。它的具体形式主要包括以存款和贷款方式进行的货币融通、以信托方式进行的货币融通以及以保险方式进行的货币融通。

金融活动的辅助形式是风险的分配，它是为了单独或同时规避市场价格波动和基础资产收益风险进行的资金融通，通过签订远期合约和在此基础上发展起来的标准化合约，以及通过将某资产进行证券化分解等形式，将主体面临的不同时间的价格波动风险和资产收益风险进行分配或固定化，以实现对其未来风险进行分配或同时进行融资的行为。这种风险分配与管理行为在现实生活中具体表现为远期合约的交易、标准化期货合约的交易和资产证券化交易等，也有人将其统称为基础财产或资产的衍生品交易。按照基础财产的性质，可以将其分为普通财产或资产的衍生品交易和金融资产的衍生品交易；按照交易场所的不同，可以将其分为交易所的标准化交易和场外的非标准化交易。[2]

金融活动的主导是货币流通与融通的调节、控制和监督管理，它具体包括

---

〔1〕 目前，电子货币流通已经出现，虽然还没有取代现有的信用货币流通，但有明显的这种发展趋势。在有些国家如丹麦、挪威、瑞典等，已经开始向立法机关提交提案准备取消纸质货币，实现完全的电子货币流通。

〔2〕 对于普通财产或资产的衍生品交易是否属于金融，在学术界存在一定的分歧。有学者认为它们不以货币融通为核心目的，也同货币融通没有直接关系，应该不属于金融的范围；也有学者认为普通财产或资产的衍生品交易同金融资产的衍生品交易并没有本质的区别，只是衍生品的基础财产或资产不同，应该认为也属于金融。笔者认为，按照我国的法律文件和监管体制，它们被统一纳入同一法律文件并进行统一的监管，将其认定为金融更具有现实性。

法定货币和存款货币发行数量的调制，整个社会货币供应量的调制，货币融通价格的调制，货币融通规模的调制，货币融通结构的调制，以及货币流通与融通过程中有关法律、法规执行和金融机构可能出现金融风险的监督管理等。它在经济调控和监管中占有非常重要的地位，是保障货币流通与融通的正常秩序，保障货币供应规模符合经济运行和增长合理状况的需要，保障货币融通价格符合产业经济运行和增长合理状况的需要，保障金融业能够健康稳定发展和维护金融主体利益的重要条件。

（二）金融的沿革

金融活动是随着经济活动的产生而产生，并伴随着社会经济的发展而发展的。从社会经济的发展历程来看，可以将其划分为个体经济和整体经济两个基本阶段。其中，个体经济又可分为家庭经济和企业经济两个主要阶段。[1]

在家庭经济阶段，金融活动并不是社会的主要经济活动。这时的经济活动主要是各家庭内部的农业生产活动，不同家庭之间的经济往来非常有限，受商品流通规模的限制，货币流通规模也非常有限。各家庭的经济活动目标是自给自足，正常情况下家庭之间不存在货币融通活动，只有在家庭非正常运行的条件下才产生货币融通行为。并且，由于当时货币融通的利息率要高于利润率，家庭也不可能以融入的资金从事生产经营活动。因此，金融活动只能是有限的和个别的经济活动，还不可能形成占社会重要地位的金融产业，金融业主要表现为家庭经营的个别金融活动。

在企业经济阶段，金融活动逐渐成为社会的重要经济活动。企业经济阶段是当代市场经济的开始，这时的经济交往主要在各种组织形式的企业，以及企业与其他经济主体之间进行。不同主体之间的经济往来是市场经济存在和发展的基础，它使得货币流通的规模和范围不断扩大。这时，各种主体的经济活动目标，是向社会提供尽可能多的商品并取得尽可能多的价值增值。它客观地要求尽可能加速资金的周转，及时地调节各经济主体之间资金的余缺，使社会有限的资金得到更充分合理的利用。这样，货币的流通与融通开始成为不同主体之间经常性的行为，专门从事货币流通与融通经营的金融业开始成为社会的重要产业部门。同时，为了满足规模和范围不断扩大的经常性货币流通与融通的需要，逐渐形成了多种货币流通方式和多样化的货币融通工具，如票据、信用证、股票、债券等。

在整体经济阶段，金融活动逐渐成为社会的主导性活动。整体经济阶段是市场经济发展为混合经济的阶段，这时各经济主体之间的货币流通主要由金融

---

〔1〕 参见刘少军等：《经济本体法论》，中国商业出版社2000年版，第2～6页。

部门经营完成，形成了以金融部门为核心的整个社会统一的货币流通体系。同时，各经济主体之间需要融通的货币资金也主要来自于金融部门，或者必须通过金融部门融通，形成了以金融部门为核心整个社会统一的货币融通体系。离开了金融部门，任何货币流通与融通活动都难以进行，任何其他产业部门都难以存在和发展。并且，整体经济条件下的货币已由金属货币转化为信用货币，整个社会的货币数量已不再受有限的货币金属数量限制，而取决于货币发行机关的货币发行规模，货币的融通成本也主要取决于金融部门的融通成本，它将直接决定着整个社会的经济运行状况，这使得金融部门逐渐成为社会经济的主导部门。同时，随着金融功能的进一步发展，它还成为经济风险分配的重要手段，使金融关系越来越复杂、功能越来越完备。

随着整体经济逐渐由国内向国际化发展，又形成了全球性整体经济环境。这时，一个国家的统一货币开始逐渐走出国门，形成了多个国家平等互利地使用同一种法定货币，由同一家中央银行监督管理同一货币区域内货币事务的局面。同时，货币流通也不再是一个国家内部的流通体系，而是全球化的货币流通体系。在货币融通方面，由于金融机构已经实现了国际化，金融市场也实现了国际化，许多经济主体可以在许多国家的金融机构中实现货币融通；或者可以在许多国家的金融市场中实现货币融通。这就使一个国家的货币发行与货币流通秩序面临着极大的挑战，也使一个国家的货币融通和金融业经营面临着极大的风险。因此，在整体经济条件下，加强金融法治建设具有重要意义。

二、金融法的概念与沿革

金融法与金融活动是具有密切联系的，没有金融活动就不会产生金融关系；没有金融关系中的矛盾，就没有必要制定相应的金融法对其进行调整和规范，也就不会产生金融法律和法学关系；没有金融法学关系，也就不会产生金融法学，来对其理论和实践进行系统性的研究和总结。但是，金融法学关系又不同于金融关系，金融法学关系是受金融法调整和评价的金融关系。[1]

（一）金融法的概念

金融法是金融法规和金融法学的简称，它是在金融活动发展到整体金融阶段之后产生的法规体系和法学体系。金融法规指的是以维护整体金融利益为首要目标，以确定金融业务规范为直接形式，以保护各方主体利益为最终目标的

---

〔1〕 当代法学理论越来越趋向认为，法学不是一种判断的学问而是一种评价的学问；司法不是对行为合法与非法的简单判断，而是一种依据现行法律、法规和法的不同价值追求，对该社会现象进行法学评价和确认的过程。因此，法律、法规不同于法学，法学是以法的价值追求为目标，以现行法律、法规为主要依据，研究法学评价与确认的学问。

法规文件体系的总和。金融法学是以金融的价值追求为目标，以金融法规为基本依据，评价和判断各种金融行为合法性并最终将其结果付诸实施的学问。金融法学的核心是以金融法规为基本依据，具体找到现实生活中实际的金融司法裁判标准，即找到现实生活中实际产生直接效力的金融法。“活法是支配生活本身的法，即便它不具有法律命题的形式”，但“它构成了人类社会中法律秩序的基础”。[1] 由于金融法学的基本依据是金融法规，许多学者也将金融法规等同于金融法。认为金融法就是调整金融关系的法律规范的总称，[2] 或者称之为调整金融关系各种法律规范的集合，[3] 是调整货币流通和信用活动中所发生的社会关系的法律规范的总称。[4] 事实上，金融法规是否会产生实际效力最终取决于有权机关的生效裁判，这些裁判与金融法规并不是完全一致的。因此，学习金融法必须既学习各种金融法规同时也学习相关的金融法理，否则不可能找到现实生活中真正的金融法。

金融法规包括金融法律、法规和规章，有学者将金融法律称为狭义的金融法，将全部金融法规称为广义的金融法。金融法律是指国家立法机关依照法定权限和法定程序制定或认可的，并以国家强制力保障实施的调整金融关系的规范性文件，它是进行金融执法和司法的基本依据。但是，“唯有法律规则以某种方式贯彻到法律案件的具体判决中，法典中法律规则形式才可能是成功的”。[5] 由于立法机关无法完成法律中的技术细节，许多立法活动还需要掌握必要的专业知识，[6] 再加之考虑到法律的稳定性和执法与司法的灵活性，在法律之外还必须以授权立法的方式制定具体的规则。金融法是专业性和技术性非常强的法，同时也是具体规范变化比较快的法，这就要求在金融法律之外还必须采取授权立法的方式制定具体的操作性规范。

广义的金融法规除金融法律外，还包括各种金融性条例、规章、司法解释和国际条约等。其中，金融条例是指国家最高行政机关依法制定的调整金融关系的规范性文件，它们在整个国家范围内都具有效力。金融规章是由全国性金

---

〔1〕［奥］尤金·埃利希：《法社会学基本原理》，第493、502页（Ehrlich, *Fundamental Principles of the Sociology of Law*, pp. 493, 502），转引自张乃根：《西方法哲学史纲》，中国政法大学出版社2002年版，第293、295页。

〔2〕朱大旗：《金融法》，中国人民大学出版社2015年版，第5页。

〔3〕汪鑫主编：《金融法学》，中国政法大学出版社2002年版，第7页。

〔4〕强力：《金融法》，法律出版社2004年版，第13页。

〔5〕［德］考夫曼、哈斯默尔主编，郑永流译：《当代法哲学和法律理论导论》，法律出版社2002年版，第278页。

〔6〕［美］博登海默著，邓正来译：《法理学：法律哲学与法律方法》，中国政法大学出版社2004年版，第420页。

融监管机关依法制定的调整金融关系的规范性文件，它们也在整个国家范围内具有效力。金融司法解释是指国家司法机关在司法实践中，根据司法活动的需要，按照金融法的基本精神，依法制定的具体调整金融关系的规范性文件，它们在全国范围内同样具有效力。金融国际条约是指我国缔结或参加的调整金融关系的国际条约，除声明保留的条款外，它也同样对我国具有效力。并且，在国际条约与国内金融法发生冲突时，国际条约具有优先于国内法的效力。[1]

（二）金融法的沿革

金融法是在金融关系的发展中逐渐形成的法律、法规体系和法学体系。因此，研究金融法必须首先在了解金融关系产生与发展历程的基础上，进一步了解金融法学关系的产生与发展历程，它是进行现实金融法研究的基础。只有首先明确了金融法学关系的发展历程，清楚地认识了现实金融法学关系的背景，才能更好地进行现实金融法的研究。由于金融关系的发展基本上经历了家庭经济、企业经济和整体经济三个阶段，因此，金融法的发展也可以按照这三个阶段进行阐述。

在家庭经济阶段，由于社会的主要经济形式是农业经济，它以自给自足为基本特征，金融活动非常有限。因此，虽然这时也有一些存款、贷款活动，甚至还有信托活动，但它们都是个别的金融活动，不会对社会产生较大的影响，也没有必要制定专门的法律。这时，比较多且对社会有较大影响的金融关系主要是货币关系。因此，世界上首先出现的金融法是货币法。我国早在秦朝就颁布了独立的货币法——《金布律》。在这部法律中，对货币属性、货币单位、货币发行、货币流通等都进行了详细的规定。其他国家虽然不一定有独立的货币法，但也有相关的法律规定。

在企业经济阶段，社会的主要经济形式是商品经济，它以向他人提供产品为基本特征。因此，使金融活动得到了极大的发展。在这一时期，货币与货币流通的发展，不仅使古老的货币法得到了进一步发展和完善，还出现了与货币法直接联系的银行券法、票据法等相关法律，在17世纪就开始出现了票据方面的法律规范；商品经济的发展，使货币融通成为经常性需要，从而使得银行业成为重要产业，以股份制银行为标志的现代银行企业大量出现，1694年英国制

---

〔1〕这里需要注意的是法与法律文件的区别，法不同于法律文件，法应包括实证法、道义法和功利法，法律文件或称实证法只是法的构成要素之一。由于本教材是面向本科生的，以掌握基本法律规范和法学理论为核心。因此，在本教材中不深入研究法的其他构成要素。如果读者要进行深入研究，可参考刘少军著的《法边际均衡论》（中国政法大学出版社2007年版）或者其他有关法的本质方面的法哲学著作。

定了世界上第一部银行法;[1] 银行业的发展又引起了信托业的发展，出现了许多专门经营信托业务的信托公司，1893 年和 1896 年英国相继制定了《受托人法》和《官设受托人法》;[2] 这一时期，保险业也取得了较大发展，1908 年德国制定了《保险契约法》和《保险业法》（早在 14 世纪一些海上贸易较为发达的国家就出现了海上保险法）。此后，许多国家相继制定了保险法。[3] 这一阶段属于个人主义的自由经济时期，这些法律规范的指导思想是调整个体之间的金融关系，具有明显的私法属性，基本上隶属于商法。

企业经济发展的最终结果是个体经济发展成了整体经济，使整个社会成为技术、劳动、资本和产业联系的整体，任何个体的经济活动都难以脱离整体而独立运行，都必须在不断的整体经济波动中获取自身的利益，获取利益的多少在总体上取决于社会的经济运行状况，而不仅仅是个体的努力。[4] 同时，金融部门在社会经济中的地位也发生了根本性变化，它不仅由简单的经营机构发展成为社会经济中的产业部门，而且由普通的产业部门发展成为社会经济运行和增长的重要调节、控制部门，传统的商业银行法被赋予了大量调控社会经济和保障金融安全的内容。同时，流通中的货币不再是金属货币，而是由国家法定货币发行机关发行，并以法律强制保证流通的价值符号；传统的商事主体之间自主的结算行为，变成了必须通过银行系统才能进行的社会统一的结算体系，票据法已经不再仅仅是调整商事主体结算活动的法律，而是变成了维护整个社会统一的货币流通和结算体系正常运转的法律。即使是保险法也被赋予了许多稳定社会经济和保障居民生活安定的职能。

整体经济的形成，使法学思想开始逐渐由个人向整体转化，金融法也由主要调整私主体之间的金融关系，逐渐向调整整个社会的金融关系转化。在此条件下，为管理货币发行与流通，各国在第一次和第二次世界大战期间相继成立了中央银行，并制定了相应的《中央银行法》。同时，许多国家也都成立了银行业和保险业监督管理机关。1929～1933 年经济大危机之后，为了防范证券市场的系统性风险，规范市场主体的证券投资行为，加强对证券市场的监管，各国又相继制定了《证券法》，并成立了证券监督管理机关。进入 21 世纪，随着经济整体化趋势的不断加强和加深，各国都纷纷立法严格规范金融关系，加强金融法律实施的监督管理，开始制定金融业监督管理法。整体经济使金融财产走

---

〔1〕 参见栗劲、李放主编:《中华实用法学大辞典》，吉林大学出版社 1988 年版，第 1633、1665 页。

〔2〕（台）赖源河、王志诚:《现代信托法论》，中国政法大学出版社 2002 年版，第 6 页。

〔3〕 强力:《金融法》，法律出版社 2004 年版，第 629 页。

〔4〕 参见刘少军等:《经济本体法论》，中国商业出版社 2000 年版，第 4～5 页。

出了普通财产的范围，成为特殊的独立财产；使金融业走出了商事主体的范畴，成为社会的特殊主体和特种行业；使金融法学关系走出了传统的商事关系，成为当代社会的特殊法学关系。这些特殊性决定了当代社会的金融法已经不能为传统的法学体系所容纳，必然成为一个相对独立的法学体系。

第二节　金融法的特征

一、金融法的原则

法的原则是指贯穿于整个法学体系的基本指导思想或基本准则，也有人"将之描述为'在从事法律规范时指示方向的标准，依凭其固有的信服力，其可以正当化法律性的决定'。作为'实质的法律思想'，其系法理念在该历史发展阶段中的特殊表现，并借助立法及司法（特别是司法）而不断具体化"。[1] 金融法的原则是指贯穿于整个金融法学体系的基本指导思想或基本准则，是对金融法所要实现的法学目标的具体化，[2] 其效力贯穿整个金融法学体系的始终。它对具体法律规范的制定、司法裁判和司法解释，都具有重要的指导意义。按照我国现行法律规定和各项金融法律的核心指导思想，金融法的基本原则主要包括整体金融利益原则、金融业务特征原则和保护主体利益原则。[3]

（一）整体金融利益原则

整体经济利益是当代法律的重要价值目标之一，它是整体经济关系对法律的客观要求。[4] 金融活动在整体经济中占有主导地位，金融活动的状况直接决定着整体经济运行和增长状况，影响着居民生活水平能否稳定和是否能够得到不断改善，并最终影响着所有社会主体的财产利益和经济利益。因此，金融法的首要原则是整体金融利益原则。它要求任何金融法律、法规的制定和执行，任何金融服务的提供和金融业务的经营，都必须有利于维护整体金融利益，有利于促进整体金融利益的提高，至少不得有损于整体金融利益。凡是维护和促进整体金融利益的行为，金融法都认为它是应当被鼓励和肯定的合法行为，凡是阻碍和影响整体金融利益的行为，金融法都认为它是应当受限制和约束的行

---

〔1〕［德］卡尔·拉伦茨著，陈爱娥译：《法学方法论》，商务印书馆2003年版，第348页。

〔2〕法学目标是法的最高价值判断标准，法的原则是法价值目标的具体化、抽象化归纳，法律规范是法律原则的具体实施要求，它们之间应该是有严格层级关系的，这种思考是与我国的具体立法和司法实践相一致的。

〔3〕当代法学理论认为，法的原则的效力高于法律规范，应按照法的目标、法的原则和法律规范的层级确定其效力。

〔4〕刘少军、王自豪：《金融经济法纲要》，人民法院出版社1999年版，第7页。

为。具体来讲，整体金融利益主要包括整体金融效率、整体金融秩序和整体金融安全三个方面。[1]

经济效率是当代法律所追求的重要价值目标之一，它是最大限度地满足居民生活水平提高的基本手段，没有经济效率的提高就难以有居民生活水平的提高。但是，当代社会经济效率的提高并不仅仅取决于某一家企业或某几家企业效率的提高，在整体经济条件下，它主要取决于整个社会综合效率的提高。金融产业是当代社会的主导型产业，没有整个金融产业效率的总体提高，也难以有整个社会经济效率的提高。并且，金融行为是以效率为核心的，我们祖先发明货币就是为了提高效率，我们进行有组织的货币流通与融通也主要是为了提高效率，可以说“效率是金融的生命”，没有提高效率的愿望就没有金融的产生和发展。因此，金融法首先必须有利于促进整体金融效率的提高。

经济秩序是当代法律所追求的又一重要的价值目标。从目的性来看，没有良好的经济秩序就难有较高的经济效率，更难以实现最大限度地提高居民生活水平的目标；从其自身的价值来看，秩序本身也是一种重要的法学价值追求，没有良好的秩序即使有丰富的物质财富，也难以有幸福美满的生活。并且，金融秩序还不同于其他经济秩序，金融活动是以货币及其衍生财产为客体的财产经营活动，当代货币本身是一种没有物质化的价值符号，货币衍生财产是以货币为基础创制的虚拟资产。这些客体本身就是财产流通或资本融通的媒介，是人类高度抽象化设计的产物。同时，它们的流通与融通体系是整个社会统一的完整体系，没有良好的金融秩序必然带来整个社会秩序的混乱。因此，金融法不仅以是否影响整体金融效率作为判断合法与非法的标准，还以是否影响整体金融秩序作为判断标准。

经济安全是当代法律所追求的又一重要的价值目标，它要求必须保证不出现突发的严重影响整个社会正常秩序的事件。在当代社会经济安全目标的追求过程中，最突出的就是金融安全问题，这主要是由金融业的经营对象和经营方式决定的。金融业经营的货币和货币衍生财产本身具有高流通性和价值变化的高风险性，它既是社会财富的一般代表又不是任何现实的财富。同时，金融业的经营方式具有高风险性，普通产业都是以自有资金为基础从事经营活动，金融产业主要是以融入资金为基础进行经营活动；其自身还是整个社会资金流通与融通的中心，这就使金融业面临着其他产业所不具有的巨大的系统性风险。一旦金融产业出现安全问题，就会迅速波及整个社会。因此，金融法还必须以整体金融安全作为其基本原则，以是否达到一定的安全标准作为判断行为合法

---

〔1〕 参见我国各项金融法律“总则”中第1条以及其他条款的有关规定。

与非法的标准。[1]

(二) 金融业务特征原则

当代社会的金融活动是一种整体性经济活动，它不是由某一个或几个主体能够独立完成的，金融机构不仅是整个社会的货币流通中心，也是整个社会的货币融通中心，它们的每项业务都与整个社会具有直接或间接的联系。它们的业务相对人是整个社会的所有经济活动主体，这就使其业务对象具有高度的流动性；它们的业务客体是人类高度抽象设计的标准的货币和货币衍生财产，这些客体具有非常复杂和严格的内在客观运行机制，这些运行机制是不能主观地任意改变的。同时，在金融部门内部各金融机构之间及其内部还具有严格的业务协作机制，这些协作机制是保证社会货币流通和融通秩序的必要条件，也不能主观地任意进行调整。因此，金融法的制定与实施必须尊重和保护这些客观的金融业务特征，按照金融业务特征来制定和实施金融法。

金融法的金融业务特征原则主要包括技术特征原则和操作特征原则。[2] 金融法的技术特征是由金融业务的客观规律决定的，任何人都没有能力对它进行任意的修改和否定，否则就难以保证金融业的正常运行，难以实现社会的整体金融利益。因此，金融法将符合这些技术性要求的行为都规定为合法行为，凡不符合这些技术性要求的行为都规定为非法行为。金融法的操作特征是由金融业务活动的现实需要决定的，它是保障金融业正常经营所必需的客观条件。这些操作要求虽然没有技术性要求那样严格，不遵守它也不会导致整个金融体系无法运行。但是，却会给金融业的业务经营活动带来许多不便，影响金融业经营的效率。因此，金融法中也有许多规范是为了这一目的而制定和实施的。通常，凡是有利于实现金融业操作性要求的就应该是合法的，凡不利于这些操作性要求的就应该是非法的。至少在相关主体之间法律利益权衡上，要充分考虑到金融业的业务操作要求。[3]

(三) 保护主体利益原则

金融主体利益既包括金融机构的利益也包括金融业务相对人的利益，保护

[1] 整体金融利益是金融法的首要原则，它向我们表明金融法的起点是整体利益，金融法的制定和实施首先是为整体利益服务的。它要求在金融法的制定和实施过程中，首先要维护整体金融利益，然后再考虑其他利益。在这一点上，金融法明显区别于民商法，民商法是以个体利益为起点的。同时，整体金融效率、秩序和安全也是有逻辑顺序的，虽然不同时期强调的重点可以不同，但从长期来看这个逻辑顺序是不能随意改变的。

[2] 参见我国各项金融法中的具体规定，其中许多条款是直接以技术特征或操作特征为依据制定的。

[3] 金融业务特征原则是金融法的特有原则，在现实的司法实践中，应特别注意在它与其他法律规范相冲突时的法律地位，我们不能简单地按照其他法的规则来判断某金融行为的合法性，而应该权衡它们对个体和整体的价值贡献大小。

金融活动各方的利益是金融法的又一重要原则，也是其根本原则，它既是金融法的起点也是金融法的终点。“实现这个任务的方法应当是‘认识所涉及的利益、评价这些利益各自的分量，在正义的天平上对它们进行衡量，以便根据某种社会标准去确保其间最为重要的利益的优先地位，最终达到最为可欲的平衡’。”[1] 金融机构的业务收入来源于业务相对人，没有业务相对人就没有业务来源，金融产业也就不可能得到发展。因此，金融法必须保护业务相对人的利益。同时，投资人的投资安全和投资收益又取决于金融机构的业务经营收益，没有金融机构的经营收益，投资人的收益也就没有了最终的来源。因此，金融法也必须保护金融机构的利益。具体来讲，就是要坚持形式上的平等保护原则和实质上的倾斜保护原则。[2]

形式上的平等保护原则是相对于金融机构与业务相对人之间的法律地位而言的，在具体的金融业务中金融机构与业务相对人之间的法律地位在形式上是平等的。只有这样，它们之间才能建立起等价有偿的金融业务关系。因此，金融法对双方主体必须从形式上给予同等的保护，在双方的权利义务关系上保持相对的平衡。但是，在事实上金融机构与业务相对人之间的实际地位是有差别的，金融机构通常在控制能力上处于强者的地位，而其业务相对人则处于弱者的地位。这样，在实际业务活动中，金融机构往往会利用自己的优势地位，在事实上迫使业务相对人接受一些实质上不平等的条件，形成它们之间在实质上的不平等。因此，金融法还必须给投资人以倾斜性的法律保护，在同等条件下作出有利于投资人的法律规定，或者在司法实践中作出有利于投资人的司法解释，以从实质上平衡金融机构与业务相对人的金融法律关系。[3] 此外，当代金融企业除具有一般企业的性质外，还具有比较强的社会性，因此也必须承担较多的社会义务。承接社会义务的多少，取决于其社会影响力和控制力。[4]

---

〔1〕［美］博登海默著，邓正来译：《法理学：法律哲学与法律方法》，中国政法大学出版社 2004 年版，第 145 页。

〔2〕参见我国各项金融法中关于主体利益保护的有关规定，它们都是对这两个原则的具体贯彻。

〔3〕目前，有些国家或地区制定有“金融投资人（或消费者）保护法”，以对普通金融投资人（或消费者）给予倾斜保护。在我国各项金融法规中都对保护投资人（或消费者）利益有具体的规定，但也还是有必要制定专门的“金融投资人（或消费者）保护法”，对金融投资人（或消费者）的保护作出综合性规定，以在具体规定缺失时加以适用。如统一区分普通投资人与专业投资人，对普通投资人进行投资者适当性保护，不适当进行某投资的主体其投资行为无效等。

〔4〕保护主体利益原则并不是金融法的特有原则，它应该是所有法的原则。但是，金融法中有大量这方面的规定。同时，金融法中对主体利益的保护同其他法的保护是有明显区别的，是关于金融领域的特别保护规定。因此，它应是金融主体利益的特别保护原则。另外，金融机构与业务相对人之间的主体地位是相对的，并不是在任何情况下金融机构都是强势主体。

金融法的原则是金融立法和司法的基本准则，也是金融法区别于其他法律体系的根本标志，还是在法律没有规定或规定不明确的条件下，进行司法解释和法学判断的指导思想。因此，认真理解金融法的原则对于从根本上掌握金融法具有重要意义。另外，金融法各原则之间及其内部也是具有统一性和矛盾性的。通常，能够很好地保护主体利益，也就应该能够满足金融业务的特殊技术和操作需要，就能够保证金融业的整体安全、秩序和效率，使整体金融利益达到最大化；反之，整体金融利益实现了最大化，也就必然满足了金融业务特征和保护主体利益的要求。但是，有时金融法的这些原则之间也是有矛盾的，实现了整体的金融安全往往就降低金融效率，保护了金融机构的利益就可能损害业务相对人的利益。在此条件下，司法裁判中应根据不同时期的具体金融形势而有所取舍和侧重。

二、金融法律关系

金融法的原则从总体上决定着金融法律关系，“法律关系是法律规范在指引人们的社会行为、调整社会关系的过程中所形成的人们之间的权利和义务关系，是社会内容和法的形式的统一”。[1] 简言之“各个法律关系，就是由法律规定的人与人之间的关系”。[2] 它是依据法律形成的人与人之间的关系，是人与人之间的权利义务关系，法律关系具体由主体、内容和客体构成。金融法律关系是由金融法所规定的不同金融主体之间的权利义务关系，它具体由金融法律关系主体、内容和客体构成。[3] 金融法律关系不同于其他法律关系，它无论在主体、内容还是在客体上都具有自身的特殊性。

（一）法律关系主体

金融法律关系的主体是指参加金融活动，依法享有权利和承担义务的金融法律关系当事人。金融法律关系的主体不同于其他法律关系，按照各国法律的一般规定，金融法律关系主体主要包括四种基本类型：一是执行国家金融监督管理职能的金融监管机关。它们既执行金融法实施的监督职能，同时又执行一定的金融业务经营的管理职能，甚至还有一定的立法职能。虽然孟德斯鸠称：

---

〔1〕张文显：《法哲学范畴研究》，中国政法大学出版社2003年版，第96页。

〔2〕［德］萨维尼：《现代罗马法的体系》转引自龙卫球：《民法总论》，中国法制出版社2002年版，第105页。

〔3〕由于法不同于法律文件，因此法的关系也不同于法律文件所规定的法律关系。法的关系由主体、客体和行为构成，法律关系由主体、内容和客体构成。由于这里主要讨论法律问题，不重点讨论法的问题。因此，只考虑法律关系而不考虑法的关系。当然，在司法实践中，最终起作用的是法的关系；对于初学者来讲，应首先以法律关系来解读法律文本，然后再进一步考虑法的价值目标、原则等法理学的内容，最终对当事人的行为作出综合的法学判断。

“如果司法权不与立法权和行政权分立，就不会存在自由；……如果由一个人或……同一机构行使这三种权力，则一切都完了。”[1] 但这种设计也带来了监管的高效率，目前世界多数国家都设有类似的监管机关。有的设立一个综合的监管机关，有的则分别设立银行业、保险业和证券业监管机关。[2] 二是金融业的自律管理主体。它们有的不直接经营金融业务，有的则既经营金融业务同时又承担自律管理的职能。它们的主要表现形式是金融业行业自律组织、金融交易所和金融清算机构等。三是金融企业。它们是金融业务的经营机构，包括商业银行、信托公司、保险公司、证券公司和其他金融企业等。这种类型的金融机构通常只能经营法定的金融业务，不得与工商企业混业经营。四是实施金融活动的普通单位和个人。它们是金融企业的业务经营相对人或称金融投资人(有人也称之为金融消费者)。

金融法律关系这四种主体，在金融业务活动中会形成三种基本法律关系。一是金融监管机关与其他主体之间的法定监管关系。其中，金融监管机关是监督管理主体，其他金融法律关系主体则是被监管主体。[3] 二是金融业自律管理主体与其他主体之间的自律管理关系，它们之间进行自律管理的法律基础是自律管理契约，一旦自律管理契约生效，它们之间同样会形成特定的法律关系。三是金融机构之间以及金融机构与实施金融活动的普通单位和个人之间的金融业务关系，这种业务关系是最基本的金融法律关系，它同样要受到相关金融法律、法规的调整，形成这些主体之间的金融法律关系。通常，普通单位和个人之间及其内部不会形成整体性的金融法律关系，这一方面是由于金融活动主要在它们与金融企业之间进行，另一方面是法律禁止非金融机构经营可能具有整体性金融风险的金融业务。由此也就形成了民商法与金融法的明确界限，金融法不调整民商主体之间的金融行为。[4]

---

〔1〕［法］孟德斯鸠著，张雁深译：《论法的精神》，商务印书馆1987年版，第156页。

〔2〕监管机关是当代社会一种新的法律主体，它是在传统立法权、司法权和行政权之外的第四权，这一新型法律主体的出现代表着法律实践的新变化。按照我国《立法法》的规定和法理，金融监管机关的立法权是解释或实施性的，不得作出为自己设定权力或剥夺被监管主体权利的规定。参见我国《立法法》第80条的规定。郭向军：《经济监管机构的法律地位》，中国金融出版社2013年版。

〔3〕这里需要特别注意的是金融监管法律关系，它是金融监督与金融管理法律关系的统称，法律监督关系并不是行政关系，金融监管机关不能界定为行政机关，我国关于监管机关性质的立法也将其作为一种特殊的法律主体。

〔4〕在我国金融业务属于授权经营业务，法律、法规严格禁止非金融机构经营具有系统性风险的金融业务，即使金融机构经营某类金融业务也需要有监管机关的授权，或者有法律、法规的直接规定，并需要取得经营许可证书。

（二）法律关系内容

金融法律关系的内容是指各金融法律关系主体在从事受金融法调整的金融活动中，依法享有的权利（权力）和应承担的义务（职责）。金融法律关系的内容不同于其他法律关系，传统民事法律关系虽然也有义务的规定，但就其基本内容来看主要是权利规定。“传统民法在建立具体的法律关系时，无论价值上还是技术上，都确实是以权利为中心的。”[1] 传统行政法律关系虽然也有民事权利作对抗，但就其基本内容来看则是行政机关的权力和行政相对人的义务。金融法律关系的内容则既不完全是以权利（权力）为中心，也不完全是以义务（职责）为中心，它们通常是权利（权力）义务（职责）的统一体。同时，金融法律关系还有许多其他法律关系不具有的权利和义务，并具有权利义务关系的不平衡性。

就金融监管机关来看，它们享有的权力主要包括金融规章的立法权、金融法的执法权、金融业的管理权、货币发行权、货币政策权，以及货币流通与货币融通的监督管理权。这些权力同时也是它们必须履行的职责，它们必须依法行使这些权力。就金融业自律管理主体来看，它们享有法定的特殊金融业务经营权，以及依据约定对其成员的监督管理权和违约处罚权，这些权利也同时构成它们的义务。就金融企业来看，它们享有金融业务经营权、金融财产权和业务经营收益权；与此同时，它们必须承担业务相对人的金融财产保管义务、金融收益保护义务，以及货币流通和货币融通秩序维护义务。这些权利义务都是金融法律关系赋予专业金融主体的特定权利和特定义务。就金融业务相对人来看，它们虽然是普通的民商事主体，但由于参与的是金融行为，在享有普通民商事权利、承担普通的民商事义务的基础上，还享有特殊的金融权利，同时也必须承担特殊的金融义务。

（三）法律关系客体

金融法律关系的客体，是指其主体之间的权利（权力）和义务（职责）所共同指向的对象。金融法律关系的客体不同于其他法律关系。通常，民商事法律关系的客体主要是有体物、智力成果、人身利益和民事行为。[2] 行政法律关系的客体主要是被管理行为及与之相联系的有体物和智力成果。[3] 金融法律关系的客体则主要有三种：一是作为当代社会流通手段和支付手段的法定货币；二是在法定货币基础上衍生出来的用以作为货币流通或融通工具的各种金融资

---

〔1〕 龙卫球：《民法总论》，中国法制出版社2002年版，第108页。

〔2〕 参见马俊驹、余延满：《民法原论》，法律出版社1998年版，第88～95页。

〔3〕 参见任中杰主编：《行政法与行政诉讼法学》，中国政法大学出版社1999年版，第25～26页。

产；三是为货币流通和融通目的而实施的各种金融行为。这些客体既不同于民商事法律关系的客体，也不同于行政法律关系的客体。

第一，当代社会的法定货币既不是传统民事法律关系的客体，也不是传统行政法律关系的客体。虽然，按照传统的民法理论货币是一种有体物，是民事法律关系的客体。但是，传统民法理论所指的货币是历史上的金属货币，而不是当代社会所使用的信用货币。目前，金属货币已不复存在。信用货币由于其本身发行和流通的法定特征，是不可能成为纯粹的民商事客体的。当然，在此基础上形成的各种金融资产也就难以成为纯粹的民商事客体。它们既不能归属于传统民事法律关系中的人身权，也不能归属于传统民事法律关系中的物权，更不可能形成传统民事法律关系中的债权。但是，无论是信用货币还是金融资产，它们都是现实的财产权，也不能成为传统的行政法律关系的客体。目前，在世界各主要国家，货币法都是独立于传统民商法和行政法的，它是金融法中特别规范的客体。[1]

第二，金融法律行为也是当代社会的一种特殊的行为，这是由其主体的特殊性引起的。由于当代社会金融行业属于特种行业，它的行为具有较强的整体性和社会性，金融业务行为必然要受到监管机关的严格监督管理。并且，这种监督管理又不同于传统行政法律关系上的行政管理，它的许多监督管理行为是通过金融业务活动实现的。另外，金融企业与业务相对人之间及金融企业之间的金融行为，也不同于普通的民商事行为。这些行为有严格的金融业务经营资格和经营范围要求，必须按照严格的金融技术和操作规范进行，没有民商事行为那样广阔的意思自治空间。同时，按照各国法律的通常规定，普通民商事主体没有经营金融业务、实施金融业务行为的资格。因此，虽然金融法律关系客体与民商法和行政法客体具有一定的联系，但它们还是有明显区别的。

■ 第三节　金融法的地位

一、金融法的基本体系

金融法的基本体系是由金融活动的共同属性，以及调整这些金融活动的法律关系状况决定的，调整各种金融关系的法律规范共同组成的统一的有机整体，是各种金融制度自身的内部结构状况。研究金融法律体系具有重要意义。从金融立法的角度看，它是建立完整的金融制度体系的基础；从金融执法和司法的角度看，它是全面、正确地解释金融制度的前提；从金融法学教育的角度看，

---

〔1〕 详见刘少军、王一轲：《货币财产（权）论》，中国政法大学出版社2009年版。

它是全面了解和领会各项具体金融法律制度的条件。金融法的基本体系可以从不同的角度进行构建，按照金融法律文件与金融法理论，可以将其分为金融法的立法体系和理论体系。

（一）金融法的立法体系

金融法的立法体系，是按照国家金融立法形成的法律文件所确立的法律体系。由于世界各国的立法状况不同，金融立法的指导思想不同，以及各种金融活动的名称不同，它们所形成的法律文件的名称也不完全相同，在此基础上所形成的金融法立法体系也不完全相同。但是，世界各国的金融业务活动还是有共性的，它们都会形成相近的金融关系，都有类似的金融关系需要法律调整。因此，为调整这些金融关系而形成的金融法立法体系还是具有共性的。通常，各国的金融立法主要包括中央银行法、银行业法、票据法、外汇法、反洗钱法、信托法、证券法、投资基金法、保险法和金融监管法等。此外，还包括大量与之配套的条例、规章，以及司法解释和国际金融条约等。[1]

中央银行法主要是规定中央银行的性质、地位、职责权限、治理结构、货币属性、货币发行、货币政策、业务范围、业务关系以及与政府部门的关系等规范的法律制度。银行业法主要是规定商业银行、合作银行、专业银行、政策性银行和银行业公司等银行业机构的性质、经营宗旨、治理结构、业务范围和业务规范，各类银行业机构的设立、变更、解散、撤销、接管、破产等制度，以及各种业务经营关系和经营规范等的法律制度。票据法是规定作为存款货币流通工具的货币票据的种类、形式、内容，以及各种票据行为和票据关系的法律制度。外汇法是规定外汇管理的主体、对象和方式的法律制度，它与中央银行法、银行业法、票据法等构成一个货币区域的货币法律体系。反洗钱法是规定各金融机构的反洗钱义务，反洗钱调查和监督管理，以及反洗钱国际合作等的法律制度。

信托法是规定信托的种类、信托财产、信托当事人以及信托的设立、变更和终止等的法律制度。证券法是规定证券市场组织机构、证券种类、证券发行的审核制度，以及证券交易规则和清算规则等的法律制度。投资基金法是规定基金当事人的权利义务关系，基金募集，基金份额的申购、赎回、交易，基金运作、信息披露，以及基金的设立、变更和终止等的法律制度。保险法是规定保险人的设立、变更、终止，保险人的经营、监督和管理，以及保险合同、特殊保险和保险投资等的法律制度。金融监管法是规定金融监管机构的性质、地位、设置，以及监管职责和监管措施等的法律制度。这些金融法律和条例、规

---

〔1〕参见我国现行的金融法律汇编、金融法规和规章汇编。

章，以及司法解释和国际金融条约等，共同构成金融法的立法体系。

（二）金融法的理论体系

金融法的理论体系是按照各种金融法律制度的目的性和逻辑关系，各分支体系内部所要解决矛盾的特殊性、相对完整性和系统性，以及同相关法学理论的衔接性和对应性所确立的内部结构体系，它是对整个金融法进行的系统性总结和划分。建立金融法的理论体系具有重要的现实意义，它不仅能够使我们完整、系统地掌握金融法的各个分支体系，明确各分支体系内部各法律规范之间的内在联系，也能够使我们更加准确地掌握某项金融制度的核心思想，结合金融法的基本原则，以抽象的金融法律文件解决社会上各种各样的具体金融纠纷，更好地协调各种金融法律关系。按照法学理论体系的构成要素，即主体法、客体法、行为法、责任法和程序法的基本思路，结合金融法的具体特征和具体内容，它的基本理论体系主要包括金融法总论、金融主体法、金融客体法、金融行为和金融裁判法。

金融主体法主要是指金融机构的组织法，它具体包括金融部门组织法、金融企业组织法和监管机构组织法。金融客体法主要是指货币财产法，以及由货币财产所衍生出来的其他金融资产制度。金融行为法是金融法的主要内容，它可以具体分为货币流通行为法、货币融通行为法、金融经营行为法、金融调控行为法和金融监管行为法。其中，货币流通行为法主要包括法定货币流通法、存款货币流通法和货币票据流通法。货币融通行为法主要包括存贷融通行为法、信托融通行为法、证券融通行为法、保险融通行为法和其他融通行为法。其中，每一部分还可以具体分为许多制度。金融裁判法是金融纠纷的解决机制法，它主要包括金融投诉制度、调裁制度和诉讼制度。

二、金融法的学科关系

金融法的学科关系是指金融法同其他相关法学学科的关系，[1] 它直接决定着金融法在整个法学体系中的地位，同时也是在实际金融执法或司法过程中，将金融法律规范同相关法律规范以及法学理论相结合，以确定它们之间相互关系的重要依据。法律学科是指根据一定的原则和标准划分的某类系统的法学规范体系的总称。在法学实践中划分法学学科的原则是多种多样的，如合目的原则、从实际出发原则、适当平衡原则、相对稳定原则、重点论原则和辩证发展

---

〔1〕 在传统法学体系的划分中，通常使用“法律部门”这一概念，它是传统法学理论对法律内部结构的划分方法，事实上这种方法是苏联的法学家们创造的。它的前提是不承认道义法（或称自然法）和功利法（或称功利主义）在法学中的地位，只承认法律文件的法律效力，只承认法律文件是法，这种法学思想早已被当代法学理论和司法实践所纠正。并且，法学是一个完整的整体，也难以进行传统意义上的部门划分，应该以“法学学科”取代“法律部门”这一概念。

原则等。[1] 在传统的法学学科划分标准中，同金融法直接相关的主要是两个基本标准：一是主体地位标准；二是基本法典标准。

（一）主体地位与金融法

按照主体法律地位的标准划分法学学科，则“由法律规范的社会关系可分为两类：一是双方有平等地位的人之间的关系；一是双方不具有平等地位的人之间的法律关系。……凡属于调整平等主体间的社会关系的法律规范，均为民法规范”。[2] 凡属于调整不平等主体间的社会关系的法律规范，均为行政法规范。按照这种划分标准，民法中应包括商法，商法是民法的特别法；行政法则包括传统行政法和经济行政法。“经济行政法和行政法的调整对象，都是国家在实现其职能活动中形成的管理关系，但是根据管理关系中经济性和非经济性的关系的特征，是可以对这两类关系大致作出分别的。”[3]

按照这种划分标准，金融法将被分成两部分，属于平等主体之间的关系，如金融企业之间的关系、金融企业与业务相对人的关系等将被划分到民商法学；属于不平等主体之间的关系，如金融调控关系和金融监管关系等将被划分到行政法学。这种划分确实具有一定道理，能够使主体之间的关系比较清晰，有利于按照主体之间的地位设计实体和程序制度。因此，无论在国内还是在国际都有许多人赞同这种划分方法。他们认为：“一个国家主张调整其公民的经济行为，那么就有必要把经济行政法作为一个法律实体提出来。……因为这不仅是国家对经济应尽的职责，而且是中央政府的一种国家使命和重要的法律任务。即使在所谓的自由国家，也必须提供一个法律框架，以此来规范和评价经济行为。”[4]

然而，这种划分标准有几个问题是无法解决的。一是主体的平等与不平等是一种高度的抽象，在20世纪以前这种抽象还具有一定的合理性。但是，在当代社会这种理论已经基本上不具有合理性，它使民法成为“强者手中一个可怕的武器，弱者手中一个糙钝的工具”。[5] 也正是由于这一原因才导致当代社会要求倾斜立法、保护弱者，出现所谓私法公法化和公法私法化的现象。二是当代社会已经不是市民和国家的二元社会模式，而是市民社会、经济社会和政治社会等的多元社会模式。在这种多元社会中，每一方都有其自身的规律和法律

---

〔1〕参见沈宗灵主编：《法理学》，北京大学出版社2000年版，第330～335页。

〔2〕教育部高等教育司组编：《民法》，高等教育出版社2001年版，第1～2页。

〔3〕梁慧星、王利明：《经济法的理论问题》，中国政法大学出版社1986年版，第212页。

〔4〕［德］罗尔夫·斯特博著，苏颖霞、陈少康译：《德国经济行政法》，中国政法大学出版社1999年版，第6页。

〔5〕［德］罗尔夫·克尼佩尔著，朱岩译：《法律与历史》，法律出版社2003年版，第174页。

调整要求。在此条件下，再试图以二元理论构建法学体系是难以适应时代要求的。三是这样划分不仅使完整的金融法理论和实践体系被打破，难以形成完整的金融法思想体系。并且大部分金融法律制度也难以在这两个部门之间进行划分，金融法中的许多主体和客体及调整它们的法律规范，是不可能进行平等或不平等划分的。四是金融监管机关是一种新型的国家机构，它既不是普通的民事主体也不是传统的行政机关，难以对其进行传统的划分。

（二）基本法典与金融法

以许多国家都存在的法典作为划分法学学科的标准，则主要划分为三类：一是以民法典为基础形成的民法体系；二是以商法典为基础形成的商法体系；三是以行政法典为基础形成的行政法体系。按照这种划分标准金融法将被分成三部分，货币财产法被划分在民法体系中，货币流通法、保险业务法、证券交易法和信托法被划分在商法体系中，中央银行法、保险业法、证券管理法和金融监管法被划分在行政法体系中，商业银行法或银行业法则不能划分在任何体系中。这种划分方法确实具有一定的优点，它使法学体系简单化，可直接以比较完整的法典为依据系统地掌握某部法典的内容。

然而，这种划分标准也有几个问题是无法解决的。一是它同我国的实际立法体系不符。我国没有完整系统的法典，我国法律的主要形式是单行法，这种划分无法与实际立法相对应。并且，还使有些法律无法纳入这个系统中。二是法典是理性主义泛滥的结果，它给法律的执行和完善带来了极大的不便，已经不符合当代社会法学发展的要求。三是这种划分将经济监管关系混同于行政关系，事实上经济监管关系与行政关系是有非常明显的区别的。四是这种划分难以形成一个比较完整的法学思想体系，难以深入地理解法的精神。五是商法典是19世纪的产物，现在的许多法律虽然与那时的在名称上相同，如票据法等，但在法的内容和价值追求上已经发生了本质的变化。事实上，由于近百年来社会关系和实际立法的变化，已经使法学思想体系发生了巨大的变化，“无论是在理论上还是在实践上，20世纪的法律都越来越不被看作一个连贯一致的整体、一个体系和一个法令大全了，而越来越被视为一盘大杂烩，一大堆只是由共同的‘技术’联结起来的支离破碎的特殊判决和彼此冲突的规则”。[1]

（三）法的目标与金融法

法学学科的划分首先应清楚学科划分的目的。从宏观上来看，划分法学学科的根本目的无非是两个：一是为了执法和司法实践的需要；二是为了法学研

---

〔1〕［美］哈罗德·J. 伯尔曼著，贺卫方等译：《法律与革命》，中国大百科全书出版社1996年版，第44页。

究和教育的需要。从执法和司法实践的需要来看，法学学科的划分同实践越一致越好。法学实践主要是法律工作者的实践，法律工作者首先必须接受良好的法学教育，才能从事法学研究和法律实践。因此，法学学科划分的核心目的还应该是为了满足法学研究和教育的需要。不仅法学学科的划分应以划分目的为基本依据，即使法学本身也必须以目标作为基本依据，“目的是全部法律的创造者，每条法律规则的产生都源于一种目的，即一种实际的动机”。[1] 并且，“从长远来看，法理学从来没有能够抵御强大而正当的社会或经济需求。……如果在公平的判决后发现它的作用与法律所服务的目的之取得不一致，那就必须予以修正”。[2] 虽然目标不一定正确，但没有目标的行为是不可思议的。目标是法的灵魂，失去了目标法学就极可能成为某些人借此残害社会的工具。同时，我们也完全能够从经验和理性中找到比较正确的目标。

在整体社会条件下，法应该有三个基本目标，即个体利益目标、整体行政利益目标和整体经济利益目标。个体利益目标是最终目的，整体行政利益和整体经济利益目标是实现最终目的的手段。其中，以个体利益为中心，调整个体社会关系的法学规范应属于民商法体系；以整体行政利益为中心，调整整体行政关系的法学规范应属于行政法体系；以整体经济利益为中心，调整整体经济关系的法学规范应属于经济法体系。[3] 就此而言，金融法与上述三个法学学科体系既有必然的联系，也难以完全属于其中任何一个学科。事实上不仅是金融法学体系或金融法律，即使是任何一个完整的法律文件也难以完全属于上述某个法学学科体系。这是由于法学学科不同于规范性法律文件，任何一个法律文件都是不同法学目标的综合，没有任何一个法律文件只考虑某一类主体的利益而不考虑其他主体的利益。

第一，金融法具有一定的经济法属性。经济法以调整整体经济关系为其本质特征，是从社会整体经济利益的角度来考虑问题的。它判断某行为合法与非法的基本标准是，某行为增进了社会整体经济利益还是损害了这一利益。如果某行为能够增进社会整体经济利益，它就认为该行为是合法的；如果某行为只能损害社会整体经济利益，它就认为该行为是非法的；如果某行为既不能增进社会整体经济利益，也不会对社会整体经济利益构成损害，从最大限度地满足行为主体自由的角度出发，它就认为该行为也是合法的。金融法的首要价值目

---

〔1〕［德］鲁道夫·冯·耶林，转引自［美］博登海默著，邓正来译：《法理学：法律哲学与法律方法》，中国政法大学出版社 2001 年版，第 109 页。

〔2〕［美］本杰明·内森·卡多佐著，刘培峰、刘骁军译：《法律的生长》，贵州人民出版社 2003 年版，第 65 ~ 66 页。

〔3〕刘少军：《法边际均衡论》，中国政法大学出版社 2007 年版，第 110 页。

标是整体金融利益，以是否增进和损害社会整体金融利益为合法与非法的判断标准，而整体金融利益又是整体经济利益的组成部分。因此，金融法同经济法具有共同的价值观。同时，金融法的执法和司法也具有同经济法共同的基本特征。凡涉及整体金融利益问题，都是由金融监管机关代表整个社会进行奖罚或诉讼；它的归责原则不是主观过错原则，而是客观损害原则和成本比较原则；它的法律责任不是损害赔偿责任而是功利责任，以达到奖惩某行为的目的。“经济法产生于立法者不再满足于从公平调停经济参与人纠纷的角度考虑和处理经济关系，而侧重于从经济的共同利益，经济生产率，即从经济方面的观察角度调整经济关系的时候。”[1]

第二，金融法具有一定的民商法属性。从经济关系的角度来看，民商法所调整的是个体经济关系，它是从个体关系的角度来考虑问题的，它主要不是义务性的强制而是权利之间的冲突。就某项金融业务来讲，它首先是作为个体的客户与作为个体的金融企业之间的关系，它们之间虽然不能说是纯粹的平等主体之间的关系，但至少首先都是个体利益关系。判断某金融业务是否违约或侵权的标准，是它们是否能够公平合理地处理双方的权利义务关系，使双方的个体利益都得到有效的保护。因此，金融法有同民商法共同的价值观。同时，金融法的司法也具有同民商法共同的特征。凡涉及个体金融利益问题，都主要由受侵害主体首先主张其个体权利，案件受理上采取的是个体不提起诉讼，法律就不追究的基本原则；在归责原则上采取的也主要是主观过错原则，在法律责任上也主要是损害赔偿责任，以达到使原有被违约或侵权行为破坏的社会金融关系得到修复的目的。金融法的目标之一就在于对被侵害者进行补偿，“法律秩序所立出作为制裁条件的，不仅是损害已被造成，而且还要是从其财产中取得赔偿的那个人并不自愿地赔偿损害。制裁总是被制定来对付应赔偿损害但却不赔偿的那个人”。[2]

第三，金融法基本上不具有行政法的属性。从法律目标的角度来看，行政法调整的不是经济关系，而是整体社会生活环境关系，目的是为居民生活提供一个良好的社会环境。由于社会生活中可能出现任何整体生活环境问题，因此行政法的基本特征是行政的强制性命令。法律往往会授权行政机关一定的行政命令发布权，并要求在此辖区内的其他主体接受，以保证社会始终能有一个良好的生活秩序。就此而言，金融法与行政法没有直接的联系，它不具有同行政法共同属性的价值追求。但是，也有人认为金融监管机关的监管行为是一种行

---

〔1〕［德］拉德布鲁赫著，米健、朱林译：《法学导论》，中国大百科全书出版社2003年版，第77页。

〔2〕［奥］凯尔森著，沈宗灵译：《法与国家的一般理论》，中国大百科全书出版社1996年版，第61页。

政行为，金融监管关系是一种行政关系，这实际上是对行政关系和监管关系的误解。首先，监管机关的基本职能是监督法律的实施而不是发布行政命令，它们基本上没有发布行政命令的权力。其次，监管机关的主要执法权是行业性质而不是区域性质的，它只能对本行业的主体实施监管，而不能对辖区内的所有主体实施监管。在执法程序上，行政机关只能选择先执行行政命令再由相对人提起行政诉讼，监管机关则既可以选择直接处理也可以选择诉讼处理。在机构的法律性质上，行政机关都是政府机关而监管机关则不是政府机关，它们是立法权、司法权、行政权之外的第四权。[1]

（四）金融法的独立属性

金融法的独立属性，首先来自于它有自己相对独立的法学价值观。从金融法的价值目标来看，整体金融利益目标主要体现的是其经济法属性，主体利益保护目标主要体现的是其民商法属性，金融业务特征目标则主要体现的是其独立的金融法属性。其次，金融行业是在法律上相对独立的行业，各主要国家法律又都明确区分工商业和金融业，在这一点上我国的法律也有明确的规定。[2]再次，金融企业的法律地位明显区别于工商企业，金融企业不仅要受普通企业制度的约束，还要受到其特殊的金融制度的约束，这些特殊约束主要表现在其设立、经营和危机处置上。复次，金融财产在法律性质上是完全独立的财产体系，货币及其衍生财产只能是金融法的研究对象，不可能是其他法学的研究对象。最后，金融行为在法律约束上明显区别于工商行为。在现实的法律规定上，对金融行为的约束比工商行为更加严格。

金融法不仅具有同经济法、民商法的价值目标相一致的一面，也有其自己独立的一面。这是由于金融法首先是一个法律规范体系而不是一个纯粹的法学思想体系；民商法和经济法首先应该是一个法学思想体系，然后才是一个法律规范体系。研究民商法和经济法主要是研究其基本的价值观，而研究金融法主要是研究其具体的法律规范。从价值观上讲，金融法是经济法与民商法价值观相互交叉，再辅之以自身价值观的结果；从法律规范上讲，它是一个较完整的相对独立的法律规范体系。它不仅具有自己独立的财产体系，还具有独立的法律文件体系，以及相对独立的法律主体体系和法律行为体系。并且，它的研究内容是非常丰富的，同相关基础学科之间也是对应的。事实上，金融法就是一

---

〔1〕“第四权”或“第四部门”的存在，已经是世界各主要国家的客观事实，并已经得到法律的明确承认。详见王名扬：《美国行政法》，中国法治出版社 1995 年版；郭向军：《经济监管机构的法律地位》，中国金融出版社 2013 年版。

〔2〕具体见我国《中国人民银行法》《商业银行法》《证券法》《保险法》《银行业监督管理法》《反洗钱法》等的规定。

个特殊产业部门的规范体系，是对金融部门特殊法律规范体系的总称。因此，我们必须在价值观与法律规范之间作出一个合理的选择，以更好地服务于金融立法、执法和司法。就此而言，将金融法作为一个相对独立的法学体系，对此进行专门的研究，有利于更好地满足目前社会对相应研究成果的需求。此外，从目前的立法情况来看，世界各主要国家如美国、日本、英国、法国、德国等，自20世纪80年代以后基本上都将其称为“金融法”，这也为金融法的独立提供了国际现实法律上的依据。[1]

【司法案例】

案情：2008年美国次贷危机爆发后，一个月内股票市场价值损失超过4万亿美元。此后，就出现了一个诉讼的高峰，金融危机引发的诉讼案数量超过了20年前储蓄贷款危机之后6年内的诉讼总和。其中，影响比较大的是美国证券交易委员会起诉高盛集团等投资银行欺诈投资人的案件，美国司法部起诉标准普尔公司等评级机构案件等，这些案件比较充分地体现了金融法的特色。

2013年2月，美国司法部连同多名州检察官对国际三大评级公司之一的标准普尔提起诉讼，指控其在金融危机前为一些抵押贷款债券所做的评级涉嫌欺诈。称其为了商业目的故意低估了这些债券产品的风险，上调抵押贷款债券的评级从而提高了从这些证券发行方获取的费用，令银行、保险公司等参考其评级结果进行该投资的投资者蒙受损失，要求其支付50亿美元的赔偿金。

结果：美国司法部起诉标准普尔公司案，是美国首次对一家评级机构提出联邦级别的诉讼。标准普尔公司称该诉讼“毫无公道”，美国司法部则认为评级活动“受商业考虑推动”的做法是违法的。最终，以支付10亿美元罚款达成和解，并要求其进行相应的工作改进。

评析：在美国金融危机引发的案件中，司法部对标准普尔提起的诉讼，既不属于传统的民商事诉讼，也不属于传统的行政诉讼；它们所依据的既不是传统的民商法也不是传统的行政法，而是美国的相关金融法。这些金融机构的行为如果按照传统民商法可能并不构成违法，但是按照金融法它们的行为则属于违法行为。并且，案件的最终处理结果也不同于传统的民商法，要求金融机构向国家支付罚款的目的在于预防这种行为的再次发生，而不在于使受害人直接得到赔偿。

---

〔1〕 如美国的《金融服务现代化法》《金融机构改革、复兴与实施法》《金融监管改革法》，日本的《金融制度改革法》《金融机构经营健全性确保法》《金融机构变更手续特例法》《金融商品交易法》，英国的《金融服务法》《2000年金融服务与市场法》，法国的《金融安全法》，德国的《统一金融服务监管法》《联邦金融监管局法》，等等。

第二章
金融部门组织法

学习目的与要求　金融部门组织法是对金融这一产业部门组织制度的概括，目的是使读者了解金融部门与其他产业部门之间的法律界限，掌握金融部门内部不同行业之间的法律界限，掌握金融机构的行为能力及其行为的合法性，明确非金融部门主体行为的法律界限。这些界限是具体规定金融行为的基础，是产生各种具体金融规范的前提，也是金融法学相对独立的理由。通过本章的学习，要求学生：

●重点掌握：金融部门的界限；金融的行业界限；金融机构的行为能力。

●一般了解：金融部门法律界限的依据；金融机构行为能力的发展趋势。

●深入思考：分业经营与混业经营的各自优缺点，混业经营的规范与监管。

【核心概念】金融部门　银行业　信托业　证券业　保险业　混业经营

【引导案例】

2011 年 4 月 ~9 月，各种新闻媒体不断爆出温州老板“跑路”“跳楼”事件，甚至出现一天有 9 位老板跑路，一周内有 3 位老板跳楼的情况，引起了全国各界甚至世界各国的关注。据有关数据显示，在此期间浙江省共发生 228 起企业主逃逸事件，共拖欠 14,644 名企业员工 7,593 万元薪酬，欠薪人数和欠薪数额均创历史之最，造成我国新的区域性民间金融危机。

引起温州老板跑路、跳楼事件的原因是多方面的，但其核心原因还是由于民间金融问题。温州自改革开放以来就是民间金融的中心，20 世纪 80 年代就发生过著名的“倒会”事件，引起了较大的社会动荡。根据人民银行温州中心支行公布的《温州民间借贷市场报告》显示，温州地区有 89% 的家庭、个人和 59.67% 的企业参与民间借贷，民间借贷的规模高达 1,100 多亿元。并且，温州民间借贷的利率水平高达年利率 180%，大多数中小企业的毛利润不会超过

10%，一般只在3% ~5%之间。在此条件下，如果企业盲目利用民间金融扩大规模，必然会发生金融危机。民间金融的危机必然带来相关金融案件的高发，在此期间仅龙湾法院受理的民间借贷纠纷案件就有692件之多，立案标的总额高达10多亿元。

面对严峻的形势，温州市政府作出《关于稳定规范金融秩序促进经济转型发展的意见》，要求各银行业机构加大信贷资金保障力度，确保实现年初确定的新增贷款1,000亿元的目标。银行业机构按照企业信用等级不同，对中小企业发放贷款实行利率优惠政策，贷款利率上浮最高不得超过30%。在此影响下，出逃企业主开始回来处理遗留问题，此次民间金融危机初步平息。[1]

【案例导学】

金融部门是一个特殊的产业部门，按照多数国家的法律规定，工商企业不得经营金融业务、金融企业不得经营工商业务，社会公众更不得经营金融业务，社会公众之间的民间借贷利率不得超过规定比率（我国目前是24%和36%两档）；否则，都属于非法的金融行为，以保障国家的整体金融利益。因此，金融部门、金融行业、金融企业是有严格法律界限的，它们的业务范围或行为能力受到有关法律、法规的严格限制。由于世界各国的具体情况不同，这些限制的严格程度也不完全一样。但是，世界各主要国家通常都对金融部门、金融行业和金融企业的行为能力有严格限制。

第一节 金融部门的界定

一、产业部门的界定

在当代社会可以按照不同的标准将社会分为许多部门，它们是分析社会结构的重要工具。在法学领域，社会部门的划分依据应首选部门的行为性质。只有对社会不同部门的行为性质有一个基本的界定，才能对该部门的行为进行具体的规范，以实现该部门的基本社会功能。法是为不同性质的主体而设计的规范，“主体就等于它的一连串的行为”。[2] “在任何法律系统中，决定性的因素是行为，即人们实际上做些什么。……除非我们将注意力放在被称之为‘法律行为’的问题上，否则就无法理解任何法律系统。”[3] 按照这一标准，在本体

〔1〕 资料来源：根据报刊资料整理。

〔2〕 ［德］黑格尔著，范扬、张企泰译：《法哲学原理》，商务印书馆1961年版，第126页。

〔3〕 L. Friedmann, *An Introduction to American Law*, Stanford University Press, 1984, p. 46.

法意义上，[1] 社会的主动行为性部门应分为行政部门、事业部门和产业部门。[2] 它们共同构成一个社会的基础性部门体系，是规范某类社会行为的基础和前提。

行政部门是社会基于公共利益目的授权某些组织，采取法定手段与方式对公共行政事务进行组织与管理的活动；具体实施这些组织与管理活动的机构就是行政机关，它们的核心职责就是维护社会的正常生活秩序，依据法律授权处理各种公共行政事务。“社会一旦形成，政府就必然产生，它对保持和维护社会秩序是必需的。”[3] 为实现这一目的，国家必须授予行政部门行政权。行政权是行政机关依法直接支配被管理主体，而被管理主体必须服从的力量，具有命令性、执行性和强制性。然而，“自古以来的经验表明，一切被授予权力的人都容易滥用权力”。[4] 为制约行政机关的权力，除法律必须规定其行使权力的严格程序外，同时还严格限制行政部门直接向被管理者收取费用。同时，也禁止行政部门为取得收益或得到其他利益而经营任何产业性质的业务，它的业务支出只能由国家财政来负担。“国家行政机关的收费，应当依法进行，严格控制收费项目，限定收费范围、标准。”[5]

事业部门是为了社会公益目的，由国家机关举办或者其他组织利用国有资产举办的，从事教育、科技、文化、卫生等活动的社会服务组织。[6] 事业部门是当代社会的一个特殊部门，它具有公益性、垄断性和服务性的特点。首先，事业部门追求的必须是公共利益，必须以社会效益作为其基本的业务目标。这是由于它们所从事的业务活动是社会所必需的，同时也是难以通过市场途径得到很好满足的，它只能由国家组织、管理或委托社会公共服务机构提供相应的产品或服务，以满足社会发展和公众的需求。正是由于这一特点，事业部门都有一定的垄断性，往往不允许普通社会主体任意进入这一领域。但它们又现实地为社会公众提供具体的服务，也需要大量的业务支出。因此，多数国家法律

---

〔1〕 本体法是与责任法和程序法相对应的概念。本体法是法的本体，是为调整各种社会关系而制定和实施的本源性法律规范的总称，它规定的是社会各主体之间的各种合理的社会关系，是立法机关所期望实现的社会关系状况。责任法和程序法是为了保障本体法的实施而制定的保障性法律，它们不是本源的而是从生的。

〔2〕 在社会部门中，除行政部门、事业部门和产业部门外，还包括司法部门、监管部门等。但这些部门不是本源性的，它们是为了保障行政部门、事业部门和产业部门能够按照法律的要求行为，而衍生出来的从生性的被动行为性的部门。

〔3〕 ［英］边沁著，沈叔平、秦力文译：《政府片论》，商务印书馆 1996 年版，第 128 页。

〔4〕 ［法］孟德斯鸠著，张雁深译：《论法的精神》（上），商务印书馆 1982 年版，第 150 页。

〔5〕 参见《价格法》第 47 条，及相关法律、法规的具体规定。

〔6〕 参见《事业单位登记管理暂行条例》第 2 条，以及相关法律、法规的具体规定。

都允许事业部门向服务对象收取一定的费用，但费用标准有严格的控制，以保持其公益性质。[1]

这里的产业部门，是指社会部门划分意义上的产业，它是指社会一定范围之内，一切以营利为基本业务活动目标的生产经营单位的统称，它是社会商品和服务的基本提供部门。它的基本特征是，有权按照市场状况自主或基本自主地决定其产品价格，并有权在其经营过程中获得经营利润，依法享有该利润的财产权。[2] 产业部门按照不同的标准可以进行不同的分类，按照最终商品和服务的提供顺序，可以分为第一次产业、第二次产业和第三次产业。其中，第一次产业是从自然中取得产品的产业，它是一切产品的来源；第二次产业是加工从自然中取得产品的产业，它是向社会提供可以直接用于消费的产品的产业；第三次产业是在第二次产业的基础上，向社会提供各种性质的劳务服务的产业。[3] 按照法律对各产业单位性质和业务经营范围或行为能力的限制，[4] 可以将其分为工商产业和金融产业。

二、工商与金融部门

在产业部门中，世界各国法律通常都对工商部门和金融部门进行严格的划分。[5] 这主要是由于，金融部门是当代社会的特殊部门，它是宏观经济调控的主导，是当代整体经济安全的核心，是市场经济运行的纽带，是产业单位生产经营活动的基础。因此，为保证金融安全、稳定社会经济、防止风险传递、保护公众投资人利益，必须立法对工商与金融部门进行隔离。从目前世界各主要国家的法律规定上来看，实现工商与金融部门隔离的手段主要包括三个方面，即规定不同性质产业单位的业务经营范围，限制工商与金融产业单位之间的资本投资，并对它们实行分别的监督管理。它的直接法律结果是影响产业单位业务经营的合法性，并进而影响业务契约的法律效力。通常，违法的业务经营行为，会由于其行为不合法而使其业务合同无效，[6] 情节严重会构成非法经营犯

---

〔1〕 参见《价格法》第18条，及相关法律、法规的具体规定。

〔2〕 参见《民法通则》，各种企业法，及相关法律、法规的具体规定。

〔3〕 参见刘少军等：《经济本体法论》，中国商业出版社2000年版，第331～333页“产业经营本体法”部分。

〔4〕 产业单位是具体从事生产经营活动的产业经营组织，是产业经营活动的基本单位，它可以具体依据现行法律分为独资型、家庭型、合伙型、信托型、公司型等单位。参见刘少军等：《经济本体法论》，中国商业出版社2000年版，第379～390页“产业经营本体法”部分。

〔5〕 这里的工商产业部门是我国的习惯性用语，它实际上还包括农业产业，特别是企业化的农业产业。

〔6〕 按照我国《合同法》第7条、第52条等的规定，当事人订立、履行合同，应当遵守法律、行政法规，尊重社会公德，不得扰乱社会经济秩序，损害社会公共利益；违反法律、行政法规的强制性规定而签订的合同无效。

罪和金融犯罪。[1]

工商与金融部门业务经营的基本法律界限是，工商企业不得经营金融业务，金融企业不得经营工商业务，否则即为非法经营，导致业务合同无效。并且，从事非法经营的工商企业或金融企业，还会因直接侵害整体金融利益而受到以预防该行为再次发生程度的整体利益处罚。法律对工商企业不得经营金融业务的限制，主要体现在金融法对企业业务经营范围的规范上。如我国“银行业法”明确规定，非经监管机关批准任何单位和个人不得从事吸收公众存款等商业银行业务，任何单位不得在名称中使用“银行”字样；我国《证券法》规定，未经证券监管机关批准，任何单位和个人不得经营证券业务；我国《保险法》规定，保险公司应当在保险监管机关依法批准的业务范围内从事保险经营活动；我国“信托法规”也规定，未经监管机关批准，任何单位和个人不得经营信托业务，任何经营单位不得在其名称中使用“信托公司”字样。[2] 可见，工商与金融部门在业务经营上是有明确界限的。在法理学上，工商与金融部门划分的标准是整体金融利益，能够影响到整体金融利益的行为都必须纳入金融部门由金融法进行规范，不涉及整体金融利益的行为由金融法和民商法共同规范。在同时存在金融法和民商法规范的条件下，应首先适用金融法规范；在没有金融法规范的条件下适用民商法规范。[3]

工商与金融部门资本投资的基本界限是，工商企业对金融企业进行控股权投资需要审核，金融企业对工商企业投资受到严格的比例限制，甚至禁止，金融企业内部相互投资也有一定限制。限制工商企业对金融企业进行控股权投资，主要是为了保护金融企业的决策权，防止金融企业出现内部和对整个社会的经营风险。[4] 法律限制金融企业对工商企业进行资本性投资，主要是为了隔离工商企业的经营风险，减轻工商企业经营风险向金融企业的传递、保障金融安全。如我国“银行业法”限制银行业直接经营证券业务；我国《证券法》规定，证券公司等证券机构只能经营规定范围内的资本性投资业务；我国《保险法》虽然规定，保险公司的资金可以用于银行存款，买卖债券、股票、证券投资基金份额等有价证券，投资不动产，以及监管机关规定的其他形式，但对其投资比

---

〔1〕 参见《刑法》第174条、第176条、第179条、第192条、第225条，以及相关司法解释和条例、规章等关于非法经营罪、擅自设立金融机构罪、非法吸收公众存款罪、擅自公开发行证券罪、集资诈骗罪等认定的规定。

〔2〕 参见《商业银行法》第11条，《证券法》第122条，《保险法》第95条，《信托公司管理办法》第7条等的规定。

〔3〕 参见我国各项法律、法规中关于各种金融行为金融法调整范围和民商法调整范围的具体规定。

〔4〕 具体需要审核的投资比例不同时期会有所调整，也会因投资企业的国籍而有所区别。

例有严格的限制。[1]

工商与金融部门监督管理的基本界限是，工商产业监管机关仅负责工商产业性质内容的监督管理，金融产业监管机关仅负责金融产业性质内容的监督管理。工商企业是传统法中的民商事主体，在此意义上，它们只要不侵犯他人的法定权利就有权按照意思自治的原则进行经营。但是，在整体经济条件下，并不存在绝对的民商事主体，没有任何一个主体的行为与整体经济利益不发生联系，当代法律中也存在大量从整体经济利益的角度对其进行的规范，这些规范的实施主要是通过监管机关的监督管理实现的。因此，工商企业也必然要存在监管主体，但工商企业监管主体只负责工商产业性质内容的监督管理，而金融企业的监管主体则仅负责金融产业性质内容的监督管理。如我国《银行业监督管理法》《证券法》《保险法》等都明确规定，银行业、证券业和保险业的监管机关，分别负责全国银行业、证券业、保险业金融机构及其业务活动的监督管理工作，同工商部门实行分别监管。[2]

三、金融行业的界定

在产业部门中，金融业是一个相对独立的部门，它与工商部门具有明确的产业界限。在金融部门内部也是有比较严格的行业界限的，按照业务性质它通常被依法划分为银行业、信托业、证券业和保险业四个行业。其中，银行业是指以吸收公众存款、发放贷款、办理结算为核心业务的金融机构，纯粹的银行业包括商业银行、合作银行、专业银行、信用合作社等吸收公众存款的金融机构及政策性银行。[3] 此外，还包括专业经营某类银行业业务的专业性金融公司，它们在经营该类银行业业务时也必须取得相应的业务授权、并纳入银行业监管。信托业是指以营业和收取报酬为目的，以受托人身份承诺信托和处理信托事务为其核心业务的金融机构，具体表现为依法设立的各种类型的信托公司和基金管理公司。[4] 证券业是指以证券及其衍生品的发行、上市、交易、登记、存管、结算等为核心业务的金融机构，主要表现为证券公司、证券交易场所和证券登记结算机构。保险业是指以经营商业保险、再保险等为核心业务的金融机构，其经营主体主要包括保险人、保险经纪人和保险代理人等。[5]

金融部门虽然在经营对象和部门性质上具有共性，它们基本上都以货币为基本经营对象，以货币流通、货币融通和风险分配为基本业务内容，都具有比

---

〔1〕 参见《商业银行法》第43条，《证券法》第125条，《保险法》第106条等的规定。

〔2〕 参见《银行业监督管理法》《证券法》《保险法》等的相关规定。

〔3〕 参见《银行业监督管理法》第2条，《商业银行法》第2条等的规定。

〔4〕 参见《信托法》第2条、第4条，《信托公司管理办法》第2条，《证券投资基金法》等的规定。

〔5〕 参见《证券法》第179条，以及《保险法》等的相关规定。

较高的风险性和风险传递性。但是，在不同的金融行业中，这些属性还是有一定区别的，不同的金融业务会具有不同程度的金融风险和不同的业务经营特征。为保证金融法律更具有针对性，能够根据金融部门内部不同行业的特点进行具体的调整，同时也为了防止其内部的风险传递、实现风险隔离，世界各主要国家还对金融部门内部各行业进行比较严格的划分。我国目前应实行各行业基本分业经营、各业务基本功能监管的原则，证券业、银行业、信托业、保险业基本上实行法人层面上的分业经营，各监管机关分别监管同类金融业务。[1]

这四个金融行业之间的业务界限主要表现在以下几个方面：一是本行业内的核心业务其他行业不得经营，在核心业务上实行分业经营；二是本行业内的非核心业务其他行业可以经营，在非核心业务上实行混业经营；三是不同行业之间的相互投资具有一定限制，以控制行业之间的风险关联程度；四是各金融行业之间基本上保持法人层面上的分业经营，在独立法人层面上实行的是分业经营；五是各金融行业之间可以通过控股其他行业的子公司实现混业经营，在金融控股公司层面上实行的是混业经营；六是各类金融业务监管按照监管机关的性质划分，金融控股公司的监管按照母公司所在的行业确定主导监管关系，其他监管机关协助主导监管机关实施统一监管。[2]

第二节　金融行业的规范

一、银行业的规范

银行业是金融部门中的重要行业，它以吸收公众存款、发放贷款和办理结算为核心业务特征，只要是经营其中的任何一项核心业务的金融企业都属于银行业金融机构，都必须纳入“银行业法”的规范，都必须按照“银行业法”的规定向监管机关申请并取得业务经营许可，按照法律规定的业务规范和业务规则进行经营，并由银行业监管机关对其经营行为实施监督管理。

（一）银行业的机构

按照银行业金融机构经营的业务不同，可以将其具体分为典型性银行、专业性银行和银行业公司三种基本类型。其中，典型性银行是指经营吸收公众存款、发放贷款和办理结算全部三项核心业务的金融机构。在银行业分类中，典

---

〔1〕参见《证券法》第6条，《保险法》第8条，以及相关法律、法规的规定。

〔2〕按照我国金融法修改的主导性建议，在未来一定时期内我国实行基本上分业经营、功能监管的原则。各金融行业之间可以有一定的混业，但仍坚持基本上分业的原则。在监管上实行功能监管，各监管机关按照业务性质进行监管，同一类金融业务由同一类监管机关监管，以防止监管真空和监管套利，这就需要各监管机关之间必须有较好的配合。

型性银行的核心判断标准是其是否经营吸收公众存款业务，只要某金融机构经营吸收公众存款的业务就应该认定其为典型性银行。如在英国法律中，除非获得特殊豁免，只要经营吸收存款业务就是《银行法》所认定的银行。在美国法律中银行应包括两类，一类是指参加了存款保险的金融机构，另一类是指虽然未参加存款保险，但接受活期存款并发放商业贷款的任何其他机构。[1] 在我国典型性银行包括商业银行、合作银行、村镇银行、信用合作社，它们都经营全部的银行业务。专业性银行是指仅经营某类银行业务，并且有法规明确规定可以使用“银行”名称的金融机构，如政策性银行、投资银行、储蓄银行等。它们在业务内容上与典型性银行并没有本质区别，只是它们只经营典型性银行的部分业务并依法可以冠以“银行”的名称。其中，政策性银行和投资银行通常不得吸收公众存款，而储蓄银行则是专业吸收公众存款的银行。银行业公司是指依法以公司的名称设立的，经营某类典型性银行业务的金融企业。从法律性质上讲，专业性银行与银行业公司没有本质区别，只是名称不同，机构的资本规模、资本来源性质、银行业务性质等不同。我国目前银行业公司主要包括企业集团财务公司、消费金融公司、汽车金融公司、小额贷款公司、金融租赁公司、资产管理公司、支付结算公司等。[2] 它们通常不得吸收公众存款，主要专业经营以自有资金或向特定企业融入的资金发放贷款，或者专业办理特殊类型的账户结算类银行业务。所有银行业机构的设立都必须通过监管机关的审核和设立许可，否则构成擅自设立金融机构，情节严重即构成犯罪。[3]

（二）银行业的业务

按照银行业业务的法律性质，可以将其具体分为存款类业务、贷款类业务、结算类业务、外汇类业务、担保类业务、投资类业务和金融代理类业务。其中，存款既是一种特殊的法律关系，也是只有银行才有权经营的业务。这是由于存款涉及所有企业和社会公众的利益，法律必须保障存款的基本安全，不达到法规要求的安全标准无权经营存款业务。未经监管机关许可擅自经营吸收公众存款业务会构成非法经营，情节严重会构成非法经营罪和非法吸收公众存款罪。同存款业务直接相联系的是结算类业务，这是由于经营存款货币的结算必须以存款为前提。因此，结算业务是银行的核心业务，专业性结算公司只能办理结

---

〔1〕 参见英国1987年《银行法》第3条，美国1987年《银行控股公司法》及其《修正案》，以及相关法律规定和判例的认定。

〔2〕 对这些银行业机构的具体规定，详见银行业监管机关对这些机构各自专门制定的具体管理办法，在我国通常每一类银行业机构都规定有专门的管理办法，它们是认定这些机构行业性质的基本依据。

〔3〕 参见《商业银行法》《银行业监督管理法》《刑法》及相关规章的具体规定。

算服务业务，不得非法形成结算业务存款。[1] 贷款类业务是绝大多数银行业机构都可以经营的业务，特别是专业贷款公司和金融公司，它们是专业经营贷款业务的金融机构，只是银行可以利用吸收的存款发放贷款，这些专业公司只能利用自有资金或向专业机构融入的资金发放贷款。外汇类业务是指外汇兑换和结算类业务，这是只有典型性银行和专业性银行才能经营的业务。如果是简单的外汇法币兑换，普通的外汇兑换公司也可以经营。担保类业务是指票据承兑、独立保函等银行业业务，投资类业务是指对外进行金融性投资的业务，金融代理类业务是指代理其他金融业的业务，这些业务往往没有特别严格的金融业界限，非金融业机构也可以经营。[2] 因此，银行业的限制性业务主要是指吸收公众存款业务、发放贷款业务、结算类业务和外汇类业务，经营这些业务必须取得监管机关的授权，否则即为非法经营、情节严重即构成犯罪。[3]

二、信托业的规范

信托业是金融部门的另一重要行业，信托是一种财产的委托经营管理行为，它的基本特征是委托人将财产在其财产权的范围内委托给受托人进行经营管理，受托人有权在委托人授权的范围内自主地经营管理该财产以获得信托报酬，并将经营管理结果交付给受益人。信托是一种古老的行为，长期以来在金融业不发达的条件下，基本上表现为民事信托。信托业真正成为一个金融行业只有近百年的历史，真正成为一个重要的金融行业只有几十年的历史。目前，信托业在整个金融部门中占有重要地位。

（一）信托业的机构

按照信托业金融机构经营业务的模式不同，可以将其分为信托公司、基金管理公司和其他信托机构。金融信托与民事信托不同，民事信托的受托人不是专业经营信托业务的机构，信托行为通常是由委托人发起的；金融信托的受托人必须是向信托监管机关申请并取得业务经营许可的金融机构，信托行为通常是由受托人或被投资人请求受托人发起的，它的本质是一种金融行为。其中，信托公司或称信托银行，通常是接受信托被投资人的请求，以发售私募性信托投资产品的方式向委托人募集资金，投入到被投资人的项目中并代表委托人和受益人经营管理该信托财产的金融机构。基金管理公司通常是发起设立投资基金，向基金委托人私募或公募基金份额，投入到工商产业领域或金融领域，为委托人和受益人经营管理该信托财产的金融机构。在各国现行的金融法规中，

[1] 参见《非金融机构支付服务管理办法》和《支付机构客户备付金存管办法》等的规定。

[2] 在银行法中通常称这种不构成资产和负债的表外业务为中间业务。

[3] 参见《商业银行法》《银行业监督管理法》《刑法》及相关规章的具体规定。

有权经营信托业务的不仅包括信托公司和基金管理公司，也包括经过监管机关授权许可的银行、证券公司和保险公司等金融机构，这些金融机构在取得经营信托业务的授权后，也可以兼营同其主营业务相关的信托业务。[1]

（二）信托业的业务

信托业的业务可以分为许多类型，按照信托财产的客体性质可以分为不动产信托和资金信托，按照信托的目的可以分为传统信托和融资信托，按照信托财产募集的性质可以分为私募信托与公募信托。其中，在不动产信托中，委托人向信托机构转移的信托财产是各种类型的不动产；在资金信托中，委托人向信托机构转移的信托财产是货币资金。在传统信托中，信托行为是由委托人发起的，委托人和受益人都只是数量有限的个体；在融资信托中，信托行为是由信托机构直接发起的，委托人和受益人通常都有许多。在私募信托中，委托人和受益人虽然有许多人，但还没有达到公募的法定标准；在公募信托中，委托人和受益人已经达到或超过法定的公募标准，对整体金融利益具有直接的影响。此外，信托机构还可以兼营不需要监管机关授权的其他金融业务，如果兼营需要授权的业务必须取得监管许可。在信托业务中，面向不特定主体和社会公众经营信托业务属于信托业的专营业务，必须取得监管机关的经营信托业务的授权许可，否则即为非法经营、情节严重即可构成犯罪。[2]

三、证券业的规范

证券业是指经营金融证券及其衍生品业务的金融行业，通常不包括单独为某个私募金融证券提供服务的兼营性机构。它们的主要职能是为金融证券及其衍生品的发行、上市、交易、登记、存管、结算等提供服务。证券业是随着金融证券市场和衍生品市场的发展而发展起来的金融行业，随着证券及其衍生品市场风险监管的日益严格和法律体系的日益完善，对证券业机构和证券业业务的监管也日益严谨，所有与整体金融利益相关的证券机构和证券业务都必须被纳入规范和监管的范围。

（一）证券业的机构

按照证券业机构在证券及其衍生品市场上的地位不同，可以将其分为证券及其衍生品业务经营机构和其他被监管机构。其中，证券及其衍生品业务经营机构是指经营股票、债券、基金等金融证券及其衍生品市场业务的机构，这些

---

〔1〕参见《信托法》《证券投资基金法》《证券法》《保险法》《银行业监督管理法》及金融监管机关颁布的关于银行业、证券业、保险业兼营委托理财业务的具体规章的规定，委托理财业务本质上就是信托业务。

〔2〕参见《信托法》《信托公司管理办法》《证券投资基金法》《证券法》《保险法》《刑法》等的相关规定。

证券业机构主要包括证券公司、期货公司、证券和期货市场机构、登记结算机构，以及基金管理公司、资金托管机构、投资咨询机构、资信评估机构等。其中，证券公司和期货公司是为证券及其衍生品交易提供专业经纪及相关服务的证券业公司，证券和期货市场机构主要是指证券和期货交易所和其他交易场所，登记结算机构是指证券或期货的专业登记结算公司，这些证券业机构是证券业的核心机构，它们的业务经营需要经过严格的监管审核和授权。

基金管理公司和资金托管机构是具有双重属性的证券业机构，基金管理公司既是信托业机构也是证券业机构，资金托管机构通常由银行兼任也属于银行业机构。投资咨询机构和资信评估机构是为证券市场提供相对独立的咨询服务和资信评估服务的机构，是间接的证券业机构。从证券业监管的角度看，除上述证券业核心机构要受到监管机关的严格监管，证券业双重机构要受到证券业及其他行业的双重监管，以及咨询机构和评估机构要受到一般监管外，其他与金融市场及其衍生品市场相关的机构也要接受相应的证券业监管，这些机构主要包括证券发行人、上市公司、投资人和其他证券服务机构。它们虽然受证券和期货法调整和监管的严格程度不同，但都属于证券业机构；特别是证券业的核心机构，其设立和经营必须通过监管机关的严格审核和授权许可，否则即为非法经营，甚至构成犯罪。[1]

（二）证券业的业务

证券业的业务可以分为许多类型，具体来讲主要包括各类金融证券的发行业务、证券及衍生品经纪业务、证券市场信托投资业务、投资资金存管业务、证券及衍生品交易业务、证券登记结算业务，以及证券及衍生品市场服务业务。其中，金融证券发行业务是证券公司的核心业务之一，它的主要内容是代替发行人在市场上公开发行各种金融证券。证券及衍生品经纪业务是证券公司和期货公司的核心业务之一，它具体包括代理证券及衍生品交易、担保交易结算的顺利进行，以及依法对投资人提供与交易相关的服务等业务。证券市场信托投资业务也是证券公司的核心业务之一，它的主要内容是作为证券投资信托的受托人，为委托人和受益人经营管理信托投资财产以取得信托报酬。[2] 投资资金存管业务是证券投资资金存管银行和期货保证金专业存管机构经营管理的业务，它们既办理证券及衍生品交易资金的支付结算又受托负责对交易行为进行监督。证券及衍生品交易业务是证券交易所、期货交易所、其他证券或期货交易场所经营的业务，它们主要负责证券及衍生品交易市场的组织与管理，并依据法律

---

〔1〕 参见《证券法》《证券投资基金法》《期货交易管理条例》《刑法》等的规定。

〔2〕 参见《证券法》《证券公司监督管理条例》《期货公司监督管理办法》等的规定。

规定、监管机关的授权和市场自律约定监督和管理证券及衍生品市场。证券登记结算业务是交易所或专业登记结算公司经营的业务，它们既承担交易结算职责，也具有担保交易结算顺利进行和完成的职责。证券及衍生品市场服务业务主要是指证券及衍生品市场的咨询业务、评估业务等，它们是证券及衍生品市场的辅助性业务。在上述证券业务中，除辅助性业务外其他都是证券业的核心业务，经营这些业务必须取得监管机关的授权，否则即为非法经营，情节严重即可构成犯罪。[1]

四、保险业的规范

保险业是指经营保险业务的金融行业，它是通过契约形式集中起来的保险基金，补偿受益人因自然灾害或意外事故造成的经济损失或人身伤亡的一种金融行业。保险的实质不是保证危险不发生或不遭受损失，而是对危险发生后遭受的损失予以经济补偿。具体来讲，它是投保人根据合同约定，向保险人支付保险费，保险人对于合同约定的可能发生的事故因其发生所造成的财产损失承担赔偿责任，或者当被保险人死亡、伤残、疾病或者达到合同约定的年龄、期限时承担给付保险金责任的行为。保险业是法律对其经营安全要求非常高的行业，所有金融保险机构和保险业务都必须纳入监管。

（一）保险业的机构

按照保险业机构在保险市场上的地位不同，可以将其分为保险业经营机构和保险业辅助机构。其中，保险业经营机构是指直接经营保险与再保险业务的机构，这些机构主要包括保险公司、再保险公司、保险资产管理公司；保险业辅助机构是指为保险业提供辅助性服务的保险机构，这些机构主要包括保险代理人、保险经纪人、保险公估人等，它们共同构成保险业的整体。保险公司是指以公司形式设立的专业经营商业保险业务的保险机构，它可以具体分为财产保险公司和人身保险公司。再保险公司是指专业经营原保险人向其部分转移的保险业务的保险公司，再保险公司包括财产再保险公司、人身再保险公司和综合再保险公司。保险资产管理公司是指专业受托经营保险公司的对外投资资金业务的公司，它是保险基金经营专业化的产物，但它只能经营股东或股东控制的保险公司的投资资金。[2]

保险代理人是接受保险人的委托在保险人的授权范围内，专业代为办理保

---

〔1〕参见《证券法》《刑法》《期货交易管理条例》《证券交易所管理办法》《期货交易所管理办法》等的规定。

〔2〕参见《保险法》《保险公司管理规定》《再保险业务管理规定》《保险资产管理公司管理暂行规定》等的规定。

险业务以获取代理费用的机构，保险代理人只能专业经营保险人授权的代理业务、不得经营其他业务。保险经纪人是指基于投保人的利益，为投保人与保险公司订立保险合同提供中介服务，并按约定收取佣金的机构，保险经纪人只能专业经营保险经纪业务，不得经营与投保人无关的其他业务。保险公估人是指接受委托，专门从事保险标的或保险事故评估、勘验、鉴定、估损理算等业务，并按约定收取报酬的机构，保险公估人只能专业经营保险公估业务、不得经营与公估无关的业务。保险辅助机构也属于专业的保险机构，设立保险辅助机构也必须获得保险监管机关的授权和许可，否则即为非法金融机构。[1]

（二）保险业的业务

保险业的业务可以分为许多类型，具体来讲主要包括财产保险业务、人身保险业务、再保险业务、保险代理业务、保险经纪业务、保险公估业务和保险投资业务。

其中，财产保险业务是以财产和同财产直接相关的其他利益为标的的保险业务，它是财产保险公司专业经营的业务，具体包括财产损失保险、责任保险、信用保险、保证保险等。人身保险业务是以人的寿命和身体为标的的保险业务，它是人身保险公司专业经营的业务，具体包括人寿保险、健康保险、意外伤害保险等。再保险业务是将已经承保的保险再部分转移给其他保险人经营的业务，它又可以具体分为分出保险业务和分入保险业务，普通保险公司和专业的再保险公司都可以经营再保险业务。[2]

保险代理业务是接受保险人的委托，在其授权范围内代为其办理保险业务的业务。保险经纪业务是为投保人与保险人订立保险合同提供中介服务的业务。保险公估业务是指保险标的或保险事故的评估、勘验、鉴定、估损理算等的业务。保险投资业务是在法定的投资范围和比例内，运用保险资金进行金融或产业投资的业务，这里的保险资金是指保险公司的各项保险准备金、资本金、营运资金、公积金、未分配利润和其他负债，以及由上述资金形成的各种资产。经营上述业务必须取得保险监管机关的授权许可，除保险投资业务可以由保险公司直接经营外，专业经营这些业务都必须设立专业经营机构，非经监管机关授权经营保险业务构成非法经营，情节严重的可以构成犯罪。[3]

---

〔1〕参见《保险法》《保险专业代理机构监管规定》《保险经纪机构监管规定》《保险公估机构监管规定》等的规定。

〔2〕参见《保险法》《保险公司管理规定》《再保险业务管理规定》等的规定。

〔3〕参见《保险法》《刑法》《保险专业代理机构监管规定》《保险经纪机构监管规定》《保险公估机构监管规定》《保险资产管理公司管理暂行规定》等的规定。

五、民间金融规范

民间金融在国外称为非正规金融（Informal Finance），在法学上它是指没有纳入金融机构和金融业务规范与监管的，不会对整体金融利益构成较严重影响的，主要由民商法进行调整的金融行为。从本源上讲，所有的金融行为都是民间的，都应该受民商法的调整与规范。但是，随着金融业在当代社会经济中地位的不断提高，逐渐形成了整体金融利益，对社会一定范围内的整体金融效率、秩序和安全构成了严重的影响，国家不得不制定金融法对其进行进一步的规范和监管，才形成了民间金融与正规金融之分。就此而言，民间金融是指正规金融机构和金融业务之外的融资机构与融资业务。[1]

（一）民间金融的界限

既然存在民间金融与正规金融之分，就必须明确它们之间的法学界限，这是由于虽然同是金融行为但是它们适用的法律和对其合法与非法的判断是完全不同的，民间金融适用民商法、正规金融适用金融法。民间金融与正规金融的法学界限是整体金融利益，它具体包括最高标准和最低标准。其中，最高标准是整体金融效率和秩序，只要某金融行为对整体金融效率和秩序构成影响，就可以考虑将其纳入金融法的调整范围，将其规范成为正规的金融机构或金融业务。但是，最高标准具有必要性并不一定具有充分性，充分性是它的最低标准，即整体金融安全或称系统性金融风险。一种金融机构或一类金融业务，只要具有系统性金融风险就必须纳入金融法的规范和监管，成为正规金融。

系统性金融风险是指由于金融行为所导致的一定范围内的整体破坏性的风险，包括出现剧烈的金融市场波动、系列性金融信用危机、大规模金融机构破产等情况。系统性金融风险对整体金融利益具有巨大的破坏性，最终会严重影响各金融个体的利益和社会其他主体的利益，必须采取预防性措施对金融机构和金融行为进行控制和监管，这也是金融法产生的基本理由。具体来讲，系统性金融风险可以分为三种基本情况：一是某主体实际集中经营客户资金，它会形成巨大的风险集聚；二是构建货币财产流通与融通平台，它也会形成巨大的风险集聚；三是资金数额足够大或涉及人数足够多，它也会引起系统性风险。同时满足上述三项条件的，必须纳入金融法的规范和监管、将其规定为正规金融；其他的机构和行为则属于民间金融，应按照民商法的规则进行经营。否则，就是对合法民商事权利的非法侵犯。

---

〔1〕 参见《最高人民法院关于审理民间借贷案件适用法律若干问题的规定》《最高人民法院关于办理非法集资刑事案件适用法律若干问题的意见》《最高人民法院关于审理非法集资刑事案件具体应用法律若干问题的解释》等的具体规定。

（二）民间金融的类型

民间金融是一个广泛的概念，可以是任何一种不影响整体金融利益的金融行为。就目前来讲，比较典型的民间金融行为主要包括民间借贷、单位借贷、私募融资和金融服务等。其中，民间借贷是指个人之间或个人与单位之间，偶然性的贷出或借入货币资金类的行为。单位借贷是指非金融机构性质的单位之间，偶然性的贷出或借入货币资金类的行为。这里必须强调的是借贷必须是偶然性的，否则就构成经营借贷业务，经营借贷业务属于正规的金融行为，必须取得监管授权和许可，否则即为非法经营，情节严重可以构成犯罪。另外，借贷还具有利率的限制，如果利息率高于利润率就会对社会经济形成破坏作用，也不可能保证整体的金融效率和安全。高利放贷是各国法律都禁止的行为，情节严重可以构成金融犯罪。[1] 私募融资是指向社会特定的有限的专业投资人实施的，数量在限额以下的偶然性或消费性融资行为，包括股权融资、债权融资和信托融资等。强调有限的专业投资人是为了保护普通社会公众的投资财产安全，强调偶然性或消费性和数额有限是考虑社会影响力，在这些限制条件下通常不会影响整体金融利益。金融服务是指同资金经营和货币的流通与融通平台不直接相关的其他金融服务，如金融信息服务行为、现钞货币兑换行为等。这些金融服务不会影响整体金融利益、不会发生系统性金融风险，金融法没有必要将其直接纳入规范和监管的范围，主要应由民商法进行调整和规范。[2]

第三节　分业与混业经营

一、金融业分业经营

金融业的分业经营是指法律严格限制金融业及其内部各行业的经营范围，各行业之间的核心业务不得混合经营的金融制度，包括工商业与金融业的分业经营和金融业内部各行业之间的分业经营。最初各国法律都没有限制金融机构的经营范围，后来随着金融业整体利益的不断增强才逐渐立法实现金融业与工商业的分业经营，并进一步实现金融业内部各行业之间的分业经营，以实现各产业之间及金融产业内部各行业之间的隔离，防止风险传递、保障金融运行稳

---

〔1〕 我国法律目前没有直接规定高利贷罪，但对于民间金融的利率有最高限制，分别不同情况有24%和36%两个档次，超过部分的约定不具有法律效力，详见《最高人民法院关于审理民间借贷案件适用法律若干问题的规定》。

〔2〕 参见《证券法》《信托法》《最高人民法院关于审理民间借贷案件适用法律若干问题的规定》《最高人民法院关于办理非法集资刑事案件适用法律若干问题的意见》《最高人民法院关于审理非法集资刑事案件具体应用法律若干问题的解释》等的具体规定。

定和经营安全。[1]

（一）分业经营的优缺点

金融业与工商业及金融业内部的分业经营具有许多优点，这些优点可以概括为专业化经营、同行业竞争、专业化规范、专业化监管和隔离系统性风险。首先，分业经营有利于提高各行业的业务化经营水平，包括专业化技术水平和专业化管理水平，特别是在行业发展初期有利于行业的专业化发展。其次，分业经营使产业竞争在同行业之间进行，竞争的结果是促进行业向健康的方向发展，不会出现投机性竞争的现象。再次，分业经营可以使各行业都建立稳定的经营模式，便于立法对其进行专业化规范，提高整体金融效率和建立良好的整体金融秩序。复次，分业经营有利于实现对各行业的专业化监管，提高监管质量、充分实现立法和监管的目标。最后，分业经营可以将金融风险限制在本行业范围内，防止风险向相关行业转移和传递，有利于防止出现整个金融业或整体经济的系统性风险。

但是，分业经营也有许多缺点，这些缺点可以概括为限制行业发展空间、限制经营风险管理、限制资源的充分利用、限制企业国际竞争能力。首先，分业经营使企业只能经营本行业内有限类型的业务，使其发展空间受到极大的限制，甚至可能由于业务量的总体萎缩导致行业经营困难。其次，分业经营使企业无法向其他行业分散经营风险，不利于进行经营风险的有效管理。再次，分业经营使企业无法利用自己的行业优势促进相关行业的发展，限制了财产和其他资源的合理充分利用。最后，在本国法律实行分业经营制度而相关国家法律实行混业经营制度的条件下，不利于同行业企业之间的国际竞争，特别是在世界经济、金融一体化的条件下，会使本国企业处于竞争劣势。

（二）分业经营实现方式

分业经营是一种法律对工商业与金融业以及金融业内部各行业之间的人为业务分割，它的实现方式主要包括规定金融机构、规定金融业务、限制业务兼营三个方面。一是通过金融立法明确划分法人层面上的工商业机构与金融机构以及银行业、信托业、证券业和保险业机构，明确每类法人主体的机构性质。二是通过金融立法明确规定工商业务与金融业务的类别以及金融业内部各行业的业务类别，明确规定每类金融机构可以经营的业务类别，实现金融机构与金

---

[1] 金融业的分业经营主要从1933年《格拉斯—斯蒂格尔法》开始，实现了银行业和证券业的分业。1956年的《银行控股公司法》以及1970年的《银行控股公司法修正案》，进一步完善了美国的金融分业经营格局。我国的分业经营是从1993年《市场经济体制若干问题的决定》开始的，至1998年颁布的《证券法》得到最终确立。

融业务的分业统一。三是通过金融立法明确限制工商业机构不得兼营金融业的法定业务，金融业机构不得兼营工商业的法定业务，金融各行业之间也不得兼营行业内部的核心业务，或者明确规定它们可以兼营的业务种类。通过这些法律规定，就可以确定每类机构的业务范围，实现各类机构之间的分业经营，形成分业经营业务体系。

二、金融业混业经营

从产业发展的历史来看，总体上是从混业经营发展为分业经营的，这种划分主要是自然划分而不是法律划分。自从金融产业成为社会主导性产业之后，才开始进行法律意义上的分业经营。但是，分业经营的缺点也是显而易见的，各国法律制度经常在分业与混业之间徘徊，近些年许多国家开始尝试进行一定程度的金融混业，以充分发挥两种业务经营模式的优点。[1]

（一）混业经营的优缺点

金融业内部的混业经营具有许多优点，这些优点可以概括为扩大行业发展空间、充分利用内部资源、灵活适应行业变化和壮大国际竞争实力。首先，混业经营打破了金融业内部各行业之间的业务限制，必然能够为其发展提供更加广阔的业务空间，使其可能取得更大的发展机会。其次，混业经营可以综合利用各行业之间的内部资源，使内部资源得到更加充分的利用，节约经营成本、提高经营效率。再次，混业经营能够比较灵活地适应行业经营形势的变化，根据行业发展趋势及时调整业务比例。最后，混业经营可以增强本国金融机构的经济实力，在国际金融业务竞争中取得优势地位。

当然，混业经营也有许多缺点，它们主要表现在其特殊经营风险上，这些特殊风险主要包括行业风险、资本风险、经营风险和管理风险。首先，不同的金融行业有不同的风险水平和安全控制标准，多个行业混合经营会增大企业的综合金融风险。其次，在混业经营条件下金融企业之间相互持股会导致资本的重复计算，事实上增加集团经营风险。再次，混业经营会增加关联交易、内幕交易、操纵市场、规避限制等特殊经营风险。最后，混业经营会增加合格管理人员选任难度，增加财务信息风险和财务杠杆风险，会形成管理人员和社会公众的盲目自信。因此，各国只能根据其具体情况在适度的分业经营和适度的混业经营之间作出一个最优的选择，它们之间难以有绝对的优劣之分。

---

〔1〕美国联邦储备委员会从1987年开始就从监管上放松了分业管制，批准银行控股公司经营证券业务，此后对金融业的分业管制越来越放开，直至1999年颁布的《金融服务现代化法案》基本实行完全的混业经营。我国也从2006年开始逐步尝试进行混业经营，但目前的基本体制还是法人层面的分业经营，并试图在此基础上实现功能监管。

(二) 混业经营实现方式

金融业的混业经营包括工商业与金融业的混业经营和金融业内部的混业经营，通常世界各国都严格禁止工商业与金融业的混业经营，金融业的混业经营主要是指金融各行业内部的混业经营。金融业内部混业经营的实现方式主要包括法人内部的混业经营和法人之间的混业经营。法人内部的混业经营是指同一法人机构获得多行业的金融业务经营授权和许可，可以同时经营多个行业的金融业务。这种方式的混业经营以德国的全能银行为代表，德国的全能型银行不仅可以经营银行业的业务，还可以同时经营信托业、证券业和保险业的业务，使其成为全能型的金融机构。

法人之间的混业经营是指在同一法人内部坚持分业经营，却可以通过设立经营不同金融行业业务的子公司实现混业经营，它又可以具体分为银行控股公司模式和金融控股公司模式。其中，银行控股公司是法律只允许银行控股经营其他金融业务的子公司，其他金融机构不得通过其控股的子公司实现混业经营，这种模式英国比较典型。金融控股公司是法律允许任何金融企业控股其他经营金融业务的子公司，任何金融企业都有权成为金融控股公司，甚至非金融企业也可以通过控股金融业子公司成为金融控股公司，这种模式美国比较典型。我国目前已经实现了在金融控股公司模式下母子公司之间的混业经营，并且即使在同一法人内部也已经实现了一定程度上的混业经营。[1]

三、经营与监管模式

金融业的分业经营与混业经营不仅是一个经营模式问题，它直接影响到社会的整体金融利益，以及其中整体金融效率、秩序与安全之间的关系。适度的混业经营虽然可以提高整体金融效率，却威胁到整体的金融安全，必须配套以相应的风险预防制度和监管制度。在严格的分业经营制度条件下，金融法律是在规范金融机构的基础上进一步规范各机构的金融业务，它的基本监管模式应该是以机构监管为基础，在此基础上对各金融业的业务进行监管，监管机关应该按照金融机构的分类进行设置。

在金融业适度混业经营的条件下，特别是在非经监管机关授权许可的机构也能够有限制地经营金融业务的条件下，再以机构监管为基础设计监管体系，就必然会出现规范和监管的重叠和真空。规范和监管的重叠会导致规范和监管的矛盾与套利，规范和监管的真空会导致规范和监管的缺失与套利，这些现象

---

〔1〕 存在金融控股公司就必须存在规范它的法律制度，以预防和处置混业经营条件下的特殊风险，在立法体例上有些国家或地区制定有专门的《金融控股公司法》，有些国家或地区则是在相关法律中有这方面的制度。

会严重影响整体金融利益。因此，必须以功能监管为基础，以金融业务分类为基本依据，制定金融法规和实施金融监管，在此基础上再进一步规范和监管机构。在此条件下，监管机关只能按照金融业务的分类进行设置，在此基础上再确定机构的规范与监管职责的划分。只有这样，才能够建立起完善的金融业务与金融机构的规范与监管体系，充分维护金融的整体效率、秩序和安全。

【司法案例】

案情：吴某是浙江省东阳市歌山镇塘下村人，曾经营过美容店、理发休闲屋等。2005 年 3 月，吴某开始以合伙或投资等名义，向徐某等人高息集资，于 2006 年 4 月成立东阳本色商贸有限公司。为了能够获取更多的资金，吴某用 5,000万元注册成立了浙江本色控股集团有限公司，又以同样的方法在同年 7 月~10 月间，成立了东阳开发区本色汽车美容店等 9 个公司，并组建本色控股集团公司，子公司包括本色广告、酒店管理、洗业管理、电脑网络、婚庆、装饰材料、物流等。吴某用集资款注册成立上述众多公司后，大都未实际经营或亏损经营，但吴某采用虚构事实、隐瞒真相、虚假宣传等方法，给社会公众造成其公司具有雄厚经济实力的假象，以骗取更多的社会资金。

2005 年 5 月~2007 年 2 月间，吴某以高额利息为诱饵，以支付高额中介费为手段，以投资、借款、资金周转等名义，先后从林某等 11 人处集资 7.7 亿元，用于偿还集资款本金、支付高额利息、购买汽车及个人挥霍等，至案发尚有 38,426.5万元无法归还。林某等人的资金是他们面向许多特定的投资人筹集的，总人数已经超过认定为公开募集资金的界限。此外，吴某还用集资所得资金购买的房产，于 2006 年 11 月~2007 年 1 月向王某等人抵押借款共计 6,619 万元，案发前仅归还 1,000 万元，尚欠 5,619 万元。因公司装修、进货、发售洗衣卡、洗车卡等，由相关单位和个人向公安机关申报债权总计 2,034 余万元。2006 年 10 月，吴某以做珠宝生意为名从方某处购进标价 1.2 亿元的珠宝，仅支付货款 2,381 万元，其中大部分被吴某直接送与他人或用于抵押借款。

判决：浙江省金华市中级人民法院一审认定以下事实，被告人吴某于 2005 年 5 月~2007 年 2 月间，以非法占有为目的，采用虚构事实、隐瞒真相、以高额利息为诱饵等手段，向社会公众非法集资人民币 7.7 亿元。至案发时尚有 3.8 亿元无法归还。吴某的上述行为构成集资诈骗罪，判处死刑，剥夺政治权利终身，并处没收个人全部财产。

吴某不服提起上诉，浙江省高级人民法院裁定驳回上诉、维持原判，并报请最高人民法院复核。最高人民法院经复核后认为，第一审判决、第二审裁定认定被告人吴某犯集资诈骗罪的事实清楚，证据确实、充分，定性准确，审判程序合法，综合全案考虑，对吴某判处死刑，可不立即执行，裁定发回浙江省高级人民法院重新审理。浙江省高级人民法院经重新审理后认为，被告人吴某集资诈骗数额特别巨大，给受害人造成重大损失，且其行为严重破坏了国家金融管理秩序，危害特别严重，应依法惩处。鉴于吴某归案后如实供述所犯罪行，并主动供述了其贿赂多名公务人员的事实，其中已查证属实并追究刑事责任的有3人。综合考虑，对吴某判处死刑，缓期二年执行。

评析：本案中吴某作为普通工商企业的负责人，无权向社会公众募集资金，且募集数额巨大。该行为违反了我国法律对工商业和金融业及金融业内部实行分业经营的基本原则，侵犯了普通社会公众投资人的资金安全，应该构成非法吸收公众存款罪。并且，又存在一些以非法占有为目的的现象，且有大量集资款没有能力返还，可以认为进一步构成集资诈骗罪。同时，虽然吴某有与集资参与人约定利率的权利，但如果利率高于法律上限，就是被金融法限制的行为。此外，无论是非法吸收公众存款、还是集资诈骗，集资参与人参加的是公开募集资金的行为。未取得监管机关的授权或许可，擅自参与公开募集资金的行为本身也是违法的，他们与吴某之间的借贷约定是无效的，由此造成的损失应该自行承担责任。因此，集资参与人只能要求按比例返还吴某集资清理后的剩余财产，无权要求吴某返还受民商法保护的原集资款和相应利息，集资财产清理清退后全部法律关系均归于结束。

第三章

金融企业组织法

学习目的与要求　金融企业组织法是对金融企业特殊组织制度的概括，它既体现了金融法与相关法学学科，特别是民商法的区别，同时也反映出了它们之间存在的联系。目的是使读者掌握金融企业与普通工商企业之间的本质联系与区别，掌握金融企业的各种特殊组织制度，以及设计这些特殊组织制度的理论与实践基础，并能够运用这些制度解决司法实践中的问题。通过本章的学习，要求学生：

●重点掌握：金融企业的设立、解散、撤销、整顿、接管、破产规范。

●一般了解：金融企业组织法的依据；金融企业组织法的发展趋势。

●深入思考：金融企业的社会性；金融企业同普通民商事主体的区别。

【核心概念】设立要件　设立程序　组织形式　终止制度　存款保险

【引导案例】

2007年美国“次贷危机”爆发，并引发了整个世界的金融危机。这次金融危机起源于2000年美国的网络泡沫，布什政府用低利率配合减税措施，鼓励居民购房，目的是利用建筑业拉动经济。美国的房地产贷款市场分为三类：优质贷款市场、次优级贷款市场和次级贷款市场。次级抵押贷款主要是向达不到优质级或次优级评价的购房客户提供的贷款，它对借款人的信用记录和还款能力要求不高，较为常见的次级贷款都是浮动利率贷款。初期每期的利率和还款金额都比较低，一般有两到三年的先期优惠利率（Introductory Rates）。之后每半年或一年利率调整一次，调整幅度可能增加50%以上。贷款人主要是不具有吸收公众存款权利的金融公司，如美国国民金融公司（Countrywide Financial Corp）、美国新世纪金融公司（New Century Financial）等。由于金融公司不能吸收存款、缺少新的贷款资金来源，于是开始进行“房地产抵押贷款资产”证券化，向社会出售“房地产抵押贷款资产证券”。在此过程中，房地产抵押贷款机构、投资银行和保险公司等都起到了重要作用。其中，房地产抵押贷款机构主要是房利美和房地美。房利美（Fannie Mae，旧名联邦国民抵押贷款协会，Federal National Mortgage Association）、房地美（Freddie Mae，旧名联邦住房抵押贷款公司，Federal Home Loan Mortgage Corp）的主要业务是在房屋抵押贷款市场中收购贷款，并通过向投资者发行机构债券或证券化的按揭抵押债券，为房地产贷款企业融通资金，赚取利差；而投资银行则既是“房地产抵押贷款资产证券”的承销商同时又是该证券的投资人；保险公司则既是该证券收益的保险人同时也是该证券的投资人。

2008 年 4 月，国民金融公司和新世纪金融公司因市场利率升高，购房人发生经营危机，不能按期偿还贷款本息正式申请破产保护，导致“房地产抵押贷款资产证券”市场价格暴跌，成为次级抵押贷款危机的导火线，引发全面危机。首先是“房利美”和“房地美”，因持有的住房抵押贷款余额 1.45 万亿美元，持有的住房抵押贷款证券 3.65 万亿美元，占住房抵押贷款市场份额的 42%，发生严重的财务危机，被美国政府接管。接下来是美国第三大证券公司“美林”被美国银行收购，贝尔斯登因濒临破产而被摩根大通收购，摩根士丹利和高盛集团从投资银行转型为传统的银行控股公司；美国第一大保险公司美国国际集团（AIG）被政府接管，花旗银行和美国银行不得不要求政府给予资金援助。2008 年 9 月 15 日，在美国财政部、美国银行以及英国巴克莱银行相继放弃收购谈判后，雷曼兄弟公司宣布申请破产保护，并最终破产。雷曼公司申请破产保护的消息引发了投资者对美国金融市场的强烈担忧，当天全球主要股市纷纷大跌，引起全球性金融危机，并进一步扩展到实体经济。美国的金融危机，又引发了欧洲主权债务危机和欧元危机。

在本次金融危机中，最引人注目的是美国华尔街传奇人物、纳斯达克股票市场公司前董事会主席伯纳德·麦道夫。2008 年 12 月 11 日早晨，他因涉嫌证券欺诈被警方逮捕。麦道夫 1938 年出生于纽约的一个犹太人家庭，1960 年他用自己做救生员和卖洒水器所赚的 5,000 美元投资成立了伯纳德·麦道夫投资证券公司。到 1989 年，麦道夫的公司已经掌握了纽约证券交易所超过 5% 的交易量，曾被《金融世界》杂志评为华尔街最高收入的人物之一。从 2005 年开始，麦道夫为扩大业务量进行“庞氏骗局”操作，骗取投资人的投资资金，给投资者造成损失达 650 亿美元。2009 年 3 月 12 日，麦道夫就证券欺诈、洗钱、伪证罪等 11 项罪名表示认罪，被判处 150 年监禁，没收财产 1,700 亿美元。为吸取本次金融危机的教训，美国进行了一系列金融改革，并颁布了《金融监管改革法案》，以加强金融监管、保护客户利益。[1]

【案例导学】

本次美国金融危机再一次告诫我们，金融业是一种特殊的行业，它既能够迅速地集聚大量的资金推动经济增长，也能够集聚风险导致经济的剧烈波动。因此，对于金融业必须进行严格的规范和监管，它的重点是对金融企业的规范和监管。在当代社会金融企业是特殊企业，它的业务经营和经营风险直接影响到经济的稳定和社会公众利益，它除需要遵守普通工商企业的法律制度外，还必须为其进一步制定更加严格和特殊的设立、治理和终止制度，以保障其经营的安全性，维护整体金融秩序与效率。

第一节　金融企业的设立

一、金融企业的特殊性

金融企业泛指以取得经营利润为主要目的，经营货币流通、货币融通及其相关业务的金融机构。它的外延要小于金融机构，金融机构除金融企业外还包括许多非纯粹企业性质的机构，如交易所、登记结算机构等。金融企业是一个法学概念，它特指各种金融法律或监管机关明确承认的企业，是经依法授权许可有权经营金融业务的企业，是金融产业部门的经营主体，非金融企业无权经营法定的金融业务。金融企业首先是企业，就此而言它同工商企业没有本质区别；但它同时又是经营金融业务的企业，金融业务是产业部门中的特殊业务。正是由于其业务和经营的特殊性，使金融企业成为区别于工商企业的特殊企业，金融企业的业务和经营特殊性主要表现在以下几个方面：

金融企业是高负债性企业。在现代企业制度建立初期，由于金融业并不很发达，人们对企业经营的认识也有限。当时，企业主要依靠自有资金来经营，只有短期流动资金才通过外部融通解决，负债率普遍比较低。在当代社会中，由于金融业的发展和人们对企业经营认识得更加充分，工商企业都以负债经营作为基本的经营理念，企业负债率普遍提高，企业最高的主动负债率通常可以达到净资产的40%。[2] 在此同时，由于金融企业是货币融通主体，它的负债率要远高于工商企业。商业银行的资本充足率只要不低于8%，保险公司对每一危

---

〔1〕资料来源：根据相关报刊资料整理。

〔2〕按照我国《证券法》的规定，本次发行后累计公司债券余额不超过最近一期末净资产额的40%；有研究认为工商企业的最高负债率不应超过65%，否则该企业就存在巨大的资金流动性风险，多数负债率超过这一比率的企业都会导致破产。

险单位的责任只要不超过实有资本金加公积金之和的10%，都是法律可接受的。[1] 由此可见，金融企业同工商企业相比是一种高负债经营性企业。

金融企业是高流动性企业。企业经营资金的流动性，取决于其经营的性质。通常，工业企业由于其生产加工的周期比较长，它的资金流动性也比较差。相对而言，它的生产经营风险就比较低。商业企业由于其采购与销售的周期比较短，它的资金流动性就比较高。相对而言，它的业务经营风险就比较高。金融企业由于其经营的对象是作为流通手段与支付手段的货币，它本身就是货币流通与货币融通的中心。[2] 因此，它的资金流动性非常高，每时每刻都有大量的客户在不断地存款、取款、借款和还款。金融企业的这种经营性质决定了它具有非常高的经营风险，特别容易发生经营危机。

金融企业是高信用性企业。产业是以企业间交易为纽带的生产经营体系，要在不同利益主体之间实现迅速而稳定的交易，最大限度地降低交易成本，必须保持各独立企业之间的信用。在商业信用时代，社会上信用最高的是工商企业，它主要依靠其产品和财产实力建立社会信用。随着工商企业经营负债化趋势的不断加强，以及金融企业在社会经济中地位的不断提高，最终商业信用时代不得不让位于金融信用时代。在金融信用时代，社会上信用最高的是金融企业，信用是金融企业的生命，它甚至比资本更加重要。金融企业信用的建立除依靠雄厚的资本外，还要依靠其长期稳健的经营，依靠其严格的准入制度、系统的经营管理制度、严密的内部控制制度和有力的外部监管制度。[3]

金融企业是高传染性企业。工商企业是一种外部联系比较简单的企业，工业企业的外部联系主要是其原材料供给企业和产品使用单位与个人，商业企业的外部联系主要是其商品采购企业和商品销售对象，通常不会同其他单位和个人发生较密切的生产经营联系。金融企业则不然，它是整个社会的货币流通中心和货币融通中心，社会上的任何单位和个人都必须通过金融企业实现其存款货币的流通，都主要通过金融企业实现其货币资金的融通，它是全社会财产关系的焦点。任何金融企业出现经营危机，都会通过其货币流通和融通关系传染给相关单位和个人，从而形成整个社会的系统性金融风险。金融是当代经济的核心，也是危机的核心，目前的经济危机都主要表现为金融危机。

金融企业是高影响性企业。在市场经济条件下，任何交易行为都是与金融

[1] 参见《商业银行法》第39条，《保险法》第103条，以及相关法律、法规的规定。

[2] 这里需要特别注意的是，金融企业是货币流通与融通的中心，并不能简单地称为中介。金融企业与相对人形成的法律关系是非常复杂的，并且都有具体的法定名称和规范，不是简单的中介法律关系所能包含的，不能将二者混为一谈。

[3] 参见《银行业监督管理法》《证券法》《保险法》等有关金融企业信用方面的要求和规定。

具有直接联系的，市场经济越发达金融也越发达。从个体的角度看，它涉及每一个社会个体的财产利益；从整体的角度看，它涉及整个社会的经济运行和增长状况，并最终通过社会整体经济利益影响到个体利益。同时，金融企业往往都是比较大型的企业，通常一个比较大的金融企业出现危机，就会对整个社会构成巨大的经济甚至政治影响，造成巨大的社会损失。因此，在当代社会，任何一个国家的法律都必须对金融企业的组织制度给予高度的重视，在普通企业制度的基础上，建立严格的金融企业准入制度、治理制度和终止制度，以保障每个成员的财产利益，保障整个社会的整体金融利益。

二、金融企业的设立要件

金融企业的设立要件制度或称准入要件制度，是规定设立金融企业所必须的具体条件的制度。它是在普通工商企业设立要件制度的基础上建立起来的，超越普通工商企业设立要件要求的特殊要件制度。在金融法律没有特别规定的条件下，按照工商企业设立要件制度执行；在金融法律有特别规定的条件下，必须按照这些特殊规定执行。[1] 这是由金融企业和金融产业部门的特殊性决定的，通过这些特殊准入要件标准，将达不到基本设立条件的申请人排除在金融企业之外，使合法经营金融业务的都是合格企业。金融企业多是公司企业，它们的基本设立要件主要包括企业名称条件、资本限额条件、出资资格条件、从业人员条件、组织管理条件和营业场所条件等。[2]

（一）企业名称条件

任何法律主体都要有特定的名称，以区别于其他主体。通常，企业全称由地名、企业名、行业名和企业性质名四部分构成。其中，地名主要是标明企业生产经营活动的地域范围或企业的住所地，以在经营区域或住所地上区别于其他企业；企业名是某个企业特有的可以根据自己的愿望自由设定的名称，它是企业名称的核心，只要不侵犯他人名称权益或违反限制性规定就可以使用；行业名主要标明企业所主要从事的业务活动领域，对工商企业而言，通常只要能够表明其主要从事的行业即可；企业性质名则是有严格的法律要求的，它必须能够向社会清楚地反映企业的法律性质。

在金融企业名称规范中，除遵守上述要求外，核心强调的是其行业名，它需要监管机关的专门认定，非经法定程序认定而使用的属于非法行为。在银行业中，未经监管机关许可，任何单位和个人不得在名称中使用“银行”“财务公

---

〔1〕 参见《商业银行法》第2条、第12条、第17条、第25条，《证券法》第123条、第131条，《保险法》第68条、第69条、第70条、第94条，以及相关法律、法规等的规定。

〔2〕 参见《公司法》《商业银行法》《证券法》《保险法》等法律中关于设立条件的相关规定。

司”“金融公司”等，表明其从事银行、财务公司、金融业务等的字样；在信托业中，未经监管机关许可，任何单位和个人不得在其名称中使用“信托”“信托投资”等的字样；在证券业中，未经监管机关许可，任何单位和个人不得在其名称中使用“证券公司”“证券登记结算公司”和“证券交易所”“期货”等的字样；在保险业中，未经监管机关许可，任何单位和个人不得在其名称中使用“保险公司”“保险代理”“保险经纪”“保险公估”等字样。[1]

（二）资本限额条件

任何企业都必须有一定的资本，作为它的自有财产。它主要有两方面的作用：一是作为其从事业务经营的基础；二是作为对外承担财产责任的基础。各国法律都对企业的资本规模有明确的要求，没有资本或没有与其经营相适应的资本不能设立相应类型的企业，即使在认缴制的条件下股东也必须以其认缴的出资额对公司承担责任。并且，金融企业资本不得实行认缴制、必须实行实缴制，同时还有严格的最低资本限额限制。首先，这是由于金融企业不需要长期的建设和分次逐步投入资本，它的设立与资本投入是一次性的。其次，金融业是以信用为基础的行业，拥有巨额资本是其建立良好社会信誉的基本前提。再次，金融业是以负债经营为基本特征的行业，巨额资本是保障业务相对人权益的基础。最后，金融业是社会性、风险性和竞争性较强的行业，巨额资本可以降低经营风险、实现有限竞争。

按照我国现行法律规定，设立全国性商业银行的注册资本最低限额为 10 亿元人民币。设立城市商业银行的注册资本最低限额为 1 亿元人民币，设立农村商业银行的注册资本最低限额为 5,000 万元人民币。外商独资银行、中外合资银行的注册资本最低限额为 10 亿元人民币或等值的可自由兑换货币；外商独资银行、中外合资银行在中国境内设立的分行，应当由其总行无偿拨付不少于 1 亿元人民币或等值的可自由兑换货币的营运资金；外国银行分行应当由其总行无偿拨付不少于 2 亿元人民币或等值的可自由兑换货币的营运资金。设立信托公司的注册资本不得低于 3 亿元人民币，或者等值的可自由兑换货币。设立证券公司，最低注册资本为 5,000 万元人民币。设立保险公司，其注册资本的最低限额为 2 亿元人民币。并且，设立金融企业的资本金必须是实缴资本，有的

---

〔1〕参见我国现行《商业银行法》第 11 条，《企业集团财务公司管理办法》第 6 条，《信托公司管理办法》第 7 条，《金融租赁公司管理办法》第 2 条，《证券法》第 104 条、第 126 条、第 156 条，《保险法》第 6 条，《保险专业代理机构监管规定》第 9 条，《保险经纪机构监管规定》第 10 条，《保险公估机构监管规定》第 11 条，以及相关法律、法规的具体规定。

还要求必须是实缴货币资本。[1]

（三）出资资格条件

金融企业不仅在注册资本的最低限额、资本缴纳的时限，以及出资的构成上区别于工商企业。同时，在主要出资人资格上也有特殊要求。金融企业在主要出资人资格上主要有四个方面的要求：一是具有比较严格的国籍限制，特别是对控制股东的国籍限制；二是具有比较严格的出资人财产实力限制，达不到一定的标准没有资格作为主要出资人；三是出资人经营的规范性限制，经营不规范的主体不能作为主要出资人；四是出资比例限制，同一出资人通常不能超过一定的出资比例。金融企业出资人的这些要求，主要是从其经营的安全性考虑的。由于主要出资人与金融企业具有密切的财产和人员联系，没有合格的主要出资人难以保证金融企业的安全、稳健经营的。

我国现行金融法规对金融企业发起人、主要出资人，特别是控股股东有严格的条件要求。如设立商业银行的境内金融机构发起人应当符合资本充足率、资本与资产总额比率、投资与净资产比率等的要求；境外金融机构作为发起人或战略投资者，总资产原则上不少于100亿美元，单个投资比例不得超过20%，多个合计投资比例不得超过25%；境内非金融机构作为发起人，应当符合法人资格、治理结构、社会声誉、诚信记录、纳税记录、持续财务状况等的要求。设立证券公司，它的主要股东应具有持续盈利能力、信誉良好，净资产不低于2亿元人民币。设立基金管理公司，它的主要股东应具有经营金融业务或管理金融机构的良好业绩，有良好的财务状况和社会信誉，注册资本不低于1亿元人民币。设立保险公司，它的主要股东应具有持续盈利能力、信誉良好，净资产不低于2亿元人民币。[2]

（四）从业人员条件

金融企业需要有一定的从业人员，具体从事经营管理和金融业务活动。因此，各国法律、法规都对其从业人员条件有明确的要求，特别是特定岗位的从业人员达不到法定标准不能设立金融企业。金融企业与工商企业从业人员条件有明显的区别，通常金融企业的从业人员标准要远高于工商企业，这主要是基于以下三个方面的原因：一是金融业是整个社会的货币流通与融通中心，非专业人员不具有操作金融业务的能力，不具有专业管理水平也不具有管理金融企

---

〔1〕参见《商业银行法》第13条，《外资银行管理条例》第8条，《信托公司管理办法》第10条，《证券法》第127条、第156条，《证券投资基金法》第13条，《保险法》第69条，以及相关法律、法规的具体规定。

〔2〕参见《商业银行法》第15条，《中资商业银行行政许可事项实施办法》第8～13条，《证券法》第124条，《证券投资基金法》第13条，《保险法》第68条等，以及相关法律、法规的具体规定。

业的能力。二是金融业是一种经济关系和法律关系比较复杂的行业，没有较高的专业水平无法保证业务的正常经营。三是金融业是社会责任性和自我约束性比较强的行业，没有较高的道德标准也难以正常地履行其职责。

工商企业的从业人员条件主要是消极条件，这些条件也适用于金融企业。但是，金融企业的从业人员还有积极条件的要求，满足不了这些积极条件的要求，也不能成为其从业人员。按照我国现行法规的规定，担任金融企业法定代表人的应通常是中国公民。金融企业高级管理人员应满足以下基本条件：能正确贯彻执行国家的经济、金融方针政策；熟悉并遵守有关经济、金融法律法规；具有与担任职务相适应的专业知识和工作经验；具备与担任职务相称的组织管理能力和业务能力；具有公正、诚实、廉洁的品质，工作作风正派。同时，还应满足以下具体条件：具有本科以上（包括本科）学历；根据不同职位要求具有金融业6~10年以上从业经历；或者从事经济工作9~15年以上经历，并且从事金融工作3~5年以上。担任境外中资银行类机构中方派出的高级管理人员，还必须能较熟练地运用一门与所任职务相适应的外语。并且，对金融企业的普通从业人员，也有特殊的从业资格要求。[1]

（五）组织管理条件

任何金融企业都必须有一定的组织管理，具体组织和监督各项金融业务活动的开展。因此，各国法规都对金融企业的组织管理条件有明确的规定，达不到法定标准不能设立金融企业。金融企业与工商企业组织管理条件有明显的区别，金融企业的组织管理标准要高于工商企业，这主要是基于以下三个方面的原因：一是金融业具有较高的业务经营风险，没有严密的组织管理难以保证业务经营的正常进行。二是金融业社会联系广泛、业务关系复杂，没有严密的组织管理难以取得良好的经营效果。三是金融业从业人员工作独立性较强，没有严密的组织管理难以保障其自身和业务相对人的利益。

我国现行法规对设立每类金融企业，都有严格的组织管理条件规定。如设立商业银行其组织形式、组织机构除适用《公司法》外，还要具有良好的公司治理结构；具有健全的风险管理体系，能有效控制关联交易风险；具有科学有效的人力资源管理制度，拥有高素质的专业人才；具备有效的资本约束与资本补充机制。设立信托公司要有健全的组织机构、业务操作规则和风险控制制度，

---

〔1〕参见《金融机构高级管理人员任职资格管理办法》第6条、第7条、第8条，《银行业金融机构董事（理事）和高级管理人员任职资格管理办法》《期货公司董事、监事和高级管理人员任职资格管理办法》《证券投资基金行业高级管理人员任职管理办法》《保险公司董事、监事和高级管理人员任职资格管理规定》等法规的具体规定。

设立证券公司要有完善的风险管理与内部控制制度，设立基金管理公司要有良好的内部治理结构、完善的内部稽核监控制度和风险控制制度，设立保险公司要有健全的组织机构和管理制度等。[1]

（六）营业场所条件

金融企业必须有专门的业务经营场所，以保证各项金融业务活动的正常进行。因此，各国法规都对金融企业的营业场所条件有明确的规定，达不到法定标准不能设立金融企业。金融企业与工商企业经营场所条件有明显的区别，这主要是基于以下三个方面的原因：一是金融业经营的是各种金融财产或资产，它是社会财富的重要表现形式，并且绝大部分为独立性财产，具有比较大的丧失风险。二是金融业与外界的业务往来频繁，必须有比较合理的业务经营空间。三是金融业同时是各种金融财产或资产的重要保存场所，必须保证其金融财产或资产的安全。按照我国现行法规的规定，设立金融企业必须有符合要求的营业场所、安全防范措施和与业务有关的其他设施。[2]

三、金融企业的设立程序

金融企业的设立程序制度，是规定金融企业设立过程中各项工作先后顺序的制度。金融企业是一种重要的企业法人或产业组织，是金融业务的核心实施主体。因此，它必须首先按照法定程序进行设立取得金融企业的资格，擅自设立金融机构是违法行为，甚至是犯罪行为。[3] 金融企业的设立程序在普通企业法的基础上有更加严格的要求，按照《公司法》和相应金融法的规定，金融企业的设立程序主要包括向设立监管机关提出设立申请、获得金融业务经营许可和办理设立注册登记三个基本步骤。[4]

（一）提出设立申请

设立金融企业应首先向监管机关提出设立申请，并提供相关设立审核资料。金融企业的设立监管机关主要包括金融企业监管机关和工商企业监管机关。申

---

〔1〕参见《商业银行法》第12条、第15条，《中资商业银行行政许可事项实施办法》第7条，《信托公司管理办法》第8条，《证券法》第124条，《证券投资基金法》第13条，《保险法》第68条，以及相关法律、法规的具体规定。

〔2〕参见《商业银行法》第12条，《中资商业银行行政许可事项实施办法》第7条，《信托公司管理办法》第8条，《证券法》第124条，《证券投资基金法》第13条，《保险法》第68条，以及相关法律、法规的具体规定。

〔3〕按照我国《刑法》第174条的规定，未经国家有关主管部门批准，擅自设立商业银行、证券交易所、期货交易所、证券公司、期货经纪公司、保险公司或者其他金融机构的，处3年以下有期徒刑或者拘役，并处或者单处2万元以上20万元以下罚金；情节严重的，处3年以上10年以下有期徒刑，并处5万元以上50万元以下罚金。

〔4〕参见《公司法》，以及相关金融法律、法规关于金融企业设立程序的具体规定。

请人需要首先获得金融监管机关的设立许可，才能向工商监管机关申请设立登记，并取得主体登记证书和业务经营许可证书。需要提供的设立审核资料主要包括设立申请书、企业章程草案、可行性研究报告、验资报告和监管机关要求提供的其他资料。其中，验资报告是指由法定资质的验资机构出具的资本金查验证明，它表明拟设立金融企业的筹建机构已按其注册资本的要求，筹足全部货币或实物资金。验资工作需具有执业资格的公共财务部门注册会计师来承担，并按照实际资本金的查验结果出具验资报告。[1]

（二）获得授权许可

金融企业是经营货币流通与融通及其相关业务的特殊企业，必须加强对它业务和风险的严格监督管理；否则，很可能导致整体金融效率降低、金融秩序混乱，甚至出现信用危机和金融业的经营危机。要防止出现这些现象，首先必须保证进入金融领域的企业都是合格企业，金融企业的质量只有专业监管机关才有能力进行审核。因此，各国金融法律都明确规定，经营金融业务必须经金融监管机关审核，颁发金融业务经营许可证书才有权经营金融业务。经营金融业务许可证书，是金融机构开展金融业务活动的合法凭证，未取得许可证书而经营金融业务属于非法经营。[2]

（三）办理注册登记

取得经营金融业务许可证书，是允许金融企业经营许可范围内的金融业务的基本前提，但它不是产业单位法人资格证书，没有取得法人资格，也不能实际开展金融业务活动。要实际开展金融业务活动，还必须进行产业单位法人注册登记和取得法人业务经营证书。只有办理了注册登记取得了法人资格和业务经营证书，才能取得法人资格，才具有从事经营活动的权利能力和行为能力。通常，金融企业需注册登记的事项主要包括金融企业名称、住所、法定代表人，经济性质、经营范围、经营方式，注册资本、经营期限和分支机构等。完成注册登记即取得了法人资格，就能够以该机构的名义刻制相关印章、开立银行账户、办理纳税登记取得发票，从事金融业务的经营。[3]

---

〔1〕参见《商业银行法》第16条，《信托公司管理办法》第9条，《证券法》第122条，《证券投资基金法》第13条、第14条，《保险法》第67条，以及相关法规的具体规定。

〔2〕参见《商业银行法》第16条，《信托公司管理办法》第7条，《证券法》第125条、第128条，《证券投资基金法》第13条、第14条，《保险法》第70条、第73条，以及相关法规的规定。

〔3〕参见《公司法》第6条、第7条，《商业银行法》第16条，《证券法》第128条，《保险法》第77~78条等的规定。按照《国务院关于取消和调整一批行政审批项目等事项的决定》，我国对许多工商企业注册采取了先颁发营业执照再办理经营许可证书的方式，但这项制度不适用于金融企业。

四、分支机构的设立制度

金融企业的分支机构，是根据业务需要在境内外设立的，不具有法人资格的业务经营机构。按照多数国家金融法律的规定，金融企业的分支机构分为允许设立和不允许设立两种情况。并且，即使在法律允许设立分支机构的条件下，也必须满足法定条件、按照法定程序进行设立，不得擅自设立分支机构。为保证设立分支机构的质量，金融企业设立的分支机构也必须达到设立要件的要求，同时必须按法定程序审查核准。因此，分支机构的设立制度主要包括设立的要件制度和设立程序制度。[1]

（一）设立要件制度

金融企业分支机构设立要件的内容，同金融企业的设立要件基本相同，主要包括经营资金条件、从业人员条件、组织机构条件、管理制度条件、营业场所条件和设立文件条件等。由于金融企业的分支机构不具有法人资格，只能在总机构授权的范围内从事业务活动，不能实行独立的经济核算。因此，它没有在法律上独立的财产，只有供其使用的业务经营资金。分支机构的业务经营资金，是总机构根据规定以及业务需要拨付的经营资金。[2]

（二）设立程序制度

金融企业分支机构的设立程序，同金融企业的设立程序基本相同，也主要包括提出设立申请、取得经营许可和办理注册登记等三个基本步骤。设立分支机构应首先向监管机关提出设立申请和有关文件、资料。设立申请书应当载明，拟设立分支机构的名称、经营资金数额、业务经营范围，总机构及其分支机构的住所等。在监管机关审核颁发经营许可证书后，申请注册登记取得业务经营证书，宣告分支机构正式成立，在授权范围内从事业务经营。[3]

第二节　金融企业的治理

一、金融企业的组织形式

金融企业组织制度，不仅包括设立制度还包括治理制度。金融企业治理制度，是规定金融企业的组织形式和组织机构的制度。它直接决定着金融企业与

---

〔1〕参见《商业银行法》《中资商业银行行政许可事项实施办法》《信托投资公司管理办法》《证券法》《证券投资基金法》《保险法》等相关法律、法规的规定。

〔2〕参见《商业银行法》第19～23条，《信托公司管理办法》第11条，《证券法》第129条，《证券投资基金管理公司管理办法》第四章，《保险法》第74～80条，以及相关法律、法规的具体规定。

〔3〕参见《商业银行法》第19～23条，《信托公司管理办法》第11条，《证券法》第129条，《证券投资基金管理公司管理办法》第四章，《保险法》第74～80条，以及相关法律、法规的具体规定。

其归属主体之间的关系，决定着其归属主体能够对它的控制程度，决定着它的业务经营和对社会经济的影响状况。金融企业组织形式制度，是规定它所能够选择的资本组织方式和业务组织方式的制度。它直接决定着社会一定范围内金融企业的产权结构，从产权关系上决定着它与普通产业单位的关系。并且，还会进一步影响金融企业的业务组织方式，影响它的各金融业务经营行为，最终影响整个社会的金融效率、秩序和安全。[1]

（一）资本组织制度

金融企业的资本组织制度，是规定其资本构成机制的制度。按照各国金融法规的规定，可以将其具体分为公司制金融企业、合作制金融企业和国有制金融企业。

公司制金融企业，是按照相应金融法规和《公司法》的规定设立的，出资人以其出资额为限对企业承担责任，企业以其全部资产对债务承担责任的金融企业。这种金融企业按照它的具体组织形式又可分为有限责任公司模式、股份有限公司模式和金融控股公司模式。[2] 公司制金融企业，由于其具有强大的资本融通能力，多能够募集较雄厚的金融资本。同时，由于公司制金融企业的社会开放性，能够吸收大量的业务经营资金。因此，它是当代社会金融企业的代表形式，绝大多数大型金融企业都采取公司制组织形式。

合作制金融企业，是按照相应金融法规和“合作社法”的规定设立的，[3] 由企业成员投资组成的，出资人以其出资额为限对企业承担责任，企业以其全部资产对债务承担责任，企业决策权按照成员身份和投资数额享有，主要为其成员提供金融业务服务的金融企业。[4] 合作制金融企业的主要特点，是其人合性、地域性和互助性。它首先以成员身份为基础，以具有共同经济利益的全体成员为基本服务对象；正是由于这一特点，它只能是一种地域性的金融企业，它的服务只能限制在一个较小的地域范围内；设立这种金融企业的主要目的是为其成员服务，而不是对社会公众服务；它是公司制金融企业的补充形式，以特定区域内的小微产业单位为主要服务对象。它的主要组织形式包括农村合作银行、农村信用合作社，以及信用合作社联合社等。[5]

---

〔1〕参见各种企业法、《商业银行法》、《保险法》、《证券法》及相关法律、法规的规定。

〔2〕参见《商业银行法》第2条、第17条，《信托法》第24条，《信托公司管理办法》，《证券法》第123条、第126条，《证券投资基金法》第12条，以及相关法律、法规的具体规定。

〔3〕我国目前正在制定《合作社法》，它是规范合作社这种特殊社会主体的法律。

〔4〕参见《农村中小金融机构行政许可事项实施办法》第2条，《农村合作银行管理暂行规定》第2条、第4条，以及相关法律、法规的具体规定。

〔5〕我国金融企业中只有投资基金管理人可以采取合伙制组织形式，这里不将其作为一种特殊的分类。

国有制金融企业，是指主要由国家出资设立的金融企业。按照其资本的直接归属关系和它的债务责任，可将其进一步分为全部资本直接归属于国家，并且需承担无限债务责任的国有金融企业；以及全部资本直接归属于其出资人，仅需要承担有限债务责任的国有金融企业。通常，前者主要是国有政策性金融企业，后者主要是国有商业性金融企业。按照国有股的比例可以分为绝对控股、相对控股和非控股三种情况。国家绝对控股的金融企业，国有股比例下限为50%（不含50%）；国家相对控股的金融企业，国有股比例下限为30%（不含30%），国有股股东须是第一大股东。

（二）业务组织制度

金融企业的业务组织制度，是规定金融企业业务经营机制的制度。按照各国金融法的规定，可以将其具体分为单元制金融企业、总分制金融企业、集团制金融企业和联锁制金融企业。

单元制金融企业，是指各自的业务由其独立的机构经营，不得设立任何分支机构的金融企业。单元制金融企业的业务能力相对较弱，很难集中起大量资金，但可以限制金融机构的垄断能力、维护公平竞争。这种组织制度主要取决于政治经济制度、金融制度和公司制度，以及不同的历史传统和习惯。[1]

总分制金融企业，是指由总机构和不同地域的分支机构共同构成的金融企业，它在总业务经营机构之外还设立许多分支机构。总分制金融企业的业务能力较强，容易集中起大量资金进行集中性投放。但这种组织体制会增强大型金融机构的垄断能力，使小型金融机构在竞争中处于更不利的地位。集团制金融企业，是指由一家控股公司控制两家或两家以上的金融企业，形成金融集团的金融企业，它是单元制金融企业增强自身实力的重要手段。联锁制金融企业，是指两家或两家以上独立的金融企业，通过相互间持有股份而形成的联锁式金融集团，它实质上是集团制金融企业的一种特殊组织形式。

二、金融企业的组织机构

金融企业的组织机构制度，是规定金融企业的组织机构和各机构职能，以及它们之间相互关系的制度。它是金融企业治理制度的重要组成部分，直接决定着金融企业的组织体系状况，决定着金融企业业务经营的科学性和严密性，决定着金融企业的业务经营效率和经营成果。通常，金融企业的组织机构制度

[1] 单元制金融企业组织形式以美国的银行业为代表，美国1863年《国民银行法》规定，禁止商业银行跨州和在州内设立分支行，防止本州内资金外流。现在美国已经允许商业银行跨洲设立分支机构。目前，我国也禁止信托公司在异地设立分支机构，实行单元制经营。

主要包括决策机构制度、执行机构制度和监督机构制度。[1]

（一）决策机构制度

金融企业的决策机构，是金融企业组织体系的最高权力机构，是决定金融企业组织活动和经营活动重大事务的机构。金融企业的任何组织行为和经营行为，都必须在决策机构的决议指导下进行，重要的组织行为和经营行为则需要决策机构的直接决策。但是，由于各国金融企业或不同企业的资本组织制度和业务组织制度不同，它的决策机构也不完全相同。对公司制金融企业来讲，它的决策机构是股东会议和董事会。对合作制金融企业来讲，它的决策机构是全体成员会议或成员代表会议和理事会。对国有制金融企业来讲，它的决策机构是该金融机构决策人会议，或者直接归属机关会议。

（二）执行机构制度

金融企业的执行机构，是负责具体实施决策机构决议的机构。它实质上是金融企业中具体负责实施各项金融业务经营活动的机构，它的主要职责是具体贯彻执行决策机构制定的业务计划和发展规划。对银行业来讲，是具体负责银行存款的吸收，贷款的发放和回收，汇兑、结算业务的具体办理；对信托业来讲，是具体负责资金信托业务的经营，财产信托业务的经营，为客户办理融资性租赁，以及其他信托业务；对保险业来讲，是具体负责投保业务的办理，保险事故发生后的理赔，以及保险基金的经营；对综合性的证券企业来讲，是具体负责证券发行的承销业务，证券流通的经纪与自营业务，以及其他相关证券业务；对经纪性的证券企业来讲，则主要是经营证券经纪业务。金融企业的执行机构是其各具体业务部门，以及各分支机构的业务部门。

（三）监督机构制度

金融企业的监督机构，是金融制度和决策机构决议实施状况的监督检查机构。它的主要职责是监督检查决策机构决策的合法性，监督检查执行机构执行各项金融制度和决策机构决议的状况，以维护金融企业决策机构和最终归属主体的利益。其中，公司制金融企业，主要是其法定监督机构的检查与监督。合作制金融企业，主要是其法定或约定的监督机构的检查与监督。承担有限责任的国有金融企业，主要是其法定监督机构的检查与监督；承担无限责任的国有金融企业，主要是它直接归属的政府行政机关的检查与监督，或者依法设立的专门监督机构的检查与监督。

---

[1] 参见各种企业法、《商业银行法》、《信托公司管理办法》、《保险法》、《证券法》及相关法律、法规的规定。

第三节 金融企业的终止

一、金融企业的解散

企业终止是指根据法定程序结束经营活动，并使企业资格归于消灭的事实状态和法律结果。金融企业的终止不同于普通企业，它可以有狭义和广义之分。狭义的金融企业终止是指它的实际终止，主要包括解散、撤销和破产。广义的金融企业终止应是指其经营危机的处置，它不仅包括实际终止还应包括整顿、接管，以及同破产相关的存款保险。这是由于金融企业的终止与工商企业不同，它不仅是一种结果还是一个可能达到这一结果的过程。金融企业的解散是指企业发生法律或章程规定的解散事由，而停止业务活动并进行清算使企业终止的行为。金融企业的解散首先要遵守企业法的规定，在此基础上如果金融法有特殊规定的还要受金融法的特别调整。金融企业的解散包括无特别规范、监管机关批准、国家特殊批准和依法不得解散四种基本情况。

首先，无特别规范是指法规对不具有特殊社会影响的金融企业没有规定特别的解散制度，它的解散制度与工商企业基本相同，如汽车金融公司、基金管理公司、保险代理公司、保险公估公司等的解散。[1]其次，监管机关批准是指法规对某些重要的金融企业规定有特殊的解散制度，即使出现法定的解散事由非经监管机关批准也不得任意解散，即使批准解散其清算行为也要在监管机关的监督下完成。如商业银行、农村合作银行、信托公司、证券公司、登记结算公司、保险公司等。[2] 再次，国家特殊批准是指法律对某些特殊金融企业规定有专门的解散批准制度，非经特殊批准不得解散该金融机构，如国家政策性银行、专业投资银行等。最后，依法不得解散是指法律明确规定某些特定的金融企业不得解散，这主要是由其业务性质和经营特点决定的。如人身保险公司除分立、合并外，不得解散。[3]

二、金融企业的撤销

金融企业的撤销是指监管机关对严重违反金融法规的企业依法采取强制措施，终止其经营活动并予以解散的行为。金融企业的撤销包括对依法设立的合

---

〔1〕 参见《汽车金融公司管理办法》第15条，《证券投资基金管理公司管理办法》第28条，以及相关法律、法规的具体规定。

〔2〕 参见《商业银行法》第69条，《外资银行管理条例》第58条，《农村合作银行管理暂行规定》第57条、第58条，《信托公司管理办法》第13条，《证券法》第129条、第165条，《保险法》第89条，以及相关法律、法规的具体规定。

〔3〕 参见《保险法》第89条，以及相关法律、法规的具体规定。

法金融企业的撤销，以及没有经过依法授权擅自设立的金融企业的撤销。金融企业有违法违规经营等情形，不撤销将严重危害金融秩序和安全、损害社会公众利益的应当依法撤销。监管机关决定撤销某金融企业，应当制作撤销决定书，撤销决定自监管机关宣布之日起生效。撤销决定应当予以公告，并在被撤销金融企业的营业场所张贴。自撤销决定生效之日起，被撤销的金融企业必须立即停止经营活动，交回金融企业总机构及其分支机构的经营许可证，其高级管理人员、董事会和股东大会必须立即停止行使职权。[1]

金融企业被撤销应由监管机关组织成立清算组，清算期间清算组行使被撤销金融企业的管理职权，清算组长行使被撤销金融企业的法定代表人职权。被撤销金融企业的法定代表人及有关负责人，应当将企业的全部印章、账簿、单证、票据、文件、资料等移交清算组，并协助清算组进行清算，不得擅离职守，不得自行出境。清算组的职责包括：保管、清理企业财产，编制资产负债表和财产清单；通知、公告存款人及其他债权人确认债权；处理企业未了结业务；清理债权、债务，催收债权，处置资产；制作清算方案，按照经批准的清算方案清偿债务；清缴所欠税款；处理企业清偿债务后的剩余财产；代表企业参加诉讼、仲裁活动；提请有关部门追究直接责任人员的法律责任。[2]

清算组可以将清算事务委托监管机关指定的金融企业办理，托管机构不承担被撤销金融企业的债务，不垫付资金，不负责人员安置，托管费用列入清算费用。债权人未在规定期限内申报债权的，对已知的债权人应当列入清算范围；未知债权人的债权在清算财产分配结束前可以请求清偿，清算财产已经分配结束的不再予以清偿。清算财产应优先支付个人储蓄存款的本金和合法利息，剩余财产按照股东的出资比例或持有的股份比例分配。清算结束后，清算组应当制作清算报告、清算期内收支报表和各种财务账册报监管机关确认。监管机关确认后，清算组应当向企业注册监管机关办理注销登记手续，并由金融监管机关予以公告。审计机关应当对被撤销的金融企业负责人进行审计。[3]

三、金融企业的整顿

整顿是与终止相关的法律行为，它不同于企业的破产重整。企业破产重整是指因财务困难、已停业破产或有停业破产之时，经关系人申请且有重建价值

〔1〕 参见《金融机构撤销条例》第2条、第5~7条，以及相关法律、法规的具体规定。

〔2〕 参见《商业银行法》第70条，《证券法》第153条，《保险法》第92条，《信托公司管理办法》第61条，《金融机构撤销条例》第8~11条，以及相关法规的具体规定。

〔3〕 参见《金融机构撤销条例》第12条、第16条、第23条、第25~29条，以及相关法规的具体规定。

的，法院裁定准予重整，以求使之更生的制度。[1] 金融企业整顿则是在没有进入破产程序之前，在监管机关主持下对金融企业进行的重新组织其经营管理的一种拯救行为。按照我国现行法规规定，绝大多数金融企业都可以实施整顿，如商业银行、信用合作社、合作银行、外资银行、企业集团财务公司、信托公司、证券公司、保险公司等。当这些金融企业发生违法经营或出现重大风险，严重危害金融市场秩序、损害投资者利益时，监管机关有权决定对该金融企业实施整顿，以帮助其纠正违法行为、消除经营风险。[2]

商业银行有下列行为，情节特别严重或逾期不改正的，可以责令停业整顿：未经批准设立分支机构；未经批准分立、合并或变更事项不报监管机关批准；违法或采用不正当手段吸收存款、发放贷款；出租出借经营许可证；向关系人发放信用贷款，或者发放担保贷款的条件优于其他借款人同类贷款的条件；拒绝或者阻碍监管机关检查监督；提供虚假的或隐瞒重要事实的财务会计报告、报表和统计报表；未遵守资本充足率、资产流动性比例、同一借款人贷款比例和监管机关有关资本管理的其他规定；未按照规定的比例交存存款准备金；以及实施其他严重的违法违规行为等。[3]

信托公司违反信托文件的约定和法规规定，管理运用或处分信托财产；违反规定经营产业投资、同业拆借、对外担保、借入资金等业务；利用受托人地位谋取不当利益，将信托财产挪用于非信托目的的用途，承诺信托财产不受损失，以信托财产提供担保，以及擅自设立分支机构等，情节特别严重或逾期不改正的，应责令停业整顿或吊销其金融许可证。证券公司违法经营或出现重大风险，严重危害证券市场秩序、损害投资者利益的，监管机关可以对其采取停业整顿措施。保险公司如果未按照规定提取或结转各项准备金，或者未按照规定办理再保险，或者严重违反资金运用规定，在限期内未予改正的应对其进行整顿。[4] 企业集团财务公司和其他金融企业出现严重支付危机，以及其他严重违反法律、法规或有关规章的行为时也应该依法进行整顿。[5]

整顿组织在整顿过程中，有权监督该金融企业的日常业务。被整顿的金融

---

〔1〕 关于企业重整请参照我国现行《破产法》第八章“重整”，以及相关法律、法规的具体规定。

〔2〕 参见《商业银行法》第74条，《农村商业银行管理暂行规定》第59条，《农村合作银行管理暂行规定》第61条，《外资银行管理条例》第64条，《企业集团财务公司管理办法》第52～55条，《汽车金融公司管理办法》第29条，《信托公司管理办法》第54条，《证券法》第153条，《保险法》第140～144条，以及相关法律、法规的规定。

〔3〕 参见《商业银行法》第74～77条，《外资银行管理条例》第64～67条的规定。

〔4〕 参见《证券法》第153条，《保险法》第139～140条，以及《信托公司管理办法》第19～22条、第33条、第34条、第59条，以及其他金融企业法规的具体规定。

〔5〕 参见《企业集团财务公司管理办法》第52～54条，以及其他金融企业法规的规定。

企业负责人及有关管理人员，应当在整顿组织的监督下行使自己的职权。在企业整顿过程中，原有业务仍可以继续进行。但是，监管机关有权停止其开展新的业务或停止部分业务，并调整其资金运用。对于已经纠正了违法行为，恢复了正常经营状况的金融企业，由整顿组织提出报告，经监管机关批准整顿可以结束。金融企业的整顿应有明确的期限限制，逾期未实现整顿目标的，应依法进入市场退出程序。

四、金融企业的接管

金融企业的接管是指企业在经营过程中，出现已经或可能发生支付危机，严重影响客户财产利益的情况时，由监管机关决定成立接管组织行使其经营管理权力，通过对被接管金融企业采取一定的措施，努力使其恢复正常经营能力的行为。它是为保护各方主体的利益，特别是其中客户的财产利益和金融企业的利益，以及整个社会的整体金融利益而确立的金融企业组织制度，是当代法学思想在金融企业组织制度中的重要体现。在我国现行法规的规定中，商业银行、合作银行、信用合作社、企业集团财务公司、信托公司、证券公司、保险公司等都明确规定了接管制度，特别是在有关银行业金融机构的法规中，规定有比较详细的接管规范，是全部接管制度的主要依据。[1]

金融企业的接管程序主要包括出现接管理由、做出接管决定、实施接管措施和终止接管行为四个步骤。当被接管理由出现时，为了挽救有存续价值的金融企业，充分保护权利人的利益，保证金融业的稳定运行，监管机关即可对其做出接管的决定。接管决定应当以书面形式下达，并载明被接管金融企业的名称、接管理由、接管组织和接管期限等内容。在金融企业被接管期间，它的对外法律地位保持不变，仍有权进行正常的业务经营，债权债务关系也不因接管而发生变化。只是金融企业的经营管理权暂时转移给接管组织，由接管组织行使对该金融企业的经营管理权。

金融企业的接管挽救措施主要包括进行机构整顿和发放临时贷款。进行机构整顿是对接管金融企业的重要挽救措施，主要包括整顿财务纪律、调整经营方向、合理组织资金运用、改善经营管理和健全监督制度等。必要时还可以调整金融企业的高级管理人员，改组经营管理机构。向被接管金融企业发放临时贷款，是中央银行根据被接管金融企业的经营状况，对其发放临时性贷款进行资金援助的行为。从世界各国的情况来看，对被接管的金融企业发放临时性贷

---

〔1〕 参见《商业银行法》以及《农村商业银行管理暂行规定》第55条，《农村合作银行管理暂行规定》第57条，《信托公司管理办法》第55条，《证券法》第153条、第154条，《保险法》第144～148条，以及相关法律、法规的规定。

款需要特别谨慎。通常，只有在预计向其提供临时性贷款就能够使其摆脱困境；或者该金融企业能够具有清偿贷款的保障；或者认为该金融企业一旦破产对社会将有重大影响的情况下，才会给予临时性贷款援助。[1]

金融企业的接管终止是接管的最终停止，对金融企业的接管一旦终止就没有再恢复的可能。按照终止的原因不同可以具体分为接管期满终止、接管期间终止和接管变更终止三种基本情况。接管期满终止，是在接管期限或接管延期期限内，经过各种接管措施的实施，该金融企业已经恢复正常的经营能力；或者虽然实施了各种接管措施，但仍未能恢复其正常的经营能力；接管于接管期限届满自然终止的现象。接管期间终止，是接管期限届满前接管组织认为该金融企业已经恢复正常的经营能力；或者认为已不能恢复正常的经营能力；决定提前终止接管的现象。接管变更终止是在接管期限届满前机构被合并，或出现法律规定的司法破产事由进入司法破产程序，接管终止的现象。通常，接管期限不得超过 12 个月，经延期后也不得超过 2 年。依法剥夺企业的经营管理权，必须有最长期限的限制。[2]

五、金融企业的破产

金融企业的破产，是指因经营管理不善或其他原因，致使其业务经营状况恶化不能清偿到期债务，并持续一定时间，资产不足以清偿全部债务或明显缺乏清偿能力，法院根据当事人的申请依法做出破产裁定，对其财产进行清算以清偿债务的终止行为。[3] 金融企业的破产，首先受工商企业破产法的调整。但是，由于金融部门不同于工商部门，它同工商部门具有明显的法律界限。因此，金融企业的破产制度也明显区别于工商企业。金融企业破产的这些特殊规范，有的国家在破产法中进行专门的规定，有的国家在各种金融法中进行专门的规定，我国是在各种金融法规中进行专门规定。但无论在破产法中还是在金融法规中进行规定，它们都是金融法的重要组成部分。[4]

金融企业与工商企业破产制度的主要区别，在于其破产程序制度、清算组织制度和破产清偿制度的不同。金融企业破产程序的特殊性在于，它首先必须

---

〔1〕 中央银行的再贷款发放也应该有一定的标准和范围，这些内容应该在“中央银行法”中明确规定。

〔2〕 参见《商业银行法》第 64～68 条，《保险法》第 146 条、第 147 条，《农村商业银行管理暂行规定》第 55 条，《农村合作银行管理暂行规定》第 57 条，《信托公司管理办法》第 54 条，《证券法》第 153 条、第 154 条，《保险法》第 145～149 条，以及相关法规的规定。

〔3〕 参见《商业银行法》第 71 条，《外资银行管理条例》第 60 条，《农村合作银行管理暂行规定》第 57 条、第 58 条，《企业集团财务公司管理办法》第 60 条，《信托公司管理办法》第 14 条，《金融租赁公司管理办法》第 22 条、第 23 条，《证券法》第 129 条、第 139 条，《保险法》第 90 条的规定。

〔4〕 参见《破产法》第 2 条、第 134 条，以及相关金融法律、法规的具体规定。

取得其监管机关的同意，不经监管机关同意法院不得受理金融企业破产案件。法规这样规定主要是由于，金融企业对整个社会和整体金融利益有着重大影响，需要由监管机关综合考虑各方面因素，才能决定其是否进入破产程序，否则将可能带来难以弥补的重大损失。并且，如果监管机关不同意其进入破产程序，它可以采取整顿或接管等措施挽救该金融企业，以最大限度地维护社会整体金融利益和权利人的财产利益。同时，金融企业是否达到破产标准也是个难以准确衡量的问题，它是否已经资不抵债是事先难以进行准确计算的，金融企业的大量不良资产在进行最终处置前，是难以准确地衡量其价值量的大小的。

金融企业清算组织制度的特殊性在于，清算组织机构必须有金融企业的监管机关和存款保险机构参加，这有利于根据具体情况采取其权力范围内的措施，以最大限度地保护各方当事人的利益。特别是对于存款保险机构来讲，银行业机构的破产清算必然会涉及银行存款的赔付。在清算过程中，还需要特别注意的是某些金融财产的破产独立性。信托公司的固有财产应同信托财产严格分开，信托财产不在破产财产的范围之内。证券公司或期货公司的财产也必须同客户的结算资金严格分开，客户的交易结算资金或期货交易保证金应当存放在商业银行或专门的保证金存管机构，以每个客户的名义单独立户管理，客户的交易结算资金、保证金和证券不属于破产清算财产；非因客户本身的债务或法律规定的其他情形，不得查封、冻结、扣划，或者强制执行客户的交易结算资金、保证金和证券。[1]

在普通企业破产法中，企业的破产清偿顺序是按照债权平等的原则安排的，它的正常清偿顺序是，支付清算费用、职工工资和劳保费用、缴纳税款，清偿各种债务、分配剩余财产。银行业机构在清偿各种债务的过程中，在支付清算费用、所欠职工工资和劳动保障费用后，应当优先支付个人储蓄存款的本金和利息。[2] 保险公司破产财产在优先支付其破产费用后，应按照下列顺序进行清偿：所欠职工工资和医疗、伤残补助、抚恤费用，所欠应当划入职工个人账户的基本养老保险、基本医疗保险费用，以及法律、法规规定应当支付给职工的补偿金；赔偿或给付保险金；保险公司欠缴的其余社会保险费用和所欠税款；普通破产债权。并且，经营人寿保险业务的保险公司被依法撤销的或被依法宣告破产的，其持有的人寿保险合同和准备金，必须转移给其他经营有人寿保险业务的保险公司；不能同其他保险公司达成转让协议的，应由监管机构指定保

---

〔1〕 参见《信托法》第16条，《信托公司管理办法》第3条，《期货交易管理条例》第29条，《证券法》第139条，《存款保险条例》第19条，以及相关法律、法规等的具体规定。

〔2〕 参见《商业银行法》第71条第2款，以及相关法律、法规的规定。

险公司接受。[1] 因此，金融企业在破产制度上，明显区别于工商企业，它是当代社会对不同主体予以不同保护的法学思想的具体体现。

六、存款保险的实现

存款保险制度，是指一个国家或地区以保护存款人的利益和金融安全为目标，通过法律形式在金融体系中设立专门的存款保险机构，并要求吸收存款的金融企业向存款保险机构缴纳保险费，在该存款企业因经营失败不能向存款人支付存款时，由存款保险机构按照法定标准对存款人进行存款赔付的制度。[2] 目前，世界各主要国家多数都建立有存款保险制度，而不仅是储蓄存款人的优先受偿制度。建立存款保险制度的目的是强化存款人对存款企业的信心，避免在其出现经营问题时大量提款而对该企业造成进一步的不利影响，防止因存款企业的破产对整个金融系统产生整体性风险，维护整个金融体系的安全。同时，也是为了进一步保护存款人的利益。

在存款保险法律关系中，保险人是存款保险机构，投保人是吸收存款的金融企业，受益人是存款人。存款保险机构是依法设立的实施存款保险制度的专门机构，它的主要权利是根据存款保险制度的规定，向吸收存款的金融企业收取保险费；它的主要义务是在存款企业经营失败不能向存款人支付存款时，依法向受益人进行存款赔付。吸收存款的企业则必须根据存款保险制度的规定，履行向存款保险机构缴纳保险费的义务，并因此而成为存款保险的投保人。当投保人经营失败不能向存款人支付存款时，存款人则有权从存款保险机构得到全部或部分赔付，从而处于存款保险受益人的地位。并且，由于存款保险机构代存款企业赔付了全部或部分存款，它就取得了破产企业债权人的地位。同时，由于它在企业破产中的这种特殊地位，通常被作为存款企业破产财产的管理人。我国的存款保险机构是中央银行的金融稳定局，它既可以作为存款类企业的接管人也可以是其破产清算人。[3]

按照世界各国存款保险制度的规定，存款保险的主要内容包括存款保险机构的性质、职能、法律地位和设立方式，存款保险的投保人范围，受保障存款的范围，保险费率的确定，存款保险基金的管理，以及赔付的方式和赔付限额等。其中，存款保险机构的设立方式包括政府投资方式、政府与金融机构共同投资方式和非政府投资方式，不同的投资方式直接影响着存款保险机构的性质、

---

〔1〕 参见《保险法》第91条、第92条，以及相关法律、法规的规定。

〔2〕 按照《存款保险条例》第5条的规定，存款保险赔偿的最高偿付限额为人民币50万元，这一偿付限额为同一存款人在同一家投保人处所有被保险存款账户的存款本金和利息合并计算的资金数额。

〔3〕 参见《存款保险条例》第19条，以及相关法律、法规的具体规定。

职能和法律地位。投保人范围从总体来讲分为强制投保人和自愿投保人两种，对自愿投保人往往还有许多条件要求。在受保障存款的范围上，通常包括存款企业在正常营业过程中收到或持有的货币或货币等价物的未偿付余额。在保险费率上有的国家采取单一费率制，有的国家采取差别费率制。在保险基金的管理上，通常允许其按照保险法规定的投资范围进行投资，或者在存款保险制度中具体规定投资范围，以便既保证存款保险基金的安全性、流动性，同时也保证其有一定的收益性。在存款赔付方式上主要包括以货币直接赔付方式和将存款转移到另一家经营稳健的金融机构的转移赔付方式。[1]

【司法案例】

案情：雷曼兄弟公司是由来自德国巴伐利亚的移民亨利·雷曼、埃马努尔·雷曼和迈尔·雷曼三兄弟，于1850年在美国阿拉巴马州蒙哥马利市创立的一家公司，主要经营资本市场业务、投资银行业务和投资管理业务。经过150多年的努力，它已经发展成为全球性的为公司、机构、政府和投资者提供全面金融服务的一家多元化投资银行。雷曼兄弟公司通过其设于全球48座城市的办事机构组成的紧密连接的网络积极参与全球资本市场，这一网络由设于纽约的世界总部和设于伦敦、东京、香港的地区总部统筹管理。公司破产申请前，拥有雇员人数为12,343人，员工持股比例达到30%。雷曼兄弟公司不断扩展国际业务，2002年公司收入的37%产生于美国之外。雷曼兄弟公司雄厚的财务实力支持其在所从事的业务领域的领导地位，是全球最具实力的股票和债券承销和交易商之一。同时，公司还担任全球多家跨国公司和政府的重要财务顾问，拥有多名业界公认的国际最佳分析师。

雷曼兄弟公司的业务能力受到广泛认可，拥有包括众多世界知名公司的客户群，如阿尔卡特、美国在线时代华纳、戴尔、富士、IBM、英特尔、美国强生、乐金电子、默沙东医药、摩托罗拉、NEC、百事、菲力普莫里斯、壳牌石油、住友银行及沃尔玛等。2000年、2002年分别被《商业周刊》和《国际融资评论》评为最佳投资银行，并以其整体调研实力高居《机构投资者》排名榜首，是美国第四大投资银行。2007年在世界500强中排名第132位，净利润高达42亿美元，总资产近7,000亿美元。

雷曼兄弟公司是2006年次贷证券产品的最大认购方之一，占有11%的市场份额，大规模地持有次贷证券产品使其面临极大的经营风险。2007年次贷危机爆发之后，它所持有的金融资产大幅度贬值，2008年9月9日雷曼公司股票一周内暴跌77%，公司市值从112亿美元大幅缩水至25亿美元。在第一季度中，

---

[1] 参见《存款保险条例》及世界各主要国家存款保险制度的相关规定。

雷曼公司卖掉了1/5的杠杆贷款，同时又用公司的资产作抵押大量借贷资金为客户交易其他固定收益产品。在第二季度中，又变卖了1,470亿美元的资产，并连续多次进行大规模裁员来压缩开支。然而，雷曼的自救行为并没有把自己带出困境。截至2008年第三季度末，雷曼的总股东权益仅为284亿美元，总负债却达6,130亿美元。2008年9月15日，在美国财政部、美国银行和英国巴克莱银行相继放弃收购谈判后，雷曼兄弟公司宣布申请破产保护，最终被法院宣告破产。

结果：在历经3年的复杂谈判后，雷曼兄弟公司的债权人偿付计划终于在2011年12月获得美国破产法庭批准，这项计划也得到了雷曼兄弟公司95%债权人的支持。根据该计划，公司将自2012年4月17日起向债权人偿付首批105亿美元的债务，最终偿付规模约为650亿美元，预计完成全部清偿需要数年时间。在雷曼兄弟公司目前拥有的可回收资产中，有货币资产300亿美元和非货币资产350亿美元。根据法庭文件，雷曼兄弟公司的破产赔付比例为给予债权人平均每1美元归还18美分，而股东则不可能得到任何偿付。并且，针对不同的债权人，公司给出的偿付比例也各不相同。针对雷曼兄弟公司衍生品业务提起诉讼的包括高盛集团在内的债权人可以获得每1美元归还28～32美分的赔付，针对商业票据起诉的债权人可以获得1美元归还48～56美分的赔付，保尔森公司等高级债权人可以获得1美元归还21美分的赔付。

评析：雷曼兄弟公司的破产造成了国际金融的巨大波动，并进一步引起了全球性的金融危机。这其中既存在公司自身内部控制制度不严的问题，也有美国证券业经营控制制度过于放松的问题，更有美国证券业监管机关监管失职的问题。同时，也有在法律风险和道德风险之间的选择问题。如果美国政府选择像救助花旗银行、美国银行、美国国际集团一样，向雷曼兄弟公司提供政府的资金支持，也许不至于导致它的破产，也不会使本次金融危机变得如此深重。但是，如果美国政府对危机中的所有金融企业都给以救助，也必然会引起进一步的道德风险，使所有金融企业都放松经营风险的控制。当金融企业进行高风险经营时，取得的收益由企业相关人来享有，出现的风险由国家和政府或者说由纳税人来承担。因此，对金融企业和客户特殊保护的核心在于按照严格的风险控制制度对其进行日常监管，在发生信用危机时及时对其依法进行危机处置，而主要不在于用行政手段对其实行特殊保护。

第四章 监管机构组织法

学习目的与要求 金融监管机构是与金融法一起产生的、在传统国家机关和社会机构之外的一种新型的法律主体，它们既不同于传统的行政主体，也不同于传统的民商事主体。只有出现了这些新型的法律主体，才会产生区别于传统法学的金融法律关系，金融法学也才有必要成为一个相对独立的学科。金融监管机构是一类特殊的法律主体，本章是对金融监管机构特殊组织制度的概括，目的使学生掌握金融监管机构的基本类型、基本职能和基本组织体系，以及金融行为的效力与责任。通过本章的学习，要求学生：

●重点掌握：监管机构的类型；监管机构的职能；金融行为的效力与责任。

●一般了解：监管机构的组织体系和法律地位；监管机构的发展趋势。

●深入思考：监管机构对法律体系的影响，它对传统法学理论的挑战。

【核心概念】中央银行　银监机关　证监机关　保监机关　自律组织

【引导案例】

美国金融监管体制的基本框架，可以概括为双线多头和伞形监管模式。所谓“双线”，是指监管中有联邦和州两条主线，所谓“多头”，是指有多个履行金融监管职能的机构。具体地说，联邦一级的监管机关有货币监理署、美国联邦储备体系、联邦存款保险公司、证券交易委员会等；在州一级也分别设立了自己的金融监管机关。在银行业公司的监管中，双线多头表现得最为明显，联邦机关监管在联邦注册的“国民银行”，州监管机关监管在州注册的商业银行。

美国的任何一家银行都要受到多个监管机关的监管，它的国民银行是依据《国民银行法》设立的，在成立时首先要到货币监理署办理注册登记手续，得到其审查批准后该银行才能营业，在其运营过程中还要受其制定的有关资本运营、贷款结构、存款安全等业务经营方面条例的监管。作为国民银行必须加入联邦储备体系，成为联邦储备体系的会员，接受美联储的监管。同时，国民银行必须投保存款保险，必须接受联邦存款保险公司的监管。州立商业银行必须接受州银行监管机关的监管，其他监管则视具体情况而定，如果没有加入联邦储备体系也没有投保存款保险，就不受这两个机构的监管。同银行业的监管相比，证券业和保险业的监管相对比较单一，证券业公司主要由联邦层级的证券交易委员会监管，它的主要目标是保护投资者的利益，只监管投资银行和资产管理公司的证券经纪业务，不监管它们的投资银行业务。保险业公司主要由州监管机关监管，联邦几乎没有介入监管。

随着 1999 年美国颁布《金融服务现代化法案》，金融监管也出现了一些新变化。这项法案的颁布，从理论上打破了美国金融业分业经营的壁垒，结束了自 1933 年以来金融业分业经营的状况。允许金融控股公司通过设立子公司的形式经营多种金融业务，但控股公司本身并不经营具体业务，它的主要职责是向州银行厅申领执照，对集团公司和子公司进行管理。同金融控股公司这种伞状结构相适应，监管当局也设计了一种“伞形”的监管体制，美联储被赋予伞式监管职能，成为金融控股公司的基本监管者，负责对银行或金融控股公司的法人主体进行监管，而它的子公司则仍大体沿用分业监管模式。对金融控股公司的伞形监管，实质是一种“混业经营下的分业监管模式”。[1]

第四章

【案例导学】

从世界范围来看，金融监管主要是 20 世纪特别是第二次世界大战以后发展起来的国家职能，这些机构是传统市场经济不存在的，事实上也独立或相对独立于政府。这些国家机关的出现和相关法律的不断制定，使产生于传统市场经济条件下的民商法和行政法理论受到了极大的挑战，它既难以纳入平等主体的民商法体系，更难以归入调整政府行为的行政法体系。监管行为虽然有一定的管理属性，但其核心权力不是行政管理权而是对金融企业行为的执法监督权，它应该是立法权、行政权、检察权和审判权之外的第五权，当代社会已经是五权分立的社会。此外，金融交易场所、行业协会等自律组织也通过契约的形式享有一定的自律管理权，它同样是当代社会的一种新的权力形式。

---

〔1〕 资料来源：根据有关资料整理。

第一节 中央银行的组织

一、中央银行的法律地位

金融监管机构是一个机构体系，主要包括中央银行、监管机关和自律机构，它们是当代社会新兴的国家机构和法律主体，由此形成的新型金融法律关系是金融法学相对独立的重要法理依据。金融法区别于传统行政法和民商法的起点是它们的价值追求不同，金融法的核心法学价值追求之一是要维护整体金融利益，既然是整体金融利益它就难以依靠民商事主体对私权的维护来保障这些法律的实施，更不可能依靠行政命令来实施这些法律，只能设立中央银行和监管机关来实施。它们是整体经济条件下除立法权、行政权、检察权、审判权之外的另一种国家权力。[1] 此外，国家应鼓励社会的自律管理，尽可能通过自律管理实现整体金融利益，尊重金融业主体的自由选择、节约法治成本。

（一）中央银行与国家机关

中央银行是某国或某货币区域内居于核心地位，依法发行国家或区域法定货币、监管货币流通，制定和执行国家或区域货币政策、防范和化解金融风险、维护金融稳定的金融机构。[2] 从世界各国或区域中央银行法的规定来看，它是独立或相对独立于立法权、行政权、检察权、审判权的新型国家或区域权力机构，属于国家或区域机关法人，独立享有金融权利（力）承担金融职责（义务）。法律地位是法律关系的总和，中央银行的法律地位主要表现在它与其他国家机关的关系以及与金融业的关系上。

在中央银行与立法权的关系上，可以分为三个方面。一是中央银行是立法执行机关，它产生于国家或区域的立法，是依据各自的“中央银行法”而设立的，并依法实施各种法定的金融行为。同时，中央银行法定货币的发行、货币政策的实施都是在执行立法机关的决定，或者执行法律赋予的职责。二是中央银行是执法的监督机关，中央银行是社会一定范围内的货币流通中心，它负责监督各货币流通主体执行相关法规的情况，并对违法主体进行查处。三是中央银行是授权的立法机关，货币发行与流通事务是非常复杂的，不能完全依靠国家或区域的法律进行具体的调整，各国或区域都授权中央银行有在立法授权的

---

〔1〕 经济法和金融法的主体理论，详见刘少军：《法边际均衡论》，中国政法大学出版社 2007 年版，第 205～217 页，第四章“法主体边际均衡论”部分。郭向军：《经济监管机构的法律地位》，中国金融出版社 2013 年版。刘少军、王一鹤：《经济法学总论》，中国政法大学出版社 2015 年版，第五章“经济监管主体法”。

〔2〕 参见《中国人民银行法》第 2 条的规定，我国的中央银行是中国人民银行。

范围内根据具体情况制定相关监管规章的权力。[1]

在中央银行与行政权的关系上，可以分为基本独立型、相对独立型和非独立型三种基本情况。在市场经济发达和强调国家或区域分权制衡的社会，基本上都采取基本独立型的中央银行设置，即中央银行与政府基本上独立。在市场经济比较发达和有一定分权制衡思想的社会，基本上都采取相对独立型的中央银行设置，即在中央银行负责人的任命和货币决策上有一定的独立权力，但政府同时又能够给其较大的制约。在市场经济不发达和没有分权制衡思想的社会，基本上都采取非独立型中央银行，即中央银行是政府的组成部分、完全隶属于政府，它虽然可以集中政府对经济的控制权，却非常容易导致政府经济权力的滥用和货币政策短期化，把市场经济实际上变成行政经济。此外，无论中央银行与政府关系中的独立性如何，它本身即享有执行货币政策等的行政性权力，具有一定的行政属性。[2]

在中央银行与检察权的关系上，可以分为四个方面。一是中央银行和检察机关都是执法监督机关，检察机关是最终的全面的执法监督机关，中央银行是直接的专业的执法监督机关，它是货币相关法规执行的直接监督机关。二是中央银行和检察机关都享有执法起诉权，作为执法监督机关它们在发现违反整体利益的违法行为时都有权向法院提起诉讼，依法追究违法犯罪主体的整体利益责任。但是，中央银行通常只能进行非刑事案件的起诉，不能进行金融刑事案件的起诉。从世界各国的实践来看，刑事案件通常都由检察机关专业起诉，中央银行发现金融刑事案件要向检察机关移送。三是中央银行不享有审判监督权，必须无条件接受法院的裁判。检察机关则享有审判监督权，有权向审判机关提出抗诉。四是检察机关享有对中央银行的起诉权，在中央银行行为违法时检察机关有权提起公诉。[3]

在中央银行与审判权的关系上，可以分为四个方面。一是中央银行和审判机关都享有法律责任的裁判权，审判机关是最终的全面的裁判权，中央银行是直接的专业的裁判权，它是金融执法监督过程中的直接裁判权。二是中央银行

〔1〕 参见世界各国“中央银行法”，以及我国《中国人民银行法》第4条、第10条等的相关规定。

〔2〕 我国的中央银行是相对独立型中央银行，虽然我国理论界都认为从长远来讲应该使中央银行独立于政府，但这种设计却比较适合目前我国的情况，参见我国现行《中国人民银行法》第2~7条、第10~12条，以及《国务院组织法》的规定。许多发达国家的中央银行是完全独立于政府的，如美国联邦储备系统、欧洲中央银行和德国中央银行等，详见《美国联邦储备法案》第10条，《欧共体条约》第108条，《德意志联邦银行法》第12条等的规定。

〔3〕 目前我国的中央银行还不具有直接的公诉权，参见我国现行《中国人民银行法》和《检察院组织法》的相关规定。

是初步的有限的裁判权，审判机关是最终的无限的裁判权。中央银行只对轻微金融违法案件享有裁判权，重要案件只提起诉讼不得直接裁判。三是中央银行的司法性执法行为需要得到审判机关的司法授权，这里的司法性执法行为主要包括对被监管对象财产的查封、冻结等行为，通常应向审判机关申请相关法令。四是审判机关有权审判中央银行，在中央银行的被处罚对象或检察机关起诉中央银行时，审判机关有权审判中央银行的行为。[1]

（二）中央银行与金融行业

中央银行是唯一经营金融业务的国家或区域机关，它与金融行业的关系主要表现在它们之间的各种业务和监管关系上。这种关系不仅决定着中央银行在社会经济中的地位和作用，也决定着它在金融部门内部的法律地位和作用，决定着中央银行实施金融监管的方式和方法，决定着中央银行货币政策实施的科学性和有效性。中央银行与金融业的关系可以表现在许多方面，从各国相关金融法规的具体规定来看，主要表现在三个方面，即货币发行关系、融资清算关系和监督管理关系。[2]

中央银行与金融业的货币发行关系，是指中央银行作为货币发行银行和货币的来源与归宿，同普通金融机构之间所发生的关系。这种关系主要表现在，货币的发行与回笼和货币流通状况的调控两个方面。中央银行作为国家或区域的唯一货币发行银行，它是一切货币财产的来源，普通金融机构的任何货币财产最终都是来源于中央银行。但是，中央银行发行的货币，是通过普通金融机构的业务活动进入流通的，流通中的货币财产也是通过普通金融机构的各项业务活动最终重新回笼到中央银行的。并且，中央银行不仅负责货币的发行，同时还通过其各种法定的货币政策工具，时刻调节、控制着流通中的货币数量和结构，从而调节、控制着普通金融机构的业务活动。

中央银行与金融业的融资清算关系，是指中央银行把普通金融机构作为自己金融业务客户所发生的关系，这种关系具体包括存款关系、贷款关系和清算关系。中央银行与普通金融机构之间的存款关系主要包括普通金融机构向中央银行缴存存款准备金而形成的存款关系、清算资金形成的存款关系和金融机构资金往来形成的存款关系等。中央银行与普通金融机构之间的贷款关系主要包括中央银行向普通金融机构发放周转贷款和危机救助贷款关系，以及中央银行与普通金融机构之间的再贴现关系。中央银行与普通金融机构之间的清算关系

---

〔1〕 参见《中国人民银行法》第七章法律责任部分，以及《人民法院组织法》的相关规定。目前，我国检察机关起诉、审判机关审判中央银行还只是理论上的，实践中还没有发生过这种诉讼行为。

〔2〕 参见《中国人民银行法》第18条、第23条、第26~28条、第30条、第32条等的规定。

主要表现为，普通金融机构必须在中央银行开立账户，通过中央银行这个清算中心，集中办理不同普通金融机构之间的存款货币流通清算。

中央银行与金融业的监督管理关系，具体表现为中央银行作为国家或区域的银行与普通金融机构的关系。中央银行不仅把普通金融机构作为自己的客户，同时也将其作为监管的对象，行使金融监管机关的职能。中央银行在行使其经济调控职能的同时，为维护正常金融运行秩序，防止因金融紊乱对经济发展造成的不良影响，它要依法执行和制定有关货币流通方面的制度，确立整个社会货币流通业务活动的规则，并据以对普通金融机构和社会公众的货币流通行为依法进行管理和监督检查。从而达到既稳定正常的金融运行秩序，又促进经济高速、稳定、协调增长的目的。[1]

二、中央银行的组织形式

中央银行的组织形式，是指中央银行自身所采取的具体组织方式。它具体包括中央银行的机构类型、业务类型和资本类型三个方面。由于不同国家的政权结构制度、经济组织制度以及经济发展水平、金融产业的发展程度和历史习惯不同，中央银行的组织形式也不完全相同。通常，社会经济发展水平越高，金融产业和银行信用越发达的国家，中央银行的组织形式越完善。

（一）中央银行的机构

中央银行的机构类型，是指其内部机构之间的组织关系。中央银行机构设置类型的内容主要包括三个方面，即中央银行总行的机构设置，总行与分行之间的机构设置，以及总行与分行之间的组织关系。根据不同国家中央银行在机构组织关系上的法律规定不同，可以将其具体分为三种基本模式，即集中制中央银行、复合制中央银行和跨国制中央银行。

集中制中央银行是指在一个国家内单独设立中央银行，并根据需要设立多个分支机构，各分支机构在隶属关系上是总行的下级组织，完全隶属于总行、不具有管理上的独立性，由总行实行高度集中统一管理。中央银行实行这种机构组织制度，便于对整个社会的货币流通实行集中统一的监督管理，保证整个社会货币流通监管的统一性。中央银行的机构组织制度，是国家政治制度和经济制度在中央银行组织上的具体表现，它是与国家的政治经济组织制度联系在一起的。通常，在政治上实行单一结构，在经济组织制度上实行集中统一监督管理的国家，它的中央银行也多实行集中制的机构组织制度。目前，世界大多

〔1〕 中央银行与银行业监管机关的关系，参见我国《银行业监督管理法》第2条和第三章的相关规定。

数国家的中央银行都实行这种组织制度。[1]

复合制中央银行是指在一个国家内单独设立中央银行，但却在中央和地方分别设立多级相对独立的中央银行机构，各级中央银行机构形成一个复合体，共同执行中央银行的职能。它的中央机构是全国金融业或货币流通业务的最高权力机构、决策机构和监管机构；但地方机构并不完全是中央机构的下级组织，不完全隶属于中央机构，它在本辖区内拥有较大的权力，同中央机构保持一定的相对独立性。通常，在政治组织上实行联邦制，或者在经济组织上地方独立性较强，同时又按地方行政区划设立中央银行分支机构的国家多采取复合制的组织形式，以同其政治和经济制度相适应。目前，世界上也有许多国家实行这种组织制度，特别是联邦制国家只能实行这种组织制度。[2]

跨国制中央银行是指不在一个国家内单独设立中央银行，而是由几个国家共同成立一个统一的货币联盟，由该联盟或所属的中央银行对所有成员国执行中央银行的职能。实行这种中央银行组织制度的国家主要分为两种基本情况：一是几个政治经济状况发展比较平衡，在地域上和经济往来上联系密切，具有共同政治经济利益的国家，为降低货币流通费用、统一区域市场、提高统一货币的国际竞争力，设立共同的中央银行实施统一的货币制度；[3] 二是一些国土面积较小、经济实力较弱的国家，为稳定国家金融经济秩序，增强其在国际竞争中的实力，同在地理位置上相邻、贸易和金融上具有密切联系的经济发达国家之间建立货币联盟，以协调他们之间的货币政策，达到与该发达国家的货币保持固定平价，防止币值波动和通货膨胀，以及简化组织机构的目的。

第四章

（二）中央银行的业务

中央银行的业务类型，是指其内部业务经营的组织关系，它是中央银行组织形式制度的重要组成部分。中央银行业务类型的内容主要包括两个方面：一是中央银行业务经营的内容，二是中央银行业务与普通银行业务的关系。根据不同国家或区域中央银行组织制度在其业务经营组织关系上的法律规定不同，可以将其分为单一制中央银行和混合制中央银行。

单一制中央银行是指在机构和业务上同普通金融机构严格分开，不得经营普通金融机构业务、专门行使中央银行职能的中央银行。这种中央银行在业务

---

〔1〕 我国的人民银行是集中制的中央银行，由总行实行集中统一管理。参见我国现行《中国人民银行法》第7条、第11条、第13条的规定，以及其他国家法律的相关规定。

〔2〕 美国联邦储备系统就属于复合制的中央银行，这是与其联邦制的政治体制相适应的，详见《美国联邦储备法案》的规定，美国的“联邦储备法案”相当于其他国家的“中央银行法”。

〔3〕 目前，欧洲中央银行是比较典型的跨国制中央银行，它是欧元区统一的中央银行。参见《欧洲议会和理事会有关信用机构设立和经营的指令》等关于欧洲中央银行的有关规定。

上，除对政府和普通金融机构办理货币信用业务外，不对普通产业单位和社会公众办理普通货币信用业务。[1] 实行单一制中央银行业务组织制度，有利于法律对中央银行业务进行专门规范，有利于在法律上确定中央银行性质和它与其他国家机关的关系，有利于确定中央银行与整个金融业的关系。同时，也有利于其基本职能的行使，有利于科学地实施对整个金融部门的监督管理，有利于合理地调节、控制社会的经济运行和经济增长状况，也有利于金融法律、法规的制定和执行。目前，世界多数国家设立的都是单一制的中央银行。[2]

混合制中央银行是指在机构和业务上同普通金融机构没有严格区分，既行使普通金融机构职能又执行中央银行职能的中央银行。这种中央银行既执行中央银行的职能，对政府、普通银行和非银行金融机构办理货币信用业务，同时又对普通产业单位和社会公众办理货币信用业务，执行普通金融机构的职能。实行混合制中央银行业务制度，有利于对银行业务实行集中统一管理，保证货币政策的可靠实施。但它使中央银行与商业银行不分，容易弱化其商业性业务的资产责任，降低社会资金的经济效益。同时，也不利于法律对其业务进行专门规范，不利于在法律上确定中央银行的地位，以及它与国家机关和金融业的关系。在以国有经济为主导的国家，多采取这种中央银行组织制度。[3]

（三）中央银行的资本

中央银行的资本类型，是指中央银行经营资本的组织关系，它也是中央银行组织形式制度的重要组成部分。中央银行资本类型的内容主要包括三个方面：一是中央银行的资本来源，二是中央银行的资本结构，三是中央银行的股东权益。根据不同国家中央银行组织制度在其资本方面的规定不同，可以将其分为完全国有制中央银行、部分国有制中央银行和非国有制中央银行。

完全国有制中央银行是指其全部资本都归属于国家或国家联盟，由国家或国家联盟掌握其资本归属权的中央银行。早期出现的中央银行，由于是通过赋予商业银行中央银行职能的形式建立起来的，因此，多是采取国家收购其股份的形式实现资本的国有化。在世界各国普遍建立起中央银行制度以后设立的中央银行，通常在设立时就是国家直接出资，设立之初它就是国有银行。中央银行资本采取完全国有的形式，有利于在法律上确定中央银行的性质以及它与其他国家机关的关系，有利于确定中央银行与其他金融机构的关系，有利于中央

〔1〕这里产业单位是指从事产业活动的基本单位，主要包括家庭和企业等产业单位形式，以区别于企业。参见刘少军等：《经济本体法论》，中国商业出版社2000年版，产业经济本体法部分。

〔2〕参见《中国人民银行法》第26～28条、第30条等的规定，以及各国中央银行法的相关规定。

〔3〕我国改革开放以前的中国人民银行是混合制中央银行，1984年中国工商银行分离出来后，特别是银行业、证券业和保险业监管分离出去以后，中国人民银行才成为真正的单一制的中央银行。

银行各项职能的充分发挥，同时也有利于其货币政策的制定与实施。因此，目前世界上绝大多数中央银行的资本都采取完全国有的形式。[1]

部分国有制中央银行是指其全部资本中仅有部分归属于国家，由国家掌握其资本归属权，另一部分则归属于民间，由非国有机构掌握其资本归属权的中央银行。这种资本结构的中央银行，多是在对原有商业银行改组的基础上，通过国家收购一部分原有商业银行股份的形式建立起来的。有的中央银行国有资本占绝对控股比例，有的国有资本并不占绝对控股比例。但是，这类中央银行并不完全是按照公司法运作的，在这些中央银行中，国家法律往往都对民间持股数额有一定的限制，从而保证国家对其在管理上享有绝对权力。并且，即使国有股份不占绝对控制地位，按照“中央银行法”的特别规定，民间股东在中央银行中也不享有决策权和经营管理权，只能按规定获取股息。[2]

非国有制中央银行是指其全部资本都归属于民间，由非国有机构掌握其资本归属权的中央银行。这种资本结构的中央银行通常是在对原有商业银行改组的基础上建立起来的，在改组过程中只对其职能和股东权益进行了特殊规定，并没有改变原有商业银行的资本结构，从而形成了非国有的中央银行。在这种中央银行中，虽然国家不掌握资本的归属权，但按照“中央银行法”的特别规定，其决策权和经营管理权也完全或大部分由国家控制。事实上，中央银行作为国家监督管理金融业和货币流通的特殊金融机构，无论资本的归属关系如何，其决策权和经营管理权都主要属于国家或国家联盟，民间股东无权参与中央银行的经营管理和决策。此外，还有些国家的中央银行并没有资本，由于中央银行有固定的收入来源，没有资本并不会影响其职能的实现。[3]

三、中央银行的组织机制

中央银行的组织机制是指中央银行的机构设置和各机构的职能，以及它们之间的相互关系。它是中央银行组织制度的重要组成部分，它可以具体分为中央银行总行的组织机制和各分支机构的组织机制。由于不同国家政权结构、经济组织制度不同，以及中央银行的法律地位、机构类型、业务类型和资本类型不同，中央银行的组织机制和各机构的职能也不完全相同。

（一）总行机构的组织

中央银行总行的组织机制，是指中央银行最高业务机关或称中央银行总行

---

〔1〕参见《中国人民银行法》第8条和第六章“财务会计”部分的规定，以及各国的有关法律规定。

〔2〕参见日本、比利时、墨西哥、奥地利、土耳其等国“中央银行法”的相关具体规定。

〔3〕参见美国联邦储备银行的资本规定，以及其他没有资本的中央银行如韩国、新西兰“中央银行法”的规定。

的机构设置和机构职能，以及它们之间的相互关系。中央银行总行的组织机制状况，直接决定着其自身业务活动的决策能力和决策实施能力，决定着它对金融秩序和社会经济运行状况的影响能力和调节、控制程度。通常，中央银行总行的组织机制主要包括决策机构、执行机构和监督机构。

中央银行总行的决策机构，主要包括单机构型、双机构型和多机构型三种基本形式。单机构型决策机构是指中央银行仅设置一个层次的决策机构，在此条件下该机构本身就是货币政策的决策机构。单机构型决策机构的最高权力机构，多采取委员会、理事会或董事会形式。双机构型决策机构，是指中央银行总行设置有两个层次的决策机构。中央银行总行内部的决策机构并不是货币政策的最高决策机构，在中央银行总行内部决策机构之上还单独设置货币政策决策机构。多机构型决策机构，是指中央银行总行之外设置有两个以上层次的货币政策决策机构。除货币政策执行决策机构外，还设置有多个层次的货币政策决策机构，具体负责不同范围、时限的货币政策决策。[1]

中央银行总行的执行机构，是依法具体组织实施中央银行货币政策及相关业务活动的机构。它的最高负责人通常是总行行长，或者总行的最高决策执行长官。它的主要职责是，具体贯彻执行决策机构制定的货币政策，并就具体的实施方案作出决定。按照中央银行总行决策执行业务的具体分工，通常它的实际执行机构主要包括法定货币发行业务执行机构，国家金库代理业务执行机构，货币融通业务执行机构，货币流通清算执行机构，外汇和“货币金属”业务执行机构，调查统计业务执行机构，反洗钱业务执行机构，以及各国中央银行之间的国际合作业务执行机构等。

中央银行总行的监督机构，是中央银行总行依法具体实施监管活动的业务机构。它具体包括两个基本层次：一是对中央银行总行的监督机构；二是对中央银行之外各种普通金融机构的监督机构。其中，中央银行总行的监督机构，是依法监督中央银行总行各项决策和执行业务活动的机构。它的主要职责是，监督中央银行各种业务活动的合法性，监督各部门业务负责人的职责履行情况，监督各部门业务工作人员的业务职责履行情况，及时发现和纠正业务活动中存在的问题。普通金融机构的监督机构，是依法监督普通金融机构及其业务活动的监督机构。它的主要职责是，监督普通金融机构货币流通制度的执行情况，监督普通金融机构的业务经营情况。并且，同时负责对普通金融机构的业务经

〔1〕 参见《宪法》《货币政策委员会条例》《中国人民银行法》的有关规定。我国的货币政策决策分为三个层次，全国人民代表大会决定年度政策、委托政策委员会决定季度政策、总行行长决定日常政策。

营活动进行监督指导，会同国家其他金融监管机关对金融市场进行监督管理，对出现经营危机的普通金融机构进行接管和拯救，对发现的问题提出改进的建议和处理意见，以维护金融业正常的经营秩序。[1]

(二) 分支机构的组织

中央银行分支机构的组织，是由各个国家中央银行的组织形式、各分支机构所承担的业务职责，以及分支机构的职能、业务内容等决定的。通常，中央银行分支机构的组织机制主要包括分支机构的设置和分支机构的职能。中央银行分支机构的设置主要分为两种基本类型：一是按照金融经济活动区域设置分支机构；二是按照国家政权的行政区域设置分支机构。中央银行是按照金融经济区域还是按照行政区域设置其分支机构，在很大程度上取决于中央银行的机构组织制度状况。通常，集中制的中央银行，它的分支机构可以不受国家政权结构的影响；而复合制的中央银行，它的分支机构则只能按照行政区域设置，它既是总行的具体职能机构同时又是地方的职能机构。

中央银行分支机构的职能，也是同它的机构组织制度联系在一起的。对集中制中央银行来讲，它的分支机构职能由总行根据需要来具体确定。对复合制中央银行来讲，它的分支机构职能除由总行确定外，地方也可同时赋予其一定的金融调控和监管职能。中央银行分支机构的组织机构，也可以分为决策机构、执行机构和监督机构，但它们在具体职能上与总行的相应机构是有区别的。在集中制中央银行机构组织制度下，分支机构的决策机构只是本区域业务的执行决策机构，不享有真正的货币政策选择决策权。在复合制中央银行机构组织制度下，它的决策机构不仅有业务执行决策权，还有一定的货币政策决策权。它们的执行机构和监督机构通常与总行的设置保持一致。

第二节　监管机关的组织

一、监管机关的法律地位

这里的监管机关是指专业执行金融监督管理职责的国家机关，它是为保障金融法的实施和社会整体金融利益的实现而产生的，在国家立法权、行政权、检察权和审判权之外的另一类整体行为体系，是法学发展进入一个新时代的重要标志。既然存在金融监管行为就必须有金融监管主体，它是监管体系专业化的重要标志。专业金融监管主体是指除中央银行以外的法定监管机关，它可以

[1] 参见《中国人民银行法》《银行业监督管理法》《证券法》《保险法》的有关规定。

是一个统一的监管机关，[1] 也可以是几个相对独立的监管机关。[2] 监管机关的法律地位主要表现在它与国家机关的关系、它与中央银行的关系，以及它与金融业的关系上，地位是在关系中得以体现的。

（一）监管机关与国家机关

当代社会的国家机关主要包括五类，即立法机关、行政机关、检察机关、监管机关和审判机关，监管机关与国家机关的关系主要是指与其他四类国家机关的关系。在监管机关与立法机关的关系上，它与中央银行基本相同，只是其授权立法的范围仅限于其监督管理的金融领域，具体包括银行业、信托业、证券业和保险业的业务行为领域。在监管机关与行政机关的关系上，它的独立性要强于中央银行，各国的金融监管机关都独立或相对独立于行政，基本上没有完全隶属于行政的监管机关。在监管机关与检察机关的关系上，它的金融公诉权通常要强于中央银行，中央银行的目标许多是通过其业务活动实现的，它只负责货币流通和金融稳定的监管，监管机关则要负责金融业全部业务行为的监管，各国法律往往赋予其更加充分的金融监管公诉权。在监管机关与审判机关的关系上，它的金融监管处罚权要高于中央银行，它不可能利用业务关系实现行为目标，只能以监管执法实现行为目标。

（二）监管机关与中央银行

中央银行与专业监管机关，是目前世界各国的核心金融监管机关，它们共同承担着依法维护整体金融利益和金融投资人（消费者）权益的职责。具体来讲，这方面的职责主要包括：法定货币及相关资产的管理职责，货币流通的清算与监管职责，货币政策的制定与执行职责，金融机构行为的监管职责，金融控股公司的监管职责，金融业务行为的监管职责，金融企业的危机救助职责，金融投资人（消费者）权益的保护职责，金融违法行为的处罚与公诉职责等。这些职责中有些是只有中央银行才能承担的职责，如法定货币及相关资产的管理职责，货币流通的清算与监管职责，货币政策的制定与执行职责，金融企业的危机救助职责等；有些则是中央银行和专业监管机关都能够承担的职责，如金融机构行为的监管职责，金融业务行为的监管职责，金融投资人（消费者）权益的保护职责，金融违法行为的处罚与公诉职责等。由于各国的具体情况和习惯不同，它们之间的职责划分也不完全相同。

在中央银行与监管机关的职责关系上，目前世界主要有三种基本模式，即

---

〔1〕 如英国依据《2000 年金融服务和市场法》曾经成立的金融服务管理局，日本的金融监督厅、韩国金融监管委员会，以及北欧国家的金融监管机关的设置。

〔2〕 如法国的信贷机构委员会、银行委员会、银行规章委员会、法兰西银行、金融市场管理局等。

中央银行中心模式，监管机关中心模式，以及二者职责均衡模式。中央银行中心模式是以中央银行为中心设置金融监管机关，全部能够归属于中央银行的监管职能都规定为它的职责，这种模式还可以分成中央银行全面监管和中央银行与监管机关并存两种具体方式。其中，中央银行全面监管方式是国家不设置其他的金融监管机关，所有金融监管的职责都由中央银行全面负责。这种金融监管方式有利于加强金融监管的集中统一，但却可能产生利益冲突，这是由于金融稳定与投资人（消费者）保护往往是存在矛盾的，金融稳定监管倾向于保护金融企业的利益，投资人（消费者）保护监管更倾向于保护金融企业客户的利益。因此，绝大多数国家都采取中央银行与监管机关并存的方式，即二者职责均衡模式。在这种方式下金融业务行为监管和金融投资人（消费者）保护应该是监管机关的职责，其他职责可以根据具体情况在二者之间划分。监管机关中心模式是以监管机关为中心实施金融监管，中央银行基本上不承担金融监管职责。这种模式难以很好地进行货币流通监管和金融企业危机救助，较少有国家选择这种监管模式。[1]

（三）监管机关与金融行业

监管机关与金融行业的关系与中央银行既有相同之处也有明显的区别，中央银行与金融行业的关系既包括业务关系也包括监管关系，监管机关与金融行业则不具有业务关系只具有监管关系。具体来讲，这种监管关系主要包括金融准入监管、金融机构监管、金融业务监管和金融责任监管。其中，金融准入监管包括金融企业准入监管和金融业务准入监管，金融企业准入监管是指监管机关负责按照法定标准审核金融企业的市场准入，不达到市场准入条件禁止设立金融企业；金融业务准入监管是指监管机关负责按照法定标准审核某项金融业务的市场准入，不达到市场准入条件禁止经营某金融业务。金融机构监管是指监管机关负责监督管理金融机构的经营行为，防止其出现业务经营风险，并对已经或可能发生信用风险的金融机构进行风险处置。金融业务监管是指监管机关负责监督管理金融业务的经营行为，防止出现非法经营金融业务的情况，并对已经出现的非法经营行为进行处罚或提起公诉。金融责任监管是指监管机关负责追究金融业务经营主体的违法责任，发现违法行为依法进行直接的处罚，

---

[1] 在世界各主要国家中，美国是以中央银行为中心的金融监管方式，中央银行承担着主要的金融监管职责；英国传统上是以监管机关为中心的监管方式，但在《2012 年金融服务法案》中对金融监管体系进行了改革，将原有金融服务局（Financial Services Authority，FSA）的职能分拆由审慎监管局（Prudential Regulation Authority，PRA）和金融行为监管局（Financial Conduct Authority，FCA）两个机构分别承担。其中，审慎监管局是英格兰银行的附属机构，负责微观审慎监管，并有权否决行为监管局的行为监管法规。行为监管局作为独立机构，主要承担保护金融投资人（消费者）职能。

或者依法向法院提起整体金融利益公诉，或者代表全体投资人（消费者）向法院提起公益诉讼，或者向检察机关移送金融刑事案件，并监督有效裁判的实际执行。[1]

二、监管机关的组织体系

金融监管机关是当代社会一种新兴的国家机关，作为国家机关必须有法定的严格的组织体系。监管机关的组织体系是指它的组织形式和组织机制，不同的组织体系直接关系到监管机关的职能以及其监管职责实现的有效性和充分性，直接关系到各项金融法规能否得到正确合理的执行，各项整体金融利益和投资人（消费者）的利益是否得到充分的保护，金融市场能否持续繁荣。

（一）监管机关的组织形式

监管机关的组织形式是指它自身采取的具体组织方式，它实质上是机构监管与功能监管形式，分业监管与综合监管形式，中央监管与地方监管形式三个方面的不同组合方式。机构监管组织方式是以不同类型的金融机构为标准设置监管机关，凡是某类金融机构都属于其监管的职责范围。这种组织方式可以有效地监管金融机构的经营风险，更好地防止出现经营危机，并有利于进行合理的危机处置。但是，它会在各监管机关之间形成监管重叠或真空，难以实现对整个金融业的全面统一监管。功能监管组织方式也称业务监管，是以不同类型的金融业务为标准设置监管机关，凡是某类金融业务都属于其监管的职责范围。这种组织方式可以保证监管的全面统一性，但可能导致金融机构监管的重叠或真空，不利于防范机构经营风险。比较理想的是在功能监管的基础上，明确划分金融机构的监管职责。[2]

分业监管与综合监管，既可以按照金融机构划分也可以按照金融业务划分。分业监管组织方式是以金融机构或金融业务的行业划分为标准确定不同监管机关的职责，凡是同行业的金融机构或金融业务都由同一监管机关监管。但是，无论按照机构分业还是按照业务分业，它都难以保障监管的全面性和统一性，存在监管的重叠或漏洞。因此，无论是分业经营还是混业经营都应该实行综合监管，并且是以金融业务为第一划分标准、以金融机构为第二划分标准的综合监管。即首先按照金融业务类型划分不同监管机关的监管职责，实现金融业务的全面统一监管；再按照金融机构的主营业务划分监管职责，实现金融业务监

---

〔1〕参见《商业银行法》《证券法》《保险法》《银行业监督管理法》等法律的具体规定。

〔2〕由于存在民间的金融行为和合法的金融创新，金融监管必须首先进行业务监管，保证它的完整性和统一性，然后再考虑机构监管，保证它的重点性和安全性。参见我国现行《中国人民银行法》《商业银行法》《证券法》《保险法》《银行业监督管理法》等的规定，以及世界各国金融监管组织方式的具体规定。

管和机构监管的综合统一。它既包括中央银行与监管机关之间的综合统一，也包括各监管机关之间的综合统一；还可以将各监管机关统一成一个综合的监管机关，综合协调业务监管与机构监管之间的关系。[1]

中央监管与地方监管，既可以采取集中制组织方式也可以采取复合制组织方式。在集中制组织方式下，一切监管权力和职责都来自和归属于中央监管机关，地方监管机关仅仅是中央监管机关的派出机关，不具有监管权力和职责的任何独立性。采取这种组织方式有利于实现全国金融监管的集中统一，保证监管规则和监管标准的一致性，符合金融业市场化发展的需要。但是，这种监管组织方式也会导致监管层级过多，监管的具体针对性和积极性不强等问题。在复合制组织方式下，地方监管机关既是中央机关的派出机关也是相对独立的地方监管机关，它是中央监管与地方监管的复合机关。它可以按照金融机构的业务区域划分监管职责，凡是跨区域经营的金融机构都由上级监管机关集中统一监管，凡是本区域内经营的金融机构都由本级监管机关监管，实现金融监管集权与分权的统一。[2]

（二）监管机关的组织机制

监管机关的组织机制是指它的机构设置和各机构的职能以及它们之间的相互关系，它可以具体分为中央监管机关的组织机制和地方监管机关的组织机制。中央监管机关的组织机制首先取决于它与中央银行之间的职责划分，以及法律对金融业务的分类。就目前世界来讲，金融业务主要包括银行业务、信托业务、证券业务和保险业务，按照这一分类金融监管机关也应分为银行业监管机关、信托业监管机关、证券业监管机关和保险业监管机关，这些监管机关分别负责对全社会银行业务、信托业务、证券业务和保险业务经营的监管，同时负责对主营本行业业务金融机构的监管，从而形成中央的金融监管组织体系。这一监管体系既可以设置统一的综合监管机关，在其内部分为不同行业的监管部门，也可以分别设置不同行业或相近行业联合的监管机关，分别相对独立地监管本行业的金融行为和金融机构。[3]

---

〔1〕参见我国现行《中国人民银行法》《商业银行法》《证券法》《保险法》《银行业监督管理法》等的规定，世界各国金融监管组织方式的具体规定，以及它们的最新发展趋势。

〔2〕集中制监管组织方式仅适用于单一制国家体系，复合制监管组织方式既适用于单一制国家体系也适用于联邦制国家体系，我国目前的监管机关组织方式已经基本上形成了复合制的监管组织形式。

〔3〕我国中央银行之外的中央监管机关目前采取分业设置的模式，分别设置有银行业监管机关、证券业监管机关和保险业监管机关，信托业包含在银行业中由银行业监管机关负责监管。参见我国现行《中国人民银行法》《银行业监督管理法》《商业银行法》《证券法》《保险法》及相关法律、法规等的具体规定。

地方监管机关的组织机制既取决于中央银行的组织机制也取决于中央监管机关的组织机制，但也不一定与中央监管机关的设置相同。通常，由于全国性金融机构和金融业务很少出现擅自设立和经营的情况，中央监管机关既可以分业设置也可以综合设置。由于地方性金融机构和金融业务经常出现擅自设立和经营的情况，并且往往难以确定它们的具体行业划分，再加之监管机关人员数量有限。因此，地方监管机关通常应采取综合设置的组织机制，设立综合性的统一监管机关。并且，为保证整个国家金融法律制度制定和实施的统一性，地方监管机关不应享有独立的金融法规立法权，它的金融法规立法权应仅限于对全国统一的金融法律、法规作出适合地方的解释和具体适用。并且，地方监管机关不同于中央监管机关的地方派出机关，这些派出机关隶属于中央监管机关、直接对中央机关负责。〔1〕

第三节　自律机构的组织

一、交易场所的组织

金融监管不仅包括中央银行和监管机关的法定监管，还包括自律机构的自律管理，国家监管与自律管理是有明显区别的。〔2〕首先，国家监管的机构是依据金融法律、法规的规定设立的国家机关，自律管理的机构是金融业自发成立的自律组织，它在法律性质上属于民间机构。其次，国家监管依据的是国家法律、法规，或者法律的授权，自律管理依据的是成员之间的自律性约定，它在法律性质上属于合同。由于生效的合同也具有法律效力，这种管理也是受法律保护的。并且，自律机构通常本身就从事金融业务活动，它对成员的管理往往比国家监管更直接、更具有针对性和灵活性，是国家监管的重要补充。自律机构主要包括金融交易场所和行业协会，它们是基本的自律性管理机构。

（一）交易场所的法律地位

金融交易场所是专门的有组织的金融市场，它是在交易场所机构的组织下集中进行各种货币、货币流通与货币融通工具交易的平台。在各种金融财产或资产交易过程中，交易场所本身既不参加交易，也不决定这些财产或资产的交易价格，它只是为交易主体提供必要的交易地点、交易设备和其他一些相关服务，以使交易能够公开、公平、公正地顺利进行。金融交易场所的法律地位主要表现在其法律性质、同监管机关的关系，以及与其他交易媒体和主体之间的

〔1〕我国目前已经基本上建立起地方监管机关体系，它们通常是地方的金融监管局或金融监管办公室。

〔2〕严格来讲，自律管理不能称之为监管。这里只是为了内容和体系将其编写在监管机构组织法中。

第四章

关系上，它是既区别于社会公众、国家机关，又区别于国家监管机关和行业自律组织的一类特殊的法律主体。[1]

金融交易场所是既具有企业性质，又具有自律性质的机构。金融交易场所的企业性质，主要表现在两个方面。首先，从它的业务性质上来看，它同普通工商企业和金融企业具有共同性。其次，从它的法律地位上来看，它同工商企业和金融企业也具有共同性。但它又不同于普通的工商企业和金融机构，这主要表现在两个方面。首先，从它们的经营目标上看，它虽然也要考虑经济效益，但主要是为金融财产或资产的流通提供固定的交易平台，并不以取得利润为其最终经营目的。其次，从对它们监管的严格程度来看，监管机关对交易场所的监管是非常严格的，无论是在交易场所的日常业务活动、内部各种管理制度，还是在经营收费标准和数量上都要受到严格规范。[2]

金融交易场所是承担监管职能的金融机构，按照交易场所是否享有法定的监管职能，可以将其分为混合型交易场所和单一型交易场所。混合型交易场所是法律赋予其金融市场监管权力的机构，它负有对金融市场行为实施依法监管的职责；单一型交易场所不是法定的监管机构，它在法律性质上是普通的金融机构，同其他金融机构之间并不存在法定的监管关系。但是，即使是单一型的交易场所，它也同普通金融机构具有明显的区别，它事实上也承担着自律管理和监管职能，这主要表现在以下三个方面：一是金融交易场所规定有严格的内部管理制度，这些制度虽然不具有国家法规的性质，但它却是交易场所内全部交易主体和媒介主体都必须遵守的制度，是调整其内部全部交易活动的行为规范。并且，由于各交易主体和媒介主体对它的承认，使这些制度具有法律效力。二是交易场所的基本职能之一就是监督这些管理制度的实施，维护交易市场的正常秩序。这些内部管理制度事实上是金融法律、法规的具体实施制度，就此而言交易场所是金融法律、法规具体实施和实施监管的媒介。三是法律或监管机关往往赋予交易场所以特定的监管职能，并对其高级管理人员的任命权具有特别的规定，它的高级管理人员往往不是由其成员自由选任的，而是由监管机关任命的。[3]

（二）交易场所的组织形式

金融交易场所主要有会员制和公司制两种基本组织形式，会员制金融交易

---

〔1〕这里所称的金融交易场所具体包括证券交易场所、期货交易场所，以及其他金融资产和衍生品的交易市场或称场外市场。

〔2〕参见《证券法》第五章证券交易所，《期货交易管理条例》第二章期货交易所等的具体规定。

〔3〕参见《证券法》中有关证券交易场所的性质、职能及高级管理人员的规定。

场所是由经营金融财产或资产交易的经纪人，以会员形式组成的特定财产或资产的交易组织。具备该交易场所规定的资格条件，经审核允许加入该交易组织的经纪人是交易场所的会员，取得会员资格是有权直接进入该交易场所进行特定金融财产或资产交易的前提。没有取得交易场所会员资格，不能直接进入交易场所进行金融财产或资产的交易活动，只能委托会员代为完成财产或资产的交易活动。

会员制交易场所可以具有法人地位也可以没有法人地位，具有法人地位的交易场所，是非营利目的的社团法人。不具有法人地位的交易场所，为非营利目的的非法人社团；它在对外业务中不具有相应的权利能力和行为能力，是一种自治性质的社团组织。它的各种内部管理制度，在法律性质上属于会员之间的业务契约。会员制交易场所的组织和业务特点决定了，它的经营目标并不是为取得收益，而是为向会员提供一个具有严密组织、严格规章制度和必要设施的交易平台，为社会提供一个组织良好的金融市场，使会员在自营或经纪的金融财产或资产交易过程中取得合理的收益。[1]

会员制交易场所虽然是非营利性的交易组织，但也需要大量业务经营开支。因此，它也必须有特定的收入来源。通常，会员制交易场所的主要收入来源是会员交纳的交易场所创建费、会员年费、金融财产或资产交易费和交易管理费，以及金融财产或资产上市交易单位缴纳的财产或资产上市费用等。会员制交易场所的主要支出包括交易设施的建设费用、日常业务经营管理经费，以及交易设施维修费用、改建费用和扩建费用等。收支余额应保留在交易场所内，作为其发展基金共同使用。[2]

公司制金融交易场所，是采用有限公司或股份公司的形式设立和经营的，以金融财产或资产的有组织交易为业务对象的法人组织，它与会员制交易场所的本质区别是它们的法律性质不同。会员制交易场所是一种社团组织，不以取得利润为自己的业务经营目标；公司制交易场所是以公司为组织形式的企业法人，它的业务经营目标中往往有一定的利润倾向。因此，为了保证金融交易市场的公益性，许多国家法律都对其业务经营目标有严格的约束，对它的经营费用标准有严格的限制。[3]

---

〔1〕 我国的上海证券交易场所、深圳证券交易场所、上海期货交易场所、大连商品交易场所、郑州商品交易场所都是会员制交易场所。并且，是具有法人地位的交易场所，属于社团法人。

〔2〕 参见《证券法》《期货交易管理条例》中交易场所部分的规定，以及“交易场所章程”的规定。

〔3〕 我国的“中国金融期货交易场所”是经国务院同意，中国证监会批准，由上海期货交易场所、郑州商品交易场所、大连商品交易场所、上海证券交易场所和深圳证券交易场所共同发起设立的公司制金融交易场所。

按照各国金融法律、法规的规定，公司制交易场所首先应遵守《公司法》的有关规定，同时其股东又同普通公司股东有严格的区别，这种区别主要表现在四个方面：一是交易场所股东有人数限制，它的股东人数通常不能超过法定限额。二是交易场所的设立方式限制，它通常只能采取发起方式设立，不得采取募集方式向社会公开招募股份。三是公司股东的国籍限制，通常交易场所股东要求必须全部或部分为本国国籍。四是股份的流通限制，通常股份禁止在本交易场所，或者禁止在任何交易场所上市流通。

公司制交易场所必须首先保持经营的公益性，法律对其收费标准通常有严格的限制，并不以取得利润为唯一的经营目标。但是，它也需要有一定的收入，也需要有一定数额的利润作为股息对股东进行分配。通常，公司制交易场所的收入项目主要包括股东所缴纳的股款，成员年费、金融财产或资产交易费和交易管理费，以及金融财产或资产上市单位缴纳的上市费用等。交易场所的主要支出项目包括各种交易设施的建设费用、日常业务经营管理经费，交易设施维修费用、改建费用和扩建费用等。收支盈余应按照《公司法》的有关规定，在提取公积金、公益金及其他费用后才能对股东分配。

（三）交易场所的组织机构

金融资产交易场所的组织机构，是指交易场所的组织设置和机构职能，以及它们之间的相互关系。它是交易场所基本组织制度的重要组成部分，直接决定着它的金融财产或资产交易成本，决定着交易的公开性、公平性和公正性，决定着金融财产或资产交易职能是否能够顺利实现，决定着市场的金融秩序。交易场所的组织机构主要包括决策机构、执行机构和监督机构。[1]

交易场所的决策机构是其组织系统内部的最高权力机构，交易场所的组织形式同其决策机构也不完全相同。对于会员制交易场所来讲，它的决策机构是全体会员大会；对公司制交易场所来讲，它的决策机构是股东大会或交易场所成员大会。有些国家法律往往还规定，某些重要决策需要由监管机关作出。[2]交易场所决策机构的职能主要取决于它的组织形式，不同组织形式的交易场所在其决策的内容和程序上有一定的区别。但总的来讲，它的基本内容主要包括：决定交易场所的经营方针和投资计划；制定或修改交易场所章程；选举或者罢免理事、董事和监事；审议交易场所执行机构的业务报告；审议交易场所的财务预算和决算报告；决定交易场所的分立、合并和终止事项等。

交易场所的执行机构是负责具体实施决策机构决议的机构，也是交易场所

---

〔1〕 参见《证券法》第102～110条，《期货交易管理条例》，以及“交易场所章程”的有关规定。

〔2〕 参见《证券法》第102条、第103条、第107条，《期货交易管理条例》，以及相关法规的规定。

日常业务活动的经营和管理机构。不同组织形式的交易场所，有不同组织形式的执行机构。会员制交易场所主要由理事会、专门委员会和总经理及各种具体业务执行部门组成；公司制交易场所主要由董事会、各专门委员会和总经理及各种具体业务执行部门组成。这些执行机构的主要职责是，具体实施决策机构制定的业务计划和发展规划。通常，交易场所理事会或董事会下设立多个专门委员会，专门委员会通常具有较强的专业性，具体负责某方面的业务工作执行决策。总经理则在理事会或董事会领导下，具体负责交易场所的日常工作，领导各业务职能部门具体实现金融财产或资产的交易与流通。[1]

交易场所的监督机构，是交易场所负责监督决策机构、执行机构业务活动状况的机构。它又可以分为外部监督机构和内部监督机构。监督的具体内容包括两个基本层次：一是对交易场所自身的监督检查；二是对交易场所会员或成员、金融财产或资产上市单位和金融财产或资产投资单位及个人的监督检查。它的具体职责包括：监督检查交易场所各执行机构执行决策的情况；监督检查理事会成员或董事会成员，以及经理人员和其他工作人员遵守法律、法规和交易场所规章制度、业务规则的情况；监督交易场所的财务情况等。监督检查交易场所会员或成员的业务活动状况，监督检查上市单位和投资单位与个人的业务活动状况。会员制交易场所的监督机构主要是监察委员会；公司制交易场所主要是监事会。

二、行业协会的组织

金融行业协会是金融企业自律管理、自我规范、自我约束的一种民间自律组织。它可以通过行业内部的自律管理，规范金融企业之间的竞争行为和经营行为，避免它们之间的不正当竞争，促进彼此之间的经营协作，配合监管机关共同维护金融体系的稳定与安全。通常认为，金融行业协会具有协调、服务、沟通和监督四项基本功能。一是行业协会是以维护和增进各成员单位之间的共同利益为其基本宗旨的，它可以协调不同成员单位之间的利益关系，促进成员单位在国家规定的权限内开展业务。二是它还可以通过建立成员间的信息网络，对金融市场行情及时进行预测、分析和研究，使其成员及时了解行业内的重要经营信息。三是它可以沟通金融企业与监管机关之间的关系，经授权执行监管机关不宜执行或执行效果不佳的监管职能。四是它可以通过建立举报监督网络，强化成员之间的相互监督。[2]

---

〔1〕 参见《证券法》第106～108条，《期货交易管理条例》，以及“交易场所章程”的具体规定。

〔2〕 参见中国银行业协会、信托业协会、证券业协会、保险业协会、期货业协会等的工作指引和协会章程的有关规定。

第四章

(一) 行业协会的法律地位

金融行业协会属于非营利性社团法人，不是法定的国家机关，不可能享有立法权、行政权、执法权和司法权，它的权力只能来源于会员之间的约定和国家机关的授权。它的主要职责是在监管机关的监督管理下，对某金融行业进行自律管理；制定本金融行业内部的自律规则、行业标准和业务规范，并监督实施；依法维护成员的合法权益；监督检查成员的执业行为，对违反章程及自律规则的成员给予处分；对不同成员之间，以及成员与社会公众之间发生的纠纷进行调解；收集、整理本金融市场的信息，建立行业诚信记录和诚信评价制度，开展成员之间的业务交流；组织本金融行业从业人员资格考试，负责本金融行业从业人员执业资格注册及管理；对本金融行业从业人员进行继续教育和业务培训；以及开展本金融行业的国际交流等。[1]

金融行业协会的主要法律关系是合同或约定法律关系，它们主要包括两种：一是由成员单位的承认而形成的法律关系；二是由全体成员的共同约定而形成的法律关系。通常，由成员单位承认而形成的法律关系主要是行业协会的章程，它是规范行业协会自身及其成员行为的基本法律文件，某金融机构要加入行业协会首先必须承认该机构的章程，由此该章程也就成为约束其成员单位行为的基本法律文件。此外，行业协会通常还规定有自律公约，该公约在法律性质上是全体成员单位共同签订的自律合同。行业协会有责任按照章程和公约的要求，监督检查各成员单位执行其章程和公约的情况，发现有违约行为按照约定进行处罚，以维护全体成员的共同利益。

(二) 行业协会的组织机构

金融行业协会的基本组织形式是会员制，会员必须是从事本行业经营活动的金融机构，并具有经监管机关承认的合法资格。同时，还必须向协会提出申请，经章程中规定的程序核准后方能成为协会会员。行业协会的组织机构及各机构的职能由协会章程具体规定，主要包括组织机制和组织体系两个方面。金融行业协会的组织机制是指某级协会内部的组织结构，主要由管理机构和业务机构两部分构成。它的管理机构主要包括决策机构、执行机构和监督机构。其中，决策机构是全体会员大会，执行机构是理事会，监督机构是监事会。它的业务机构主要是秘书处和各专门委员会，秘书处主要处理日常事务。行业协会可以根据需要设立多个委员会，如行业发展、执业标准、教育培训、自律监察、法律事务等，它们分别负责相应的具体专业工作，维持协会的正常运行。

---

[1] 参见《证券法》第174~177条，《保险法》第180条，《关于加强保险业社团组织建设的指导意见》，以及其他金融行业协会的相关法律文件的规定。

金融行业协会的组织体系是指不同区域同一协会之间的组织结构，主要包括集中型、独立型、国际型三种类型。其中，集中型行业协会，是指在一个国家范围内只设立一家具有法人资格的行业协会，整个国家的各会员单位都是该机构的会员，由该协会的总机构实行集中统一的自律管理。[1] 独立型行业协会，是指在一个国家范围内设立有多家具有法人资格的行业协会，各协会之间都是独立的法人，没有直接的隶属关系，各自独立地实施自律管理。国际型行业协会，是指以国家或不同国家的金融机构为成员的协会。在以国家为成员的条件下，它对该国家内的所有本行业的金融机构都具有约束力；在以某金融机构为其成员的条件下，则仅对该金融机构具有约束力。[2]

三、行为效力与责任

金融行为是一种与整体金融效率、秩序、安全，金融业务操作特征与技术特征，以及倾斜保护投资人（消费者）利益直接相关的行为，金融法也主要是为保护整体金融利益才形成的法律体系。某一金融行为是否合法以及它的法律效力和法律责任，不完全是按照传统民商法学的标准判断的，而是按照金融法学的标准判断的，也正是由于这一原因金融法的实施才需要有中央银行、监管机关和自律机构的介入，对违反整体金融利益的行为进行监督管理。同时，金融行为又具体是由民商事主体实施的，它又不可能与民商法学没有联系。因此，在金融组织法中必须研究金融行为的效力与法律责任问题，以对金融组织法进行总结，并为进一步研究货币财产法和金融行为法奠定基础。

（一）违法效力与责任

金融行为是否合法、它的法律效力和法律责任，首先取决于调整该金融行为的法律体系，民间金融行为由民商法调整、正规金融行为由金融法调整。因此，民间金融行为是否合法、它们的法律效力和法律责任应按照民商法的规范进行判断。其次，正规金融行为的效力和法律责任取决于行为主体的资格，如果行为主体属于正规的金融主体，它的业务属于监管机关授权经营的金融业务，它就享有实施该金融行为的资格，它的对外行为就可能具有法律效力；否则，它的行为就肯定不具有法律效力，它就必须承担非法经营的责任。最后，依法享有实施某金融行为的资格，并不代表它的行为就一定具有法律效力，它的法律效力状况还要取决于金融法对其行为条件和方式的限制性规定。

法律对金融行为条件和方式的限制性规定包括两种类型：一是行为无效性

[1] 参见《证券法》《保险法》《期货交易管理条例》等法律、法规对行业协会职责的规定，以及银行业协会、信托业协会、证券业协会、保险业协会、期货业协会等的章程和公约的规定。

[2] 参见各种金融国际组织，如“巴塞尔委员会”“国际证券事务监察委员会”等的有关规定。

规定，二是行为处罚性规定。行为无效性规定是指法律对某金融行为的条件和方式有严格的限制，并明确规定不按照这一限制实施的行为不具有法律效力，是无效行为。行为处罚性规定是指法律对某金融行为的条件和方式有严格的限制，如果不按照法律要求的条件和方式行为就要受到监管处罚，这种行为属于效力待定性金融行为，行为是否有效应取决于对具体情况的判断。如果认定该行为无效所获取的整体金融利益大于对个体利益的损害，则应认定该金融行为不具有法律效力；如果认定该行为无效所获取的整体金融效益小于对个体利益的损害，则应认定该金融行为具有法律效力。

（二）违约效力与责任

金融行为是否违反自律管理的约定、它的法律效力和法律责任，首先取决于该自律管理约定是否具有法律效力，如果该自律管理约定不具有法律效力，它对成员就不具有约束力；否则，该约定就具有约束效力。在自律管理约定具有法律效力的条件下，该组织成员违反约定实施金融行为的效力可以分为对内效力和对外效力两种情况。在对内效力上，如果自律管理约定明确规定该类行为不具有法律效力，则该行为对自律管理机构和内部成员无效，应按照无效行为进行处理。如果自律管理仅约定了违约处罚没有明确约定行为无效，则应按照该行为对该金融市场或金融行业整体金融利益的损害与个体利益损失的大小进行权衡，确定仅进行违约处罚还是同时认定行为无效。

在自律管理约定的对外效力上，如果加入某自律管理约定的成员对外实施了违反约定的行为，该行为是否具有法律效力首先取决于其行为资格。如果该行为是监管机关依法授予的行为资格，该行为就具有法律效力，行为主体仅应受到违反自律约定的处罚。如果该行为是自律管理机构按约授予的行为资格，并且该约定是对社会公示的，则取决于约定中对违约行为的具体规定。如果约定中明确规定金融机构的某行为属于无效行为，应认定该行为不具有法律效力；如果约定中仅规定了行为的限制性条件和方式，则应根据它对金融市场或金融行业的整体损害与个体利益损失的大小进行权衡，确定该行为是否具有法律效力，应该承担何种法律责任，并同时接受自律管理的违约处罚。

【司法案例】

案情：投资者喻先生在某银行开立理财账户，投资于该银行发行的某理财基金，该银行指定陆经理作为客户联系人，银行的一切通知、建议等材料均由陆经理联系、传发和签署。2008 年下半年，喻先生投资的基金不断亏损，至 2008 年 10 月 14 日，其账户价值已由 190 万元跌至 124 万余元。喻先生遂决定退出，但陆经理一再劝阻，并在银行向喻先生提供的投资组合收益报告上签名承诺“自 2008 年 10 月 14 日起，保证账户价值不低于 124 万元”。至 2008 年 10

月28日，喻先生指令赎回全部基金，账户内仅余88万余元，实际又亏损35万余元。喻先生认为陆经理是代表银行为自己提供理财服务的，由陆经理的原因使其受到的损失应由银行来承担，在向银行主张损失赔偿未果后，遂起诉要求判令银行与陆经理共同赔偿其经济损失35万余元。银行认为，陆经理的行为已经超出了银行的授权属于个人行为，而不构成表见代理或职务行为，因此给客户造成的损失与银行无关应由陆经理个人承担责任。

判决：一审法院审理认为：其一，陆经理代表银行向喻先生作出“保证账户价值不低于124万元”的承诺，具有保底条款的性质，违反了有关法律规定，故该承诺无效。其二，陆经理作出的承诺是加大喻先生理财风险的直接原因，致使喻先生承担了本可避免的风险。对此银行方存在过错，应当赔偿喻先生因此受到的损失。其三，陆经理的行为属于职务行为，因为银行已确认陆经理受指派为理财经理与喻先生联系，故陆经理与喻先生的联系行为均代表银行，所以银行主张陆经理行为不构成表见代理或职务行为的抗辩不成立。同理，喻先生主张陆经理共同承担损失赔偿责任的请求不予支持。据此，一审法院判决银行应对违规承诺保障客户财产不受损失的行为承担责任，赔偿喻先生35万元。银行不服提起上诉，在二审过程中，双方达成调解协议，由银行自愿补偿喻先生32.5万元。

评析：关于委托理财合同中保底条款的效力问题，在法院的判决中多认为保底条款无效。判决保底条款无效的理由主要有：一是我国《证券法》及相关法规都规定，证券公司不得以任何方式对客户证券买卖的收益或者赔偿证券买卖的损失作出承诺。二是最高法院关于合同纠纷的司法解释中也规定保底条款无效。三是我国《信托公司管理办法》也规定，信托公司开展信托业务，不得承诺信托财产不受损失或者保证最低收益。四是从委托理财业务经营的角度来看，受托财产经营中出现亏损或损失是正常的，如果保障委托人的财产不受损失，则违背了正常的金融投资经营规律。

从民商法的角度看，承认保底条款有效不是没有依据的。首先，合同条款只要不违反法律法规和法律原则就应该认定其为有效；其次，如果受托人为取得管理费用收益而自愿承担投资风险，法律也应该予以支持。但是，从金融法的角度看，法律必须保障金融业的基本经营安全，如果承认保底条款的效力会使金融业面临整体性巨大经营风险就应该规定该条款无效。这是由金融法维护整体金融利益的基本原则决定的，它必须保护金融业的整体效率、秩序和安全。因此，我国许多金融法律都规定，金融企业在经营理财业务中不得向客户作出保证收益或赔偿损失的承诺。并且，即使法律没有作出这样的规定，从金融法的法理上来讲也应包括这项内容，法院裁判也基本上认同这一原则。当然，现实生活中金融业的保底条款是否有效主要应取决于对整体性经营风险的判断，不同时期的裁判也不一定完全一致。如果是非金融业主体作出的保底承诺，应该认为是有效的，它不会产生整体性行业经营风险。

第五章
法定货币财产法

学习目的与要求　法定货币是人类以信用为基础、以法律为手段创造出来的一类财产，是当代社会除有体财产、知识财产和虚拟财产外的另一类基础性财产。它虽然是其中唯一不可消费的财产，却是一切经济活动的基础，也是全部金融行为的财产基础。法定货币财产法是金融法的客体法，是一个独立的法学财产体系，金融财产关系是以此为基础建立起来的。本章是对法定货币基本制度的概括和总结，目的是使学生掌握货币的基本制度和货币的基本权利（权力）体系。通过本章的学习，要求学生：

●重点掌握：货币的类型；货币法的内容；货币财产的基本特征。

●一般了解：货币国际流通规范；货币本位的类型；货币法的发展趋势。

●深入思考：货币财产的特殊地位；货币财产与其他财产的本质区别。

【核心概念】货币类型　货币制度　财产属性　财产特征　国际流通

【引导案例】

从人类历史和世界范围来看，货币经历了约定货币、法定货币和主权货币三个发展阶段，当代世界各主要货币都是主权货币。我国是世界上第一个颁布货币法、发行法定货币的国家，自秦朝《金布律》开始就规定了法定货币、货币发行权和货币流通监管权。目前世界的主要货币有四种，即美元、英镑、欧元和人民币，在此先向读者简要介绍一下这四种货币的基本情况。

美元（United States Dollar）：美元是美利坚合众国的法定货币，主要由联邦储备银行（U. S Federal Reserve Bank）发行，目前流通的美元纸币是自1929年以来发行的各版钞票。美元经历过金属货币和信用货币两个阶段。美国的货币史最早可以上溯到1690年，当时马萨诸塞殖民地发行了第一张货币以弥补军事远征的费用，后来在独立战争时期又发行过一种可兑换西班牙银元的纸币（称为大陆币），该券于1781年被国家特许银行发行的银行券取代，这一时期美元还没有真正诞生。

1792年美国颁布了《铸币法案》，该法案规定美元为美国货币单位，美国实行金银复本位制度，1美元包含纯银24.1克，金银的比价1比15，并成立国家铸币局，它标志着美元的正式诞生。1873年颁布的《年铸币法案》将金银复本位制改为金本位制，美元只能兑换黄金。1913年美国颁布了《联邦储备法》，建立了联邦储备制度。它将全国划分为12个联邦储备区，每区设立一家联邦储备银行，在首都华盛顿设立联邦储备委员会作为最高领导机构。联邦储备银行于1914年开始发行联邦储备银行券，以代替其他银行券，目前美元中99%为联邦储备券还有少量的政府券和银币券。

1944年7月，美国邀请参加筹建联合国的44个国家的代表在布雷顿森林市举行会议，经过激烈的争论有22个国家的代表在《布雷顿森林协定》上签字。各国共同确认美元实行金汇兑本位制度，《协定》中规定1盎司黄金等于35美元，或者1美元等于0.888,671克黄金。其他国家政府或中央银行可以按照该价格用美元兑换黄金，美元与其他签约国家的货币实行可调整的固定汇率，这一规定实质上使美元成了世界货币。1971年8月15日，尼克松总统宣布美元贬值并停止兑换黄金，各国都纷纷退出固定汇率制度，布雷顿森林体系崩溃，世界各国货币进入信用货币本位制度时代。

英镑（Great Britain Pound）：英镑是大不列颠及北爱尔兰联合王国的法定货币，主要由英格兰银行（Bank of England）发行。英镑也是英国的货币单位，“镑”一词起源于760年，当时英国将1镑白银分铸成240个便士，在11世纪威廉时期，开始使用镑作为货币单位。1344年爱德华三世铸造金币，仍然沿用银本位制度时期的货币单位“镑”。1821年英国正式实行金本位制度，英镑成为英国的标准货币单位。英国的纸币起源于“金店券”，17世纪英国的金匠店铺代客保存黄金和其他珍贵物品时，需要出具类似于收据的“金店券”，此后它演化成为银行以黄金、白银等为储备发行的银行券。

英格兰银行成立于1694年，成立之初即取得不超过资本总额的银行券发行权，主要目的是为政府垫款，1833年其银行券取得无限法偿的资格。1844年英国颁布《银行特许条例》（即比尔条例），结束了有279家银行发行银行券的历史。1928年颁布《通货与钞票法》，英格兰银行垄断了英格兰和威尔士的银行券发行权，正式成为英国的中央银行；1946年颁布《英格兰银行法》将其收归国有。1931年英国放弃了金本位制度，英镑成为不能兑换黄金的信用货币，但因外汇管制的需要仍规定了英镑的含金量。1944年加入《布雷顿森林协定》后，英镑实行与美元之间的固定汇率制度。布雷顿森林体系破产后，英镑成为汇率独立浮动的信用货币，不再与其他国家的货币具有法律上的关系。

欧元（Euro）：欧元是欧元货币区的法定货币，欧元货币区由德国、法国、意大利、葡萄牙、西班牙等18个欧洲国家组成，欧元由欧洲中央银行（European Central Bank）发行。早在1969年欧洲经济共同体海牙会议上，就提出了建立欧洲货币联盟的构想，并委托时任卢森堡首相的皮埃尔·维尔纳就此提出具体建议。1971年“维尔纳计划”通过，欧洲单一货币体系建设迈出了第一步。1979年在法国、德国的倡导和努力下，欧洲货币体系宣告建立。1986年欧共体签署《单一欧洲文件》，确定以单一货币取代成员国货币。1991年欧共体首脑会议通过了《欧洲联盟条约》（通称马斯特里赫特条约），决定将欧共体改称为欧洲联盟，如果达到“趋同标准”的成员国超过7个，即可开始实施单一货币。1999年欧元正式启动，2002年欧元正式进入市场成为流通货币，成员国本国货币全部退出流通。

欧洲中央银行是欧元区的中央银行，它是1998年在欧洲货币局的基础上成立的，总部位于德国金融中心法兰克福。它的基本职能是维护货币的稳定，管理主导利率、货币储备，发行欧元、制定欧洲货币政策。欧洲中央银行具有法人资格，可以在各成员国以独立的法人资格处理其动产和不动产，并参与有关的法律事务活动。它的决策机构是管理委员会和执行委员会，管理委员会由执行委员会所有成员和参加欧元区的成员国中央银行行长组成，成员国的中央银行是欧洲中央银行在该国的分支机构。欧元的发行与流通能够起到增加欧元区的经济实力和国际竞争能力，减少内部矛盾、防范和化解金融风险，简化流通手续、降低流通成本，增加社会消费、鼓励企业投资的作用。

人民币（China Yuan）：人民币是中华人民共和国的法定货币，由中国人民银行（The People's Bank of China）发行。“元”是人民币的货币单位，这一货币单位确定于清朝宣统二年颁布的《币制条例》，“中国国币单位，著即定名曰圆，暂就银本位”，目前使用的“元”则是“圆”的简写。我国是世界上最早颁布完整的货币法和使用法定货币的国家，早在秦朝我国就颁布了《金布律》，目前世界上的货币法原理都源于这部法律，秦朝的“半两钱”是世界最早的法定货币。早在北宋时期就出现了相当于现代银行券的“商交子”，在南宋时期则将其收归国有由国家统一发行并监督流通，成为法定信用货币“官交子”。但是，由于没有市场经济作基础，最终没有形成适应当代社会的货币制度。

中国人民银行于1948年在石家庄成立，并发行了第一版人民币。它的历史可以追溯到1931年成立的“中华苏维埃共和国国家银行”和当时发行的国币，按照当时《苏维埃国家银行暂行章程》的规定，货币是以银元为本位，纸币为银币券。1949年颁布的《中央人民政府组织法》将中国人民银行列入政务院直属单位。1955年以1万元旧币兑换1元新币的比例，发行新版人民币，并维持这一标准至今。统一发行人民币对于建立我国统一市场，节约流通费用、发展整体经济具有重要意义。1995年颁布《中国人民银行法》，人民银行同其他商业银行相分离，专门行使中央银行的职能。目前，人民币正在不断实现国际化，并且已经成为重要的国际结算货币、国际储备货币和国际货币基金组织“特别提款权”的定值货币，这直接关系到我国的国际经济地位和利益，关系到我国对世界的影响力。

【案例导学】

货币财产是当代社会的特殊财产，从民商法的角度讲，它对个体利益具有重要影响，是个人计量财富、获取财富和储存财富的重要载体，每个持有货币的人都享有一定的货币财产权。从金融法的角度讲，它是国家依法拟制出来的财产，它是金融法的基本客体，是所有金融行为和金融法律关系的核心，是金融法相对独立于其他法学体系的基础。从国际金融法的角度讲，当代社会的货币是主权货币，它是国家主权的组成部分，是本国财产权的一般性代表，是国际地位的重要标志。货币财产关系比较复杂，它有自己特殊的价值追求和财产理论，这已经是世界各国的法律事实。不能将传统的物权、债权理论简单地套用到货币财产中，更不能简单地用传统法学思想来理解货币财产规范。

■ 第一节　货币的基本制度

一、货币的法律性质

货币是市场经济的重要构成要素，是人类历史上最伟大的发明之一。同时，货币也是金融行为的起点，没有货币就不会有货币的流通，没有货币的流通也就不会有货币的融通。货币财产是金融财产的最终来源，任何金融财产都是以货币为基础形成的，它们是目前世界上最庞大的财产体系。[1] 同时，货币财产法同有体财产法、知识财产法和虚拟财产法，[2] 在财产客体、财产权利和价值

---

〔1〕 英格兰银行2006年11月的报告显示，世界金融商品的总规模已占全球国内生产总值的8~10倍。

〔2〕 目前世界应该有四大基本财产法体系，即以有体物为基本客体的有体财产法体系，以发明创造为基本客体的知识财产法体系，以国家或国家联盟的信用为基本客体的货币财产法体系，以网络电子产品为基本客体的虚拟财产法体系。当然，从目前世界各国的法律规定来看，虚拟财产法体系正处在形成过程中，各国还都没有独立的虚拟财产法，多数只是在判例中承认了虚拟财产是法学意义上的财产，我国目前也仅是从判例上承认了虚拟财产的财产性质。

追求上也有本质的区别。[1] 有体财产的客体是实物，知识财产的客体是发明创造，货币财产的客体是信用，虚拟财产的客体是网络电子产品。有体财产的权利是以实物为基础的物权，它核心保护的是对物的占有；知识财产的权利是以发明创造为基础的知识产权，它核心保护的是对发明创造的使用；货币财产的权利是以信用为基础的货币财产权，它核心保护的是货币的流通效率。因此，金融法必须在明确主体法的基础上进一步研究客体法，研究货币财产的性质、特征和权能，为最终研究金融行为法奠定基础。

（一）货币的概念

货币是固定充当交易媒介的通用财产。[2] 货币的首要职能是以自身的价值作为标准，衡量各市场主体用来交易的财产价值量。因此，它是市场经济条件下的价值标准，任何财产价值量都要以货币量来进行衡量。货币的基本职能是以自身的价值充当不同主体之间财产流通的媒介，以实现不同财产之间便利的交换，并以取得的货币换取任何流通中的其他财产。因此，货币的基本职能是流通媒介，绝大部分财产流通必须以货币作为媒介。货币的派生职能是它可以作为清偿债务的手段和进行投资的手段，它可以清结任何非特别约定标的的债务，也可以将其转化为资产进行产业投资或金融投资。

货币的产生经历了漫长的历史发展过程，它是在商品交换过程中产生的，是商品经济内在矛盾发展的必然结果。货币的发展经历了一个由低级到高级的过程，我国在距今5000年前的黄帝时代就有了交易媒介物，到殷商时期逐渐产生了比较稳定的货币。最初使用的是牲畜，随后主要采用贝壳。公元前15世纪就开始铸造铜币，到春秋战国时期基本上使用金属铸币，秦统一中国后开始发行全国统一的铜铸币。希腊在公元前8世纪，罗马在公元前5世纪也已经开始铸造货币。[3] 但是，由于我国历史上是农业占主导地位的国家，商品交易不频繁、交易量也比较小。因此，铜铸币作为我国的本位货币直至清朝末年才被其他货币取代。同我国相比，西方国家则多以金银作为货币材料，以服务于比较大额的商品贸易。

---

〔1〕“财产的本质属性，可以从两个方面进行研究：一是从客体的角度，研究财产本质的客观规定性；二是从主体的角度，研究财产本质的主观规定性。财产的本质属性是客观规定性与主观规定性的统一。”刘少军、王一轲：《货币财产（权）论》，中国政法大学出版社2009年版，第15页。

〔2〕目前的通说认为：“货币是固定充当一般等价物的特殊商品”，这个定义来自马克思的《资本论》，它在法学上目前是存在问题的。由于各国法律都规定货币不允许买卖，因此不能说货币是商品，只能说它是财产；另外，商品是经济学的概念，它难以直接在法学中应用。从法学的角度看，货币只能是一种特殊的财产，财产才是货币的法学本质。

〔3〕黄达、刘鸿儒等主编：《中国金融百科全书》，经济管理出版社1991年版，第1～16页。

（二）货币的类型

货币在其长期的发展历程中形成了许多种类型，按照不同的标准可以对其进行不同的划分。按照货币的法律性质可以将其具体分为：约定货币与法定货币，本位货币与辅助货币，法偿货币与非法偿货币，有限法偿货币与无限法偿货币，数字货币与现钞货币，电子货币与虚拟货币，法定电子货币与存款电子货币等。

约定货币（或称习惯货币）是指一定范围内的交易主体，通过商品交易习惯逐渐形成的能够被该范围内的各主体共同承认的货币。约定货币是货币发展的初期形式，它的货币地位还没有得到法律的承认，也不具有法律强制力，其他交易主体可以承认它是货币，也可以不承认其货币地位。法定货币则是指由国家或区域法律特别规定的货币，它的货币地位是法律确定的、具有强制力，任何社会主体都不得否认它的货币地位。当代社会各国使用的货币都是法定货币。[1]

本位货币也称为主币，在以金属铸币流通条件下，它是指以法定货币材料铸造而成的符合法律要求的金属铸币；在以货币材料流通条件下，它是指法定货币材料本身；在以信用货币流通的条件下，它是指整数法定货币单位以上的信用货币。[2] 本位货币都是法定货币，法定货币却不一定是本位货币。辅助货币是指本位货币单位以下的，用于零星支付的小面额货币，它是辅助大面额货币流通的货币。在金属货币流通时期，辅助货币通常以价值低于本位货币的货币材料铸造，辅助货币的面额可以与其货币材料的价值不符。[3] 因此，辅助货币的铸造权必须为国家享有，禁止普通社会主体铸造辅助货币。辅助货币也是国家法定货币，可以按照法定比例同本位货币兑换和流通。[4]

法偿货币是指具有法定偿付效力的货币，它在流通中具有绝对的支付效力，

---

〔1〕我国最早使用的约定货币（或称习惯货币）是贝币（俗称宝贝），最早使用的法定货币是秦朝《金布律》中所规定的铜铸币，即秦朝的半两钱。自此以后，我国流通中使用的货币都是法定货币，直到今天我们使用的人民币。

〔2〕这里"本位"的含义是标准，本位货币也可以理解为是作为标准的货币。

〔3〕我国自秦朝开始以铜币作为本位货币，到元朝以白银作为本位货币，清朝以白银和铜铸币作为本位货币，民国时期以银币作为本位货币，以铜币作为辅助货币；今天以人民币元以上的为本位货币，元以下的为辅助货币。参见《中国人民银行法》第17条、第18条，以及《人民币管理条例》第2~5条等的规定。

〔4〕在我国以铜铸币作为法定货币的时期，铸币的面额不一定与货币材料的价值相符。因此，我国的货币铸造权和发行权一直集中于国家，任何民间的货币铸造和发行都是非法的。法律规定"盗铸者死，非王铸币不得行"。这一点与欧洲国家不同，我国的货币自开始就有货币符号的属性，就具有信用货币的性质，就体现着整体金融利益。

任何非特别约定给付标的的债务人都有权以法偿货币清偿债务，债权人不得拒绝接受；否则，将被视为非法行为。法偿货币一定是法定货币，而法定货币不一定是法偿货币。非法偿货币是指不具有法定偿付效力的货币，它不具有绝对的支付效力，以非法偿货币清结债权债务对方有权拒绝接受，或者要求支付其他种类的货币，非法偿货币也是法定货币。[1] 无限法偿货币是指具有无限法定偿付效力的货币，具有法偿效力的本位货币都是无限法偿货币；有限法偿货币是指仅具有有限法定偿付效力的货币，具有法偿效力的金属辅助铸币通常都是有限法偿货币，它们只能进行一个货币单位以下的零星支付。[2]

现钞货币是指纸质或类似形式存在的货币，它是目前法定货币的基本形式，在货币的存在方式上同数字货币相对应。数字货币是指以电磁符号形式存在于电子设备中的货币，它既可以是法定货币的衍化形式也可以是约定货币的衍化形式，包括电子货币和虚拟货币；电子货币是指以电磁符号形式存在于电子设备中的法定货币或法定货币的存款货币，可将其具体称为法定电子货币和电子存款货币；[3] 虚拟货币是指以电磁符号形式存在于电子设备中的约定货币或约定货币的转化形式；电子货币属于法定货币体系，受货币法的调整；虚拟货币属于约定货币体系，仅受当事人之间合同的调整。法定电子货币是指以电子货币形式存在的法定货币，它具体是指取消现钞货币的国家或区域，存在于中央银行客户账户内的电子货币；存款电子货币是指以电子货币形式存在的存款货币，它是存款货币的电子货币形式。[4]

---

〔1〕在历史上，非法偿货币主要是指代替法定货币流通的银行券。我国历史上最早出现的法定银行券应为北宋天圣二年（公元1024年）发行的“官交子”，但这种制度并没有得到坚持。后来，这一制度在欧美金块本位制度时期重新确立。今天我们使用的纸币事实上都是银行券的衍化形式，只是它的财产客体已经不是黄金的信用而是中央银行的信用。

〔2〕由于当代社会的纸币已经不再是银行券，变成了代表中央银行信用的纯粹的价值符号，本位货币与辅助货币的货币材料区别在价值上已经不存在。因此，本位货币与辅助货币都可以是无限法偿货币。当然，考虑到支付方便和历史习惯，有些国家或货币区域（如欧盟）的法律也还限制辅助货币的法偿效力。参见《中国人民银行法》第16条、第17条。

〔3〕存款货币是货币的账户存款形式，它通常是指存放于银行业金融机构客户账户内的货币；按照它的存在形式可以进一步分为普通存款货币和电子存款货币。这里需要特别注意的是，非银行业网络支付机构保存在银行账户中客户用于支付的货币，属于网络支付机构的电子存款货币，是客户委托网络支付机构存放于银行账户中的预支付货币，不直接属于客户的电子存款货币，客户与银行没有直接的法律关系。详见“第六章货币财产流通法”中的具体论述。

〔4〕目前多数国家的法定货币是指以纸质或类似形式存在的中央银行发行的货币，在此条件下并不存在法定电子货币。但是，也有一些国家准备取消纸质或类似形式的法定货币，全部实现电子货币流通，在此条件下才存在法定电子货币。参见刘少军：“虚拟货币的性质与监管的法学研究”，载《金融法学家》（第三辑），中国政法大学出版社2012年版。

二、货币法的内容

货币法是规定国家或区域货币性质，货币流通的结构和组织形式的制度。货币法是金融法的基础内容，金融法的其他财产制度和行为制度都是在货币法的基础上建立起来的。它对保持社会的正常流通秩序和经济秩序，保障居民生活安定和不断提高居民生活水平都具有重要意义。货币法是适应国家统一铸造货币的客观要求形成，随着国家权力的稳定和商品经济的发展而发展，并在市场经济取得统治地位后得到了进一步完善的。目前，货币法还处于不断发展过程中，随着网络经济的不断发展和世界经济的不断融合，货币法也在逐渐走向一体化和国际化，并可能最终成为一种国际性的法律制度。货币法的内容主要包括货币属性制度、货币发行制度、发行准备制度和货币流通制度。

（一）货币属性制度

货币属性制度，是规定货币本位性质和货币单位结构的制度。货币本位是指用以作为货币价值基础的客体性质，以及它与货币单位的关系。按照本位货币性质的不同，可以将货币制度分为金属货币制度和信用货币制度。在金属货币制度下，确定货币性质主要是确定作为货币材料的金属，它是建立整个货币制度的基础。由何种金属作为货币材料是国家法律规定的，这种规定不是任意的，而是由货币金属的自然性质和市场交易的客观要求决定的。历史上曾经充当过货币的金属有许多种，最主要的包括铜、银和金等。在信用货币制度下，货币信用的维持不再依靠作为客体的贵金属，而是依靠作为主体的中央银行，同金属不再具有直接的联系，它的价值基础是中央银行的信用。

货币单位是指法定的货币计量单位，或法定的本位货币名称，它的现实表现形式是货币单位名称。货币单位名称是法律规定的法定货币基准单位的称谓，是货币制度的重要内容。最初货币单位名称主要采用货币金属的重量单位，如两、铢、镑等。随着金属铸币的流通和使用，开始出现以货币形状作为货币单位名称的情况，现在世界上多数国家都以货币形状作为货币名称。货币单位通常特指本位货币基准单位的名称，也包括辅助货币单位的名称。货币单位的结构，是指辅助货币与本位货币之间及其内部的兑换比例。目前，世界各国货币单位的内部结构基本上都采用10进位制度。[1]

（二）货币发行制度

货币发行制度，是规定法定货币发行机关向流通中投放货币的规则和程序的制度。在金属货币流通条件下，货币发行制度包括本位货币和辅助货币的发行制度。通常，按照法律规定社会公众有权以自己持有的货币金属，请求国家

---

〔1〕参见《中国人民银行法》第17条，《人民币管理条例》第4条，以及世界各国货币法的有关规定。

法定造币机构将其铸造成本位货币。并且，法律不限制铸造货币的数量，铸造完成的货币即可以在市场上流通。国家为居民铸造货币有的收取一定的铸造费用，有的则免费为居民铸造。[1] 辅助货币由于是不足值的货币，通常用价值比较低的金属铸造而成，铸造和发行辅助货币会取得一定数量的发行收入。因此，辅助货币的铸造与发行只能由国家垄断，非国家法定货币铸造和发行机关不得铸造和发行辅助货币，否则将受到严厉的惩罚。

在信用货币流通条件下，货币不再是某种特殊的金属而是国家的法定价值符号，它本身不具有任何作为商品的价值，只是由于发行机关的信用和法律的强制规定才使其成为一般等价财产。因此，信用货币必须由法定货币发行机关负责发行，其他任何单位和个人都无权发行信用货币，否则将受到法律的严厉惩罚。目前，信用货币通常都由各国的中央银行发行。[2] 当然，有些国家如美国、加拿大等仍由财政部享有硬币发行权，中央银行只享有纸币的发行权；这是由于历史上纸币与硬币的来源不同引起的，纸币来自于商业银行的银行券，硬币来自于货币发行机关；它是金属货币本位制度的痕迹。另外，在货币银行学中还有存款货币发行之说，这是从中央银行业务操作的角度来讲的，中央银行增加货币供应往往是首先向商业银行提供存款，然后才会通过商业银行存款人提取现钞引起法定货币的发行。[3]

（三）发行准备制度

货币发行准备制度是规定发行货币必须保持一定数量的准备基金，以及货币发行准备基金同实际的货币发行量之间法定关系的制度。在金属货币制度条件下，金属货币本身就是实际的有形财产，具有使用价值和价值。因此，不存在货币发行准备的问题。在金属货币制度向信用货币制度过渡的过程中，流通中的货币逐渐变成了没有任何价值的符号。在此条件下，为了控制信用货币发行量，提高发行主体的社会信用，防止发行银行因挤兑而破产，保持市场货币流通的稳定，就必须建立货币发行准备制度。它是国家或区域保持币值稳定、

---

〔1〕这里说的是欧洲国家的情况，我国的货币铸造和发行自秦朝的《金布律》实施以来，都是由国家铸造和发行的。只有汉朝初期，汉高祖刘邦以“秦钱重难用，曾更令民铸钱”。汉武帝元狩五年（公元前112年）为加强中央集权，将秦朝的半两钱改为“五铢钱”，并将铸币权收归中央政权，禁止郡国和民间私铸，此后在我国私铸货币一直是严重的非法行为。

〔2〕参见《中国人民银行法》第18条、第20条，《人民币管理条例》第2条、第5条，以及世界各国货币法的有关规定。

〔3〕货币银行学理论是一种货币供应的过程理论，它是从现实货币供应数量控制的角度而言的，其目的是研究货币供应量的调控方法；货币法理论是货币的本源性理论，是从货币最初来源的角度而言的，其目的是研究不同性质货币的权能。因此，法学理论与货币银行学理论是有区别的，这是由它们的研究目的不同决定的，货币银行学理论有些不能直接用于法学。

维护货币持有人利益的基础。按照历史的发展过程，货币发行准备制度主要包括现金准备制度、[1] 保证准备制度、比例准备制度和商品准备制度。

在信用货币产生的初期，信用货币还不是法定货币本身，而是法定金属货币的代表，银行券是信用货币的法定形式。由于银行券可以自由兑换成货币金属。因此，为保证银行券能够随时兑换，世界各国基本上都实行全额的货币金属准备制度，以满足银行券兑换的需要。在银行券不能兑换货币金属以后，全额的货币金属准备难以适应货币发行和经济发展的需要，许多国家将其变为由货币金属和外汇等作为准备金的现金准备制度。但是，由于这种准备制度实际上也是一种全额准备制度，货币发行总额受现金准备量的限制、缺乏弹性。因此，它的适用范围也受到经济环境限制。

货币发行的保证准备制度，是以商业票据和政府债券等作为货币发行准备金的发行准备制度。这种货币发行准备制度能够有效地增加货币发行的灵活性，满足货币发行弹性的需要。但事实上，由于这种准备制度允许以政府债券作为发行准备，在政府发生赤字时能够以自己发行的债券作为发行准备，要求中央银行向政府发行货币。再加上战争需要、经济过分需求等因素，使货币发行规模事实上难以通过准备制度进行有效控制。因此，它也难以适应当代社会经济运行和货币制度的需要。

货币发行的比例准备制度，是将现金和保证准备按照特定比例关系共同作为货币发行准备金的发行准备制度。这种准备制度的准备比例难以确定，并且受现金比例的限制，事实上往往难以扩张通货。因此，曾先后采取过固定比例和弹性比例两种比例准备制度。并在此基础上，又发展成最高保证准备制度和弹性最高保证准备制度。最高保证准备制度是在规定限额内完全用保证准备，限额外的发行必须采用全额的现金准备。弹性最高保证准备制度，则是在遇到特殊情况时可以在限额之上采用保证准备的准备制度。但采取这些准备制度的国家，也往往难以避免货币危机或通货膨胀。

货币发行的商品准备制度，是以需要由货币充当其流通的商品数量的媒介来控制货币发行量的发行准备制度。这是当代社会具有实质意义的一种货币发行准备制度，对从根本上实现货币发行准备的目标具有重要作用。这主要表现在两个方面：一是货币发行量的控制范围；二是建立货币发行准备制度的目标。就货币发行的控制范围来看，商品既可以同法定货币相对应，也可以同存款货币相对应。因此，以商品作为货币发行准备，既能够实现对法定货币也能够实现对存款货币发行量的控制。就建立货币发行准备制度的目标来看，它实质上

---

[1] 此处的“现金”是指现实的黄金，为同今天的现金概念相区别，本书称今天的现金为现钞货币。

实现的是对整个社会货币供应总量的调节与控制。[1]

（四）货币流通制度

货币流通是货币作为流通、支付手段和社会财富的载体，在经济活动中进行的连续不断的运动。货币流通是由其他财产流通引起并为其服务的，财产流通是货币流通的基础，货币流通是财产流通的反映。但在信用货币流通条件下，货币流通并不仅仅是财产流通的简单和被动反映，它同时也能够制约财产流通，并可以在货币融通以及财政收入与支出等活动中作独立的运动。[2] 货币流通制度是规定各社会主体对货币享有的流通权利，以及必须遵守的流通规则的制度。在金属货币流通条件下，货币流通制度主要是流通中货币的保护制度和磨损货币兑换制度。在信用货币流通条件下，它主要包括货币流通方式制度、法定货币流通制度、存款货币流通制度和存款流通清算制度。

货币流通方式制度是规定货币流通所采取的具体方式，以及每种货币流通方式所适用的流通与支付主体的制度。货币流通主要采取法定货币和存款货币两种基本方式，法定货币流通主要适用于单位之间的零星支付和对个人的支付，其他流通与支付应该采取存款货币流通的方式，法定货币与存款货币之间可以进行有限制地自由兑换。[3] 有些国家对货币流通方式不作法律规定，由流通和支付主体自行决定具体流通方式，法定货币与存款货币之间也可以完全自由地兑换。法定货币流通制度是规定法定货币流通的具体规范的制度，它包括现钞流通监管制度、现钞流通保护制度、残损现钞兑换制度和大额现钞存取制度。存款货币流通制度是规定存款货币流通具体规范的制度，它主要包括汇兑结算制度、委托收付制度、托收承付制度、保付代理制度、卡片支付制度、信用证书制度和票据支付制度等。

货币流通清算制度是规定整个社会存款流通清算体系，以及清算体系中各主体之间的权利义务关系和清算程序的制度。按照各国法律的规定，存款货币流通必须通过银行业流通系统和中央银行流通系统才能最终完成。存款货币流

---

〔1〕 货币发行的现金准备制度、保证准备制度和比例准备制度，是由金属货币本位制度向纯粹信用货币本位制度过渡的遗迹，它还在一定程度上强调财产的信用。商品准备制度则是纯粹信用货币本位制度条件下的准备制度，它强调的是中央银行自身的信用，要求中央银行的货币发行量应与流通中的财产量保持合理的比例。我国是最早实行商品准备制度的国家，早在“计划经济”时期就实行严格的商品准备制度，目前我国实行的仍然是商品准备制度。

〔2〕 这里必须明确的是，货币流通和融通最终是为实体经济服务的，除必要的货币流通与融通外，片面发展货币自身的流通与融通是没有实际意义的，相反还会对社会经济的正常运行与稳定增长构成危害。因此，为维护整体经济和金融利益，必须坚持货币流通与融通为实体经济服务的法律原则，防止出现片面发展虚拟经济的现象。

〔3〕 参见《现金管理暂行条例》及其他相关法律、法规的具体规定。

通与法定货币流通不同，法定货币的流通是在付款人与收款人之间直接进行的，不需要任何中介机构，也不需要任何除法定货币以外的其他票据和结算凭证。存款货币流通是通过银行业机构划转账户存款来进行的，它必须依据有关票据或凭证来具体实施。首先，存款人必须按照法律规定的程序做出委托，银行业机构在接受客户的委托后，根据付款或收款的具体情况为其办理存款货币的划转，最终通过中央银行或专业清算机构完成支付结算活动。[1]

三、货币法的类型

任何统一的社会和市场，都要求有统一的货币流通。要保证货币流通的统一性就必须制定货币法，来统一货币类型、货币结构和支付结算方式，以维护货币流通效率、秩序和安全。在货币法的历史发展过程中，主要采用过金属货币和信用货币两种货币本位法。货币本位法的确立与更替，主要取决于社会经济关系的发展状况。同时，也与国家的政治制度、经济制度、金融制度，以及国家在货币流通中的法律地位有直接的关系。

（一）金属货币本位法

金属货币本位法是规定货币单位同某种特定的货币金属保持固定关系，以该货币金属作为衡量货币价值标准的货币法。它是个体经济条件下的一种特有的货币法，主要适用于商品经济已经有了一定程度的发展，但还没有完全发展成为整体经济的社会经济状况。在货币法的发展历史上，各国先后采取过铜本位制度、银本位制度、金银复本位制度和金本位制度。

铜本位制度是以金属铜作为本位货币的金属货币本位制度，是我国自秦统一中国后至清朝末年一直采用的基本货币制度。按照《金布律》的规定，秦朝以半两钱为全国统一的铜铸币，由国家铸造在全国范围内统一流通。汉朝初年仍然沿用，但改为由民间铸造，至汉武帝时期（公元112年）将国家铸币权统一于中央政府的上林三官，禁止郡国及民间私铸。两汉以后，民间私铸一直受到国家法律的禁止。[2] 虽然在宋朝以后，中国开始出现银行券和信用货币，但都没有能够成为一种稳定的货币制度。在铜本位制度条件下，货币财产权一直是一种国家权力与个人权利共存的综合性财产权。

银本位制度是以白银作为本位货币的金属货币本位制度，它具体包括银两本位制度和银币本位制度两种类型。银两本位制度是以银块作为流通货币，以

---

〔1〕 货币流通制度是货币法的核心，这里仅进行总体性介绍，它的具体内容规定在“支付结算法”和“票据法”等法律中，本书将在“第六章货币财产流通法”和“第七章货币票据流通法”中详细介绍。

〔2〕 黄达、刘鸿儒等主编：《中国金融百科全书》，经济管理出版社1991年版，第88～89页。

白银的重量单位“两”作为价格标准的货币制度。银币本位制度是以白银铸造成的银币作为流通货币，以银币的重量单位或外形单位作为价值标准的货币制度。在银本位制度下，银块或银币可以自由铸造或熔化，具有无限法定偿付效力，白银或银币可以自由出入国境。这种货币制度存在的主要问题是，白银产量不稳定导致市场价格波动较大，不利于流通秩序的稳定。另外，不适合巨额支付。因此，后来被金银复本位制度取代。在银本位制度条件下，货币财产权主要是一种个人财产权利，国家对货币不享有直接的法定财产权。

金银复本位制度是以黄金、白银两种金属同时作为本位货币的金属货币本位制度，它具体包括平行本位制度和双本位制度两种类型。平行本位制度是金银两种货币各自按其实际价值流通，法律对二者之间的比价不加限制的货币制度；双本位制度是法律具体规定金银两种金属货币之间价值比率的货币制度。在金银复本位制度下，金银两种金属货币均可以自由流通和铸造，并且都具有无限法定偿付效力。金银复本位制度是一种不稳定的货币制度，当黄金和白银之间产量和价格发生变动时，会出现劣币驱逐良币的现象，使其事实上无法有效实施，最终被金本位制度取代。[1]

金本位制度是以黄金作为本位货币的金属货币本位制度，它又具体包括金币本位制度、金块本位制度和金汇兑本位制度。金币本位制度，是规定金铸币为本位货币的货币制度。金块本位制度是规定不再铸造和流通金铸币，只发行代表规定重量黄金的银行券，它可以有限制地兑换金块的货币制度。金汇兑本位制度是规定不再铸造和流通金铸币只发行银行券，银行券在国内不能兑换黄金或金币，只能按照固定比率兑换外汇的货币制度。1944 年根据《国际货币基金协定》各国货币同美元保持固定汇率，各国中央银行可用固定比例以美元兑换黄金。1971 年美国宣布美元停止兑换黄金，金属货币本位制度时代结束。[2]在金汇兑本位制度条件下，货币财产权再次成为一种综合性的财产权。

（二）信用货币本位法

金属货币本位法是个体经济条件下的基本货币法，它对社会经济的发展发挥过重要的作用。但随着个体经济逐渐发展为整体经济，以及货币需求量的不断增大和货币金属量对供应量的限制，世界各国都相继放弃了各种形式的金本位法，实施信用货币本位法。信用货币本位法，是规定只有法定货币发行机关

---

〔1〕劣币驱逐良币是 16 世纪英国造铸局长发现的一种现象，也称“格雷欣法则”。它是指当一个国家同时流通两种实际价值不同而法定比价不变的货币时，实际价值高的货币（良币）必然要被熔化、收藏或输出而退出流通领域，而实际价值低的货币（劣币）反而充斥市场。在现实生活中，就是银币驱逐金币的现象。

〔2〕黄达、刘鸿儒等主编：《中国金融百科全书》，经济管理出版社 1991 年版，第 14 页。

发行的信用货币才是本位货币的货币法。在信用货币本位法条件下，法律不再规定货币单位与某种货币金属之间的固定关系，也不以其作为衡量货币价值的标准。货币金属与货币不再有直接的联系，货币由物的信用变成人的信用为基础的价值符号。货币财产权再一次由主要是个人的财产权利，转化为既体现个人财产权利也体现整体财产权利的综合财产权。

信用货币是以法定货币发行机关和社会整体信用为基础，以法律保证其发行和流通的，固定充当价值尺度、流通手段和支付手段的价值符号。信用货币是流通中货币性质的重大变革，这主要表现在它与金属货币和信用票据的区别上。信用货币与金属货币的区别主要表现在，它们的信用基础、价值基础和数量基础三个方面。就信用基础来看，金属货币的信用基础是具体的货币金属，信用货币的信用基础是货币发行机关和社会整体的信用。[1] 就价值基础来看，金属货币的价值基础是货币金属的商品价值量，信用货币的价值基础是法律的规定和信用货币量与商品量的对比关系。就数量基础来看，金属货币的数量取决于流通需要和货币金属的数量，信用货币的数量取决于货币政策。

信用票据是以付款人的信用为基础的，具有支付手段和流通手段职能的货币凭证。信用票据与信用货币具有密切联系，它们都可以作为流通手段和支付手段，都以信用为基础并都受到法律的保护。但信用票据并不是信用货币，它们在信用基础、货币职能、制约关系和法律适用上都存在着明显的区别。在信用基础上，信用货币的信用基础是货币发行机关和社会整体的信用，信用票据的信用基础是票据付款人的信用。在货币职能上，信用票据不具有价值尺度的职能，价值尺度是货币的基本职能，是产生其他货币职能的基础。在制约关系上，信用票据是以信用货币的存在为前提的，它的信用规模也是由货币量决定的。在法律适用上，信用票据适用票据法，信用货币则适用货币法。[2]

第二节　货币的财产权利

一、货币财产的属性

货币财产的属性似乎早有通说，大陆法系包括我国法学界都认为货币是物权的客体，“货币在法律上属于物的一种……货币属于动产”。[3] 甚至在英美法

---

〔1〕我国的法定货币是人民币，人民币是信用货币，它以我国中央银行和国家的信用为信用基础。

〔2〕就我国目前来讲，信用货币主要适用《中国人民银行法》和《人民币管理条例》，信用票据主要适用《票据法》和《支付结算办法》。它们在金块本位制度时代具有共同的法律属性，在信用货币制度下则发生了本质的区别。

〔3〕梁慧星、陈华彬编著：《物权法》，法律出版社 2003 年版，第 34 页。

系也认为货币“是在发行国境内充当普遍的交易手段，由法定机构发行并依记账单位的基准对其定值的所有动产”。[1] 事实上这是实物经济时代的财产理论，它不仅同物权法的价值追求和当代财产理论难以保持一致，也与各国的现实法律规定不一致。[2]

（一）货币财产的特殊性

在法学意义上，财产是财产客体与财产权利的结合，不存在没有客体的财产，也不存在没有法定财产权利的财产。财产必须具有客观性、本源性、效用性、稀缺性、可控性和法定性。它必须是主体之外的客体，能够脱离主体独立或相对独立地存在；它必须具有法律承认的来源；必须具有能够满足社会需要的属性；必须具有自然界不能无限供应的属性；必须具有主体能够控制的属性；同时，它还必须是法律规定的权利。在金属货币本位法条件下，货币财产同其他财产没有本质区别，区别仅在于它是固定充当一般等价物的财产。在信用货币本位法条件下，它虽然具有客观性，却不是有体的客体，而是以发行机关的信用为客体；它虽然也具有本源性却不是来自劳动创造，而仅仅由中央银行依法发行；它虽然也具有效用性却不能用于消费，而仅仅是财产流通的工具；它虽然也具有稀缺性却可以无限量供应，而仅仅依靠的是法律对其发行量的限制；它虽然也可控制却必须借助于其他形式，而不能凭其自身为主体所占有；它虽然也具有法定性却是法律的专门设定，而不仅仅是法律的一般规定。

财产理论的价值在于区分不同类型的财产，以便于根据各种财产的特殊属性对它们进行专门规范。在金融经济高度发展的当代，非实物财产的种类和数量在迅速增长，这直接影响着财产体系的划分。目前，财产按照其客体属性不同可以分为四种，即以有形客体为基础的财产体系，以知识客体为基础的财产体系，以信用客体为基础的财产体系，以网络虚拟客体为基础的财产体系。其中，有形客体财产体系的核心代表是物，知识客体财产体系的核心代表是知识财产，信用客体财产体系的核心代表是货币财产，网络虚拟客体财产体系的核心代表是虚拟财产。[3] 这些财产都属于原生财产，它们是其他财产的基础。[4]

第五章

〔1〕 F. A. Mann, *The Legal Aspect of Money*, 5 th ed., Clarendon Press, 1992, p. 8.

〔2〕 详见刘少军、王一轲：《货币财产（权）论》，中国政法大学出版社2009年版。

〔3〕 关于网络虚拟财产目前还没有形成明确的法律体系，但它在裁判中已经基本上得到了法院的承认，这些财产主要包括网络虚拟商品、网络虚拟货币和网络虚拟账号，可以预见未来必然会存在“虚拟财产法”，并形成虚拟财产法律体系。

〔4〕 “原生财产是指财产体系中最基本的直接与主体相对应的，非由财产行为或在原有财产基础上进行的进一步规范而形成的基础性财产。……原生财产的典型代表形式是物质财产、知识财产和货币财产。”参见刘少军：《法边际均衡论》，中国政法大学出版社2007年版，第185～186页。

在这四种基础性财产的基础上，还会由于主体的行为或法律的进一步规定而衍生出各种类型的处于具体财产关系中的衍生财产，它是由原生或基础性财产衍化而来的，是原生财产与财产行为的具体结合。[1] 它与原生财产无论在权利来源和属性上，还是在具体的权利能力和行使上都有明显区别。并且，在现行法律体系中，它们分别受不同法律调整，形成不同的法律关系。[2]

（二）货币财产的独立性

按照传统财产法理论，财产权分为物权和债权。但是，从目前世界各国的法律规定来看，信用货币既不是纯粹的物也不是纯粹的债，而是当代社会一种新的独立财产体系。物权的客体必须是有体物，虽然金属货币是有体物，但当代货币转化为信用货币后，它们就不再是有体物了。物权客体“以有体物为限”[3]，任何主体都有权利创制；货币财产的客体是货币发行机关的信用，其他任何主体无权享有和创制。物权是客观性权利，必须一物一权；货币财产权是主观性权利，可以一币多权，货币的发行机关、货币持有人等都对其享有法定的权力或权利。物权的价值追求在于明确有体物的归属，它的核心权利是支配权，以保障财产的归属；货币财产权的价值追求在于流通效率、秩序和安全，它的核心权利是支付权，以保障经济的高速运行与增长。物权具有优先和追及效力；货币财产权则不具有物权意义上的优先和追及效力。[4] 但是，“直至在最新版本的法学学术著作中，货币仍旧被视为有体物，并且毫无保留地被归入到可消费的和可替代的所有权客体范围中。然而，货币早已不再属于此种范围”。[5]

信用货币财产权不仅区别于物权，同时也区别于纯粹的债权。债权的客体是某种特定的行为，它可以是涉及财产的行为，也可以是不涉及财产的行为；货币财产权的客体是货币，它不是某种特定的行为，而是特定数量的财产。虽

---

〔1〕 传统法学中的原生财产权是“物权”，衍生财产权是“债权”，由此形成了“物权、债权”的财产理论体系。但是，在当代社会原生财产权不仅包括物权，还包括知识产权、虚拟财产权和货币财产权，由此在原生财产权基础上再加上主体之间的约定或法律的进一步规定衍生出来的财产权就不是债权能够涵盖的，应将其统一称为衍生财产权。

〔2〕 原生财产的权利来源是法律的直接规定，是对世权，衍生财产的权利来源主要是当事人之间的约定，是对人权；原生财产是财产的本质，衍生财产是在原生财产基础上的衍化；原生财产主要由“物权法”“知识产权法”“货币法”“虚拟财产法”调整，衍生财产既由这些基础法律调整，同时其衍生的内容主要受“行为法”调整。

〔3〕 参见德国《民法典》第90条，以及各国相关法律、法规的具体规定。

〔4〕 参见刘梦阳：“论货币财产的追及效力”，载《金融法学家》（第三辑），中国政法大学出版社2011年版。

〔5〕 ［德］罗尔夫·克尼佩尔著，朱岩译：《法律与历史：论〈德国民法典〉的形成与变迁》，法律出版社2003年版，第281页。

然债权的归属也能够形成财产权，信用货币财产权也可以从债权归属的角度来理解。但是，它区别于普通财产债权的归属权。就法定货币而言，尽管可以将其理解为持有人对中央银行享有的债权，但这种债权是法律禁止行使的。[1] 就存款货币而言，存款人与金融机构之间形成的是一种综合性财产关系，这些关系的内容都有法律的特别规定。[2] 尽管存款货币法律关系由于具有一定的投资性而使其具有某些债权属性，但还是难以纳入普通的债权法律关系中。因此，信用货币财产权虽然具有财产权的共同属性，但它难以纳入任何一种传统法学财产理论体系，是一种独立的财产权体系。它有自己独立的法学价值体系、独立的法律规范体系、独立的纠纷诉讼体系和独立的法律责任分配体系。并且，这种独立性不是理论上的而是对各国现行法律具体规定的总结。[3]

二、货币财产的特征

真正当代意义的纯粹以中央银行的信用为基础，以价值符号的形式存在的信用货币在我们这个世界上出现了只有几十年的时间。信用货币是在当代社会中为充当财产交易的媒介和提高流通效率，直接以发行该货币的中央银行的信用、最终以国家或货币区域的整体信用为基础，由货币法拟制出来的以法定证券或电子符号作为其形式载体，固定充当普通财产一般等价财产的法定价值符号。它是从传统物权中逐渐独立出来的，具有自身特征的一种新的原生财产。按照世界各国的法律规定，它具有主权财产权、法定财产权、流通财产权、兑换财产权和证券财产权等五项基本特征。[4]

（一）货币是主权财产权

货币的主权财产权属性包括三个方面：它是国家主权的重要组成部分；它是本国或区域财产权的一般性代表；它是能够独立地进行本国或区域货币立法的依据。国家的重要标志之一，是它是否有权独立地发行自己的货币，以及它

〔1〕 参见各国《中央银行法》的相关规定，各国相关法律都有类似的规定。

〔2〕 参见各国《中央银行法》《商业银行法》《票据法》《支付结算办法》等的相关规定。

〔3〕 我国现行《物权法》已经不承认货币是物权，在我国《物权法》起草和论证的过程中，已经删除了所有关于货币是特殊物权的条款。我国仅在《中国人民银行法》中对货币作出了明确的规定，使货币财产的独立性得到了现行法律的承认，这是我国现行法律对传统财产理论的纠正，是财产法理论的进步。参见刘少军："信用货币财产权理论研究——对《民法典》草案中相关内容的质疑"，载《法大民商经济法评论》（第一卷），中国政法大学出版社 2005 年版。关于货币财产关系独立性的具体内容，详见本书"第六章货币财产流通法"和"第七章货币票据流通法"中各国的具体规定。

〔4〕 详见刘少军、王一轲：《货币财产（权）论》，中国政法大学出版社 2009 年版；参见刘少军主编：《金融法概论》，中国政法大学出版社 2005 年版；刘少军：《金融法原理》，知识产权出版社 2006 年版。

发行的货币是否能够得到国际法的承认。没有主权的国家或没有经主权国家授权的地区，没有权力独立发行自己的货币。[1] 同时，主权国家发行的货币在国际上是该国财产权的一般代表，任何国家或他国主体只要持有该国的法定货币就对该国享有财产权，就可以对该国的流通财产行使财产权。此外，享有货币主权也是对内制定各种货币法规的前提，只有主权国家或由主权国家授权的机关制定的法规才能在涉外关系中得到其他国家和相关国际组织的尊重，也才能在国内具有法律效力。货币主权财产权的特征具体包括货币立法权、货币发行权、货币调控权和外汇管理权。

法定货币是由法律拟制的流通和支付符号，货币立法权是货币财产的首要特征。通常，一个完整的货币法律体系主要包括货币属性制度、货币单位制度、货币发行制度、货币流通制度、外汇管理制度和货币调控制度。如"按照美国宪法，国会有权确定流通货币，规制货币和外贸……"这些制度是实现货币其他权能的前提，也是稳定国内货币流通秩序、提高货币流通效率的基础。

货币发行权是规定货币发行资格的权力，通常法律都规定由本国中央银行垄断货币发行权。如美国《联邦储备法案》规定，"联邦储备银行发行联邦储备券……它是法偿货币和流通货币"。我国《中国人民银行法》规定："中华人民共和国的法定货币是人民币。……人民币由中国人民银行统一印制、发行。"[2] 任何国家或区域都不得非法干涉发行国规范其信用货币的行为，任何国家或区域也不得制定与相关国家货币法不一致的国内法律，以在本国境内改变发行国对其本国信用货币法律属性的规定。[3]

第五章

货币调控权也称货币政策权，它是各国中央银行或货币当局运用各种货币政策工具，通过调控货币供应数量和货币供应结构，实现对宏观经济进行调控的法定权力。独立地制定和实施本国的货币政策，是国家货币财产主权的重要内容，也是国家实现对本国经济进行调控的重要依据。按照《中国人民银行法》的规定，"中国人民银行在国务院领导下依法独立执行货币政策"；我国的"货币政策目标是保持货币币值的稳定，并以此促进经济增长"。[4] 货币调控权直

---

[1] 我国香港地区发行港币和澳门地区发行澳元是经过中国法律特别许可的，否则无权独立发行货币。我国台湾地区发行台币是以"中华民国"的名义发行的，而不是以中华人民共和国的名义发行的。

[2] 参见《中国人民银行法》第16条、第18条，以及各国中央银行法的规定。

[3] 按照国际法的货币主权原则：一个独立国家或货币区域有权发行自己的货币，有权独立自主地确定和调整本国或本区域货币与他国货币的关系。有权确定本国货币的定值方法，调高或调低汇率，建立同他国货币之间的关系，管理本国货币与外国货币的买卖关系等。但是，一国在处理自己的货币事务时也要遵循"吾物之使用不得有损于他人之物"的原则，有义务维护正常的国际货币秩序，不得损害相关国家的利益。

[4] 参见《中国人民银行法》第2条、第3条、第5条、第7条和第22条的规定。

接影响着国家的经济运行和增长状况，并间接影响着与本国经济密切相关国家的经济和财产状况。因此，当代的国际法律也对国家货币调控权的独立性加以一定的限制。如《国际货币基金协定》中规定，某成员国的货币政策不得损害他国利益，不得破坏国际货币秩序。在经济合作与发展组织的《公约》和相关《准则》中也规定，禁止各成员国的货币政策损害他国经济利益，并准许受害国采取相应措施进行抵制或对抗。[1]

外汇管理权是国家为了调整国际资金的流动、稳定汇率和改善国际收支状况，依法对所辖范围内的外汇买卖、国际结算和资本流动进行监督、控制的权力。在当代社会中，国家之间或区域之间的交流和经济往来是不可避免的，这就必然会产生主权货币的国际流通的问题，为调整这种关系法律就必须赋予相应机关依法管理的权力。[2] 外汇管理和关税制度是国家经济的两扇国门，不同的外汇管理和关税制度，直接决定着国家的国际经济关系状况。但是，按照“世界贸易组织”对其成员权力的规定，关税不再是成员国完全自主的立法权力。这样，国家的自主经济国门就主要依靠外汇管理制度，国际法并不禁止国内立法在外汇方面的自主决定权。在当代社会中，国家独立的外汇管理权不仅具有重要的国内经济意义，同时也具有重要的国际经济意义。在国际法意义上，信用货币的立法权、发行权和调控权是按照属人主义原则设定的权力，外汇管理权是按照属地主义原则设定的权力。

（二）货币是法定财产权

某一客体是否构成财产，不取决于某主体的主观愿望，对于原生财产来讲，它取决于法律对其财产属性的承认，没有法律的承认它就不可能是法学意义上的财产。因此，“原生财产法定”应是基本原则，它要求只有法律才能创制原生财产，当事人之间不得自由创设原生财产，也不得随意变更关于原生财产种类、内容、效力等的规定。“原生财产法定原则”的依据，是原生财产属于基础性财产，它是一切衍生财产的最终来源。如果当事人能够自由创设原生财产，可以自由约定其种类、财产权能和法律效力，就无法认定某客体是否是法律意义上的财产，某主体的行为是否构成侵犯财产权，更无法度量财产责任。这样，“财产”事实上也就不存在了。原生财产法定原则来源于“物权法定原则”，这一原则是所有原生财产通用的原则。因此，货币作为一种原生财产，它也必须是法定的，它的种类、内容和效力也都必须由法律规定。不同原生财产其“财产法

---

〔1〕 按照《国际货币基金组织协定》，成员国有权选择任何他们认为合适的汇率制度，但应避免操纵汇率或用国内货币制度来妨碍国际收支有效的调整或取得对其他会员国不公平的竞争优势。

〔2〕 参见《外汇管理条例》第2条，以及相关法律、法规的规定。

定”的含义是不完全相同的，信用货币的法定财产权属性可以概括为专设财产权、绝对财产权、独立财产权、浮动财产权和地域财产权。

货币的专设财产权属性是指货币是法律直接设定的财产权，没有法律的专门设定，它就不是法律意义上的财产。首先，在本源性上，有形客体财产来源于天然物质和人类的劳动凝结，无形客体财产来源于劳动的创造或价值与劳动的付出；货币的客体虽然是信用，但信用只是一个抽象的存在，没有法律的专门规定它就不可能变成现实的财产，它的财产属性直接来源于“中华人民共和国的法定货币是人民币。以人民币支付中华人民共和国境内的一切公共的和私人的债务，任何单位和个人不得拒收”的强制性规定。[1] 其他财产的效用性都是来自于其本身的自然或社会属性，它们自身就对社会有不同的效用，而货币离开了法律对其货币职能的强制规定就不会对社会具有普遍效用。其他财产的稀缺性来自于自然生长或加工创造的有限性，而货币的稀缺性则来自于法律对其发行量的严格控制。其他财产的可控性主要来自于自然属性，而货币的可控性则来自于法律的直接规定，否则它就可能为任何主体拥有。因此，法定货币是法律拟制出来的财产，没有货币法就没有法定货币和货币财产权。[2]

货币的绝对财产权属性是指法定货币财产权具有永恒性，只要拟制它的法律不发生变化，未以法律形式否定原来的信用货币，它就永远是流通中的货币，永远是社会最一般的财产权。同货币财产权相对应，其他财产权都不具有永恒性。物权会因物的使用或消费而使其效用性灭失，从而使其财产权利归于消灭；知识产权会因超过保护期限而失去法律上的保护，或者因失去先进性而不再是稀缺技术使其财产权的基础消失；债权会因长期不行使而不复存在或因履行而消灭。然而，货币财产权却不会因使用而灭失，也不会因使用而减少，它既不会因权利长期不行使而依法丧失，更不存在法律上保护期限问题。并且，即使确认原有货币财产权的法律发生变化，新的货币法也往往会承认原有货币财产权；否则，就会导致对财产的强制征收。[3]

---

〔1〕 参见《中国人民银行法》第16条，以及其他国家如美国 U. S. C. section 5103、《日本银行法》第46条等的规定。

〔2〕 货币的法律专设财产权属性来源于原生财产法定的原则，而原生财产法定的原则在法理上来源于“物权法定的原则”。只是物权的法定是一般性的、泛指所有的有体物，知识产权的法定需要经过审核机关的核准，货币财产权的法定是法律的专门设定，法律直接规定某种财产为该国家或货币区域的法定货币。

〔3〕 我国《宪法修正案》第22条明确规定：公民的合法的私有财产不受侵犯，国家为了公共利益的需要，可以依照法律规定对公民的私有财产实行征收或者征用并给予补偿。古巴（1961年）和朝鲜（2009年）都曾经在一定程度上立法宣布货币作废，并引起了比较严重的社会问题。我国依法发行人民币时也没有宣布原有法定货币作废，只是按照比例兑换。

货币的独立财产权属性，是指货币财产权的享有和归属独立于其他属性的财产权或财产行为。首先，货币财产权享有独立于其他属性的财产权，享有货币财产权不需要以任何其他财产权利和财产行为的存在作为依据，只要事实上占有货币就享有货币财产权。按照《物权法》的基本原理，物权的享有必须以所有权为依据，任何形式的他物权最终都来源于所有权。由于货币财产权的作用不在于对其客体的消费，而在于发挥其流通手段和支付手段的功能。因此，货币财产权不考虑其最终归属权问题，只要占有货币本身就享有货币财产权，该货币财产权就受到货币法的保护。如果一定要讨论货币财产的最终归属问题，它也只能归属于货币发行机关，并且这种归属权是不能依法实际行使的。[1] 此即法谚所云："货币属于其占有者。"[2] 其次，存款货币财产权的归属还独立于直接占有，享有货币财产权不需要权利人直接占有存款货币本身。就存款人而言，他不仅对存款货币享有基本的货币权，同时还享有对该货币的间接支配权，它可以在不直接支配货币的条件下实现其货币财产权。[3]

货币的浮动财产权属性是指法定货币代表的财产价值量是不固定的，它可以独立地按照宏观经济需要，依据法律手段、按照法定程序进行调节和控制。在市场经济条件下，任何财产的价值都是浮动的，但物质财产和知识财产等的价值是按照市场供求自由浮动的。在金属货币本位法条件下，货币代表的价值量也是浮动的，但它不是根据宏观经济需要按照货币政策指示的方向浮动的，而是按照货币金属市场价值的波动在价值规律的作用下浮动的。在信用货币本位法条件下，货币本身不再是物，而是由国家法律拟制的价值符号，货币代表的价值量主要取决于中央银行的货币供应量，而中央银行的货币供应量则主要取决于货币政策工具的使用。因此，法定货币代表的价值量是中央银行根据法定目标、按照法定程序、通过法定的货币政策工具根据需要调节形成的，是依法进行浮动的。[4]

---

〔1〕只要实际占有货币就享有货币财产权，并不代表以非法手段取得货币就享有全部的财产权。以非法手段取得货币可以享有货币财产权，不影响其货币支付结算权能的实现。但是，却侵犯了他人的财产权，被侵害人可以向其主张一般性财产权。

〔2〕张庆麟：《欧元法律问题研究》，武汉大学出版社 2002 年版，第 117 页。

〔3〕我国现行《支付结算办法》第 16 条、第 19 条规定了"谁的钱进谁的账，由谁支配"和"维护存款人资金自主支配权"的支付结算原则，这是对存款人存款支配权的肯定。同时，也必须明确，承认货币财产权的独立性，并不是否认对他人财产权的保护。如果货币占有主体以侵犯他人财产权的方式取得货币，虽然享有货币财产权，却必须为他的侵权行为承担侵权责任。但是，这是两种不同的法律关系，侵权责任必须通过侵权法来实现，而不能通过货币法来实现。

〔4〕我国立法机关每年都要确定当年的货币价值浮动上限和下限，并由中央银行具体进行浮动水平的调节与控制。

货币的地域财产权属性是指法定货币只是某个货币区域内的财产权，超出这个货币区域它就不再是直接的财产权，至少法律可以禁止其他货币区域的货币在本货币区域内流通，从而使其在本货币区域内丧失货币财产权的地位。如我国法律规定："中华人民共和国境内禁止外币流通，并不得以外币计价结算……"[1]法定货币的地域财产权属性，来源于其主权财产权和专设财产权属性。由于货币是主权财产权，当然就有权按照属地主义原则禁止其他区域的货币在本国内部流通，从而维护自己国家的货币主权。法定货币的地域财产权属性，还来源于货币的专设财产权属性。由于是国家或货币当局以国内法的形式拟制出来的财产权，而不是世界通用的实物财产权。因此，当它超过发行区域的法律控制之后，这种财产权利就不再受到发行国货币法的直接保护，也就不可能再直接作为财产权。当然，这并不排除它可以为非本货币区域内的主体持有，也不排除非本货币区域内的主体可以依法向本货币区域内的主体行使货币财产权。此外，非本货币区域的主权国家也可以放弃自己的货币主权，或者承认其他货币区域的货币在本国主权范围内享有完全或部分的货币财产权。[2] 货币财产权的这一属性也区别于物权和知识产权：物权没有地域性，知识产权具有相对地域性，法定货币具有绝对的地域性。

（三）货币是流通财产权

财产权按照在其经济生活中的功能，可以分为资产性和消费性财产权。资产性财产权是指在生产经营中作为投资品使用的财产权，它的权利人可以依法享有这种资产的收益权。消费性财产权是指在经济生活中作为消费品使用的财产权，由于消费品在法律上不具有价值增值的能力，它的权利人也不享有要求该财产收益的权利。资产性财产权按照其风险和责任属性又可分为，资本性和非资本性财产权。[3] 货币是通用财产权，既可以转化为资产性或资本性财产权，也可以转化为消费性财产权。但就货币本身而言，它则既不是直接的资产性或资本性财产权，也不是直接的消费性财产权，而是流通性财产权。从货币本身的功能上来看，它是一种在不同财产权之间进行流通交易时的媒介性财产权，离开了财产流通交易的媒介功能就不会产生货币和货币法。作为一种流通财产权，法律必须赋予其相应的能力，它们包括价值标准权、价格标注权、价值记

---

〔1〕 参见《外汇管理条例》第8条，及其他国家如美国 U. S. C. section 5103 等的规定。

〔2〕 货币的地域财产权属性是主权货币国际化的前提，如果不存在主权货币地域性的问题，也就不存在主权货币国际化的问题。我国的人民币目前已经基本上实现了国际化流通，这会涉及一系列的国际货币法律问题，其核心是法定货币国际流通的主权问题、存款货币国际流通权的承认问题，以及人民币财产的国际经营权、监管权、司法管辖权问题等。

〔3〕 参见各国"企业法""金融法"和"消费者权益法"，以及相关法律、法规的具体规定。

录权、绝对支付权和支付优先权。

货币的价值标准权是指交易主体享有和承担的，必须以法定货币作为本货币区域内的价值标准的权利和义务。货币的“第一职能是为商品世界提供表现价值的材料，或者说，是把商品价值表现为同名的量，使它们在质的方面可以比较”。[1] 货币的基本功能是作为交易媒介，要实现这种功能必须将不同性质的财产权还原成共同性质的量，在市场经济条件下它只能是货币的价值量。因此，法律必须规定货币本身的价值量，即规定货币的单位。按照《中国人民银行法》的规定，“人民币的货币单位为元”。同时，为了能够满足非整数单位价值量财产权之间的交易需要，还必须规定辅助货币的单位，“人民币辅币单位为角、分”。[2] 货币作为价值标准既是交易主体的权利也是其必须承担的义务。

货币的价格标注权是指交易主体享有和承担的，必须以法定货币的货币单位标注流通中财产价值量的权利和义务。任何流通中财产的价值量，必须以法定货币单位进行标注；否则，就要受到法律的制裁。市场经济要求同一货币区域内应采取完全统一的标准标注财产价值量，这样才能最大限度地方便财产价值的计量和比较，从而最大限度地提高交易效率。按照我国现行法规的规定：“商品价格、服务价格一律使用阿拉伯数码标明人民币金额。”“除国家另有规定外，从事涉外商品经营和服务的单位实行以人民币标价和计价结算……”[3] “严格禁止外币标价、结算和流通。”[4] 并且，必须以人民币的货币单位标注价格；“不得利用虚假的或者使人误解的标价内容及标价方式进行价格欺诈”。[5]

货币的价值记录权是指交易主体享有和承担的，必须以法定货币的货币单位记录财产数额变动情况的权利和义务。任何必须依法记录其财产业务的单位，都必须以货币单位记录财产价值的变化；否则，就要受到法律的制裁。国家机关和企事业单位的财产业务活动，通常都不是其最终归属主体的直接业务活动，经营主体必须就业务活动向其最终的归属主体负责。因此，其财产业务活动必须有真实、完整的记录，以便接受权利人的监督和检查。此外，它还是国家依法进行税款征收等的重要依据。按照我国法律的规定：“会计核算以人民币为记账本位币。业务收支以人民币以外的货币为主的单位，可以选定其中一种货币作为记账本位币，但是编报的财务会计报告应当折算为人民币。”“不得违反会

第五章

〔1〕［德］马克思：《资本论》（第一卷），人民出版社 1982 年版，第 112 页。
〔2〕参见《中国人民银行法》第 17 条，以及其他国家如美国 U. S. C. section 5101 等的规定。
〔3〕参见《关于商品和服务实行明码标价的规定》第 10 条、第 11 条，以及相关法规的规定。
〔4〕参见《国务院关于金融体制改革的决定》第五节第 6 项，以及相关法规的规定。
〔5〕参见《关于商品和服务实行明码标价的规定》第 20 条的有关规定。

计法和国家统一的会计制度的规定私设会计账簿登记、核算。"[1]

货币的绝对支付权是指法定货币占有主体，在本货币区域内享有使用法定货币清结任何债权债务的绝对性权利，任何债权人不得拒绝接受债务人支付的法定货币。货币占有主体的绝对支付能力有三个前提条件：一是它必须是法定货币；二是它必须是法偿货币；三是必须没有事先的特别约定。货币有法定货币与约定货币之分，法定货币具有法定的支付权，约定货币不具有法定支付权。法定货币还有法偿与非法偿货币之分，法偿货币享有绝对支付权，非法偿货币不享有绝对支付权。同时，交易双方不能有关于支付的特别约定，有特别约定的应首先以约定的财产支付。按照我国现行法律规定，"以人民币支付中华人民共和国境内的一切公共的和私人的债务，任何单位和个人不得拒收"。[2] "转账结算凭证在经济往来中，具有同现金相同的支付能力。开户单位在销售活动中，……不得拒收支票、银行汇票和银行本票。"[3] 并且，任何侵权行为的财产责任最终也都可以由法定货币承担。[4]

货币的支付优先权是指交易主体以信用货币在本货币区域内清结债权债务，具有优先于其他支付手段的支付效力。按照财产法的基本原理，对某财产客体享有支配权的主体可以直接对该财产客体主张权利，如果财产客体已经损失或由于客观条件不能返还，则权利人只能主张以法定货币赔偿财产损失，不得首先要求相对方以其他财产赔偿其损失。从相对方的角度讲，在不能返还原财产客体的条件下，它有权以法定货币赔偿权利人的财产损失，并有权拒绝权利人对其他财产客体的直接请求权。因此，相对而言，法定货币具有支付的优先权。货币的支付优先权来源于它的绝对支付权，由于货币具有绝对清结任何债权债务的能力，债务人在不能偿付原特定财产的条件下，当然有权选择以货币来支付由此形成的债务。法定货币支付优先权的法理基础，是货币的法定通用财产属性，它是本国或本货币区域内任何财产价值的通用代表，可以依法替代任何种类的财产价值。[5]

---

〔1〕参见《会计法》第12条、第16条，以及相关法律、法规的有关规定。

〔2〕参见《中国人民银行法》第16条，及其他国家"中央银行法"的相关规定，如美国U.S.C. section 5103的规定，《日本银行法》第46条等的规定。

〔3〕参见《现金管理暂行条例》第7条，以及相关法律、法规的有关规定。从法理上来讲，这种规定是有问题的。银行票据代表的是普通银行的信用而不是中央银行的信用，如果强制接受银行票据权利人就有因普通银行破产而具有受到财产损失的可能性。因此，只有法定货币具有绝对的支付效力，银行票据不应有法定的绝对支付效力。

〔4〕参见《民法通则》第117～120条、第122条，以及所有关于法律责任承担方面的规定。

〔5〕参见我国现行各法律中关于侵权或违约责任承担方式的规定，它们都肯定货币的支付优先效力。

（四）货币是兑换财产权

普通财产都是特定财产，每种财产都有其自身的特殊属性。因此，不同财产之间是不能自由兑换的。即使是同一属性的财产，由于它们在具体存在形式和使用功能上的差别，或者是在权利分割上不能进行无差别划分，也不能实现自由兑换。财产权利人要将某一财产转化为另一种财产，或者将某一形式和功能的同类财产转化为另一形式和功能的财产，只能通过财产的交易活动来实现。法定货币是通用财产和流通财产，它们都是同质的、在本质上不存在任何差别。因此，为更好地实现法律创制它的目的，提高货币流通效率，法律还必须赋予其兑换财产权的权利能力。具体来讲，它包括本位与辅助货币兑换权、法定与存款货币兑换权、正常与残损货币兑换权、本国与外国货币兑换权。

本位与辅助货币兑换权是指由于本位货币与辅助货币在财产性质上是完全同质的，主体可以按照法定比例在它们之间自由兑换的能力。本位货币与辅助货币的兑换权包括三项内容：一是它们是否是同质的；二是它们之间的兑换比例；三是兑换权的享有主体。在金属货币本位法条件下，本位货币和辅助货币是不完全同质的，本位货币具有无限的法定偿付能力，辅助货币仅具有有限的法定偿付能力。因此，它们之间是不能完全自由进行兑换的。在信用货币本位法条件下，它们之间是完全同质的，能够完全自由地兑换。既然是兑换就必然存在兑换比例问题，货币的兑换比例无论是在金属货币还是在信用货币条件下，通常都是由法律明确规定的。并且，货币兑换不是货币买卖，也必须按照法定兑换比例进行；否则，即为非法行为。我国“禁止非法买卖流通人民币”“人民币依其面额支付”。我国货币的法定兑换比例是“1 元等于 10 角，1 角等于 10 分”。[1] 货币兑换是法定货币的特有行为，货币兑换权是货币权占有主体对货币发行或经营机构的权利，而不是对普通社会公众的权利。[2]

法定与存款货币兑换权是指基于法定货币与存款货币在货币权上的同质性，主体可以按照法律规定的程序在它们之间相对自由兑换的能力。法定货币与存款货币的兑换权包括三项内容：一是它们在财产权上的差异；二是它们在货币权行使上的差异；三是法定货币与存款货币兑换的限制。在财产权上法定货币由其权利人直接占有，存款货币则由其保管人占有；法定货币需要自己保护其财产权，存款货币则需要自己与银行系统共同保护其财产权；存款货币同时具有一定的投资属性，法定货币则不具有投资属性。在货币权的行使上法定货币

第五章

---

〔1〕 参见《人民币管理条例》第 4 条、第 25 条，以及其他国家《货币法》的相关规定。

〔2〕 我国现行法律没有明确规定货币兑换权的享有主体，给现实生活带来了许多不便，应该在修改相应法律的过程中完善。

的支付为直接交付，存款货币的支付是通过银行进行转账。在多数国家主体享有法定与存款货币的绝对自由兑换权，它们在使用范围和数额上不受任何限制；我国则仅有相对的自由兑换权，超过法定使用范围和存款货币使用起点，“应当通过开户银行进行转账结算”。[1]

正常与残损货币兑换权是指法定货币占有人因过失导致货币残缺或污损时，有权向法定货币发行机关或其指定的金融机构要求按照一定比例兑换成正常法定货币的权利。残损货币兑换权是基于货币现钞并不是货币本身，而是法定货币的凭证这一原理建立起来的。它同时具有保护货币权利人利益和鼓励权利人保护货币证券的双重功能。正常与残损货币兑换权的内容主要包括兑换条件制度、兑换比例制度和兑换机构制度。兑换条件主要包括：票面残缺不超过一定比例，票面图案、文字能够原样连接；或者虽然票面污染但能够辨别真伪、票面完整，可以全额或按照规定比例部分兑换。如果票面残缺比较大已经失去了作为货币的条件，或者票面污染严重已经无法辨别其真伪，则无权兑换成正常的法定货币。对确系故意损毁货币的，由于行为本身违法应将残损的货币没收，剥夺权利人的残损货币兑换权。[2]

本国与外国货币兑换权是指在货币权利人需要进行国际或不同货币区域之间支付的条件下，有权要求将本国货币按比例兑换成支付国家或货币区域货币的权利。本国货币与外国货币的兑换权，来源于法定货币的地域财产权属性和其他财产权的非地域财产权属性，以及非货币财产权需要进行国际流通的矛盾。为了解决这一矛盾，法律必须赋予相应主体享有本国货币与外国货币的兑换权。当然，受法定货币地域性的限制，本国货币与外国货币的兑换权往往是一种受限制的权利，限制的严格程度取决于本国的国际收支和外汇储备状况，以及民族经济的国际竞争能力状况。本国货币与外国货币兑换权的内容主要包括兑换权的实施条件、兑换比例和兑换程序。目前，我国对经常性国际支付和转移基本上不予限制。但是，对资本性质的国际支付和转移则具有一定的限制，以保护我国的经济利益。[3]

---

〔1〕参见《现金管理暂行条例》第3条。在货币兑换权上各国的规定不完全相同，但都有自由或相对自由的兑换权。从法理的角度讲，法定与存款货币应有完全的自由兑换权。至于权利人是否会利用法定货币进行违法活动，应是其他法律解决的问题。银行业只应有向相关机关报告的义务，不应有限制主体自由兑换的权力。否则，可能因银行业破产而给存款人造成损失。

〔2〕参见《中国人民银行残缺污损人民币兑换办法》，其他国家的相关法律规定，如美国 U. S. C. section 5120 的规定；《日本银行法》第48条的规定等。

〔3〕参见我国现行《外汇管理条例》第5条、第12条、第14条、第16条、第17条等的规定，以及外国相关法律、法规的规定，如美国 U. S. C. section 5151 的规定等。

（五）货币是证券财产权

从货币发行的过程来看，它首先来源于中央银行投放到银行业系统并只能在银行业系统流通的价值符号，当货币权利人从银行业系统提取现钞货币时才会变成现实的法定货币。为使权利人能够以某种方式控制这些提取出来的价值符号，就必须将其表现为货币证券。这样，货币财产权就进一步转化为证券财产权。法定货币的证券财产权不同于货币财产权，它是指货币证券能够使该证券持有人享有的财产权利。按照货币财产权利不同可以将其分为，货币占有权证券和货币请求权证券。其中，货币占有权证券是指占有该证券就等同于占有该货币财产的证券，它特指中央银行按法定要式和程序发行的法定货币；货币请求权证券是指合法占有该证券就享有对义务人支付货币的请求权的证券。货币的证券财产权具体包括证券制作权、使用权、选择权、占有权和交易权。

货币证券制作权是指权利人依法享有的，能够按照法定条件创制货币证券的权利。按照法律规定有权创制货币证券的主要包括三种主体：一是货币财产创制权享有主体，二是存款货币占有权主体，三是存款货币收付主体。货币财产创制权享有主体是中央银行，只有它才有权按照法律规定制作法定货币。“人民币由中国人民银行指定的专门企业印制”“印制人民币的企业应当按照中国人民银行制定的人民币质量标准和印制计划印制人民币”。[1] 存款货币占有权主体主要是指银行业，它们有权按照法律规定制作“银行货币证券”，如信用证书、银行本票、银行汇票等，以实现存款货币在不同主体之间的流通。存款货币收付主体是指向其他主体支付或收取存款货币的主体，它们有权按照法律规定制作“商业货币证券”，如各种支票、商业本票、商业汇票等，以实现存款货币的收付。货币证券制作权是一种法定权利，任何非法伪造、变造货币证券的行为都将受到法律的严厉制裁。[2]

货币证券使用权是指权利人依法享有的，以货币证券作为流通手段和支付手段清结债权债务关系的权利。按照其效力的不同可以将其分为，不可拒绝货币证券和可以拒绝货币证券；不可拒绝货币证券又可以分为，绝对不可拒绝货币证券和相对不可拒绝货币证券。绝对不可拒绝货币证券是指法定货币，它在

---

〔1〕参见《人民币管理条例》第8条、第9条，其他国家也有相关规定，如美国U. S. C. section 5114等。

〔2〕参见《中国人民银行法》第18条、第32条，《票据法》第14条、第102条等的规定，以及《刑法》第170～173条、第177条、第188条、第194～197条等各种违反货币证券制作权的犯罪。

本货币区域内享有绝对支付权是绝对不可拒绝接受的，但大数额支付要受到监督。[1] 相对不可拒绝货币证券是指银行业的货币证券和支票，这些证券的支付效力是以银行业信用保证的，在银行业开立交易账户的主体不能拒绝接受，[2] 但没有在银行业开立账户的有权拒绝接受，他们无法直接收付这种证券。可以拒绝货币证券是指交易相对方可以接受也可以不接受的货币证券，它们主要是指非金融机构制作的货币证券，这些证券不一定有可靠的支付信用，交易相对方可以依法拒绝接受。[3]

货币证券选择权是指权利人依法享有的，选择使用货币证券作为流通手段和支付手段清结债权债务关系的权利。证券选择权的依据是自身的支付需要，以及法规对不同货币证券使用范围的限制。如对法定货币使用范围的限制，对银行业货币证券使用范围的限制，以及对商业货币证券使用范围的限制等。同时，还要考虑到权利人自身的货币支付要求和使用的方便程度，以及交易相对方对使用货币证券的具体要求。通常，法定货币主要用于小额支付和对个人的支付；支票主要用于单位之间的同城大额支付；汇票主要用于单位之间的异地大额支付；本票主要用于短期借贷和延期支付；信用证书主要用于国际支付，或者国内相互信任度较差的交易主体之间的支付。[4]

货币证券占有权是指货币证券的持有人，依法享有的占有该证券的权利。货币证券的占有权不同于货币的占有权，法定货币的占有主体就是货币财产权的享有主体，存款货币的占有主体只享有部分货币财产权。货币证券的占有权可以分为，不记名货币证券占有权和记名货币证券占有权。不记名货币证券的实际占有主体就是其权利主体，享有证券上规定的全部财产权，这种占有权具有绝对的无因性。记名货币证券的占有主体为证券上合法登记的权利主体，只有该权利主体才能享有证券上规定的财产权，这种占有权仅具有相对的无因性。同时，货币证券权利主体在行使货币权利时必须提示原证券，货币证券丧失或

---

〔1〕 参见《反洗钱法》《金融机构反洗钱规定》《现金管理暂行条例》《税收征收管理法》《刑法》等的规定，大数额使用法定货币进行支付结算有许多不便，正常情况下人们往往都会选择以存款货币的方式支付。因此，大数额支付法定货币本身虽然不违反货币法，却可以利用法定货币支付的无纪录性从事偷税、非法交易、洗钱等违法犯罪行为，许多国家法律都规定金融机构承担大数额法定货币支付的监督责任，发现大数额法定货币支付行为应向警察、税务机关、中央银行等报告，我国目前甚至规定除居民个人和小企业外不得以大数额法定货币进行交易支付。

〔2〕 参见《现金管理暂行条例》第7条规定，不得拒绝接受银行票据和支票。虽然这项规定不符合金融法的法理，可能使接受方因此面临到期不能支付的风险，但它却使其成为相对不可拒绝货币证券。

〔3〕 这些货币证券主要包括商业本票、商业汇票等不具有强制支付效力的货币证券。

〔4〕 参见《现金管理暂行条例》《票据法》《支付结算办法》等的规定，其他国家法律也有相关规定。

失效都会导致证券上规定的货币权利丧失或失效。[1]

货币证券交易权是指货币证券权利人，依法享有转让该证券上规定权利的权利。货币证券的交易权不同于普通财产的交易权，也不同于其他证券的交易权。货币证券的交易权具体包括禁止交易权、有限交易权和对价交易权。货币证券的禁止交易权包括法定禁止交易权和约定禁止交易权。法定禁止交易权是指法律直接规定禁止对某货币证券实施交易行为，通常法律禁止非法买卖流通中的法定货币。[2] 约定禁止交易权是指法律规定，货币证券的出售方有权约定禁止该证券的再次转让；否则，出售方不对以后的购买方承担保证货币支付的责任。另外，不享有货币证券占有权的主体也没有交易权；否则，该交易行为无效。[3] 货币证券的有限交易权是指货币证券的出售方，并不因转让证券而完全免除其对货币证券的付款保证责任，它还必须保证该货币证券能够获得支付。[4] 因此，货币证券交易过程中的交易对象，实质上是一种有限制的而不是完整的货币权利。货币证券的对价交易权是指货币证券的购买方在购买证券时必须支付对价；否则，可能导致其证券权利的瑕疵或权利无效。[5]

■ 第三节　货币的国际流通

一、货币的国际流通效力

当代社会是世界经济一体化的社会，我国经济是高度国际化的经济，必然存在大量的国际贸易、国际服务和国际投资行为，这些行为的最终实现必须依靠国际支付结算。同时，当代社会的货币都是主权国家或货币区域发行的主权货币，还不存在统一的世界货币。在此条件下，两个国家或多个国家与区域之间经济往来的支付结算，要么使用某个国家货币、要么使用第三国的货币。无论使用那种货币都必然存在主权货币的国际流通问题，并进一步引起货币流通国际效力的问题。并且，由于法定货币与存款货币的财产权利性质不同，它们的国际流通效力也是有明显区别的。

（一）法定货币的效力

法定货币是有严格地域性的财产权，要实现法定货币的国际流通就必须打破法律的严格地域性，它需要母国和东道国或区域同时作出法律效力范围的突

〔1〕参见《中国人民银行法》《票据法》《支付结算办法》等的规定，其他国家法律也有相关规定。

〔2〕参见《中国人民银行法》和《人民币管理条例》第25条，其他国家法律也有相关规定。

〔3〕参见《票据法》第34条、第35条的规定，其他国家法律也有相关规定。

〔4〕参见《票据法》第37条的规定，其他国家法律也有相关规定。

〔5〕参见《票据法》第10条、第11条，以及相关法律、法规的规定。

破。首先，母国或区域必须规定其货币法和法定货币的域外效力，以国内法或域内法的形式规定其货币财产权可以扩展到所有使用该货币的国家或区域，在东道国法律没有作出限制性规定的条件下，货币法和法定货币财产权自动生效。其次，东道国必须立法承认，母国货币法及其法定货币在本国或本区域的法律效力。承认的方式可以有两种：一是默示承认，即对外国法定货币在本国流通不予以任何限制，甚至提供某些协助；二是明示承认，明确宣布承认母国或区域的货币法和法定货币在本国或本区域的财产效力，或者同母国或区域签订有明确的协定，共同宣布承认母国的货币法和法定货币效力。最后，货币流通与监管协作，母国或区域的法定货币在东道国或区域流通，会存在多方面的法律协调问题。因此，要实现法定货币的国际流通，必须依靠双方的多方面监管，如货币流通协作、货币监管协作、货币司法协作等。[1]

（二）存款货币的效力

法定货币流通在当代社会只占很小的比例，绝大部分都是存款货币流通，货币国际流通的核心是指存款货币的国际流通。某种货币的国际地位主要体现在，它是否是国际支付中普遍使用的结算货币，是否为主要国家的储备货币，是否是国际货币基金组织提款权的定值货币，这些都主要是指存款货币。存款货币在法律性质上是存款人保存在银行账户上的货币资产，它虽然以某种法定货币表示却不是法定货币本身，不具有明显的地域性问题。但是，它在东道国或区域的流通效力也是存在法律问题的。首先，世界各国或区域虽然通常都不明确限制本国或区域的主体拥有外国货币存款，却往往对外币存款在本国或区域的流通有一定限制，甚至要求本国的法人主体必须将外币存款兑换成本国或区域货币存款，使外币存款不可能在东道国或区域内流通。其次，许多国家或区域禁止以外币存款在本国或区域内作为支付结算工具使用。在此条件下，虽然通常不否认其支付结算的法律效力，付款人和收款人却都要受到监管处罚。最后，即使是外币存款管理最严格的国家或区域也不限制其国际支付结算效力，在向本国或区域之外的主体支付结算时，都承认外币存款的法律效力。[2]

二、货币的国际流通制度

货币的国际流通效力，既取决于母国或区域也取决于东道国或区域的法律规定。通常，母国或区域往往试图通过本国或区域货币的国际流通，促进对外

---

〔1〕 我国目前已经同国际货币组织和相关国家或区域建立起了许多协作关系，保证人民币国际流通能够比较顺利地进行。

〔2〕 我国《外汇管理条例》曾经严格限制本国法人主体对外币存款的持有，并禁止在国内使用外币存款进行支付结算，但承认外币存款对国内或国外支付结算的法律效力。目前，我国对外币存款的管理已经放松，基本上不进行严格限制。

贸易和投资的发展，扩大自己的国际经济利益；东道国或区域往往试图通过接受外国的法定货币和存款货币，获取更多的外汇收入、实现外汇收支的平衡。在两者的愿望达到一致或部分一致时就会形成国际货币流通协作，形成共同遵守的国际货币流通制度体系。国际货币流通制度主要包括国际支付管理制度、外汇收支管理制度和外汇价格管理制度。

（一）国际支付管理制度

货币的国际流通管理制度是指母国或东道国各自或共同达成的管理货币国际流通的制度，它具体包括法定货币流通的特殊管理制度和货币国际流通共同管理制度。其中，法定货币流通的特殊管理制度主要包括货币出入境管理制度、境外流通保护制度和发行回笼渠道制度。货币出入境管理制度是母国或东道国对法定货币出境或入境进行限制的管理制度，它具体包括出入境限额制度和出入境申报制度。出入境限额制度是法律严格限制出入境携带的法定货币数额，超过限额禁止出入境并要依法受到相应处罚，它的主要目的是防止货币过量出入境和控制跨境违法犯罪行为。出入境申报制度是法律不限制出入境携带的法定货币数额，但超过限额必须向海关进行申报，它的主要目的是控制跨境违法犯罪行为。货币境外流通保护制度是东道国对于在其境内流通的母国或区域法定货币依法给以保护的管理制度，如禁止伪造变造他国或区域货币制度等。货币发行回笼渠道制度是母国与东道国或区域联合管理向本国或区域发行和回笼法定货币的制度，如母国向东道国或区域发行法定货币的管理制度，母国从东道国或区域回笼法定货币的管理制度等。[1]

货币国际流通的共同管理制度主要包括支付结算效力制度、域外经营权利制度、域外监管权力制度和域外司法裁判制度等。其中，支付结算效力制度是规定外国货币在本国或区域，或者本国货币在外国或区域的支付结算法律效力的制度，它是其他国际流通管理制度的基础。域外经营权利制度是规定外国货币在本国或区域，或者本国货币在外国或区域金融机构的经营权及其权利内容和授权方式的制度，它是货币国际流通管理制度的核心内容。域外监管权力制度是规定本国或区域，或者外国或区域对货币国际流通的监管机关、监管权力及权力取得方式的制度，它是货币国际流通秩序的保障。域外司法裁判制度是规定货币国际流通的司法管辖权、裁判权和法律适用等司法权力的制度，它是货币国际流通纠纷的最终解决手段。这些制度的确立方式主要是某方作出规定对方明示承认或默示承认，或者双方或多方达成共同协定，承认本国货币在外国或外国货币在本国或区域的相关权力。在没有官方直接关系或官方达成国际

〔1〕参见《外汇管理条例》和相关法律、法规的规定，以及外国或区域相关法律、法规的规定。

第五章

流通效力、监管、司法协议有困难的情况下，可以通过国内外或域内外金融企业之间的合作实现国际流通，并通过规定金融企业在对外签订协议时必须载明的内容实现国际流通监管权。[1]

（二）外汇收支管理制度

外汇是国际汇兑的简称，是指以外国法定货币表示的可以用作国际清偿的支付手段和资产，具体包括外国法定货币（包括纸币、铸币），外币支付凭证或支付工具（包括票据、银行存款凭证、银行卡等），外币有价证券（包括债券、股票、基金等），提款权和其他外汇资产。[2] 外汇收支管理制度是对外汇收入和支出权利的限制性管理制度。通常，某国或区域为维护本国或本区域货币的汇率，减少国际收支逆差、增加外汇收入、保持国际收支平衡，都制定有外汇收支管理制度。它的主要内容包括资本项目管理制度、经常性项目管理制度和外汇经营管理制度。

其中，资本项目包括资本的输出项目与输入项目，资本输出主要是对外增加投资，或者偿还外国的投资；资本输入主要是外资投入增加，或者收回对外投资。资本项目的管理主要通过调整利率、税收水平和规定资本国际流动的限制措施来实现。限制资本国际流动的措施主要包括收入划转制度、账户管理制度和投资审批制度。[3]

经常性项目是国际经济往来中的交易性项目，包括贸易项目和非贸易项目。经常性项目管理制度可以包括结汇与售汇制度、特别用汇审批制度、禁止非法结汇制度、禁止逃汇套汇制度和汇兑契约效力制度。结汇与售汇制度是指境内居民和非居民取得外汇收入后，应将该外汇收入结算出售给指定的金融机构；当需要外汇支出时，再向金融机构购买的管理制度。禁止非法结汇制度是禁止以非法手段实施结算外汇行为；禁止逃汇套汇制度是禁止违反规定将境内的外汇转移至境外，或者以欺骗手段将境内资本转移至境外，或者以虚假、无效的交易单证等向金融机构骗购外汇等的行为。[4] 汇兑契约效力制度是指如果国际贸易协议中的支付结算条款违反了某方的外汇制度，该条款应该被认定为是不

---

〔1〕参见《外汇管理条例》《境外机构人民币银行结算账户管理办法》《跨境贸易人民币结算试点管理办法》等的具体规定。

〔2〕参见《外汇管理条例》第3条的规定，以及其他国家的相关规定。提款权是国际货币基金组织为向成员国提供短期融资而设计的记账单位，包括普通提款权和特别提款权，提款权只是一个记账单位不是实际的货币，取得提款权并不能直接用于国际支付，它必须兑换成为某个国家或区域的主权货币才能够用于实际支付。

〔3〕参见《外汇管理条例》第16～23条的规定，以及各国的相关法律规定。

〔4〕参见《外汇管理条例》第12～15条、第39～41条，《个人外汇管理办法》等的规定。

可执行条款。[1]

外汇经营管理制度，是规定主体经营外汇结汇、售汇及其他相关业务的准入条件、准入程序和业务经营规则的管理制度。按照各国或区域的规定，外汇业务主要由金融机构经营，但经核准非金融机构也可以经营某些外汇业务。金融机构申请经营或终止经营结汇、售汇业务，应当经外汇管理机关核准；申请经营或终止经营其他外汇业务，应当按照监管职责经外汇管理机关或行业监管机关核准；金融机构的资本金、利润以及因本外币资产不匹配需要进行本外币间转换的，应当经外汇管理机关核准；经营外汇业务的金融机构应当按照外汇管理机关的规定为客户开立外汇账户，并通过外汇账户办理外汇业务。非金融机构经营结汇、售汇业务，也应当由外汇管理机构核准。[2]

（三）外汇价格管理制度

外汇价格或称汇率，是指两国或区域货币的兑换比率，是以某国或区域货币单位表示的其他国家或区域单位货币的价格，它有直接和间接两种标价方法。其中，直接标价法是指外国货币数额固定不变，汇率升降以本国货币数额的变动来表示的标价方法；间接标价法是指本国货币数额固定不变，汇率升降以外国货币数额的变动来表示的标价方法。汇率可以划分成许多种类，按外汇的买进与卖出划分，可分为买入汇率和卖出汇率。按外汇的交割期限划分，可分为即期汇率和远期汇率。按外汇的付款方式划分，可分为电汇汇率和售汇汇率。按汇率是否固定划分，可分为固定汇率和浮动汇率。

汇率管理制度主要包括间接管理制度、直接管理制度和禁止操纵歧视制度。[3]

间接管理制度是指国家或区域采取外汇缓冲政策，以货币金属、外汇和本国或本区域货币等建立外汇平准基金，以缓冲基金来稳定汇率水平的汇率管理制度。当国际收支发生逆差汇率上涨到一定程度时，就抛售外汇以缓冲汇率上涨；反之就抛售平准基金中的本国或本区域货币以缓冲汇率下跌。间接管理制度对改善短期性国际收支状况效果较好，但对长期性国际收支状况则难有很大帮助。我国对汇率实行以市场供求为基础的、有管理的浮动汇率制度；经营结汇、售汇业务的金融机构和符合条件的其他机构，可以按照规定在银行间外汇

[1] 参见《国际货币基金组织协定》第8条第2款（b）的规定：涉及任何成员国货币资源且不符合该成员国维持或实施的与本协定一致的外汇管制法规规定的、具有汇兑性质的契约，在任何成员国领土范围内应当是不可执行的。如果汇兑契约是违反某成员国外汇管理法规的，该契约中的相应条款就是不可执行的条款。

[2] 参见《外汇管理条例》第7条、第24条、第26条、第53条，以及相关法律、法规的规定。

[3] 参见《外汇管理条例》第27~32条，以及相关法律、法规的规定。

市场进行外汇交易；禁止私自买卖、变相买卖外汇或非法介绍买卖外汇。[1]

汇率的直接管理制度是指国家或区域直接规定外汇收支的结汇汇率，它包括固定汇率制度和复汇率制度两种基本形式。固定汇率制度是对某国货币或所有其他国家、区域的货币，规定固定的兑换价格的汇率管理制度。复汇率制度是对某国货币或所有其他国家、区域的货币，规定两个或两个以上兑换价格的汇率管理制度。即对社会所必需的进口品按较低的汇率供应外汇，对非社会必需的进口品则按较高的汇率供应外汇；对需要社会鼓励的出口品按较高的汇率结汇，对需要限制的出口品则按较低的汇率结汇。这样，可以加强本国出口商品的竞争能力，保障本国必需的重要物资进口和吸引有利的外资，鼓励某些项目的外汇收入，限制某些方面的外汇支出，以改善本国的国际收支状况。[2]

汇率的禁止操纵歧视制度是国际法意义上的汇率制度，它规范的是两个或多个国家或区域之中某个国家或区域实施的，有目的、有意识地实施影响汇率水平的政策，造成汇率严重偏离货币的真实价值和供求情况的行为；或者采取对不同国家或区域实行不同的差别汇率行为，从中获得国际经济往来中较大的本国或本区域利益。国际货币基金组织协定对主权货币的汇率规定有三项基本原则：一是成员国应以自己的经济和金融政策促进经济的有序增长，既要有合理的价格稳定又要适当考虑自身的情况；二是成员国不得以反常混乱的货币制度来达到稳定经济的目的；三是成员国应避免通过操纵汇率或国际货币制度，妨碍国际收支的有效调整或取得对其他成员国不公平的竞争优势。认定某国是否实施了操纵歧视汇率的行为，既可以从国内法也可以从国际法的角度判断，被认定为操纵歧视汇率就可以相应地采取报复措施，如在经济往来中征收报复性关税等。但是，以国内法认定他国或区域操纵歧视汇率只能单方面采取措施，只有在国际法上认定为操纵歧视汇率才有普遍效果。[3]

汇率的波动不仅存在汇率操纵和歧视的问题，还进一步存在合同效力问题、裁判货币问题和赔偿计算问题等。就合同效力问题来讲，通常由汇率或币值波动引起的某方当事人损失应认定为经营风险，不得主张变更或解除合同。但是，如果汇率或币值波动已经超出了普通经营风险的范围，在正常情况下相对方或社会公众已经普遍不能够承受时，应认定为“情事变更”，可以请求变更或解除合同。同时，还可以向国家请求征收赔偿。但是，当事人只能采取一种补偿请

---

〔1〕 参见《外汇管理条例》第28条、第45条，以及相关法律、法规的规定。

〔2〕 汇率的直接管理制度通常是非市场经济国家，或者市场经济不发达的国家采用的汇率管理制度。我国在改革开放以前及初期也曾经采取过这些制度，目前随着我国的国际经济地位和市场化程度的不断提高已经放弃了这些制度。

〔3〕 参见现行《国际货币基金组织协定》及其相关配套法律文件的具体规定。

求方式。并且，获得支持的条件比较苛刻。就法院裁判使用的货币而言，过去普遍坚持法院地货币的原则，以利于法官的裁判和执行。目前大家已经接受恰当性货币原则，在尊重当事人约定的条件下，可以选择某适当的货币作为裁判和执行的货币。对于损失赔偿的汇率，过去普遍采取侵害日汇率的原则，目前普遍认为以支付日汇率更加合理。

【司法案例】

案情：1912 年德国某出租人与承租人之间签订了一份长期租赁契约，约定出租人以某固定价格向承租人供应取暖用的蒸汽。契约履行一段时间后，德国马克发生了大幅度贬值，原有马克的价值已经跌落到 1914 年价值水平的万亿分之一，蒸汽的生产经营成本也同比例大幅度上涨。在此条件下，供应蒸汽的一方认为，除非调整价格否则无法再供应蒸汽。使用蒸汽的一方认为，按照“契约必须信守”和“马克等于马克”的原则，供应方必须按照契约签订时规定的价格来供应蒸汽。因此，拒绝对原合同约定的价格进行调整，并要求供应方继续按照原合同向其供应蒸汽。供应方认为已经不能再履行原合同，并于 1920 年向法院提起诉讼，要求修改合同或宣布该合同因失去等价性而无效。

1971 年 5 月，一家在苏黎世生产纤维线的瑞士公司与某英国公司签订合同，购买英国公司的纤维线。合同约定瑞士公司从英国公司处购买涤纶纤维 90,718 千克，价格为每千克 12.56 瑞士法郎，对方发货托运后 30 天内付款。合同适用瑞士法律，计价货币和支付货币都是瑞士法郎。1971 年秋，卖方将货物运送到指定地点并开具了发票，而买方没有付款。1972 年 4 月 20 日，卖方向英国最高法院起诉，要求被告以等价的英镑付款。在此之后不久，瑞士法郎相对于英镑大幅度升值，违约日的英镑与瑞士法郎汇率为 1:9.90，而到判决日贬值为 1:6.00。如果根据违约日汇率，以英镑计算赔偿，原告获得的偿付将远远少于以瑞士法郎计算的偿付。因此，原告又要求修改诉讼请求，请求法院判决以瑞士法郎计算货物的价格，法院接受了其修改诉讼请求的要求。

判决：在关于货币价值的案件中，英国 1604 年吉尔伯特诉贝瑞特一案中确立了货币唯名主义原则。按照这一原则债权人需要承担货币贬值的风险，债务人需要承担货币升值的风险，双方都无权抱怨请求赔偿相应的损失。在德国蒸汽供应案中，最初法院也是按照唯名主义原则进行审判的，最终案件上诉到德国最高法院时，德国最高法院推翻了货币唯名主义原则，即所谓“马克等于马克”的原则，认为此时如果仍然坚持“1 马克等于 1 马克”的唯名主义原则，要求债务人按照原约定履行债务会导致明显的不公平。在这种长期合同中，货币大幅度贬值或升值已经使其价格与给付之间失去了等价性和交易得以实施的基础。即使债务人已清偿了债务，仍负有追加清偿的义务。此后，在 1922 年对

"维戈尼诉斯平纳雷案"的判决中，据此确立了"情事变更"的原则。

在英镑与法郎的案件中，英国的初审法院认为，根据英美法系的传统规则，法院必须以本国货币判决货币支付纠纷，所有涉及外国货币的判决都必须依照原债务到期日（即违约日）的汇率折算成本国货币作出。于是以"法院地货币和违约日"规则，判定以英镑偿付原告的债务。原告不服上诉到上议院，上议院认为债权人接受合同中计价货币的权利不能受到英镑贬值的影响。相反，如果英镑升值，也不能因此请求支付多于合同数额外币。原告可以也应该获得以瑞士法郎作出的判决或者相当数额的英镑，但兑换日期应以支付日或法院授权执行判决日为准、而不是以违约日为准。但是，这一规则的适用条件应仅限于：合同的准据法是某一外国法律，计价和支付货币都是该国的货币或其他国家的货币，除非当事人间另有明示或默示的协议。上议院作出判决的依据是"恰当的补偿"原则。

评析：在德国蒸汽供应案中，按照国际法的基本原则，某个国家进行主权货币的大幅度法定变化，恶意转嫁危机是违法行为、是应该承担法律责任的。但是，也有国家责任和当事人责任的区别。目前世界各国采取的汇率制度都已经是市场化的浮动汇率制度。在此条件下，基本上不存在本国或本区域货币法定贬值的情况。各国之间只要不构成竞争性贬值、转嫁危机或歧视汇率，并且汇率的波动幅度又在正常的金融风险范围内，就应该各自承担自己的汇率变动损失。如果构成竞争性贬值、转嫁危机或歧视汇率，并且使汇率大幅度波动，继续履行合同会使相对方受到重大损失，就应该考虑按照"情事变更"的原则处理，变更或解除显失公平的合同。同时，也应考虑国家责任的问题。

在英镑与法郎的案件中，财产纠纷的基本原则应该是合理的经济补偿，无论是承担法律责任的货币种类还是汇率时限的选择，都应以最大限度地满足准确补偿的原则进行裁判。同时，也应尊重合同当事人在这方面的特别约定。因此，在这类案件的审理过程中，法院应有权选择最恰当的货币类型和最合理时限的汇率来弥补受害方的损失。就本案来讲，合同约定支付瑞士法郎就应该尊重这个约定，以瑞士法郎来支付货物的价款，而不能简单地按照法院所在地法定货币的原则强制支付英镑。同时，汇率应该采取支付日的汇率，只有这个汇率才能比较恰当地弥补对方的损失。

第六章 货币财产流通法

学习目的与要求　法定货币财产法是货币法的静态法，它规定的是财产的基础性权利义务。货币财产流通法是货币法的动态法，它是在货币财产静态规范的基础上进一步规定它的行为规范，规定在货币持有人和经营人实施货币行为时必须遵守的货币规范，规定他们享有的行为权利和应承担的行为义务。因此，学习金融法必须在法定货币财产法的基础上进一步学习货币财产流通法。目的是使读者掌握货币流通的基本制度，法定货币与存款货币的流通制度，以及货币流通中的反洗钱制度。通过本章的学习，要求学生：

- 重点掌握：法定货币的流通；存款的流通方式；存款流通的权利义务。
- 一般了解：银行账户管理制度；存款货币的财产性质；反洗钱法律制度。
- 深入思考：非银行账户的法律性质；货币财产体系独立性的法理基础。

【核心概念】法币流通　存款流通　流通方式　财产归属　洗钱监管

【引导案例】

案情：20世纪80年代初期，张某到银行某支行存入1万美元。按照当时银行的规定，外币存款必须登记货币号码。于是该银行在登记了其所有存入美元的号码后，为其办理了存款手续。一年以后，美国货币监管当局致函我国银行，现已查明某批美元从某号到某号之间为假币，请我国银行在办理相关业务时注意。张某的存款银行经核对美元存款的号码，确认张某存入的1万美元正好在这个号段，于是通知张某已经对其美元存款进行了作废处理，否定其1万美元存款货币财产权的存在。张某认为银行是货币鉴定机构，受托代理中央银行的货币鉴定业务，在其存入美元时银行并没有提出异议，并且为其开具了正式的存款凭证，表明其存款法律关系已经真实有效。另外，登记的货币号码不是货币财产权的证据，“货币没有记号”，银行没有权利以此为依据追及其存入美元的假币性质，即货币没有追及效力。因此，将银行诉至法院，要求法院判决其1万美元的存款货币财产权有效。

A公司是王某设立的公司，在银行有30万元的借款，虽已到期但经银行多次催促仍未归还。同时，王某还经营有一家B公司，也在该银行开户。某日，银行获悉B公司账户内存入50万元存款，于是认为既然两公司均属于王某的公司，以B公司的存款归还A公司的借款理所应当。因此，利用其直接控制两公司银行账户的便利，从B公司的账户中直接扣划30万元进入自己的账户以抵偿债务。王某得知后认为A公司和B公司是两个不同的法律主体，分别独立享有对自己银行账户存款的独立支配权，银行利用管理其公司存款账户的方便，侵犯了B公司对其存款货币的支配权，将银行诉至法院，请求法院确认银行的侵权行为成立，判令银行归还其B公司的30万元存款。

判决：法院在审理美元存款案的过程中形成了两种意见：一种意见主张货币应具有追及效力，他们认为，张某当初存入的就是假币，他本来就不享有对这1万美元的货币财产权。既然他本来就不享有这些美元的货币财产权，也就不存在有效的存款货币财产权。因此，应判决存款货币财产权无效。另一种意见主张货币不具有追及效力，他们认为，货币法核心保护的是货币流通效率、秩序和安全，如果承认货币的追及效力则会严重影响货币法核心保护的价值。货币法与物权法是两个不同的法律体系，不能以物权法的观点来看待货币法的问题。因此，货币不应具有追及效力，应支持张某的诉讼请求，判决这1万美元的存款货币财产权有效，损失应由吸收存款的银行自己承担。最终，由于当时多数法官认为货币财产权就是物权，应具有追及效力，判决张某存款货币财产权无效，驳回其诉讼请求。

在存款扣划案中法院审理认为，按照相关法律规定和货币法的法理，法定货币财产权的归属以占有为基本依据，存款货币财产权的归属以存款人的正确账户记录为依据，存款人对其账户资金享有法定的支配权，任何单位和个人没有法律或存款人的明确授权都无权扣划存款人的存款。并且，A公司与B公司虽然都是王某开设的，但它们是两个独立的法律主体。银行以其管理客户账户之便，擅自扣划存款人的存款是侵犯客户存款货币财产权的行为，判决银行归还B公司的存款，并赔偿相关损失。

【案例导学】

货币财产法的核心是货币财产权的归属，货币流通法的核心是流通中货币权利的归属、货币流通的渠道、货币流通的方式、货币流通的规则和流通秩序的监管。由于在财产法体系中货币法独立于其他财产法，在货币法中，法定货币财产权归属于其占有者，存款货币财产权直接归属于存款账户记载的存款人，而不考虑其取得货币的手段与途径。再加之货币财产法的价值追求是保护货币流通的整体效率、秩序和安全，它是高于对个体财产利益保护的更高价值追求。因此，货币财产权应不具有物权法上的追及效力。如果普遍承认货币财产的追及效力，则货币流通就不会有安全性，货币流通秩序就会混乱，更无法保障货币流通的效率，而人类发明货币的唯一理由就是为了提高货币流通效率。也正是由于这一原因，才强调货币法律关系的独立性，以更好地保护货币流通的效率、秩序和安全。

第一节　法定货币的流通

一、货币流通的渠道

货币流通是货币财产作为流通、支付手段和社会财富的载体，在经济活动中的连续不断的运动。按照世界各主要国家或区域货币法的规定，货币流通的基本形式是法定货币，它是一切货币流通的基础；货币流通的核心形式是存款货币，它们是货币流通的主导；货币票据是法定货币和存款货币流通的衍生形式。[1] 货币与货币流通形成的是一种独立的法律关系，它们无论是在主体财产权利的保护上，还是在货币流通效力的确认上，或者行为合法与非法的判断、法律责任的确认和承担上，以及在货币与货币流通纠纷的诉讼上都具有独立性，是一个相对独立的财产法律系统。[2]

（一）货币流通的界限

按照各国法律的规定，法定货币是流通中货币的基础形式，是具有法律效力的货币流通形式。在信用货币本位法条件下，国家的法定货币是指现钞货币，它包括由货币发行机关发行的纸币和硬币。[3] 在货币流通史上，现钞货币首先是作为代替金属货币流通的信用票据出现的。在信用货币取代金属货币后，现钞货币才取得了法定货币的地位，以此为媒介的货币流通才能称为法定货币流通。它的基本流通特点是可不通过银行等金融机构，直接作为媒介商品和资产

---

〔1〕在当代货币流通体系中，只有中央银行发行的纸币和硬币才是法定货币，它代表的是国家或货币区域的信用。存款货币、货币票据都是法定货币的衍化形式，代表的是银行业的信用和商业信用，它们在法律性质上是不同的。

〔2〕参见《中国人民银行法》第16条，《商业银行法》第29～30条，《票据法》第10～13条，《支付结算办法》第16～19条、第38～39条、第178条、第191条、第240条，以及《国内信用证结算办法》第7条，《跟单信用证统一惯例》等的规定。详细论述请参考刘少军、王一轲的《货币财产（权）论》的相关部分。

〔3〕参见《中国人民银行法》《人民币管理条例》及相关法律、法规的规定。

的流通手段与支付手段。存款货币流通是以法定货币形成的银行存款作为流通、支付手段和社会财富的载体，而进行的连续不断的运动。在金属货币本位法条件下，存款货币就已经成为金属货币流通的重要转化形式。在信用货币取代了金属货币后，随着人们支付结算数额的不断扩大，存款货币流通已经成为社会的主要货币流通形式。存款货币流通的基本特点是，它必须通过金融机构的存款账户进行不同主体之间存款货币的划转。[1]

法定货币与存款货币流通之间是有界限的，按照它们之间界限的产生依据，可以将其分为习惯界限和法定界限。货币流通的习惯界限是指收款人与付款人之间，是以法定货币还是以存款货币进行支付结算，是他们依据支付结算习惯自由协商确定的，法律并不在这方面规定强制性行为规范。目前，世界许多比较崇尚行为自由的国家或区域多采取这种界限确定方式。货币流通的法定界限是指收款人与付款人之间，是以法定货币还是以存款货币进行支付结算，是由法规直接规定的，当事人之间没有选择使用货币类型的权利，只在存款货币支付中有选择具体支付结算方式的权利。通常，在收款人或付款人为自然人时许可使用法定货币，单位在进行法定限额以下的支付结算时许可使用法定货币，其他情况下都必须使用存款货币结算。采取法定货币流通界限存在许多法理障碍，首先，法定货币具有绝对的支付权，其他法规不能限制这种财产权利。其次，如果其他法规限制了法定货币的支付权，当经营存款货币支付结算的银行等金融机构破产时，收款人或付款人的货币财产被强制地变成了破产财产，这实际上是法规对收款人或付款人财产权的剥夺。从法理上讲，仅能规定国家预算单位强制使用存款货币流通。[2]

（二）货币流通的效力

货币流通是清结财产权利义务的行为，它的核心是货币支付结算效力得到法律承认的条件。由于法定货币的支付是在收款人与付款人之间直接进行的，因此，法定货币流通生效的条件是货币证券本身的交付，只要付款人将货币证券本身交付给收款人，且经收款人确认交付的数额与质量当场没有提出异议，就应该认为货币流通已经产生法律效力，支付结算过程已经完成，收款人不具有瑕疵支付数额与质量的追及效力。法定货币的瑕疵支付是指付款人支付给收款人的货币具有瑕疵，它或者是指支付数量多于或少于约定的数量，或者是指

---

〔1〕 目前我国存款货币流通量占整个货币流通量的比重超过80%，有些国家甚至超过90%。存款货币流通量占整个社会货币流通量的比重，不仅取决于社会的发展水平、使用的方便和支付结算习惯，还取决于法律上的支付结算界限。

〔2〕 参见《现金管理暂行条例》第5~8条，以及相关法规的具体规定。

支付的货币本身为伪造、变造、污损等在质量上存在问题的货币。通常，法律为了保护财产接受方的利益，对于普通财产的接收人在事后发现交付存在瑕疵时，有权向交付方提出追偿的权利，甚至规定有无条件追偿的期限或保证产品质量的期限。[1] 由于法定货币的质量受货币法的严格保护，为保护货币流通效率，收款方或付款方当场确认后不再有事后追偿的权利，但银行等经营法定货币的机构必须向客户提供合格的现场检验法定货币质量的设备。如果某方放弃当场确认的权利，则只能承担不利的法律后果；如果某方因失误导致重大瑕疵支付，则应该考虑享有追偿权。[2]

法定货币的流通效力原理同样适用于存款货币，但由于存款货币流通是在支付结算机构的账户之间进行的，它又有其自身流通效力的特殊条件，它可以具体分为付款效力、收款效力和追偿效力。付款效力是指只要付款人以法定或约定的确认方式向支付结算机构发出了支付指令，除无法执行的支付指令外，支付结算机构必须无条件执行付款人的支付指令，存款货币流通即产生付款效力。收款效力是指只要负责收款的支付结算机构收到收款指令，以法定或约定的确认方式将款项记入收款人账户，存款货币流通即产生收款效力，收款人即享有其存款货币财产权。追偿效力是指付款人对已经发出付款指令的存款货币的追回效力，当付款人向为其付款的支付结算机构发出追偿指令时，支付结算机构必须无条件执行，但追偿的条件是该存款货币没有产生收款效力，如果已经产生收款效力，则不再具有货币法上的追偿效力。由于货币法律关系的独立性，付款人只能通过其他法律途径追回损失。[3]

二、法定货币的监管

在当代社会中，法定货币的主要表现形式是法定的货币证券，它不仅存在货币的印制问题，还存在发行途径和回笼途径的问题，更存在流通渠道、使用方式的问题，以及流通中的伪造、变造、损毁、兑换和鉴定等问题。这些问题不是普通的民商事主体能够自主解决的，必须授权某国家机关依法解决。因此，法定货币流通不仅包括付款人与收款人的流通效力问题，还进一步包括流通的

---

〔1〕 参见《物权法》《产品质量法》《消费者权益保护法》及相关法律、法规的具体规定。

〔2〕 法定货币的瑕疵支付应分为一般瑕疵支付和重大瑕疵支付，为保护货币流通效率，对于一般瑕疵支付，法律不应保护其追偿权，对于重大瑕疵支付，为保护财产受损失方的利益，应该认为其享有追偿权。当然，主张重大瑕疵支付追偿权的一方必须能够证明重大瑕疵支付事实的存在，这是在货币流通效率与重大财产损失之间的一种边际均衡。

〔3〕 为保护货币流通效率、充分实现货币流通目的，多数国家或区域都将货币法律关系设计为一种相对独立的法律关系。在货币流通过程中，只要产生了货币流通效力，该货币流通法律关系就已经结束，不具有进一步的追及效力。无论付款人或收款人因此受到何种财产损失都无法通过“货币法”来解决，只能通过《合同法》或其他财产法来解决。

监管问题。法定货币流通的监管主要包括流通监管的机制和流通监管的内容两个方面。

（一）流通监管的机制

法定货币的流通监管机制是指其监管的构成要素及各要素之间的关系，法定货币流通监管的构成要素主要包括监管机关和监管对象。按照当代货币法律的规定，法定货币的监管机关主要是货币发行机关，它们通常是社会一定范围内的中央银行及其授权的具体监管实施机构。中央银行不仅负责实际发行法定货币，同时还负责监管和稽核普通金融机构的法定货币流通行为，以及其他各种法定货币流通业务行为。中央银行授权的监管实施机构主要是指各类普通金融机构，它们在授权范围内也享有一定的法定货币流通监管权，主要负责流通制度的具体执行，在保证自身严格按照要求从事流通业务经营的前提下，在授权范围内对各开户单位的法定货币收支和使用进行监管。[1]

法定货币流通的监管对象，是指法定货币流通制度所规范的对象，即在经济活动中实际使用的法定货币和货币流通主体，货币流通主体具体包括使用法定货币的单位和个人。其中，实际使用法定货币的单位主要包括：普通金融机构和在普通金融机构开立账户的单位。在普通金融机构开立账户的单位主要包括各种国家机关、社会团体和事业单位，以及各种类型的企业法人和个人。各法定货币流通监管对象之间的经济往来，除法规规定可以使用法定货币的以外，必须通过金融机构以存款货币方式流通。并且，作为监管对象的各机关单位，只能在一家金融机构开设法定货币结算账户；由该金融机构负责核定其法定货币的库存限额，同时进行法定货币流通的监管和检查。[2]

（二）流通监管的内容

法定货币流通监管的内容包括：法定货币本身的监管和特定货币流通行为的监管。其中，法定货币本身的监管主要是货币流通保护制度执行的监管，以保障这些法定货币流通保护制度的具体执行。特定货币流通行为的监管主要是监管特定主体法定货币流通制度的具体执行，如库存限额制度、使用范围制度和收入支出制度等。

其中，法定货币的库存限额制度，是规定特定主体库存法定货币最高限制额度的制度。通常，法律并不限制普通社会主体库存法定货币的数额，但对于金融机构和国家预算单位等一些特殊主体，往往规定有比较严格的库存法定货币数额，以建立严格的法定货币发行与回笼体系，更好地监督国家预算单位各

---

〔1〕 参见《中国人民银行法》第2条，《人民币管理条例》，《现金管理暂行条例》等的具体规定。

〔2〕 参见《现金管理暂行条例》第2条、第3条、第18条，以及相关法律、法规的具体规定。

项预算收支的执行，维护正常的国家经济秩序。[1]

法定货币的使用范围制度，是规定特殊单位可以使用法定货币进行支付结算的业务范围的制度，它是对法定货币支付结算权利的一种限制，对普通社会主体，通常不能限制法定货币的使用范围，这是对其法定货币财产权利的剥夺，普通社会主体使用法定货币还是存款货币应由其自由选择。对于特殊单位，则有必要限制其法定货币使用范围，以维护更重要的整体经济利益。通常，法定货币的使用范围主要包括：对个人的各种货币支付，转账结算起点以下的各种零星支付，以及其他不便于使用各种转账结算工具的货币支付，不符合上述条件的货币流通业务必须以存款货币方式进行支付结算。[2]

法定货币的收入支出制度，是规定特殊单位法定货币收入与支出行为的制度。它的主要内容包括收入送存制度、提取审核制度、禁止坐支制度和大额收支报告制度。其中，收入送存制度是规定有法定货币收入库存限额的特殊单位，必须按照规定的时间将其收入的法定货币送存开户银行的制度。提取审核制度是规定有特殊限制的单位提取法定货币必须依法审核，不符合提取条件的不能提取法定货币的制度。禁止坐支制度是规定某些法定货币收支受限制的单位，不得将法定货币收入直接用于业务支出的制度。大额收支报告制度是规定经营法定货币收付的金融机构，在办理了超过规定数额的或有违法嫌疑的法定货币收付业务后，应该立即向反洗钱监管机关、税务监管机关和警察机关报告法定货币的收付情况，由这些机关依法对收付款人的行为进行调查。[3]

三、法定货币的保护

流通中的法定货币是一种货币证券，它具有远高于其自身制作材料价值的法定价值量。并且，货币财产又是一种通用财产，可以依法将其转化为任何市场上可以出售的财产，持有法定货币就等同于享有同等数额的其他可流通财富。这就必然会出现各种针对它的侵害行为，对于这些行为，法律必须给以严格禁止，否则就会严重影响法定货币的流通。同时，法定货币作为货币证券必然会存在因过失而导致其残缺和污损的现象，为维护正常的货币流通秩序也必须将其兑换成为符合法定流通标准的货币证券。因此，法定货币的保护主要包括流通保护制度和残损兑换制度。

---

〔1〕 参见《现金管理暂行条例》第9条、第10条、第11条，以及相关法律、法规的具体规定。

〔2〕 参见《现金管理暂行条例》第5条、第6条、第7条，以及相关法律、法规的具体规定。

〔3〕 参见《反洗钱法》《税收征收管理法》《刑法》《现金管理暂行条例》及其他主要国家的相关规定。这里需要特别注意，超过规定数额或有违法嫌疑的法定货币收付并不违反货币法，因此经营法定货币收付的金融机构无权对其采取任何限制性行为，仅有责任向相关监管机关和警察机关报告，由这些机关进行调查并依据相关法律处理。

（一）流通保护制度

法定货币的流通保护制度，是维护国家法定货币地位的重要保障，也是实现法定货币顺利流通的重要保障。它的主要内容包括：禁止伪变造法定货币制度、禁止代币票券发行制度、禁止毁损法定货币制度和禁止非法使用法定货币图样制度。禁止伪变造法定货币制度，是规定任何单位和个人不得伪造和变造法定货币，不得出售、购买、运输、持有和使用伪变造的法定货币，以维护正常的货币流通秩序。禁止代币票券发行制度，是禁止单位和个人非法印制和发售代币票券，代替法定货币在不同主体之间流通使用。禁止发行的代币票券，同单位内部使用的有关票证是有本质区别的，法律禁止发行的是供单位对外使用的可流通货币证券，发行单位内部使用的票证并不违反货币法。〔1〕禁止毁损法定货币制度，是规定任何单位和个人不得故意毁坏或损伤法定货币。单位和个人可以持有法定货币，可以将其作为支付手段和流通手段使用。但是，不得故意将法定货币毁损，故意毁损法定货币虽然并不直接损害他人利益，却有辱法定货币的尊严，必须予以禁止。禁止非法使用法定货币图样制度，是规定非经有权部门批准不得在宣传品、出版物和其他商品上，非法使用法定货币的图样。任何单位和个人非经有权部门批准，不得以任何形式模仿法定货币式样，印制内部票券或者其他印刷品。否则，违反上述规定要采取财产上的处罚，情节严重的要受到刑事处罚。〔2〕

（二）残损兑换制度

法定货币的残损兑换制度，是规定任何单位和个人可以将其持有的残缺、污损的法定货币，到法律、法规指定的兑换部门兑换成为新的法定货币的制度。它具体包括全额兑换制度、非全额兑换制度和不予兑换制度。全额兑换制度是指可以按照原票面金额的全额兑换成新币的制度。通常，按照有关法律、法规的规定，在票面残缺不超过3/4，票面其余部分的图案、文字能够原样连接的残缺法定货币；或者虽然票面污染，但尚能够辨别真伪，票面完整的污损法定货币可以全额兑换成新的法定货币。非全额兑换制度，是指以低于原票面金额的数额兑换成新币的制度。按照规定，在票面残缺超过3/4但没有达到1/2，其余部分的图案、文字能够原样连接，则可以兑换成1/2面值新的法定货币。不予兑换制度，是指原法定货币完全不能兑换成新币的制度。它通常是票面残缺超过1/2，已经失去作为货币的能力，或者票面污染严重已经无法辨认其真伪，或

〔1〕这里还需要注意代币票券与存款货币支付工具的区别，代币票券是特指代替法定货币的票券。存款货币支付工具代替的是存款货币，创制新的存款货币支付工具不适用禁止发行代币票券制度。

〔2〕参见《中国人民银行法》第18~22条，《人民币管理条例》，《刑法》第170~174条等的规定。

者被货币持有人或第三人故意污损。这种法定货币不能再兑换成新币，也不得再流通使用。[1] 与此同时，许多国家还制定有不宜流通法定货币认定标准，对于达到不宜流通法定货币认定标准的，金融机构负责向中央银行兑换新币。[2]

第二节　存款货币的流通

一、存款流通的主体关系

存款货币是以银行存款或类似形式存在的货币，按照其法律性质的不同，可以将其分为中央银行存款货币、银行业存款货币和支付业存款货币。其中，中央银行存款货币在信用水平上可以等同于法定货币，是以中央银行的信用作担保的，不需要存款保险的保障；银行业存款货币在信用水平上低于法定货币，它是以吸收公众存款的银行业机构的信用作担保的，是存款保险保障的存款；支付业存款货币并非典型的存款货币，它在法律性质上仅是以支付机构名义存储于银行业机构的客户预付价值，也不是存款保险保障的存款货币。存款货币流通制度中所指的存款货币，主要是指存储于银行业的存款货币，以及存储于支付业的客户预付价值。存款货币流通中的主体关系主要是指存款货币流通经营人的权利义务，付款人的权利义务和收款人的权利义务。[3]

（一）经营人的权利义务

存款货币流通的合法经营人是指已经取得监管机关的经营授权，持有其颁发的经营“支付业务许可证”的机构，没有取得监管机关的经营授权而经营存款货币流通业务的都属于非法经营。存款货币流通的合法经营人主要有三类，即商业银行类金融机构、非银行支付业机构和存款货币流通清算机构。[4] 其中，商业银行类金融机构有权吸收公众存款，并以银行存款的形式实现存款货币在本银行内部及各银行系统、支付业系统客户账户之间的流通。非银行支付业机构无权吸收公众存款，只能以自己的名义将客户支付账户内的预付价值全额存储于银行，为客户的网络小额支付提供服务。存款货币流通清算机构也无权吸

---

〔1〕参见《残损人民币兑换办法》第4条、第5条，以及各国相关法规的具体规定。

〔2〕参见《不宜流通人民币挑剔标准》，以及各国相关法律、法规的规定。

〔3〕参见《中国人民银行法》《商业银行法》《非银行支付机构网络支付业务管理办法》等的规定。

〔4〕我国目前的商业银行类金融机构是指具有法定吸收公众存款资格的银行业金融机构，如商业银行、合作银行、专业银行、信用合作社等；非银行支付业机构主要是指专业经营网络支付业务的非银行专业支付机构，如支付宝（中国）网络技术有限公司、财付通支付科技有限公司、网银在线（北京）科技有限公司、快钱支付清算信息有限公司等；存款货币流通清算机构是指专业经营存款货币流通清算的银行业金融机构，如中国人民银行清算总中心、中国银联股份有限公司等。

收公众存款，只能为存款货币流通提供交易清算服务。存款货币流通经营人有权为客户提供存款货币流通服务，并按照规定或约定收取费用；有权向客户发行合法的支付结算工具，如银行卡、支付宝等。[1]

存款货币流通经营人在享有上述权利的同时，也必须承担相应的法定义务或责任。经营人有义务和责任审核客户的身份信息，并明确约定有效交易指令的确认方式；有义务保存交易信息，并为客户的存款事项保密；有义务维护客户对其货币的自由支配权，禁止任何单位和个人非法查询、扣划和冻结客户的资金；有义务在合理可能的范围内保护客户存款货币的安全，防止客户存款权益被非法侵害；有义务严格按照客户的指令准确无误地在合理的时间内将存款划转到客户指定的收款人账户并告知客户交易信息，不得故意拖延支付结算时间，否则应承担相应的赔偿责任；有义务在不能交付时将款项及时划转回付款人的账户，并向客户说明情况；有义务接受客户的指令按照约定的条件为客户办理挂失止付，防止被他人冒名转移或支取；有义务在客户存款货币受到损失时，承担证明损失发生原因的责任，如果不能证明损失是由客户的原因造成的就应承担先行赔付责任。[2]

（二）付款人的权利义务

付款人是指由于各种原因，有义务向收款人支付规定数量货币的货币流通关系当事人。付款人有义务在约定的时间内，向收款人支付规定数量的货币。在货币支付过程中，付款人有义务遵守支付结算法律、法规，有义务使用规定的票据、凭证和工具，并必须按照规定的正确填写方式填写。由于填写结算票据或凭证有误影响结算的进行或造成损失时，或者因票据或印章丢失而造成损失时，付款人应自行承担责任。付款人有义务使用自己的账户对外进行支付结算，不得出租、出借账户给其他人使用。此外，付款人在存款货币划转完成后有按照规定或约定交纳结算费用的义务。

付款人在承担上述义务的同时，也享有相应的货币流通权利。付款人有选择代为其办理结算的金融机构或支付机构的权利，有权按规定在其选择的金融

[1] 这里的预付价值是客户委托支付机构保管的、财产权最终归属于客户的存款货币，该存款货币虽然最终归属于客户，但不以客户本人名义而是以支付机构名义存放在银行，并且由支付机构向银行发出存款货币流通指令。因此，客户的预付价值是其存放于支付机构的货币，同时，国家为了保证客户资金的安全，防止支付机构侵害客户利益，要求支付机构必须依法将这些货币以自己的名义全额存放于银行，由支付机构按照客户的指令、银行按照支付机构的指令进行流通。

[2] 参见《商业银行法》《票据法》《支付结算办法》《非金融机构支付服务管理办法》《支付机构预付卡业务管理办法》《支付机构客户备付金存管办法》《非银行支付机构网络支付业务管理办法》等的具体规定。

机构或支付机构开立账户，并委托其代为办理存款货币的流通；有权要求金融机构或支付机构以自己需要的法定方法办理结算，有权要求其为自己的存款及相关信息保密；有权同金融机构或支付机构约定一定时限内的最高支付结算金额，以限定支付结算损失的最高额；有权要求金融机构或支付机构在严格查验法定和约定的有关单证和身份证明后再划转款项，如果收款人提供的单证或身份证明不符合要求必须拒绝划转存款。付款人享有未交付到收款人账户前的存款货币归属权，其他主体不得享有在途资金的权利和利益。因金融机构或支付机构的原因使付款人受到损失时，付款人有权要求其承担反证责任，如果不能证明付款人有过错则应承担先行赔付责任。[1]

（三）收款人的权利义务

收款人是指向付款人提供了商品、劳务、资产、权益等，有权要求对方支付约定数额货币的货币流通当事人；或者单方面享有收取存款货币权利的货币流通关系当事人。收款人有义务向代替付款人付款的金融机构或支付机构提供有关索取款项的单证，这些单证是其主张收款权利的基本依据。在以银行卡方式结算时，收款人有义务审核持卡人签字与银行卡身份的一致性；否则，应承担审核过失责任。当然，收款人在存款货币流通中承担上述义务的同时主要享有的是流通权利。在收款人取得的票据遭到退票时，有权对出票人和背书人及其他债务人行使追索权，票据的各债务人均对其负连带责任；有权选择为其代为办理收款业务的金融机构或支付机构，有权按规定在其选择的金融机构或支付机构开立账户，并委托其代为办理货币的收存，有权要求其为自己的存款及相关事项保密；当因非收款人的过错使其受到财产损失时，有权要求金融机构或支付机构承担赔偿责任。[2]

二、存款账户的监督管理

存款货币的流通是指，从付款人的存款账户向收款人的存款账户上划转存款，存款货币的流通必须通过存款账户才能实现。因此，任何有存款货币流通业务的单位和个人，要实现其存款货币在不同主体之间的流通，都必须首先在办理支付结算的金融机构或支付机构开立存款账户。存款货币的支付结算业务是特殊的金融业务，只有获得监管机关授权取得“支付业务许可证”的单位才

〔1〕 参见《商业银行法》《票据法》《支付结算办法》《非金融机构支付服务管理办法》《支付机构预付卡业务管理办法》《支付机构客户备付金存管办法》《非银行支付机构网络支付业务管理办法》等的具体规定。

〔2〕 参见《商业银行法》《票据法》《支付结算办法》《非金融机构支付服务管理办法》《支付机构预付卡业务管理办法》《支付机构客户备付金存管办法》《非银行支付机构网络支付业务管理办法》等的具体规定。

能经营这种业务。并且，为保护存款人利益，维护存款货币流通的效率、秩序和安全，还规定有严格的存款账户种类、账户监管原则和账户开立与撤销等制度，并要求对这些制度的实施进行严格监管。

（一）存款账户的种类

存款货币的流通可以采取许多种形式，不同性质、不同范围、不同层次的存款货币流通，必须使用不同的账户。按照存款货币流通的不同层次，可以将账户分为支付机构账户、典型银行账户和中央银行账户。[1] 支付机构账户是客户在专业经营网络支付业务的机构开设的账户，它同在典型银行和中央银行开设的账户是有区别的；支付机构账户内的资金既是客户托管于支付机构的财产，也是支付机构在典型银行的存款。典型银行账户是客户在商业银行等典型银行开设的账户，该账户内的资金是客户的银行存款。中央银行账户是指普通金融机构在中央银行开设的账户，它是只有金融机构才能开设的账户。支付机构账户分为Ⅰ类账户、Ⅱ类账户和Ⅲ类账户，Ⅰ类和Ⅱ类账户余额都可用于消费和转账，只是余额的限额标准不同，主要用于日常支付结算；Ⅲ类账户余额可以用于消费、转账和购买投资理财等金融类产品，并且余额的限额也比较高，既可用于日常支付结算，也可用于金融投资。[2]

金融机构的账户可以分为：基本存款账户、普通存款账户、临时存款账户、专用存款账户和个人存款账户。基本存款账户是存款人办理日常转账结算和法定货币收付的账户，普通存款账户是存款人在基本账户以外开立的用于转存借款或供分支机构使用的存款账户，临时存款账户是因存款人的临时需要而开立的账户，专用存款账户是存款人因特定用途需要开立的账户，个人存款账户是应个人客户的存款和转账需要而开立的账户。[3] 普通金融机构在中央银行开立的存款账户主要包括存款准备金账户和中央银行往来账户。存款准备金账户是普通金融机构用于保存它向中央银行缴存的存款准备金的账户，中央银行往来账户是用于办理它与普通金融机构之间的存款货币流通、拆借资金、缴存存款、取得贷款等的账户。所有支付机构都必须在金融机构开立存款账户，通过其开户的金融机构完成交易清算；所有金融机构都必须在中央银行开立存款账户，

---

〔1〕这里的支付机构是指仅有权经营网络支付业务的机构，社会上普遍称之为第三方支付机构。

〔2〕Ⅰ类账户可以非面对面验证客户身份，但至少需要1个合法安全渠道验证客户身份，累计付款余额不得超过1,000元；Ⅱ类账户应面对面验证客户身份，或至少需要3个合法安全渠道验证客户身份，年交易余额累计不得超过10万元；Ⅲ类账户应面对面验证客户身份，或至少需要5个合法安全渠道验证客户身份，年交易余额累计不得超过20万元。详见《支付机构客户备付金存管办法》《非银行支付机构网络支付业务管理办法》等的具体规定。

〔3〕参见《人民币银行结算账户管理办法》第3~6条、第11~15条，以及相关法律、法规的规定。

通过开户的中央银行完成交易清算。[1]

（二）账户监管的原则

存款账户的性质、类型和法律关系直接关系到存款人的存款安全，关系到整个社会的货币流通效率和秩序。因此，监管机关必须按照相关法规对支付机构和金融机构的账户业务进行严格监管。存款货币监管的原则主要包括特定账户严格限制原则、账户开立被动自由原则和维护存款人权益原则。特定账户严格限制原则是指对普通金融机构在中央银行开立的账户，普通单位在金融机构开立的基本账户和支付机构在金融机构开立清算账户，以及单位在非住所地或注册地开立账户实行严格限制。普通单位不能在中央银行开立账户，无正当理由不得异地开立结算账户。区域性金融机构只能在中央银行分支机构开立账户，全国性金融机构必须在中央银行总行开立账户。[2] 账户开立被动自由原则是指存款人开立账户，可以自由地选择开户金融机构或支付机构，金融机构或支付机构也可以自由选择存款人。但是，金融机构或支付机构必须应客户要求才能为其开立账户，不得主动要求或以其他手段迫使客户开立存款账户，以维护客户的自由选择权。同时，没有事先特别声明也不得拒绝为存款人开立账户。维护存款人权益原则是指金融机构或支付机构应主动维护存款人的合法权益，不得非法侵害存款人权益，应依法为存款人的有关存款事项保密，维护存款人资金使用的自主支配权，不得非法代任何单位和个人查询、冻结、扣划存款人账户内的存款。[3]

（三）账户开立与撤销

开立存款账户是一种法律行为，必须符合有关法律的规定。通常，在主体性质上必须是独立核算的国家机关、社会团体、经济组织或个人，才能开立基本账户。开立其他账户也必须符合相应条件和要求，即使是开立网络支付账户也必须满足支付机构的要求。存款人申请开立账户，应填制开户申请书，提供法律规定的证件，送交盖有存款人印章的印鉴卡片，以及法规或金融机构、支付机构要求的其他条件，并同金融机构或支付结构签订账户开立协议书，需要经有关部门审核的经审核同意后才能开立账户。存款人撤销存款账户，必须与开户金融机构或支付机构核对账户余额，经审查核准同意后才能办理销户手续。

[1] 参见《中国人民银行法》《商业银行法》《人民币银行结算账户管理办法》《支付结算办法》《支付机构客户备付金存管办法》《非银行支付机构网络支付业务管理办法》等的具体规定。

[2] 参见《中国人民银行法》《商业银行法》《人民币银行结算账户管理办法》《支付结算办法》《支付机构客户备付金存管办法》《非银行支付机构网络支付业务管理办法》等的具体规定。

[3] 参见《商业银行法》《人民币银行结算账户管理办法》《支付结算办法》《支付机构客户备付金存管办法》《非银行支付机构网络支付业务管理办法》等的具体规定。

在存款人办理销户手续时，应交回各种重要的空白支付凭证和其他重要凭证。金融机构或支付机构对一定时期未发生交易的账户应通知办理撤销手续，对账户中的存款货币必须承担保管义务。[1]

三、存款流通的法定方式

存款货币流通是一种技术性要求很强的业务，为提高整体货币流通效率，尊重货币流通业务的技术和业务特征，保护各方当事人的利益，必须规定严格的存款货币流通方式。除法定方式外，不得擅自采取其他流通方式。按照我国现行法律、法规的规定，存款货币流通的法定方式包括：存款汇兑、委托收付、托收承付、保付代理、支付卡片、信用证书和货币票据（包括支票、汇票、本票）七类。[2] 每类方式都规定了严格的支付结算程序、当事人的权利义务和法律责任。这里主要介绍存款汇兑、委托收付、托收承付、保付代理、支付卡片和信用证书制度，货币票据单章进行论述。[3]

（一）存款汇兑制度

存款汇兑是汇款人委托金融机构或支付机构将其款项支付给收款人的结算方式，单位和个人各种款项的结算都可以使用这种结算方式。存款汇兑的具体方式主要包括书信汇兑、电报汇兑和电子汇兑。书信汇兑简称信汇，是汇款人委托金融机构采用邮寄结算凭证的形式通知汇入机构，将汇款划转给收款人的结算方式。电报汇兑简称电汇，是汇款人委托金融机构以电报的形式通知汇入机构，将汇款划转给收款人的结算方式。电子汇兑是汇款人委托金融机构或支付机构以电子网络信息的形式通知汇入机构，将汇款划转给收款人的结算方式，它又可以具体分为银行网络汇兑和公众网络汇兑。银行网络汇兑是通过金融机构的内部电子信息网络实现的汇兑，它又可以具体分为业务柜台汇兑和自助设备汇兑。公共网络汇兑是通过公共电子信息网络，自助向金融机构或支付机构发布支付命令实现存款汇兑。自助电子汇兑特别是其中的公共网络汇兑，具有较好的便捷性却存在较大的资金安全风险。因此，存款汇兑制度往往对自助电子汇兑特别是公共网络汇兑规定严格的最高汇兑限额。

---

〔1〕参见《商业银行法》《人民币银行结算账户管理办法》《支付结算办法》《支付机构客户备付金存管办法》《非银行支付机构网络支付业务管理办法》等的具体规定。

〔2〕按照《商业银行服务价格管理办法》及其价格目录的规定，支付结算收费主要属于国家定价或国家指导价，应严格按照国家规定的收费标准收取服务费用，不得任意增加收费项目和变更收费标准。

〔3〕参见《商业银行法》《票据法》《票据管理实施办法》《支付结算办法》，以及《国内信用证结算办法》《跟单信用证统一惯例》《电子银行业务管理办法》《银行卡业务管理办法》《非金融机构支付服务管理办法》《支付机构客户备付金存管办法》《非银行支付机构网络支付业务管理办法》等的具体规定。

存款汇兑的法律问题主要包括以下几个方面：一是汇出机构受理汇款人的汇款指令后，应向汇款人发出受理凭证或信息；该受理凭证或信息不是款项已经转入收款人账户的证明，不能凭此向汇入机构主张收款人的货币财产权。二是在没有起动将汇款记入收款人账户的程序之前，汇款人发现汇款失误，有权凭借汇款凭证向汇出机构办理退汇，但在汇入机构已经起动记账程序后则不能办理退汇，且因货币财产关系的独立性不能主张货币财产法上的追及权，只能通过其他法律关系进行财产救济。[1] 三是信汇凭收款人签章收取的，应在信汇凭证上预留签章，金融机构必须在确认签章无误后才能转入收款人账户或支付给收款人，否则应承担赔偿责任。四是汇款人确定不得转汇给第三人的，应在汇兑凭证备注栏注明“不得转汇”字样；否则，如果收款人将款项转汇给第三人的则不能办理退汇。五是汇入机构对于收款人拒绝接受的汇款，或虽发出取款通知，超过规定时限无法交付的汇款应该办理退汇。六是第三人冒充汇款人汇款的，金融机构不能证明汇款人有过错的应承担先行赔付的责任，网络支付机构则应承担无条件先行赔付责任，以促使金融机构或支付机构尽可能保护客户利益。[2]

（二）委托收付制度

委托收付是收款人或付款人授予金融机构或支付机构代审核收款或付款条件的权利，在符合约定的收款或付款条件时，主动代收款人办理收款或代付款人办理付款的结算方式。它是一种收款人或付款人向金融机构或支付机构授权的结算方式，主要用于缴纳具有周期性的公共费用或服务费用。委托收付的具体方式主要包括单次委托收付、长期委托收付、担保委托收付。单次委托收付是指收款人或付款人授予金融机构或支付机构某单笔款项的收款权或付款权，只要符合约定的收款或付款条件即主动向付款人或收款人收款或付款。长期委托收付是指收款人或付款人授予金融机构或支付机构某类款项的长期收款权或付款权，只要符合约定的收款或付款条件即主动向付款人或收款人收款或付款。担保委托收付是指收款人和付款人同时授予金融机构或支付机构某类款项的担保收款或付款权，付款人首先向金融机构或支付机构支付某类款项，负责收款

---

〔1〕 这里有“在途存款货币”的归属问题，“在途存款货币”或称“在途资金”，是货币银行学中的一个概念。从货币银行学的角度看，由于在途资金已经划出汇款人账户还没有到达收款人账户，是银行可以暂时使用的资金。从法学角度看，在途资金是汇款人交付过程中的货币，它的财产权应归属于汇款人。存款货币一旦进入收款人账户被收款人占有后，汇款人就不再享有该存款货币的货币财产权。就此而言，货币不具有物权法上的追及效力。

〔2〕 参见《商业银行法》《支付结算办法》《电子银行业务管理办法》《非金融机构支付服务管理办法》《支付机构客户备付金存管办法》《非银行支付机构网络支付业务管理办法》等的具体规定。

的金融机构或支付机构将付款人已经付款的信息传递给收款人，在收款人向付款人提供约定的某种商品或服务后，付款人再通知金融机构或支付机构向收款人付款。在此过程中，金融机构或支付机构承担着付款或收款担保人的角色，是电子商务支付结算中采用比较多的一种结算方式，它可以为电子网络上的商品或服务交易提供较好的结算服务。

委托收付的法律问题主要包括以下几个方面：一是付款人或（和）收款人必须同金融机构或支付机构签订授权委托收付协议，明确约定授予的收款或付款权利义务。二是委托收款方必须向金融机构或支付机构提供收取款项的收款凭证或债权证明，金融机构或支付机构只负责实施收款行为但不担保行为的结果。三是委托付款方必须向金融机构或支付机构明确约定付款条件，金融机构或支付机构只负责约定范围内的付款单证的形式审查，只要形式条件符合即从付款人账户自动向收款人付款。四是金融机构或支付机构只承担收款单证的形式审核责任，通常只承担实质审核责任，由于没有尽到审核义务而给付款人造成损失的应承担赔偿责任。五是金融机构或支付机构不承担付款人与收款人之间实质交易的责任，付款人与收款人之间实质交易的情况与货币财产法无关，只能依据其他法律寻求救济。六是金融机构或支付机构代理收款或付款后，应将款项收付的情况通知收款人和付款人并要求其确认。七是第三人冒充收款人或付款人使其货币财产受到损失的，金融机构不能证明收款人或付款人有过错的应承担先行赔付的责任，网络支付机构则应承担无条件先行赔付责任，以尽可能保护客户利益。[1]

（三）托收承付制度

托收承付是收款人根据购销合同发货后委托金融机构向异地付款人收取货款（托收），付款人收到收款通知后向金融机构承认付款（承付）的结算方式。在这种结算方式中，付款人的承付是非强制性的，这就使收款人处于非常不利的地位。因此，这种结算方式通常只在具有较高信任关系的收付款人之间使用，办理托收承付结算的款项应是商品交易或因商品交易而产生的劳务供应债务。代销、寄销、赊销商品的款项，不应办理托收承付结算。收付双方使用托收承付结算必须签有符合《合同法》的购销合同，并在合同上注明使用托收承付结算方式。收款人办理托收，必须具有商品确已发运的证件（包括铁路、航运、公路等运输部门签发的运单、运单副本或邮局包裹回执）。同时，托收承付结算还有每笔结算金额起点的要求。托收承付结算款项的划回方法，可采用信汇或

〔1〕 参见《商业银行法》《支付结算办法》《电子银行业务管理办法》《非金融机构支付服务管理办法》《支付机构客户备付金存管办法》《非银行支付机构网络支付业务管理办法》等的具体规定。

电汇方式，也可以使用电子网络汇兑。

托收承付的法律问题主要包括以下几个方面：一是承付方式分为验单付款和验货付款两种，由收付双方商量选用，并在合同中明确约定。验单付款是只要收款人提供的单证符合要求，付款人就有义务付款；验货付款是只有收款人提供的货物符合要求，付款人才有义务付款。验单付款的承付期为3天，从付款人开户机构发出承付通知的次日算起。付款人在承付期内，未向金融机构表示拒绝付款，即视作默示承付，并在承付期满的次日付款。验货付款的承付期为10天，在第10天付款人没有通知金融机构的即视作已经验货，于次日向收款人付款。如果收付双方在合同中明确约定了承付期，并在托收凭证上注明验货付款的期限则应按合同约定执行；否则应按规定执行。二是付款人与收款人之间即使存在其他债权债务关系，也不得在承付货款中扣抵，以维护货币财产关系的独立性。三是付款人在付款期满日无足够资金的构成逾期付款，应按其逾期付款金额和天数向收款人支付赔偿金。四是如果因为银行业机构的原因导致收款人或付款人的货币财产损失，银行业机构应承担赔偿责任。五是付款人可以无理由拒绝付款，这时收款人只能通过合同关系向付款人主张权利。[1]

（四）保付代理制度

保付代理亦称托收保付，简称保理，它是指以商品或服务的出卖方转让其应收账款为前提，集应收账款催收、账款管理、坏账担保和资金融通于一体的综合性支付结算方式。它是在商品或服务贸易活动中以托收和赊账的方式结算货款时，卖方为了强化应收账款管理、增强资金流动性而采用的一种委托金融机构管理应收账款的结算方法，它的核心在于金融机构向卖方提供资金融通和坏账损失担保。保付代理业务既可以在国内商品或服务交易中使用，也可以在国际商品或服务交易中使用；既可以向买卖双方中的一方提供保理服务，也可以向买卖双方同时提供保理服务。

保理业务的法律问题主要包括以下几个方面：一是保理协议中必须明确该保理业务是折扣保理还是到期保理。折扣保理又称为融资保理，是指当卖方将应收账款凭证转让给金融机构时，它仅以此凭证向其预付一定比例的货款，到买方支付全部货款后再向卖方支付剩余货款。到期保理是指金融机构在收到卖方的应收账款凭证时并不向其预付货款，而是在应收账款到期时无论是否收到买方的货款都向卖方支付全部货款。二是保理协议中必须明确金融机构是否享有预付应收账款的追索权。有追索权的保理是指卖方将应收账款单证转让给金融机构后，金融机构向其预付货款，如果买方最终拒绝付款或无力付款，金融

〔1〕参见《商业银行法》《支付结算办法》及相关法律、法规的规定。

机构有权向卖方追索预付的货款；无追索权的保理是指如果买方拒绝付款或无力付款，金融机构无权向卖方追索其预付的货款。[1]

（五）支付卡片制度

支付卡片是指以记载存款货币的卡片作为支付结算工具的结算方式，它按照不同的标准可以分为许多种类，按照发行机构的不同可以分为银行卡和非银行卡，按照法律关系的不同可以分为借记卡、贷记卡、准贷记卡和储值卡。其中，银行卡是指由银行业机构发行的支付结算卡，非银行卡是指由非银行业金融或非金融机构发行的支付结算卡，非银行卡又可以具体分为由支付机构发行的储值卡和工商业机构发行的储值卡，银行卡既可以是借记卡也可以是贷记卡、准贷记卡和储值卡，非银行卡多是储值卡，这是由只有银行业机构才能合法经营公众存款。借记卡是银行业存款账户的卡片形式，是银行业账户存款的支付结算工具，使用借记卡只能向账户内或账户外划转存款。贷记卡也称信用卡，是银行业贷款账户的卡片形式，是银行业账户贷款的支付结算工具，使用贷记卡只能在限额内向银行业贷款或向账户归还贷款。准贷记卡是该银行账户既可以记录存款也可以透支贷款的支付结算工具。储值卡是不与存款或贷款账户相联系，只在卡片存储货币价值的支付结算工具。

支付卡片的法律问题主要包括以下几个方面：一是在持卡人透支结算的条件下，超过免息期后应向发卡机构支付约定的利息，如果经发卡机构多次催收超过规定期限仍不还款，则构成恶意透支犯罪。二是在特约商户尽到合理注意义务，不存在恶意串通的条件下，发卡机构担保支付持卡人已经承诺支付的款项。三是持卡人不得以与特约商户存在交易纠纷为由拒绝支付已经承诺的款项；不得与特约商户恶意串通套取发卡机构信用，否则构成非法经营，甚至犯罪。四是发卡机构的代理收单人必须尽到收单人的审核义务，并有权收到代理收单费用。五是持卡人与保证人共同对归还透支款项承担约定的保证责任，约定不明时应承担连带保证责任，持卡人构成恶意透支犯罪时，保证人有过错的也应承担过错责任。六是不记名卡片不受理挂失，记名卡片必须受理挂失。持卡人以任何方式申请挂失时，发卡机构都应尽到合理的努力保护持卡人的利益，否则应承担因此给持卡人造成的损失。七是发卡机构不能证明持卡人没有尽到保护义务的，应对持卡人的损失承担先行赔付责任。[2]

---

〔1〕 参见《商业银行法》《商业银行保理业务管理暂行办法》等的规定。

〔2〕 参见《商业银行法》《银行卡业务管理办法》《商业银行信用卡业务监督管理办法》《支付机构预付卡业务管理办法》，以及《合同法》《担保法》《刑法》的相关具体规定。

（六）信用证书制度

信用证书简称信用证，它是开证申请人向开证行提出申请，由开证行向受益人开出信用证书，由通知行负责通知受益人（如果是远期信用证受益人可以办理议付），并最终由付款行付款的一种结算方式。它是异地交易双方为预防对方违约而设计的一种结算方式，通常主要应用于国际结算。它是付款人为了取得收款人的信任，将商业信用转化为银行信用，将购货人为第一责任付款人转化为银行是第一责任付款人的一种债务转让承诺。开证申请人是指向银行申请开立信用证的人，它通常是商品交易中的商品购买方。开证行是指接受申请开立信用证，据此向卖方做出第一责任付款承诺的银行。通知行是接受开证行委托向受益人通知信用证的银行，它通常是开证行在货物卖方所在地的分支行或代理行。受益人是指信用证指定的有权依证书条款取得银行承诺的款项的人，它通常是货物的出售方。议付行是指买进或贴现信用证受益票据的银行，它可以指定也可以不指定，通常是通知行或是开证行指定的受益人开户银行。付款行是指信用证上指定的付款银行，它通常是开证行。[1]

信用证可以分为光票信用证、跟单信用证，可撤销信用证、不可撤销信用证，可转让信用证和不可转让信用证，以及普通信用证与备用信用证。光票信用证是不需要单据，可以仅凭光票本身请求付款的信用证，即不附有付款条件仅凭信用证本身就可以享有付款请求权的信用证；跟单信用证是凭跟单汇票或仅凭单据付款的信用证，即附有付款条件，满足付款条件才享有付款请求权的信用证。可撤销信用证是开证行可不征得受益人同意，随时有权撤销其付款承诺的信用证；不可撤销信用证是在有效期内，非经各方当事人同意不得修改或撤销其付款承诺的信用证。可转让信用证是根据受益人的要求，可以将部分或全部权利转让给他人的信用证；不可转让信用证是受益人不能转让其权利的信用证。普通信用证是以担保某交易的付款为基本内容的信用证；备用信用证是与特定交易无关可以用于任何付款担保的信用证，它与保函具有密切关系，保函可以分为从属保函和独立保函，从属保函以主合同的有效为有效条件，独立保函则仅以自身条款为有效条件。因此，也有人称保函为“担保信用证”。

信用证的基本法律问题是各主体的权利义务，包括开证行、通知行和议付行的权利义务。其中，开证行的义务主要是付款义务，在权利人将符合信用证条款的单据（至少包括发票、运输单据或货物收据）提交给开证行时，对即期付款的信用证，开证行应立即付款；对延期付款的信用证，必须于信用证规定

---

〔1〕参见《国内信用证结算办法》《跟单信用证统一惯例》等的规定。我国的国内信用证受《国内信用证结算办法》调整，国际信用证受《跟单信用证统一惯例》调整。

的到期日付款；对于议付信用证，应于信用证规定的到期日向议付行付款。通知行的义务主要包括：审核信用证的形式真实性和内容的正确性，对签章不符的应退回开证行，对密押不符的应向开证行查询补正，制作信用证通知书或信用证修改通知书，连同信用证交付给受益人；对内容不完整或不清楚的应向开证行查询，也可在通知书中注明“仅供参考”后直接通知受益人。议付行的义务主要包括：审核信用证及有关单据，单据不符的应要求受益人修改，修改后仍然不符的应注明理由拒绝议付，也可应受益人要求不作议付仅办理委托收款，并应在受理后规定期限内作出处理决定；议付行付款后有权在到期日向开证行索偿，到期不获付款的议付行还享有对受益人的追索权。[1]

开证行在收到议付行寄交的委托收款凭证、单据、寄单通知书，或受益人开户银行寄交的委托收款凭证、信用证正本、信用证修改书正本、单据及信用证议付（委托收款）申请书后，应在规定期限的营业日内，核对单据与信用证条款是否形式相符，单证相符的即可按照约定的付款方式付款；单证不符的可商洽开证申请人，申请人同意付款的可以付款，申请人不同意付款的应拒绝付款，否则必须自行承担责任。银行在审核单据时，单据表面与信用证条款不符的可以拒绝接受，信用证含有某些条件而未列明必须提交的单据时可视为未列明此条件，银行可以不审核信用证没有规定的单据。银行对单据、货物，当事人信誉、能力，单据邮递中的延误与遗失，以及不可抗力导致的营业中断所引起的损失不承担责任。申请人交存的保证金及账户余额不足以支付的，开证行仍必须付款。对不足以支付的部分应作为逾期贷款进行账务处理，对提供担保的可以行使担保权。对于单据与信用证条款相符，但有证据表明当事人存在欺诈行为的付款行可以向法院申请延期付款，待查明真相后再处理。[2]

■ 第三节 反洗钱监管制度

一、反洗钱的法律性质

洗钱的本义是清洗钱币。在20世纪初期，美国旧金山市一家饭店的老板看到自己饭店里日常流通的一些硬币沾满了油污，怕弄脏顾客的白手套而影响生意，便用苛性碱液将收到的硬币进行清洗，这就是“洗钱”一词最初的含义。20世纪20年代，芝加哥等城市出现了以阿里·卡特、约·多里奥和勒西·鲁西

〔1〕参见《国内信用证结算办法》《跟单信用证统一惯例》的相关规定。

〔2〕参见《国内信用证结算办法》《跟单信用证统一惯例》的相关规定。但是，许多国家法律并没有明确规定信用证欺诈可以向法院申请延期付款。

诺为首的庞大的有组织的犯罪集团，这些犯罪集团利用美国经济发展过程中广泛应用现代化大规模生产技术的机会，大力发展自己的犯罪企业，通过实施勒索、卖淫、赌博、走私等犯罪，取得了巨额的经济利益。该犯罪集团的一个财务总管购置了一台自动投币洗衣机，为顾客洗衣并收取现金，然后将犯罪收入混在这部分现金中一起向税务机关申报，以期将犯罪所得变成“合法收入”。1932 年，美国不法商人梅亚·兰斯卡为了达到在新奥尔良开设赌场的目的，贿赂路易斯安娜州长，他以贷款的方式将存入银行的贿赂资金转移到州长的账户上，以便其自由使用这笔资金并逃避法律的制裁。

“洗钱”一词作为隐瞒、掩饰犯罪所得及其非法利益的含义，在 20 世纪 70 年代中期美国水门事件的调查中才开始得到广泛使用，并于 1982 年在美国的司法中被采用。1986 年，作为最早对洗钱进行法律控制的美国，在《洗钱控制法》等法律、法规中对洗钱的概念进行了界定：洗钱是指为了掩饰收入的存在、非法来源或非法使用，就该收入设置假象而使其具有表面合法性的过程。《联合国禁毒公约》中称：为隐瞒或掩饰因制造、贩卖、运输任何麻醉药品或精神药物所得非法财产的来源、性质、所在，而将该财产进行转换的即为洗钱。巴塞尔银行法规和监管实践委员会在《防止银行系统用于洗钱的目的》的文件中将洗钱定义为：银行或其他金融机构可能无意间被利用为犯罪资金的转移或存储中介，犯罪分子及其同伙利用银行系统将资金从一账户向另一账户作支付和转移，以掩盖款项的真实来源和受益人的所有权关系；或者利用银行系统提供的安全保管服务存放款项，此即通常所言之洗钱。欧洲共同体（欧盟）理事会颁布的《关于防止使用金融系统洗钱的指令》将洗钱定义为：明知是犯罪财产而故意拥有、转移、隐匿，或帮助犯罪分子逃脱法律制裁的行为。

洗钱具有以下几个方面的基本特征：一是洗钱的对象是非法所得，只有非法所得才需要将其在形式上合法化；二是金融机构是洗钱的主要渠道，虽然洗钱可以采取许多种方法，但无论采取哪种方法，最终都要将其转化为形式上合法的存款货币或其他财产，这一过程通常只有通过金融机构才能实现；三是洗钱的目的是将“黑钱”洗白，将非法所得转化为形式上合法的财产，而不是为了取得收益。在我国，洗钱是指将毒品犯罪、黑社会性质组织犯罪、恐怖活动犯罪、走私犯罪、贪污贿赂犯罪、破坏金融秩序犯罪、金融诈骗犯罪等的违法所得及其产生的收益，通过各种手段掩饰、隐瞒其来源和性质，使其在形式上合法化的行为。洗钱罪是指明知是毒品犯罪、黑社会性质的组织犯罪、走私犯罪的违法所得及其产生的收益，为掩饰、隐瞒其来源和性质而实施的各种行为。这些行为主要包括：向犯罪人提供资金账户，协助将财产转换为法定货币或金融票据，通过转账或其他方式协助资金转移，协助将资金汇往境外，以及用其他方法掩饰、隐瞒犯罪的违法所得及其收益的性质和来源等。[1]

洗钱是一种严重危害社会整体利益的行为，必须采取相关措施实施反洗钱。反洗钱是指为了预防通过各种方式掩饰、隐瞒违法犯罪所得及其收益的来源和性质的洗钱活动，而依法采取相关措施的行为。反洗钱法律机制主要包括反洗钱监管机关、反洗钱实施主体和反洗钱监管内容三个方面。其中，反洗钱监管机关主要是中央银行的反洗钱监管部门及其反洗钱信息中心。反洗钱信息中心主要负责大额交易和可疑交易报告的接收、分析，并按照规定向反洗钱监管部门报告分析结果。反洗钱实施主体主要是各类金融机构或支付机构，它们应设立专门的机构，配备必要的管理和技术人员。反洗钱监管内容主要包括客户信息识存制度、大额交易报告制度和可疑交易报告制度。[2]

二、客户信息识存制度

客户信息的识存制度主要包括：客户身份的识别制度和资料记录的保存制度。按照我国现行客户身份识别制度的规定，金融机构或支付机构在与客户建立业务关系或为客户提供规定金额以上的法定货币汇款、法定货币兑换、票据兑付等一次性金融服务时，应当要求客户出示真实有效的身份证件或其他身份证明文件进行核对并登记。客户由他人代为办理业务的，应当同时对代理人和被代理人的身份证件或其他身份证明文件进行核对并登记。金融机构或支付机构与客户建立人身保险、信托等业务关系，合同的受益人不是客户本人的，应当对受益人的身份证件或其他身份证明文件进行核对并登记。金融机构或支付机构不得为身份不明的客户提供服务或与其进行交易，不得为客户开立匿名账户或假名账户。金融机构或支付机构对客户身份资料的真实性、有效性或完整性存在疑问的，应当重新识别客户身份。任何单位和个人在与金融机构或支付机构建立业务关系或要求为其提供一次性金融服务时，都应当提供真实、有效的身份证件或其他身份证明文件，否则应承担相应的法律责任。[3]

金融机构或支付机构通过第三方识别客户身份的，应当确保第三方已经采取符合法律要求的客户身份识别措施；第三方未采取符合法律要求的客户身份识别措施的，由该金融机构或支付机构承担未履行客户身份识别义务的责任。金融机构或支付机构认为必要时，可以向公安、工商监管等部门核实客户的有关身份信息。对未按照规定提供本单位有效证明文件和资料的，金融机构或支

---

〔1〕 参见《反洗钱法》第2条，《刑法》第191条的具体规定。

〔2〕 参见《反洗钱法》《金融机构反洗钱规定》《非金融机构支付服务管理办法》《非银行支付机构网络支付业务管理办法》及相关法律、法规的具体规定。

〔3〕 参见《反洗钱法》第16条，以及《个人存款账户实名制规定》等的规定。

付机构不得为其办理存款、结算等业务。同时，金融机构或支付机构还应建立客户身份资料和交易记录保存制度。在业务关系存续期间，客户身份资料发生变更的，应当及时更新。客户身份资料和交易信息在业务或交易结束后，应当至少保存法规限额以上的年限。金融机构或支付机构破产和解散时，应当将客户身份资料和客户交易信息移交指定的机构。[1]

三、大额交易报告制度

大额交易报告制度是指金融机构或支付机构发现有达到法定标准的大额交易，必须向反洗钱监测分析中心进行报告的制度。通常下列大额交易必须向监测分析中心报告：单笔或当日累计人民币交易 20 万元以上，或者外币交易等值 1 万美元以上的法定货币缴存、支取、结售汇、兑换、汇款、票据解付及其他形式的法定货币收支；法人、其他组织和个体工商业者银行账户之间单笔或当日累计人民币 200 万元以上，或者外币等值 20 万美元以上的款项划转；自然人银行账户之间，以及自然人与法人、其他组织和个体工商业者银行账户之间，单笔或者当日累计人民币 50 万元以上或外币等值 10 万美元以上的款项划转；交易一方为自然人、单笔或当日累计等值 1 万美元以上的跨境交易；客户与金融机构进行交易，通过账户划转款项达到上述标准的，也应向中国反洗钱监测分析中心提交大额交易报告。

下列大额交易如未发现该交易可疑的，金融机构或支付机构可以不报告：定期存款到期后不直接提取或划转，而是将本金或本金加全部或部分利息续存入在同一户名下的另一账户，或者活期存款转为定期存款，或者定期存款转为活期存款；自然人实盘外汇买卖交易过程中不同外币币种间的转换；交易一方为国家权力机关、党政机关、司法机关、军事机关、武警部队，但不含其下属的各类企事业单位；金融机构之间的同业拆借、在银行间债券市场进行的交易；金融机构在黄金交易所进行的黄金交易；金融机构内部调拨资金；国际金融组织和外国政府贷款转贷业务项下的交易；国际金融组织和外国政府贷款项下的债务掉期交易；银行发起的税收、错账冲正、利息支付等。[2]

四、可疑交易报告制度

可疑交易报告制度，是指金融机构或支付机构发现有法定的可疑交易，必须向反洗钱监测分析中心进行报告，以便其对该类交易进行统一的监测和分析，确定是否为洗钱行为的制度。反洗钱监测分析中心收到可疑交易报告后应对其进行调查，调查过程中金融机构或支付机构应当予以配合，如实提供有关文件

〔1〕 参见《反洗钱法》《金融机构反洗钱规定》《非金融机构支付服务管理办法》等的规定。

〔2〕 参见《金融机构大额交易和可疑交易报告管理办法》《非金融机构支付服务管理办法》等的规定。

和资料。经调查仍不能排除洗钱嫌疑的，应当立即向侦查机关报案。客户要求将调查涉及的资金转往境外的，可以采取临时冻结措施。侦查机关接到报案后，对临时冻结的资金应当及时决定是否继续冻结，认为不需要继续冻结的，应当立即通知该机构解除冻结，临时冻结不得超过48小时。可疑交易报告制度具体包括银行业、证券业和保险业报告制度。同时，支付机构发现其交易中的金额、频率、流向、性质等有异常的，也应提交可疑交易报告。[1]

（一）银行业的报告制度

这里的银行业是指商业银行、信用合作社、政策性银行和信托公司等银行业金融机构，可疑交易主要包括：本币可疑交易、涉外可疑交易和其他可疑交易。其中，本币可疑交易主要包括：短期内资金分散转入、集中转出或集中转入、分散转出，或者与客户身份、财务状况、经营业务明显不符；短期内相同收付款人之间频繁发生资金的收付，且交易金额接近大额交易标准；法人、其他组织和个体工商业者短期内频繁收取与其经营业务明显无关的汇款，或者自然人客户短期内频繁收取法人、其他组织的汇款；长期闲置的账户原因不明地突然启用，或者平常资金流量小的账户突然有异常资金流入，且短期内出现大量资金收付；同来自贩毒、走私、恐怖活动、赌博严重地区，或者避税型离岸金融中心的客户之间资金往来在短期内明显增多，或者频繁发生大量的资金收付；没有正常原因的多头开户、销户，且销户前发生大量资金收付；提前偿还贷款，与其财务状况明显不符等。

涉外可疑交易主要包括：客户用于境外投资的购汇人民币资金大部分为法定货币，或者从非同名银行账户转入；客户要求进行本外币间的掉期业务，而其资金的来源和用途可疑；客户经常存入境外开立的旅行支票或外币汇票存款，且与其经营状况不符；外商投资企业以外币法定货币方式进行投资或在收到投资款后，在短期内将资金迅速转到境外，且与其生产经营支付需求不符；外商投资企业外方投入资本金数额超过批准金额，或者借入的直接外债从无关联企业的第三国汇入。

其他可疑交易主要包括：证券经营机构指令银行划出与证券交易、清算无关的资金，且与其实际经营情况不符；证券经营机构通过银行频繁大量拆借外汇资金；保险机构通过银行频繁大量对同一投保人发生赔付或办理退保；自然人银行账户频繁进行法定货币收付且情形可疑，或者一次性大额存取法定货币且情形可疑；居民自然人频繁收到境外汇入外汇后要求银行开具旅行支票、汇

---

〔1〕参见《反洗钱法》《金融机构大额交易和可疑交易报告管理办法》《非金融机构支付服务管理办法》《非银行支付机构网络支付业务管理办法》等的具体规定。

票，或者非居民自然人频繁存入外币法定货币并要求银行开具旅行支票、汇票带出，或者频繁订购、兑现大量旅行支票、汇票；多个境内居民接受一个离岸账户汇款，其资金的划转和结汇均由一人或少数人操作等。[1]

（二）证券业的报告制度

这里的证券业是指证券公司、期货经纪公司和基金管理公司等金融机构。证券业金融机构应当将下列交易或行为作为可疑交易进行报告：客户资金账户原因不明地频繁出现接近于大额法定货币交易标准的收付，明显在逃避大额法定货币交易监测；没有交易或交易量较小的客户，要求将大量资金划转到他人账户，且没有明显的交易目的或用途；客户的证券账户长期闲置不用，而资金账户却频繁发生大额的资金收付；长期闲置的账户原因不明地突然启用，并在短期内发生大量证券交易；开户后短期内大量买卖证券，然后迅速销户；以及与洗钱高风险国家和地区有业务联系等。

此外，下列交易或行为也应该作为可疑交易进行报告：客户长期不进行或少量进行期货交易，其资金账户却发生大量的资金收付；长期不进行期货交易的客户突然在短期内原因不明地频繁进行期货交易，并且资金量巨大；客户频繁地以同一种期货合约为标的，在以一价位开仓的同时在相同或大致相同价位、等量或接近等量反向开仓后平仓出局支取资金；客户作为期货交易的卖方以进口货物进行交割时，不能提供完整的报关单证、完税凭证，或者提供伪造、变造的报关单证、完税凭证；客户要求基金份额非交易过户且不能提供合法的证明文件；客户频繁办理基金份额的转托管且无合理理由；客户要求变更其信息资料，但提供的相关文件资料有伪造、变造嫌疑等。[2]

（三）保险业的报告制度

保险业机构应当将下列交易或行为作为可疑交易进行报告：短期内分散投保、集中退保或集中投保、分散退保且不能合理解释；频繁投保、退保、变换险种或保险金额；对保险公司的审计、核保、理赔、给付、退保等规定异常关注，而不关注保险产品的保障功能和投资收益；犹豫期退保时称大额发票丢失的，或者同一投保人短期内多次退保遗失发票总额达到大额的；发现所获得的有关投保人、被保险人和受益人的姓名、名称、住所、联系方式或财务状况等信息不真实的；购买的保险产品与其所表述的需求明显不符，经解释后仍坚持购买的；没有合理的原因，投保人坚持要求用现金投保、赔偿、给付保险金、退还保险费和保单现金价值，以及支付其他资金数额较大的。

---

〔1〕参见《反洗钱法》《金融机构大额交易和可疑交易报告管理办法》及相关法规的规定。

〔2〕参见《反洗钱法》《金融机构大额交易和可疑交易报告管理办法》及相关法规的规定。

此外，以下交易或行为也应作为可疑交易进行报告：以趸交方式购买大额保单，与其经济状况不符的；大额保费保单犹豫期退保、保险合同生效日后短期内退保或提取现金价值，并要求退保金转入第三方账户或非缴费账户的；不关注退保可能带来的较大财产损失，而坚决要求退保，且不能合理解释退保原因的；明显超额支付当期应缴保险费并随即要求返还超出部分；保险经纪人代付保费，但又无法说明资金来源的；法人、其他组织坚持要求以现金或转入非缴费账户方式退还保费，且不能合理解释原因的；法人、其他组织首期保费或趸交保费从非本单位账户支付或从境外银行账户支付；通过第三人支付自然人保险费，而不能合理解释第三人与投保人、被保险人和受益人关系的；保险公司支付赔偿金、给付保险金时，客户要求将资金汇往被保险人、受益人以外的第三人；或者客户要求将退还的保险费和保单现金价值汇往投保人以外的其他人；以及与洗钱高风险国家和地区有业务联系的等。[1]

【司法案例】

案情：我国某企业为购买某国商品，向中国某银行申请开立不可撤销跟单信用证，受益人为某国现代商社，金额为177万美元。某国家工程公司为该企业提供担保。现代商社在有效期内向某国某银行办理了议付，开证行收到议付行提交的进口单据并通知了开证申请人。开证申请人在审查了有关单证后向开证行表示承认付款，开证行于是对外进行了承兑。此后，开证申请人致函开证行，以受益人提供的商品质量有问题为由，申请拒绝对其付款。信用证付款日到期后，议付行致函开证行要求付款，开证行向议付行支付了该货款。但在要求申请人和担保人付款时，双方都以已经申请拒付为由拒绝付款，于是开证行将信用证申请人和担保人诉至某中级人民法院，要求清偿货款。

某日，原告王某曾到中国银行南京市热河南路分理处自动柜员机（ATM）上取款5,000元，此后当王某到中国银行江宁分理处准备再次取款时，被柜台营业员告知卡内余额仅为2,800余元，当晚原告再次查询发现卡内又少了2,000元，原告当即向南京市公安局鼓楼分局报案。经公安机关侦查，系犯罪嫌疑人在热河南路自动柜员机刷卡处安装了读卡器和摄像设备，获取了原告借记卡的密码及信息资料，然后复制两张“伪卡”在北京、江西等地取款或消费。于是原告起诉中国银行，称原告与被告之间存在存款结算关系，被告有义务保护原告的资金安全。由于被告对自助柜员机的安全管理存在漏洞，给犯罪嫌疑人留下可乘之机，导致原告卡内存款被犯罪分子用伪造的借记卡提取和消费，对此原告并无过失。请求判令被告支付原告卡内被盗刷的存款428,709.5元，以及相

---

〔1〕 参见《反洗钱法》《金融机构大额交易和可疑交易报告管理办法》及相关法规的规定。

关的利息损失。中国银行辩称，王某的损失是因为其没有妥善保管借记卡及其密码所致，自身存在过错，应自行承担责任。并且，犯罪嫌疑人目前已经被判刑，王某应向罪犯主张其被盗刷的存款货币，不应由银行承担赔偿责任。

判决：在上述信用证纠纷案中，法院审理认为，货币财产关系是独立的法律关系，当事人仅对货币财产法律关系承担责任，不受实质性商品交易状况的影响。开证申请人提出的拒绝付款理由是商品质量问题，同存款货币的支付结算无直接关系，应该另案处理。并且，开证行在议付前已经征得了申请人的同意，即使申请人不同意只要单证相符也没有理由拒绝付款，开证行的支付是正当的，判令信用证申请人和担保人承担清偿货款的连带责任。

在中国银行借记卡纠纷案中，法院审理认为，中国银行与王某已经成立了银行卡法律关系，虽然在该行的银行卡章程中约定，“持卡人应妥善保管密码，因密码泄露而造成的风险及损失由持卡人本人承担”。但是，王某作为普通客户不可能注意到罪犯安装的盗取设备，并不存在泄露卡号和密码的主观过错。银行作为专业经营银行卡业务的金融机构，有义务保护存款人的存款不被非法获取，应采取措施保证支付结算工具的使用安全，本案中银行没有尽到保护存款人存款的义务，应先行向存款人承担损失赔偿责任。在承担相关赔偿责任后，有权向罪犯申请追偿，追偿金额以赔偿额为限。

评析：这两个案件的核心点体现的是货币财产关系的独立性，在信用证案件中，开证行是否付款取决于受益人提供的单证是否与信用证要求的单证相符，只要相符就必须付款，同实现交易过程中的商品或服务质量不是一个法律关系。如果要主张商品或服务质量的问题只能另案处理，这是维护货币财产关系的整体效率、整体秩序和整体安全的需要。

在银行卡案件中，只要罪犯制造的“伪卡”能够通过银行支付结算系统的审核，就应该认为这种交易是有效力的，并不因为罪犯不享有该货币财产的最终归属权而否定其取款和消费交易的有效性，不得主张对这些交易效力的类似于物权的追及效力，货币财产权不具有追及效力。但是，在最终的财产归属权上，罪犯的盗刷行为并没有取得王某的授权，他们是盗用王某的名义并侵害了王某的货币财产权，同时由于银行没有尽到妥善保管的义务需要承担赔偿责任。如果本案不能破案，应该由银行承担因此造成的损失，如果已经破案，应该由银行向罪犯追偿损失，如果不能全部追偿最终也需要银行承担损失。银行的损失是其经营支付结算业务应承担的风险，应从其经营利润中获得补偿。

第七章 货币票据流通法

学习目的与要求 货币票据或称票据，是存款货币的流通支付与融通工具。货币票据流通法是货币财产流通法的重要组成部分，是货币财产流通的法定方式之一，所有货币财产流通法的基本原理都适用于票据流通法。只是由于其法律关系更加复杂、内容比较多，在具体应用上具有相对独立性，通常都单独立法对该行为进行专门规范，因此设专章对其进行比较系统的介绍。本章目的是使学生掌握票据的类型与特征、票据权利的行使、票据行为的要求，并了解货币流通清算的原理。通过本章的学习，要求学生：

●重点掌握：票据的种类与特征；票据权利与救济；票据行为的效力。

●一般了解：票据行为的要求；货币流通清算的基本原理。

●深入思考：当代票据法与传统票据法的区别；票据法的发展趋势。

【核心概念】法律特征　票据种类　票据权利　票据行为　流通清算

【引导案例】

案情：某市中山商厦因夏季空调供不应求，向华成商场协商购买空调，华成商场同意向其供应空调，于是中山商厦向当地农业银行申请办理了一张银行承兑汇票。汇票的票面金额为120万元，中山商厦为出票人，银行为承兑人，华成商场为收款人。由于华成商场也无货，就向科环公司请求供货，并将该汇票背书转让给了科环公司，但科环公司最终没有向其供货。在票据的到期日，科环公司向银行提示付款，农业银行支付了该笔款项后，向中山商厦请求偿还为其垫付的票款。中山商厦认为华成商场没有向其供货，它才是票据利益的实际获得者，要求农业银行向华成商场追索。农业银行与华成商场交涉无果后，遂向法院起诉，要求华成商场偿还汇票金额。

某轧钢厂为引进资金，向当地建设银行申请签发3张以方圆集团为收款人的银行承兑汇票，总金额为3,000万元。方圆集团收到票据后，持票据向中国银行进行贴现。此时，建设银行已经查明方圆集团是通过合同欺诈的方式取得其签发的汇票，在其取得票据后并没有履行向轧钢厂投资的义务，遂要求中国银行拒绝对汇票进行贴现，中国银行以没有理由拒绝为由进行了贴现。建设银行遂向法院起诉，请求判决汇票无效，将汇票返还。

判决：在中山商厦的票据纠纷案件中，法院审理认为，华成商场为票据收款人，是该银行承兑汇票的权利人，不对任何人负有票据上的债务，他人也无权依据《票据法》向其追索票款，于是驳回诉讼请求。农业银行是代替中山商厦向收款人支付的票据金额，应向中山商厦要求归还票款，而不应向华成商场索还票款。中山商厦向华成商场交付了票据而没有向其供应商品，是属于商品交易纠纷，与货币财产流通法律关系无关，不得请求货币财产法律关系上的偿还，只能请求商品交易关系上的偿还。

在轧钢厂票据纠纷案中，一审法院审理认为，方圆集团以欺骗手段取得票据，并没有合法交易的基础，判决方圆集团应归还因票据贴现而取得的建设银行资金。中国银行不服判决，提起上诉。二审法院认为，该票据形式完备、要素齐全，是合法有效的银行承兑汇票。至于方圆集团取得票据是否有合法交易的基础，影响的是票据出票是否符合监管制度的要求，虽然轧钢厂的出票行为有瑕疵，并不影响票据本身的有效性。并且，建设银行作为承兑人必须履行承诺的付款义务，并据此向轧钢厂请求归还其支付的票款。因此改判：撤销一审法院的原判，驳回建设银行的诉讼请求。

【案例导学】

从《票据法》的角度讲，它最初是商人在商品交易过程中支付大额“现金”的工具，是商人之间的一种商业信用关系，同银行和存款货币无关，是一种纯粹的民商事法律关系。但是，随着银行业地位的不断提高和货币流通方式的存款货币化，银行信用最终取代了商业信用，企业、单位之间主要不再以“现金”进行交易，而是通过银行以存款货币进行交易，于是票据演化为存款货币的流通工具，使当代的《票据法》成为货币财产流通法的组成部分。既然是货币财产流通法的组成部分，它就应具有货币财产法律关系的独立性，就必须以货币财产流通的整体效率、秩序和安全作为其基本的价值追求。因此，当代社会的《票据法》已经与传统的《票据法》有了本质的区别。

第一节 票据的法律性质

一、票据的法律特征

货币票据或称票据，是出票人依法签发的由自己承诺无条件支付，或委托他人无条件支付确定金额给收款人的纸质证券或电子证券。票据最初只是商人之间的商业信用工具，随着银行业的发展它才变成了一种货币流通工具。作为货币流通工具，它最初是代替金属货币流通的货币证券。在金属货币流通条件下，大额异地货币流通存在许多运输困难和风险，为克服这些困难和风险，金融业者便创设了货币票据，以此来设定、清偿和转移金属货币，实现货币的流通。在信用货币流通条件下，票据是存款货币流通的重要工具，同其他存款货币流通工具和证券相比具有其自身的法律特征。[1] 这些特征主要包括货币证券、设权证券、独立证券、文义证券、要式证券和流通证券等六个方面。[2]

（一）票据是货币证券

票据是货币证券，是指票据作为付款人的存款货币流通工具，是合法持票人所享有的票据上所记载金额索取权的证书，它本身并不具有使票面金额增值的属性，不能给持有人带来超过票面金额的收入。因此，它在法律性质上属于货币证券，不同于能给持有人带来价值增值的《证券法》意义上的证券。在票据有效期内，票据权利人无权依据票据本身取得超过票据金额的财产。[3] 虽然票据的交易可以取得价格差额收益，但它实质上是以票据为对象的货币融通行为，以票据交易为基础的融资可以视为是一种特殊的质押贷款，票据交易的价格差额收益实质上是贷款利息。票据本身既然不是资产证券，它就不是任何投资主体的投资对象，持有票据本身不能给持票人带来超过其票面金额的收入。法定货币也是货币证券，它是法定货币权利的证券，它的货币权利义务关系是由货币法规定的；票据是存款货币的证券，它的货币权利义务是由《票据法》

〔1〕 货币票据与其他存款货币支付结算工具如存款汇兑、委托收付、托收承付、保付代理等具有共同属性，它们都是存款货币的流通工具。但是，票据与这些结算工具也有明显的区别，它是在银行业支付结算体系之外流通的，除付款人、收款人和银行业机构之外，还可以有许多主体加入票据关系，如出票人、承兑人、背书人、保证人、保付人等，从而形成了比其他支付结算更加复杂的法律关系，也正是由于这一原因，世界许多国家才对它进行单独立法。同时，票据同其他有价证券特别是《证券法》意义上的证券也有明显的区别，它是作为存款货币流通工具的证券。

〔2〕 参见《票据法》《支付结算办法》《票据管理实施办法》等有关法律、法规的相关规定。

〔3〕 参见《票据法》《支付结算办法》及相关法规的具体规定。

规定的，或者是由当事人之间约定的。[1]

（二）票据是设权证券

票据是设权证券，是指票据的权利义务因票据的创设而产生，它是一种新创设的权利与义务关系，与原来已经存在的其他权利义务关系相互分离并独立存在，即使原已存在的权利有缺陷也应另外予以解决，它与证权证券有本质区别。作为设权证券，票据权利的来源是票据的创设，票据权利存在的依据就是票据本身，以票据的存在为前提；行使票据权利必须提示票据，否则不能行使票据权利；丧失票据就会丧失票据权利，即使采取补救措施也不能恢复其《票据法》上的权利。[2] 而证权证券则是为证明已经存在的权利而创设的证券，它的权利并不因证券的存在而存在，其行使权利也不必须提示原证券。同时，证权证券即使丧失也不会导致权利的丧失，还可以按照一定程序申请补发。法定货币也是设权证券，也具有同票据共同的权利设定属性。但是，法定货币的设权是法定的，具有普遍性，代表的是中央银行的信用；票据的设权是约定的，只在当事人之间有效，代表的是付款人的信用。

（三）票据是独立证券

票据是独立证券，是指票据法律关系和票据行为关系的独立性。其中，票据法律关系的独立性是指它作为一种特殊的货币法律关系，独立于引起该关系产生的原因关系，它们分别属于两个不同的法律关系体系。[3] 即使持票人取得票据的原因关系无效，对票据关系也不发生直接影响，票据关系仍然具有法律效力。只要持票人所持有的票据具备必要的要式，不必证明自己取得票据的基础原因，就有权要求付款人履行付款义务；付款人也不必考察持票人取得票据的基础原因，只要票据本身符合法律要求就必须无条件付款。[4] 票据行为关系

---

〔1〕许多教材或著作中称票据是有价证券这并没有错误，只是不够准确，只有称为“货币证券”才能准确地概括其法律特征：一是强调它是存款货币的流通工具，二是强调它本身不具有增值性，这是票据与其他有价证券的重要区别。

〔2〕票据丧失后只能通过法院的除权判决消灭票据权利，并以此恢复持票人享有的货币请求权。但是，它恢复的实际上是收款人与付款人在出票时约定的货币请求权，而不是《票据法》上的付款请求权。参见《票据法》第4条、第15条、第36条、第39~41条、第78条、第80条、第92条等的规定。

〔3〕票据法律关系的独立性，来自于货币法律关系的独立性。但是，我国《票据法》也强调票据法律关系的产生必须有真实交易或债权债务关系（见《票据法》第10条的规定），有人据此认为我国的票据法律关系不具有独立性。事实上，《票据法》的这种规定是监管处罚性规定，不是票据行为有效性规定，没有真实交易或债权债务关系并不影响票据本身或票据行为的有效性，影响的是票据行为人行为的合法性。票据行为人这种行为不合法只应受到监管处罚，不应导致票据或票据行为的无效；否则，就会影响票据的存款货币流通功能，导致存款货币流通秩序的混乱。但是，如果这种监管处罚性行为普遍存在，已经对整体金融利益构成严重影响，也可以导致认定其行为无效的效果。

〔4〕参见《票据法》第13条、第21条、第31条、第57条，以及《支付结算办法》等法规的规定。

的独立性是指在同一票据上所作的各种票据行为互不影响，各自独立发挥其法律效力，各票据法律关系当事人仅对自己的票据行为承担责任。如票据的伪造、变造等行为并不影响原当事人的权利义务。[1] 票据法律关系的独立性强调的是其外部关系的独立性，票据行为关系的独立性强调的是其内部行为关系的独立性，它们的根本目的都在于保障其存款货币流通工具职能的实现。法定货币也是独立证券，只是法定货币关系绝对独立于其产生的原因关系，票据关系只相对独立于其产生的原因关系；[2] 法定货币行为关系之间绝对独立，票据行为关系之间只是相对独立。[3]

（四）票据是文义证券

票据是文义证券，是指票据的权利义务关系均依票据上记载的文字来确定，不受票据上文字以外事项的影响。票据的持票人只能依据票据上记载的相关内容的文字文义行使权利，票据的出票人、背书人等签名时，均应依签名时的票据文义对票据负责。任何票据当事人，都不得以票据以外的证据来变更或补充票据文义。票据的文义证券性质是由其设权性质和独立性质决定的，既然是设权证券和独立证券，它就必须是文义证券。[4] 法定货币证券也是文义证券，法定货币的货币权也是通过其文义确定的，并且它的文义是法定的固定文义，对整个货币区域内的主体都具有效力。票据上的文义则是当事人之间约定的文义，仅对当事人具有约束力，不对全社会具有法律效力。

（五）票据是要式证券

票据是要式证券，是指票据作为货币支付凭证，它必须具备法律规定的形式和内容，才能产生相应的法律效力。各种票据除必须采取书面形式或法规承认的电子票据形式之外，还必须标明法规要求的必要记载事项，[5] 至少必须标明其绝对必要记载事项，如出票人的姓名或名称，票据金额，付款人和收款人

---

〔1〕参见《票据法》第6条、第14条、第49条，以及《支付结算办法》等相关法规的具体规定。

〔2〕法定货币法律关系与其原因关系绝对独立，即使法定货币持有人没有任何理由，甚至是以非法手段取得的法定货币证券也享有完全的货币财产权。票据法律关系虽然也强调与其原因关系的独立性，但持票人取得票据不得有主观上的恶意或客观上的重大过失；否则，持票人不享有票据权利。因此，法定货币法律关系的独立性是绝对的，票据关系的独立性是相对的。

〔3〕法定货币仅凭交付就发挥绝对的财产权转让效力，一旦完成交付通常就不再享有任何货币权利也不再承担任何货币责任，更不具有“物权法”意义上的追及效力。票据行为的独立性是相对的，它还要对前手和后手享有一定的权利、承担一定的责任。

〔4〕参见《票据法》第4条、第9条、第14条，以及《支付结算办法》等相关法规的具体规定。

〔5〕当代的电子票据虽然不采取书面形式，但也必须以电子数据的方式标明票据法律规定的必要记载事项。当然，电子票据质地及签章等要式的有效性还需要有相关法律、法规承认；否则，其有效性的法律依据是不充分的。

的姓名或名称，以及相关日期、地点等，法定要式不具备的票据自出票时起就是无效票据。[1] 法定货币证券也是要式证券，并且它的要式要求比货币票据更加严格，甚至许多要式只有专业机构才能掌握。这是由于，要式不仅是反映证券权利内容的必要条件，也是一种重要的防止伪造、变造的手段，只要是大量使用的、具有一定价值的证券通常都有一定的要式要求。

（六）票据是流通证券

票据是流通证券，是指票据可以依背书和交付而转让并可在市场上流通，不需要按照普通权利转让程序通知义务人，即可对义务人发生转让效力。无记名票据仅凭交付即可发生流通转让效力，记名票据通过背书也可以发生流通转让效力。并且，受让人不继受其前手在票据权利上的缺陷，在善意和支付对价的条件下，可以享受优于前手的权利。所有票据当事人均对持票人承担连带责任，持票人有权以自己的名义对任何当事人进行追索。[2] 票据的流通性是其核心属性，票据的其他属性都是为其流通性服务的。同时，票据的流通性也是其区别于其他支付结算工具的基本特征。但是，票据的流通性仅是一种相对的流通性，法定货币的流通性才是绝对的。因此，法定货币的上述特征也都带有绝对性；票据流通只是在小范围内的具有相对性的流通，它的这些特征也往往都是相对性的。并且，票据在流通性的基础上还可以产生一定的资金融通属性，成为货币融通证券。但是，票据的货币融通属性并不是其基本属性在有些国家还要受到法律的限制。

二、票据的种类与特征

票据作为存款货币流通的重要手段，可以按照不同的标准将其划分为不同的种类。传统《票据法》将票据分为汇票和本票，将支票作为一种特殊的汇票；或者不将支票作为《票据法》中的票据，对其进行专门的立法。这是由于票据最初主要是一种商业信用工具，有必要将其同银行信用分开。同时，当时实行的是金属货币本位法，交易主体完全可以不通过银行业而完成交易。当代社会实行的是信用货币本位法，任何非现金流通不通过金融机构或支付机构是不可能实现的。因此，当代《票据法》普遍包括汇票、本票和支票。[3] 另外，随着

---

〔1〕参见《票据法》《支付结算办法》《电子商业汇票业务管理办法》等相关法规的具体规定。

〔2〕参见《票据法》第13条、第27条、第68条，以及《支付结算办法》等相关法规的具体规定。

〔3〕参见《票据法》第2条，《支付结算办法》第21条的规定。在《票据法》产生的初期，英美法系国家多采取合并主义，《票据法》中规范的票据包括汇票、本票和支票；大陆法系国家多采取分立主义，《票据法》中规范的票据仅指汇票和本票，支票另外制定《支票法》。由于目前所有的票据都主要是银行票据，汇票、本票与支票之间商业信用与银行信用的界限已经基本上不存在。因此，合并主义已成为主流立法模式，我国的《票据法》即为合并立法模式。

货币电子化的不断发展，传统票据正不断被电子票据取代，电子票据虽然在原理上与传统票据相同，但也有许多特殊性。有些国家开始修改传统《票据法》，以适应时代发展的需要。[1]

（一）汇票的种类与特征

汇票是出票人签发的，委托付款人在见票时或在指定日期或将来可确定的日期，无条件支付确定的金额给收款人或持票人的票据。汇票可以根据不同的形式、内容和使用范围等划分为许多种类。按汇票的材质不同，可以分为纸质汇票和电子汇票；按汇票的出票人不同，可以分为商业汇票和银行汇票；按付款的期限不同，可以分为即期汇票和远期汇票；按票据是否附带单据，可以分为跟单汇票和光票汇票；按汇票使用的区域范围不同，可以分为国内汇票和国际汇票等。汇票的上述划分主要是形式、内容和使用范围上的划分，它在权利义务上的实质性划分是银行汇票与商业汇票。

银行汇票是出票银行签发的，由其在见票时按照实际结算金额无条件地将其支付给收款人或持票人的票据。签发银行汇票应首先向银行提出申请，出票银行受理并收妥款项后签发汇票，用压数机压印出金额，将汇票和解讫通知一并交给申请人。收款人受理申请人交付的银行汇票时，应在出票金额以内，根据实际需要的款项办理结算，并将实际结算金额和多余金额准确、清晰地填入银行汇票和解讫通知的有关栏内。未填明实际结算金额和多余金额或实际结算金额超过出票金额的，银行不予受理。银行汇票的实际结算金额低于出票金额的，其多余金额由出票银行退交申请人。

商业汇票是非银行签发的，委托付款人在指定日期无条件支付确定的金额给收款人或持票人的票据。它可以分为商业承兑汇票和银行承兑汇票，商业承兑汇票由银行以外的付款人承兑，银行承兑汇票由银行承兑，商业汇票的付款人为承兑人。商业承兑汇票的出票人应是在银行开立存款账户的法人或其他组织，并与付款人具有真实的委托付款关系，具有支付汇票金额的可靠资金来源。出票人不应签发无对价的汇票用以获取银行或其他票据当事人的资金。商业承兑汇票可以由付款人签发并承兑，也可以由收款人签发交由付款人承兑，银行承兑汇票只能由在承兑银行开立存款账户的存款人签发。承兑银行可按票面金额向出票人收取0.05%的手续费，付款期限最长不得超过6个月。[2]

---

〔1〕 电子票据与纸质票据在票据质地、票据行为上都有很大区别，它主要影响的是票据行为和签章效力的认定。我国虽然有生效的《电子签名法》可以作为电子票据的法律依据，但没有专门的“电子票据法”，因此还是存在票据行为的效力问题。

〔2〕 参见《票据法》第19条，《支付结算办法》第21条、第53～68条、第72～87条等的相关规定。

(二) 本票的种类与特征

本票是由出票人签发的，承诺自己在见票时或指定日期，无条件支付确定的金额给收款人或持票人的票据。本票有两个基本当事人，即出票人和收款人。本票的出票人就是付款人，它在任何情况下都处于主债务人的地位，对收款人或被背书人或持票人负有绝对的清偿票款的责任，而不像汇票需要有三个基本的当事人，在出票人和收款人之外还要有一个专门的付款人或承兑人。本票可以根据不同的形式、内容和使用范围等划分为许多种类。按照本票的材质不同，可以分为纸质本票和电子本票；按照本票出票人的不同，可以分为银行本票和商业本票；按照本票付款时间的不同，可以分为即期本票和远期本票；按照它的票面金额是否是固定的，可以分为定额本票和不定额本票。

银行本票是申请人将款项交存银行，由银行签发给其凭以办理转账结算或支取法定货币的票据。银行签发的本票应交给申请人，申请人可以向记载的收款人办理结算。收款人或被背书人凭银行本票兑取款项时，只要条件符合，银行见票即必须付款。银行本票的出票人必须是有资格的银行，没有资格的金融机构不得签发本票，本票的付款期限最长不得超过 2 个月。商业本票是非银行付款人签发的，承诺自己在见票时或指定日期无条件支付确定金额给收款人或持票人的票据。商业本票主要用于清偿出票人自身的债务，实际上是出票人在与他人发生债务关系时所发出的一种付款承诺。商业本票也有远期和即期之分，远期商业本票通常简称为期票。按照我国现行《票据法》的规定，本票仅限于银行本票，不得发行商业本票。并且，银行本票也仅限于在同一票据交换区域内支付各种款项。[1]

(三) 支票的种类与特征

支票是出票人签发的，委托办理支票存款业务的银行或其他金融机构，在见票时无条件支付确定的金额给收款人或持票人的票据。支票以存款人在银行业金融机构有足够的存款或透支额度为基础，是一种向银行业金融机构支取款项的支付凭证。支票通常不能作为信用工具使用，不具有融资功能，出票人只能签发即期支票，不能签发远期支票。支票经过背书，可以流通转让。当出票人存款或透支额度不足时，付款银行可以退票、拒绝付款，持票人对拒绝付款的支票可以依法进行追索。

按照不同的划分标准，可以将支票分为许多种类。按照支票的材质不同，可以分为纸质支票和电子支票；按支票上是否记载收款人名称或姓名，可以分为记名支票和不记名支票；按照能够支付法定货币还是存款货币，可以分为现

---

〔1〕 参见《票据法》《支付结算办法》《票据管理实施办法》等法律、法规的相关规定。

金支票和转账支票；按付款银行是否保证支票付款，可以分为保付支票和不保付支票。对于保付支票，付款银行必须保证支票的付款，不得退票；对于不保付支票，付款银行则不保证付款，在出票人的存款或透支额度不足的情况下，[1]银行有权拒绝付款。按照我国现行法律的规定，单位和个人在同一或不同票据交换区域的结算都可以使用支票。[2]

三、票据权利与救济

票据权利是指票据赋予持票人的权利，它是持票人能够依据票据行使的，以票据金额的支付为直接目的的权利。票据权利在票据法中占有重要地位，它的主要内容包括：请求履行票据债务的付款请求权；在付款请求权未能实现或不能实现时，向其前手要求清偿票据金额、利息及有关费用的追索权。付款请求权又称第一次请求权，追索权是行使付款请求权之后才产生的权利，故称第二次请求权。票据权利有别于票据法上的权利，如汇票持票人的发行复本请求权、付款人的交付票据请求权、票据抗辩权等，都不是票据固有的权利，只是为维护票据的信用和实现票据权利而规定的权利，是一种辅助性的权利，由于它们本身不是票据本身的权利，故称为票据法上的权利。[3]

（一）票据权利的取得

票据权利的取得是指通过一定途径取得票据成为票据的持票人，并由此获取票据金额权利的行为。票据权利的取得主要包括原始取得与继受取得、善意取得与恶意取得四种基本情况。票据权利的原始与继受取得是相对应的概念，原始取得是持票人自出票人手中取得的票据权利；继受取得是持票人通过某种法律行为，从有正当处分权的非出票人手中取得的票据权利。继受取得根据取得的方式不同又可以分为票据法上的继受取得和非票据法上的继受取得。前者是指持票人依背书或交付等方式取得票据权利，后者则主要是因普通的权利转让以及继承、受赠或企业合并等原因而取得的票据权利。

善意与恶意取得票据权利，是相互对应的两个概念。票据权利的善意取得是指持票人在善意或无重大过失的情况下，依法定的转让方式、支付对价，或者通过其他方法依法取得票据后取得的票据权利。票据在善意且支付了对价的条件下，即使让予人在权利上有瑕疵，持票人的票据权利也不受影响，付款人也不得拒绝支付票款。但是，合法地无偿取得票据，票据权利却不优于其前手。

---

〔1〕 按照我国现行法律的规定，出票人不得签发银行存款不足以支付票据金额的支票，即银行不得为出票人透支存款。如果出票人签发银行存款不足以支付票据金额的支票，则构成签发空头支票，签发空头支票是一种违法行为。

〔2〕 参见《票据法》《支付结算办法》《票据管理实施办法》等相关法律、法规的规定。

〔3〕 参见《票据法》第4条、第70条、第71条等，以及相关法律、法规的具体规定。

票据权利的恶意取得是指明知付款人与出票人或持票人的前手之间存在抗辩事由，或者因重大过失取得不符合规定的票据；或者以欺诈、偷盗或胁迫等手段而取得的票据，或者明知前手以该手段取得票据仍接受该票据，即从客观上或主观上出于恶意取得的票据权利。恶意取得的票据权利无效，付款人可以拒绝付款。主张持票人是恶意取得票据，付款人必须能够证明该恶意取得票据的事实。同时，付款人也可以对不履行约定义务，且与其有直接债权债务关系的持票人行使抗辩权、拒绝付款。[1]

（二）票据权利的行使

票据权利的行使是指票据权利人通过自己或他人的特定行为，实现票据权利的过程。它是票据法的重要内容，也是票据行为的核心内容。持票人可以通过请求票据付款人履行付款义务而行使票据权利，也可以为防止票据权利丧失而通过特定的行为进行权利保全。由于票据权利主要包括付款请求权和追索权，因此，票据权利的行使也主要是指付款请求权的行使和追索权的行使。

1. 付款请求权的行使

付款请求权是指持票人向汇票承兑人、本票出票人或支票的付款人提示票据，要求付款的权利。付款请求权的行使是指持票人实现其付款请求权的过程，它主要包括提示付款和做成拒绝证书两个方面。票据的提示付款是持票人在票据上签章并向付款人出示票据，请求其履行付款义务的行为。持票人必须如期提示票据，否则不发生票据权利行使的法律效果。提示付款不仅具有行使票据权利的作用，也是票据权利保全的重要措施，它是取得与行使追索权的必备要件。持票人如果未在票据有效期限内提示付款，在付款人拒绝付款的条件下，就会丧失对全部或部分前手的追索权。

在票据付款请求权无法行使或被拒绝的条件下，应制作拒绝证书或称为拒绝付款理由书。拒绝证书或拒绝付款理由书，是证明持票人在票据法规定的期间内已依法行使票据权利，但被拒绝或无法实现的证明书，它是持票人行使追索权的重要依据。制作拒绝证书是持票人在行使票据权利被拒绝或票据权利无法实现的条件下，请求付款人或有权做出该证书的机关实际做成拒绝证书的过程。拒绝证书是要式证书，应明确记载拒绝人和被拒绝人的姓名或名称，被拒绝人已经提示付款的地点及时间，拒绝证书的制作机关和制作时间。并且，必须具有制作机关的签章。[2]

---

〔1〕参见《票据法》第10～13条、第57条，《支付结算办法》第38条，以及相关法规的具体规定。

〔2〕参见《票据法》第40条、第53条、第65条，《支付结算办法》第36条、第41条等的具体规定。

2. 票据追索权的行使

票据追索权是指持票人在不能获得付款或承兑时，向其前手请求偿还票据金额及损失和直接费用的权利。持票人作为追索权人，可以对任何被追索人行使追索权，他们原则上都对追索权人负有连带的清偿责任。但是，当追索权人为出票人时，他只对承兑人有追索权；在追索权人为背书人时，他只对其前手有追索权。追索权人行使追索权，必须有合法的追索原因，并且必须按照特定的追索程序进行。追索原因包括到期前追索原因和到期后追索原因。其中，到期前追索原因主要是，因付款人死亡、逃避、解散、破产或汇票被拒绝承兑等，使持票人无法或不能提示承兑或提示付款。到期后追索原因主要是，票据到期提示付款被付款人拒绝，当付款请求权被拒绝时就形成追索权。[1]

追索权的行使程序包括提示原票据、制作拒绝证书和通知偿还请求三个基本步骤。首先，持票人应提示原票据，请求承兑或付款；在被拒绝或无法实现时，请求制作拒绝证书，或者取得同等效力的证明文件；通知被追索人请求偿还追索金额。追索金额应包括：被拒绝承兑或付款的票据金额；从到期日到清偿日的利息和制作拒绝证书与通知等的费用。按照我国现行法律的规定，持票人应当自收到被拒绝承兑或被拒绝付款证明之日起 3 日内，将被拒绝事由书面通知其前手，其前手应当自收到通知之日起 3 日内书面通知其再前手，也可以同时向各票据债务人发出书面通知。如果超过期限，虽然持票人仍可以行使追索权，但因延期通知给前手或出票人造成损失的，由没有按照规定期限通知的当事人承担赔偿责任，赔偿金额以票据金额为限。被追索人清偿债务后，就取得了追索权人的权利，有权对其前手行使再追索权。持票人对前手的追索权，自被拒绝承兑或被拒绝付款之日起 6 个月内不行使而消灭；持票人对前手的再追索权，自清偿日或被提起诉讼之日起 3 个月内不行使而消灭。[2]

（三）票据权利的消灭

票据权利的消灭，是指由特定原因引起的票据主体之间法律关系的灭失。票据权利消灭后，票据上的权利义务关系即不复存在。但是，这并不影响其他相应权利义务关系的继续存在。票据权利的消灭主要包括：付款消灭、时效消灭、瑕疵消灭和丧失消灭。票据权利的付款消灭，是由于票据付款人实际履行了付款义务而导致票据权利的消灭，这是正常条件下票据权利的基本消灭方式。

---

〔1〕参见《票据法》第 61 条、第 69 条，以及《支付结算办法》等相关法规的具体规定。

〔2〕参见《票据法》第 17 条、第 66 条、第 68 条，以及《支付结算办法》等相关法规的具体规定。这里需要注意的是，追索权的消灭只是货币财产法上权利的消灭，并不是其财产权利的最终消灭，票据权利人还可以通过其他财产法律请求因此获得不当财产利益的主体偿还其相关财产利益，这是由于货币财产法的独立性造成的。

在持票人提示付款时，付款人如果按照票据金额实际支付了相应的款项，持票人的付款请求权即随之消灭。在付款请求被拒绝或无法实现的条件下，如果被追索人向其支付了相应的追索金额，则票据持票人的追索权利也就随之消灭。同时，支付了追索金额的当事人的再追索权利随之产生。

票据权利的时效消灭，是指因票据权利在法定时限内未行使而消灭。它包括对付款人的消灭和对出票人或承兑人的消灭。对付款人的消灭应遵守法规的规定或当事人之间的约定。票据对付款人的权利因时效而消灭后，仍能向出票人或承兑人行使票据权利。持票人对本票或汇票出票人、承兑人的权利消灭时间为自票据到期日起2年，见票即付的汇票、本票自出票日起2年；持票人对支票出票人的权利消灭时间为自出票日起6个月。票据权利的瑕疵消灭，是指因票据记载事项欠缺而导致的票据权利消灭。在票据权利因瑕疵而消灭的情况下，持票人仍享有利益返还请求权。票据权利的丧失消灭，是指因票据本身丧失而使票据权利消灭。票据权利因丧失而消灭，并不一定消灭票据上的权利与义务关系，权利人可以通过特定的补救措施恢复已经实际约定生效的权利。[1]

（四）票据丧失的补救

票据丧失是指持票人非自愿地失去对票据的占有，它包括绝对丧失和相对丧失两种情况。票据丧失可以采取特定的补救措施予以补救，我国目前能够采取的补救措施主要包括挂失止付、公示催告和提起诉讼。

挂失止付是失票人将其失票的事实通知付款人并请求停止付款的通知。但是，未记载付款人或无法确定付款人及其代理付款人的票据不能挂失。具体来讲，已承兑的商业汇票、支票、填明“现金”字样和代理付款人的银行汇票以及填明“现金”字样的银行本票丧失，可以由失票人通知付款人或代理付款人挂失止付。未填明“现金”字样和代理付款人的银行汇票，以及未填明“现金”字样的银行本票丧失，不能挂失止付。收到挂失止付通知的付款人，应当暂停支付。[2]

票据丧失，失票人需要挂失止付的，应填写挂失止付通知书并签章。挂失止付通知书应当记载下列事项：票据丧失的时间、地点、原因；票据的种类、

---

〔1〕参见《票据法》第17条、第18条，以及相关法规的具体规定。这里需要注意的是，票据权利的消灭只是货币财产法上权利的消灭，并不是所有相关财产权利的消灭，权利人还可以依据相关权利，按照其他法律向因此取得不当利益的主体主张财产权利，只是由于货币财产法律关系的独立性，不能再依据货币财产法行使该权利。

〔2〕参见《票据法》第15条，《支付结算办法》第48条，以及相关法规的具体规定。事实上，在银行支付结算电子化的条件下，按照公平合理的原则，只要是能够通过银行并采取正常手段确定付款人的，都应该允许办理挂失止付。

号码、金额、出票日期、付款日期、付款人姓名或名称、收款人姓名或名称；挂失止付人的姓名或名称、营业场所或住所及联系方法。欠缺上述记载事项之一的，银行可不予以受理。付款人或代理付款人收到挂失止付通知书后，查明挂失票据确未付款的，应立即暂停支付。同时，失票人应当在通知挂失止付后3日内，也可以在票据丧失后直接向法院申请公示催告，或者向法院提起诉讼。付款人或代理付款人自收到挂失止付通知书之日起12日内，没有收到法院的止付通知书，自第13日起应向提示付款的合法持票人付款，不再承担止付责任。付款人或代理付款人在收到挂失止付通知书之前，已经向持票人付款的，不承担付款责任。但是，付款人或代理付款人如果是出于恶意，或者在付款过程中有重大过失的应自行承担责任。[1]

公示催告是指具有管辖权的法院，根据当事人的申请以公示的方法催告不明的利害关系人在规定期限内申报票据权利；否则，即产生丧失权利效果的法律程序。失票人应在挂失止付后向法院申请公示催告，申请时应当向法院递交申请书，写明票面金额、出票人、持票人、背书人等票据主要内容和申请的理由、事实。法院决定受理申请的，应当通知付款人停止支付，直至公示催告程序终结，并且，应在3日内发出公告。公示催告的期限，由法院根据情况决定，但不得少于60日。公示催告期间，票据关系冻结，转让票据权利的行为无效。公示催告期间没有人申报权利的，法院应当根据申请作出判决，宣告票据无效，并通知付款人。自判决公告之日起，申请人有权向付款人请求支付。利害关系人因正当理由不能在判决前申报的，自知道或应当知道判决公告之日起1年内，可以向法院起诉。[2]

提起诉讼是指通过向法院提出诉讼请求的方法，来实现持票人应有票据权利的补救措施，即失票人通过提起诉讼的方法，由法院依据丧失票据的事实判决失票人有权继续享有票据权利。失票人在法院作出关于票据权利的诉讼判决后，即可依据判决要求付款人支付票款。以诉讼的方式确认丧失票据的权利人，主要是在票据因被盗、遗失或灭失而丧失后，有多人主张票据权利，或者在公示催告期间向法院申报权利的情况下，不能直接确认票据的权利人时采取的补救措施。它可以通过法院的判决最终确认票据的权利人。票据纠纷诉讼，应由票据支付地或被告住所地法院管辖。[3]

---

〔1〕 参见《票据法》第15条，《支付结算办法》第49~51条，以及相关法规的具体规定。

〔2〕 参见《民事诉讼法》第218~223条，以及相关法规的具体规定。

〔3〕 参见《民事诉讼法》第25条、第221条，《票据法》第15条，以及《支付结算办法》等的规定。

（五）票据欺诈的处理

票据欺诈行为是指违反票据诚实信用的原则，以欺骗等违法手段滥用票据制度的行为。票据欺诈行为主要包括：伪造票据、变造票据和涂销票据。伪造票据是指行为人假冒他人名义，在票据上为特定的票据行为的现象。票据伪造具体可以分为票据本身的伪造和票据签名的伪造。票据本身的伪造，它从产生之时起就是虚假票据，因此属无效票据。票据签名的伪造是指无此权利人假冒他人，或者虚构他人名义签章的行为，签章的变造也依法认定为伪造。票据签名被伪造后票据本身仍为有效票据，凡真正签名于票据上的当事人仍需承担相应的票据责任，不受伪造签名或变造签章的影响。并且，被伪造人也不负因自身签名被伪造而产生的票据责任，他可以对抗所有的权利人。

变造票据是指无权为此行为者，变更票据签名以外的票据记载事项或文义的行为。票据变造虽使其权利义务关系发生变化，但票据仍是形式上的有效票据。变造前的所有签名人，应按变造前的原有文义对票据负责。变造之后签章的，也应对其记载的事项负责。不能辨别变造前后签章的，视同在变造前签章。如果票据变造人变造票据后又签名于票据上，应负票据被变造后的文义责任。持票人变造票据仍可对变造前的债务人行使票据权利，但应承担因此给被变造人造成的损失责任。涂销票据是指将票据上的签名或其他记载事项予以涂抹或销除的行为。通常，如果涂销是由票据权利人非故意所为，不影响票据的效力；如果是故意所为，应对其涂销行为承担责任。如果票据涂销是非票据权利人所为，则不影响票据的效力。如果涂销程度过重无法辨认是否为票据时，应视为票据的丧失。[1] 票据的伪造、变造和故意涂销属于违法行为，情节严重的可以构成犯罪，应受到严厉的刑法处罚。[2]

第二节　票据的行为规范

一、出票行为制度

出票亦称发票，是汇票、本票和支票共有的票据行为，它是指出票人签发票据并将票据交付给收款人的票据行为，它具体包括签发票据和交付票据两个过程。签发票据是出票人依法将必要的事项记载于纸质或电子票据之上，并在

---

〔1〕 参见《票据法》第14条，《支付结算办法》第14条、第17条，以及相关法规的具体规定。

〔2〕 参见《刑法》第177条关于伪造、变造金融票证罪，以及相关法规的具体规定。在电子票据条件下，伪造、变造和故意涂销票据的主体还可能是票据电子系统的管理人员，因此应严格加强票据电子系统的内部控制制度。

票据上签章的过程。交付票据是出票人将已签发的票据，交付给收款人的过程。签发的票据必须交付给收款人才发生效力，才能视为出票行为完成。出票行为制度的具体内容主要包括：票据的记载事项、出票的法律效力、票据复本与誊本三个方面。[1]

（一）票据的记载事项

票据的记载事项是指票据票面上记载的内容，包括绝对必要记载事项、相对必要记载事项和任意记载事项三个方面。票据的绝对必要记载事项，是票据法律规定票据上必须记载的事项，否则票据无效。票据的绝对必要记载事项主要包括：票据的名称、确定的票据金额、无条件支付的委托、付款人的名称或姓名、收款人的名称或姓名、出票的日期和出票人的签章。具体来讲，汇票的绝对必要记载事项包括上述全部七项内容；本票由于出票人即为付款人，因此需记载除付款人名称或姓名以外的其他六项内容；支票则必须记载除收款人名称或姓名以外的其他六项内容。票据的相对必要记载事项是《票据法》规定没有记载并不使票据失效，而是由法律推定其意思的事项。其中，汇票的相对必要记载事项主要包括付款日期、付款地和出票地；本票主要包括付款地和出票地；支票主要包括付款地、出票地和收款人名称或姓名。未记载付款日期的视为见票即付。汇票未记载付款地或出票地的，以付款人或出票人的营业场所、住所，或者经常居住地为付款地或出票地。本票未记载付款地或出票地的，以出票人的营业场所为其付款地或出票地。支票未记载付款地的，以付款人的营业场所为付款地；未记载出票地的则以出票人的营业场所、住所或经常居住地为出票地。票据的任意记载事项是可以记载也可以不记载，如果记载就可能具有票据法上效力的事项。[2] 它可以进一步分为具有和不具有票据法上效力的事项，它应根据《票据法》的具体规定确定。[3]

（二）出票的法律效力

票据出票后即产生法律效力，它的法律效力会因票据种类的不同而有所差别。汇票出票的法律效力包括对出票人、付款人和收款人的效力。

---

〔1〕电子票据的出票，是指出票人在电子票据系统中填写必要的记载事项，并进行电子签章，通过电子票据系统交付给收款人的过程，电子票据的有效性主要取决于电子签章的可靠性能否达到法律的要求，详见我国现行《电子签名法》。

〔2〕参见《票据法》第22~24条、第75条、第76条、第84条、第86条，《支付结算办法》第52条的规定。

〔3〕为维护货币财产法律关系的独立性，《票据法》规定许多会影响其独立性的约定不发挥票据法上的效力，不会影响票据法律关系。但是，这些记载事项可以作为《合同法》或其他法律上的约定事项，具有这些法律上的效力。

汇票出票对出票人的效力包括担保承兑和担保付款两个方面。持票人不能得到承兑或付款时，可以请求出票人清偿，并且不得以任何方式免除担保付款责任。汇票出票后，付款人即有权为持票人办理承兑，在承兑前无论他与出票人有无资金关系，付款人都不是票据法上的债务人；但在付款人承兑后他就变成主债务人，就必须承担向持票人付款的义务。收款人取得汇票后，即取得付款请求权，在承兑或付款被拒绝时都可行使其追索权。

本票出票的法律效力包括对出票人和对收款人的效力。本票出票对出票人的效力包括付款、偿还和赔偿三个方面。在持票人正常提示付款的情况下有付款义务；在拒绝付款的情况下有偿还票据金额的义务；在票据权利非正常灭失的情况下，有赔偿持票人损失的义务。本票出票对收款人的效力，是与对出票人的效力相对应的，包括付款请求权和追索权。这里需要注意的是，按照我国现行法律的规定，本票自出票日起，付款期限最长不得超过 2 个月。

支票出票的效力包括对出票人、付款人和收款人的效力。对出票人的效力包括：担保付款义务和付款提示期间内不得撤销委托付款义务，以及提示期限后的利益返还义务。对付款人的效力包括：对收款人的付款义务、提示期限过后和出票人破产通知后的拒绝付款义务。对收款人的效力包括：付款请求权和追索权。这里需要注意的是，支票的持票人应当自出票日起 10 日内提示付款。超过提示付款期限的，付款人可以不付款，但出票人仍应对持票人承担票据责任，在规定期限内向持票人支付票款。[1]

（三）票据复本与誊本

汇票可由出票人制作成复本，汇票和本票可由持票人制作成誊本，而支票则必须使用原本。汇票复本是指在汇票原本以外发行的多份汇票证券，汇票的复本是原本的复制，同原本具有相同的法律效力，可以转让、承兑和提示付款。并且，在其中的任何汇票证券上行使权利后，都视同在其他复本或原本上也行使了票据权利。汇票和本票的誊本，是指持票人依照票据的原本所制作成的誊写本。誊本也是原本的复制品，但它只是原本的补充，不能以其进行承兑或提示付款，它只能用于背书和保证。在汇票或本票的誊本上背书、保证，同在原本上具有相同的法律效力。[2]

〔1〕参见《票据法》第 26 条、第 79 条、第 91 条、第 92 条，《支付结算办法》第 126～128 条，以及相关法规的规定。

〔2〕这里需要注意的是，上述内容只是从票据法理论的角度论述，从我国目前的《票据法》和相关法律、法规上来看，没有对此作出具体的规定。《日内瓦统一票据法》及大陆法系各国票据立法均确认复本、誊本制度。

二、背书行为制度

背书是所有票据共有的票据行为，是持票人为了转让票据或委托收款等目的，而在票据背面或粘单上记载有关事项并签章的票据行为。[1] 在票据行为中，出票行为是为了创设票据权利，背书行为主要是为了转让票据权利，或者对票据权利进行一定的特别约定。通常，背书行为制度的内容主要包括背书成立的要件、票据背书的种类和背书的法律效力三个方面。

（一）背书成立的要件

背书是要式票据行为，背书成立必须满足一定的要件要求，这些要件主要包括五个方面：一是背书人必须是合法持票人，只有合法持票人实施的才是有效的背书行为。二是背书必须采取书面或与书面同等效力的形式，并不得附有条件；并且，即使附有条件也不具有票据上的效力。三是背书的内容必须记载在票据的背面或粘单上，并且粘单的第一记载人应当在票据和粘单的粘接处签章。四是背书必须记载被背书人的名称或姓名，并且必须有背书人的签章和记载背书日期；背书未记载日期的，视为到期日前背书。五是背书必须连续，各背书人与被背书人的签章必须依次前后衔接；并且不能向被背书人转让部分票据金额，或者将票据金额同时转让给多人，否则背书无效。[2]

（二）票据背书的种类

票据背书有许多种类，按照不同标准可以进行不同的划分。按照背书的目的划分，可以分为转让背书和非转让背书。转让背书是以转让票据权利为目的的背书，转让背书按其转让的特点又可分为普通转让背书和特殊转让背书。普通转让背书可具体分为完全背书和空白背书。完全背书是将背书人和被背书人的名称或姓名都给予记载的背书；空白背书是背书时仅在票据上签名，而不记载被背书人的名称或姓名的背书；它的目的是方便持票人根据需要，补充记载被背书人的名称或姓名，我国法律禁止空白背书。特殊转让背书主要包括回头背书、期后背书和无担保背书。回头背书是以背书人的前手为被背书人的背书；期后背书是票据到期以后，或者制作成拒绝证书后，或者做成拒绝证书且期限届满后做成的背书；无担保背书是背书人在背书中记载不承担任何担保责任的背书，无担保背书通常受到严格限制，我国《票据法》禁止进行无担保背书。非转让背书主要包括禁止背书背书、委任背书和设质背书，它们分别是以禁止

---

〔1〕 粘单是指在票据本身不能满足背书人记载事项的需要时，粘附于票据上的专用空白纸张。当票据已经记满而无处可再进行背书记载时，持票人可以将专用的空白纸张粘附于票据上以弥补票据余白的不足，使后面的持票人可以继续进行背书。

〔2〕 参见《票据法》第27～33条，《支付结算办法》第29条的规定。

背书、委托职责和设定质权为目的的背书。

（三）背书的法律效力

背书的法律效力是指票据因背书行为所产生的法律后果，它主要包括权利转移效力、责任担保效力和权利证明效力三个方面。背书的权利转移效力是指在转让背书中，基于背书人的意思表示而产生的，将所有票据权利转移给被背书人，被背书人取代背书人成为票据权利人的法律效力。在背书人对票据实施了转让背书的行为之后，如果背书成立要件完全具备，并已经将票据交付给被背书人，则产生票据权利的转移效力，票据上背书人的全部票据权利都依法转移给了被背书人。背书的责任担保效力是指在票据背书转让后，背书人应依法对其所有后手承担的不得免责的担保票据承兑和付款的责任。只有同时记载有"禁止转让"背书的背书人，在票据背书转让后，才不对被背书人的后手承担担保责任。背书的权利证明效力，是指满足背书连续性要求的持票人应被推定为正当的持票人，无需其他证明即可被视为当然的票据权利人。以其他合法方式取得票据，则必须证明其票据权利。此外，权利证明效力在委托背书中，仅证明代理权的授予，而无票据权利转移的效力，被背书人无权转让票据权利。在以设定质权为目的的背书中，背书仅证明持票人是合法的质权人，在被背书人依法实现其质权时，可以行使票据权利。票据被拒绝承兑、拒绝付款或超过付款提示期限的不得背书转让；背书转让的，背书人应当承担票据责任。[1]

三、承兑行为制度

票据的承兑是汇票特有的一种票据行为，它是指付款人承诺在汇票到期日支付汇票金额的票据行为。它是独立于出票行为之外的单方面法律行为，由于出票人出票时只是委托付款人付款，付款人是否承诺必须具有书面或具有同等效力的表示。付款人是否同意付款仅以承兑作为效力标志，承兑行为是否生效完全取决于付款人办理承兑时的意思表示。承兑行为制度的具体内容主要包括承兑成立的要件、汇票承兑的种类和承兑的法律效力。

（一）承兑成立的要件

汇票的承兑是要式票据行为，必须满足一定的形式要件要求，承兑成立的要件主要包括四个方面：一是承兑是汇票付款人以承诺负担票面金额支付义务为内容的票据行为，承兑人只能是汇票上由出票人委托的付款人。汇票是否办理承兑由持票人自行决定，并非所有汇票都需要承兑，见票即付的汇票无需承兑。付款人对向其提示承兑的汇票，应当自收到汇票之日起3日内承兑或拒绝承兑。二是承兑是要式法律行为，承兑时必须在汇票正面记载"承兑"或其他

[1] 参见《票据法》第27～37条，以及《支付结算办法》第24～34条的规定。

第七章

具有同等效力的字样，并记载承兑日期和签章；见票后定期付款的汇票应当在承兑时记载付款日期，否则视为见票即付。三是汇票应在规定期限内提示承兑，定日付款或出票后定期付款的汇票，应当在汇票到期日前向付款人提示承兑；否则，将会丧失对其前手的追索权，见票后定期付款的汇票持票人应当自出票日起1个月内向付款人提示承兑。四是付款人办理承兑不得附有条件，否则将视为拒绝承兑。[1]

（二）汇票承兑的种类

汇票承兑有许多种类，它的划分标准主要包括票据的承兑方式、承兑是否附有限制条件和承兑主体三个方面。按票据承兑的方式可分为完全承兑和略式承兑两种。其中，完全承兑是指承兑时完全按照承兑成立要件的要求进行的承兑，必须在汇票正面记载“承兑”字样，并由付款人签章且在签章处记载承兑时间。略式承兑是指仅由付款人在票面上签章和记载承兑时间，并不记载任何文义的承兑。通常，票据法律都对略式承兑有严格限制，我国《票据法》限制进行略式承兑。但在司法实践中通常认为，略式承兑只要是能够确认属于承兑行为也可以发生承兑的法律效力。

按票据承兑是否有限制条件，可以将其分为单纯承兑、部分承兑和附条件承兑三种。其中，单纯承兑是付款人完全根据汇票文义予以承兑；部分承兑是付款人仅就汇票金额的某部分予以承兑；附条件承兑是指付款人在承兑时，附加停止条件或解除条件的承兑。通常，许多票据法律都对部分承兑和附条件承兑有严格限制，我国《票据法》禁止进行附条件承兑，视附条件承兑为拒绝承兑。按票据承兑付款人的不同，可以分为付款人承兑和参加承兑两种。其中，付款人承兑是汇票上记载的付款人进行的承兑，参加承兑是在付款人拒绝或不能承兑时，由预备付款人或第三人进行的承兑。参加承兑应由参加承兑人在汇票的正面记载“参加承兑”字样，并记载承兑时间和签章。[2]

（三）承兑的法律效力

承兑的法律效力是指因承兑行为所产生的法律后果，它主要包括付款效力、追偿效力、处罚和赔偿效力三个方面。承兑的付款效力是承兑人承兑汇票后，就应承担到期付款的责任。承兑人承兑后即成为主债务人，就必须依据汇票的文义，承担到期向持票人支付票据金额的责任。承兑人的付款责任是绝对责任，即使出票人没有给付票款，承兑人也必须支付票据金额。承兑的追偿效力是指在非出票人承兑且没有支付相应款项的情况下，承兑人付款后即取得对其所付

---

〔1〕参见《票据法》第39~44条，以及《支付结算办法》第40~41条的规定。

〔2〕参见《票据法》第43条、第44条，以及《支付结算办法》第79~86条的规定。

款项的追偿权，有权向出票人索取代其支付的票据款项。出票人有义务归还承兑人代其支付的票据金额，并应对承兑人因此而造成的损失给予赔偿。承兑的处罚和赔偿效力是指如果在付款期内承兑人故意压票、拖延支付，应给予其相应的处罚。如果因此给持票人造成了损失，必须依法承担赔偿责任，向持票人赔偿损失。[1]

四、保证行为制度

票据的保证是汇票和本票共有的票据行为，它是保证人对因票据行为所产生的付款和其他义务提供担保的票据行为。票据付款人和其他义务人以外的任何人，只要符合保证人条件都可以充当保证人，票据上的任何义务人都可以充当被保证人，保证的目的在于增强票据的信用。保证行为制度的主要内容包括保证成立的要件、票据保证的种类和保证的法律效力。[2]

（一）保证成立的要件

票据的保证是要式票据行为，保证成立的要件主要包括三个方面：一是保证人必须是票据付款人和其他义务人以外的人。对于已承兑的汇票，承兑人为被保证人；对于未承兑的汇票，出票人为被保证人。二是保证人必须在票据或粘单上记载绝对必要的事项，否则保证行为无效。这些事项包括载明“保证”字样，保证人名称或姓名、住所，以及保证人签章。三是保证人必须在票据或粘单上记载相对必要事项。这些事项主要包括被保证人名称或姓名、保证日期等；否则，所有票据义务人均为被保证人，票据的出票日期即为保证日期。此外，保证不得附有条件，即使附有条件也不影响对票据的责任。保证人为 2 人以上的，保证人之间承担连带责任。[3]

（二）票据保证的种类

票据保证有许多种类，按保证金额可分为全额保证和部分保证，按保证人数量可分为单独保证和共同保证，按票据记载方式可分为完全保证和略式保证。全额保证是对全部票据金额进行的保证，部分保证是对部分票据金额的保证。单独保证是某个保证人单独进行的保证，共同保证是由两个以上保证人共同进行的保证。完全保证是在票据上记载有保证文句的保证，略式保证是在票据上仅有保证人签名，而没有相应保证文句的保证。我国《票据法》不允许进行略

〔1〕参见《商业银行法》第 44 条、第 73 条，以及《票据法》《支付结算办法》等的具体规定。

〔2〕按照《担保法》第 7 ~ 9 条的规定，具有代为清偿债务能力的法人、其他组织或者公民，都可以作保证人。但除经特殊批准外，国家机关不得作为保证人，学校、幼儿园、医院等以公益为目的的事业单位、社会团体不得作为保证人，企业法人的分支机构、职能部门不得作为保证人，如果有书面授权的可在授权范围内对外提供保证。

〔3〕参见《票据法》第 46 ~ 51 条，《支付结算办法》第 35 条等的规定。

式保证。但在司法实践中，如果能够确认签章人即为保证人，也可以认为该保证行为具有法律效力。[1]

（三）保证的法律效力

保证的法律效力，是票据因保证人的保证行为所产生的法律后果。它主要包括付款和其他义务担保效力、债务追索效力和利益返还效力三个方面。保证的付款和其他义务担保效力，是指保证人对被保证人的付款和其他义务承担保证责任。并且，这种责任具有从属性和独立性。保证人的责任，不仅在种类、金额、性质和时效等方面与被保证人完全相同，同时，对于被保证人所承担的义务，只要不是由于票据记载事项欠缺而无效，就必须承担相应的担保责任，以保证持票人对被保证人权利的实现。保证的债务追索效力，是指保证人在代替被保证人履行了其保证的票据义务后，即取得了持票人的地位，可行使持票人对被保证人及其前手的追索权。这里的被追索人不仅包括被保证人及其直接前手，而且包括持票人的所有前手。追索的金额不仅包括票据金额，还包括票款利息和由此产生的费用。保证的利益返还效力，是指保证人履行了保证责任后，就享有对承兑人的付款请求权；同时，在对承兑人的付款请求权不能实现时，享有对被保证人的票据款项和其他利益返还请求权。[2]

五、保付行为制度

保付是支票特有的一种票据行为，是银行或其他有权签发支票的银行业金融机构，对于出票人签发的支票承诺保证付款的票据行为。支票保付的目的同汇票和本票的保证具有共同的属性，都是为了强化票据的信用能力，提高票据的流通与支付信用，充分维护票据权利人的利益。保付行为制度的主要内容包括保付成立的要件和保付的法律效力两个方面。[3]

---

〔1〕按照《票据法》第50条的规定，保证人应当与被保证人对持票人承担连带责任。按照《担保法》第16～18条的规定，保证分为一般保证和连带责任保证。一般保证是当事人在保证合同中约定，债务人不能履行债务时，由保证人承担保证责任的保证。一般保证的保证人在主合同纠纷未经审判或者仲裁，并就债务人财产依法强制执行仍不能履行债务前，对债权人可以拒绝承担保证责任。连带责任保证是当事人在保证合同中约定，保证人与债务人对债务承担连带责任，债务人在主合同规定的债务履行期届满没有履行债务的，债权人可以要求债务人履行债务，也可以要求保证人在其保证范围内承担保证责任。因此，我国《票据法》上的保证是连带保证，只要到期被保证人没有承担付款责任，保证人就必须承担责任。

〔2〕参见《票据法》第52条，《支付结算办法》第212条、第219条等法规的规定。

〔3〕保付支票为美国首创，我国台湾地区“票据法”和日本《票据法》等也规定有保付支票，它对增强支票的信用功能、防止出现空头支票起着重大作用。我国法律中目前没有对支票的保付作出规定，但现实生活中事实上存在保付支票。

（一）保付成立的要件

支票保付是要式票据行为，必须满足一定的要式要求该行为才能成立。保付成立的要件主要包括三个方面：一是保付人必须是支票的付款银行或付款金融机构，而不能是其他人。二是保付的金额必须是支票的全部金额，而不能是其中的部分金额。三是保付人必须在支票正面注明“保付”字样，并同时记载保付人的签章，以明确保付人与出票人之间的法律关系。

（二）保付的法律效力

保付的法律效力，是指保付人因支票的保付行为所产生的法律后果。票据的保付效力主要包括保证付款效力、责任免除效力和利益返还效力三个方面。支票保付的保证付款效力是保付人作为支票的主责任人具有绝对付款的责任，持票人对保付人具有绝对的付款请求权。对合法有效的保付支票，保付人不得以任何非票据法上的理由拒绝付款。支票保付的责任免除效力是在支票被付款人保证付款后，即可免除出票人和背书人票据上的责任。即使保付人不予付款，持票人也不能对出票人和背书人行使追索权，这是由于此时保付人是票据上唯一的付款责任人。支票保付的利益返还效力是保付人在履行了保付责任后，应享有对出票人的付款请求权，以及相应的利益返还请求权。

六、付款行为制度

票据的付款是所有票据共有的票据行为，它是票据付款人或承兑人向持票人支付票据金额以消灭票据关系的行为。在正常条件下，它是票据的最终行为。票据付款应以票据上记载的货币种类为限，由于票据是货币证券，非经持票人同意，付款人不得以货币以外的其他物品代替。付款行为制度的主要内容包括付款的程序、付款的种类和付款的法律效力三个方面。[1]

（一）票据付款的程序

票据的付款是重要的票据行为，必须按照法定的程序进行。票据付款的基本程序包括提示付款、审查票据、票款支付和票据签收四个基本步骤。

票据的提示付款是持票人在法律或票据规定的期限内，向票据付款人出示票据，请求支付票款。在提示付款过程中，如果持票人未按照规定期限提示付款，在做出说明后付款人仍应继续承担支付票款的责任。如果通过委托收款银行或票据交换系统向付款人提示付款的，则视同持票人已经提示付款，他的提示付款日期以持票人向开户银行提交票据，并在委托背书中的签字日期为准。见票即付的汇票自出票日起 1 个月内向付款人提示付款；定日付款、出票后定

〔1〕这是由货币的绝对支付效力和支付优先效力决定的，货币是法定的具有法偿效力的财产，以货币以外的其他财产支付，事实上就会削弱收款人的财产权利。因此，法律规定票据付款必须支付货币。

期付款或见票后定期付款的汇票，自到期日起10日内向承兑人提示付款。[1]

付款人审查票据，是指付款人付款时对票据的审查。票据审查的主要内容包括：票据本身的合法性、票据背书的连续性、提示付款人的合法身份证明或有效证件。付款人审查无误后再向持票人支付票款，付款人或代理付款人应于见票当日足额付款。付款人与出票人之间有抗辩事由，或者付款人与持票人的前手之间有抗辩事由的不得拒绝付款。付款人的票据审查责任分为形式审查责任和实质审查责任，我国的付款人审查责任以实质审查责任为主。如果付款人或代理付款人未能识别出伪造、变造的票据或身份证件而错误付款的属于重大过失，应自行承担责任；给持票人造成损失的，也应依法承担责任。付款人或代理付款人承担责任后有权向伪造者、变造者依法追偿。[2]

票据的票款支付，是付款人向持票人支付票据金额的行为。在票款的支付中，票据上未记载货币种类的以本国货币为准，票据当事人对支付的货币种类另有约定的从其约定。票款支付时应支付票面记载的全部金额；如进行部分支付，应对未获支付部分做成拒绝证书，以便持票人据此行使其追索权。

持票人对票据的签收是指付款人向持票人支付了票款后，请求持票人签收票款并交回票据的行为。持票人委托银行业金融机构代理收款的，受托人将代收的票据金额转入持票人账户后，视同持票人签收票据款项。持票人委托的收款金融机构的责任，限于按票据上记载的事项将票据金额转入持票人账户；付款人委托的付款金融机构的责任，限于按照票据上记载的事项从付款人账户支付票据金额。持票人拒绝签收的，付款人可以拒绝付款。[3]

（二）票据付款的种类

票据付款有许多种类，划分的标准主要包括付款金额、付款主体的性质和付款时间。按照票据的付款金额，可以将其分为全额付款和部分付款。全额付款是支付了全部票据金额的付款，部分付款是仅支付部分票据金额的付款。按照我国票据法规的规定，对持票人在合理期限内提示付款的，付款人必须在当日足额付款。但是，持票人也不得拒绝接受部分付款。在部分付款时，持票人有权拒绝交付票据，并要求就未获付款部分制作拒绝证书以便其行使追索权。按照付款主体的性质，可将其分为付款人付款和参加付款。参加付款是指汇票或本票的付款人拒绝付款时，由参加付款人或第三人代替付款的行为。按照票

〔1〕 参见《票据法》第53条、第58条，《支付结算办法》第37条等的具体规定。

〔2〕 参见《票据法》第57条，《支付结算办法》第39条，以及《最高人民法院关于审理票据纠纷案件若干问题的规定》第69条的规定。

〔3〕 参见《票据法》第55条、第56条、第59条，《支付结算办法》第37~39条等的相关规定。

据付款时间，可以将其分为到期付款和期后付款。到期付款是指在票据法规定或约定的付款期限内付款，它又可具体分为见票即付、定日付款、出票后定期付款和见票后定期付款四种，见票即付是所有票据共有的一种付款方式；定日付款、出票后和见票后定期付款，是汇票和本票共有的付款方式。见票即付是以票据的提示付款日为票据到期日，提示票据后当日必须付款；定日付款是以票据上记载的时间作为付款时间；出票后定期付款是以出票时间加票据上记载的付款时间为付款时间；见票后定期付款是以见票时间加票据上记载的付款时间为付款时间。期后付款是超过付款提示期限，或者拒绝证书做成后的付款，它通常是出票人或承兑人的付款。[1]

（三）付款的法律效力

付款的法律效力是指票据因付款行为所产生的法律后果，它主要包括票据关系消灭效力、付款责任承担效力和特定利益返还效力。其中，付款的票据关系消灭效力是指在付款人足额付款后，全体票据债务人的责任即可以全部解除，所有票据关系即可归于消灭。付款人付款之后，票据上的全体应收款人都收到了应收的款项，全体应付款人也都支付了应付的相应款项，实现了存款货币的划转与流通，清结了票据上的全部权利义务关系，该票据已被持票人签收退出流通，全部票据行为结束。付款责任承担效力是指付款人因故意或重大过失，没有尽到法律规定的形式或实质审查责任，而对不应付款的持票人付款时，付款人应自行承担付款责任。这些情况主要包括：付款人明知该票据存在纠纷而付款；付款人与不法持票人串通付款；付款人对应注意且可注意的事项没有审查和注意而付款；付款人支付的票据不符合法定要式、程序、手续等；付款人应自行承担由此造成的后果。特定利益返还效力，是指参加付款人付款后使被参加付款人的后手免除票据义务，同时对付款人及其前手取得持票人的权利，可以对其行使追索权。同时，在追索权不能实现时，取得利益返还请求权。[2]

---

〔1〕参见《票据法》第17条、第25条、第44条、第53条、第78条、第91条、第92条，《支付结算办法》第37条，《最高人民法院关于审理票据纠纷案件若干问题的规定》第59条等的相关规定。票据到期后再提示付款，在付款被拒绝时会丧失对前手的追索权。但是，由于持票人对汇票、本票的出票人和承兑人的权利有效期是2年，对支票出票人的权利有效期是6个月，因此，在票据过期后出票人和承兑人仍应承担《票据法》上的付款责任，这是构成期后付款的主要原因。

〔2〕参见《票据法》《支付结算办法》《最高人民法院关于审理票据纠纷案件若干问题的规定》的相关规定。

第三节 货币流通的清算

一、货币清算的原理

票据的付款是票据的最终行为，在传统的票据法中，票据的付款是持票人亲自到付款人处办理的。在银行信用取代商业信用后，票据的收款与付款通常并不是由持票人亲自办理的，而是持票人委托其开户银行代为办理的；同时，票据付款也不是由付款人亲自支付的，而是付款人委托其开户银行代为支付的。这样，票据付款时付款人与收款人之间的关系，就变成了付款人开户银行与收款人开户银行之间的关系，由此也就产生了票据的清算问题。在当代社会，不仅票据存在银行清算行为，所有的存款货币流通都存在清算行为。并且，在银行已经建立起电子网络支付结算系统的条件下，存款货币流通的清算行为都是通过本银行内部或中央银行的电子清算网络系统，或者专门设立的电子清算网络系统完成的。为规范存款货币的清算行为，必须确立科学、合理的存款货币流通清算制度。

（一）货币结算的原理

在办理支付结算业务的过程中，普通银行同时会收到其委托人的许多收款或付款委托。银行收到这些委托之后，必须由其工作人员持有关票据和单证，亲自到相应的银行代客户办理收款或付款结算。各相应银行在收到有关票据和单证后，进行款项的收付和存款货币的划转，并凭有关票据、单证和款项划转凭证进行货币收付的记账，将款项从需要划出的客户账户中划入需要划入的客户账户中，完成存款货币的流通。

采取这种方式办理支付结算，不仅需要大量的工作人员，而且结算的效率也非常低。在金属货币流通条件下，各银行之间在逐个进行了有关票据和单证的交换之后，还必须进行大量的金属货币搬运工作。特别是当银行结算业务量较大，异地结算较多时，结算工作会变得非常困难甚至难以进行。在信用货币流通条件下，虽然流通结算不需要进行金属货币的搬运，但在各相关银行业机构之间逐个进行存款货币流通结算，也难以提高银行结算效率、节约结算成本和加快货币流通速度。

（二）货币清算的原理

在支付结算过程中，各银行业机构分别与相关银行业机构进行票据和单证交换与货币划转存在着许多的困难。如果存在某银行的银行，将各普通银行都作为该银行的不同客户，则支付结算业务就可以简化。在这个银行业系统的内部，就可以实现不同客户之间的票证交换和货币划转。按照这一支付结算原理，各普通银行业机构之间可以通过协议，建立一个票证交换和货币划转机构，各银行业机构之间的票证交换和货币划转都同一时间集中在该机构进行，就可使所有银行的票证交换和货币划转工作同时完成。

从货币数量的角度看，由于任何一家银行的应收款，必然等于其他银行对该行的应付款；任何一家银行的应付款，必然等于其他银行对该行的应收款；这些银行之间应收款与应付款的总额是平衡的，不可能出现应收款总额与应付款总额不相等的情况，因此，它们之间的货币划转能够同时完成。从结算票证的角度看，由于任何一家银行的收款票证，必然是其他银行对该行的付款票证；任何一家银行的付款票证，必然是其他银行对该行的收款票证；各银行之间的收款票证与付款票证也是平衡的，它们之间的票证交换也能够同时完成。因此，通过这种机构进行票证清算是完全可行的。

二、货币的清算制度

货币流通的清算制度是银行业机构之间，以实现存款货币和票证流通为目的，通过清算机构集中进行票证交换和存款货币划转的制度。它在存款货币流通中占有重要地位，是实现存款货币流通的重要手段。货币流通清算制度主要包括清算机构制度、清算管理制度和清算程序制度。

（一）清算机构制度

货币流通清算最初是在两个银行之间进行的，它们相互交换其应收和应付票证并结算其差额货币。以后逐步发展成为多家银行，甚至某区域内所有银行都参加的，相互代收、代付和集中交换票证、集中划转存款货币的专门清算机构。随着中央银行制度的产生和发展，又建立起区域间所有主要银行都参加的，相互代收、代付和集中交换票证、集中划转存款货币的清算机构。我国的支付结算实行集中统一和分级管理相结合的制度，中央银行总行负责制定统一的支付结算制度，建立银行之间的清算系统，协调有关清算事项，提供清算服务；维护支付清算系统的正常运行；组织、协调、管理、监督全国的支付结算工作，调解、处理银行之间的支付结算纠纷。[1]

1. 区域性清算机构

当代的区域性清算机构通常是以中央银行的区域性分支机构为核心，吸收本区域内的全部或大部分普通银行业机构参加，组成的区域性货币清算体系。它的具体形式是由本区域内的中央银行组织的区域性交换中心。本区域内各清算银行之间的区域性票证交换和相应存款货币划转，都通过该交换中心进行集中清结。区域内非清算银行的区域性票证交换和相应的存款货币划转由清算银

〔1〕参见《中国人民银行法》第4条、第27条，《支付结算办法》第20条等的规定。

行代理；也可通过亲自传递或邮寄的方式自行清结。

货币流通清算不仅包括区域内的货币清算业务，还包括区域间的清算业务。在某经济主体需要进行区域之间的票证和存款货币流通时，它委托的付款银行和收款银行之间，就无法通过本区域内的票证交换实现存款货币的流通。这是由于各区域的票证交换中心只能在本区域内办理票证交换与存款货币的划转，它没有能力办理不同区域之间的票证交换和存款货币流通。区域之间的票证清算和存款货币的划转业务，主要依靠区域间的清算机构来解决。

2. 区域间清算机构

区域间清算机构通常是以中央银行总行为核心，吸收全国性的各普通银行业机构参加，组成整个国家的区域间清算体系。它的具体形式通常是由中央银行总行组织的、全国性的清算中心。区域间各清算银行之间的票证交换和相应的存款货币划转，都通过中央银行设立或监管的清算中心进行集中清结。区域间非清算银行的票证交换和相应的存款货币划转，由各全国性的清算银行代为办理；也可通过亲自传递或邮寄的方式，自行办理。

由于各国的历史传统、金融体制等的不同，各国的区域间清算机制也不完全相同。通常，主要有两种基本类型。第一种基本类型是先由各普通银行业机构内部组成货币清算系统，完成本系统内部的票证交换与相应的存款货币划转，再将本系统之外的，同其他银行业之间的票证交换与相应的存款货币划转，交由中央银行的货币清算中心进行集中清结。第二种基本类型是各清算银行直接将区域之间的票证交换和相应存款货币的划转，都集中于中央银行的清算中心进行集中清结。在银行之间的电子结算网络建立起来之后，银行之间的货币清算工作主要通过电子网络来进行。[1]

（二）清算管理制度

货币清算机构是集中办理各清算银行之间应收、应付票证的交换，以及相应存款货币划转的机构。在中央银行制度产生前，它主要由各银行通过协议形式自发地组织。中央银行制度产生后，它主要由中央银行总行及其分支机构进行组织。货币清算管理制度，是规定清算机构基本业务活动的制度。通常，它的主要内容包括：票证管理制度、账户管理制度和资金管理制度。

1. 票证管理制度

清算票证管理制度是指清算机构对各清算银行清算票证的种类、清算票证的流通范围、交换票证的行内处理要求，以及票证的集中交换时间等的管理制度。通过规定清算票证的种类和流通范围，实现票证种类和流通范围的统一，

〔1〕 目前我国银行业机构之间已经采取了电子清算系统，因此各种票据都可以向区域间的收款人出票。

为票证集中交换和一次清结提供基础。通过规定票证在银行内部的处理要求，保证交换的票证符合票证流通的基本法定要件，保证票证交换准备工作能够按要求完成，为票证集中交换和清结提供条件。通过规定票证集中交换的时间，实现票证的同时交换和清算。

2. 账户管理制度

清算账户管理制度是指清算机构对各清算银行在本机构开立的账户，以及账户中是否有足够清算资金进行管理的制度。通过清算机构进行票证清算和存款货币的划转，各清算银行必须在清算机构开立账户，才能进行票证交换后所需划出或划入存款货币的划转。各清算银行只有在清算机构中有足够的清算资金，才能保证需向其他银行划出存款货币时有足够的存款货币可供划转；否则，如果清算银行在清算机构没有足够的清算资金，则票证清算就无法完成，票证交换也就无法真正实现。

3. 资金管理制度

清算机构的清算资金管理制度，是指清算机构对各清算银行在本机构的清算资金数量，以及各清算银行之间清算资金拆借等的管理制度。在货币清算过程中，各清算银行之间的资金管理问题主要包括清算资金数额、清算资金拆借和由此产生的存款准备金三个方面。因此，清算资金管理制度主要包括清算资金数额管理制度、拆借管理制度和准备金管理制度。

清算银行的货币清算必须有足够的清算资金，为保证清算资金的充足，清算机构必须建立清算资金数额管理制度。根据各清算银行的业务情况，规定其各自在清算账户中基本清算资金存款的数量。在现实的货币清算中，清算资金数额的管理通常是由清算机构为每一清算银行规定一个最低的清算资金存款限额，任何清算银行在清算账户中的存款都不得低于存款限额。

在办理清算业务的过程中，票证业务数量和货币的流通方向每天都可能发生较大的变化。因此，每家银行都可能遇到清算资金不足的情况。但是，由于各清算银行之间存款货币的划出、划入总额是平衡的，有清算资金减少的银行就必然有资金增加的银行。因此，为解决清算资金的头寸短缺问题，还必须建立各银行业机构之间或清算银行与中央银行之间的资金拆借管理制度，具体规定资金拆借的对象和期限，规定拆借资金的使用范围，以保证清算的顺利进行，同时又不改变清算资金的法律性质。

货币的清算和银行资金的划转必然引起银行存款总额的变化，从而引起银行法定存款准备金和超额存款准备金数量的变化。在某家银行划出的存款货币比较多时，它的存款总额就会减少，法定存款准备金也相应减少，超额存款准备金则会相应增加。这时，也可以用增加的超额准备金补偿一部分清算资金。

在某家银行划入的存款货币比较多时，存款总额就会相应增加，法定存款准备金也相应增加，超额准备金则相应减少，这时应以增加的存款货币适当补充超额存款准备金。因此，要建立完善的货币流通清算制度，还必须在资金数额和拆借管理制度的基础上建立准备金管理制度。

（三）清算程序制度

货币清算程序是按照清算法律规定，清算过程中所必须遵守的各项业务活动的先后顺序。它的基本程序主要包括：票证清算准备、清算票证交换、货币划转记账和退回票证处理。

票证清算准备是清算银行在进入票证交换机构进行票证交换之前，在本银行内应进行的票证清算准备工作。它的主要内容包括：将代收的票证按付款银行不同分别予以整理，结出各付款银行付款票证的张数和付款金额总数，并在票证上加盖交换戳记；再根据各付款银行付款票证张数和付款金额，填具交换票证的汇总单；根据交换票证汇总单，按各清算银行的交换号码次序逐一填入交换票证计算表的贷方，计算出应收票证总金额。准备工作完成后，按规定时间进入交换机构进行票证交换。

清算票证交换是指各清算银行在交换机构内，进行付款票证和收款票证的交换，并由交换机构总结算人员最终结算出应划出或应划入存款货币总额的过程。首先，各清算银行提出本银行的收款票证和汇总单，分别送交相应的付款银行；并同时接收各付款银行提交的本银行的付款票证，按交换号码逐一填入交换票证计算表的借方，结算出借方总金额。然后各清算银行通过借方和贷方总金额的比较，计算出应收或应付存款货币的差额，填具交换差额报告单交给交换机构的总结算人员，最后，交换机构的总结算人员据此填制交换差额总结算表。如果所有银行的应收款总数与应付款总数相互平衡，应收差额与应付差额相互一致，当场票证交换工作即告完成。

货币划转记账是指各清算银行在票证交换工作结束后，根据本银行应付款差额或者应收款差额，进行存款货币的划转，并按本银行各账户的收付款票证，分别进行记账处理的过程。票证交换结束后，各银行应根据其应付款差额或应收款差额，通过在交换机构的清算账户分别进行存款货币的划转，结清应收应付存款货币，结束各清算银行之间的票证清算业务。清算银行之间的票证清算结束后，应在各银行内部按照每个账户的收付票证和实际存款货币收付的情况，分别进行收付记账。将客户账户的应收款项记入账户，将客户账户的应付款项划出账户，最终完成全部清算业务。各清算银行在票证交换结束后，如果发现有不能进行转账处理的票证，应在下场票证清算中提出，退回给原提出该票证的银行。如果发现有传递错误的票证，应在下场票证清算过程中进行纠正。由于目前货币流通清算工作已经逐渐实现网络电子化，因此逐步不再需要具体的票证交付，只需要电子票证就能够完成。

【司法案例】

案情：A市冶金机械公司业务员到B市出差，途中遗失一张以A市工商银行为付款人，以本单位为出票人的空白转账支票。该业务员立即报告了公司，公司立即通知了开户银行，并在A市和B市晚报上刊登了遗失声明，宣布该转账支票作废。后拾得人以该支票向B市养殖厂购买鱼苗，养殖厂以20万元的鱼苗取得金额为20万元的该转账支票。此后，养殖厂在规定期限持支票向A市工商银行提示付款，被该行拒绝。遂持退回的支票到A市冶金机械公司要求支付20万元，冶金机械公司以该支票已声明作废为由拒绝付款，于是养殖厂将其诉至法院，要求其支付票款。

某市海丰公司从明光商场订购电器，由于缺货，商场承诺进货后立即送到海丰公司，于是海丰公司签发了一张以明光商场为收款人，票面金额为75万元的支票。但明光商场始终没有进货，没有履行合同约定，并将支票作为祝贺金松公司成立的礼物送给该公司。金松公司遂向海丰公司的开户银行提示付款，结果银行以出票人存款不足为由拒绝付款，并向金松公司出具了拒绝付款理由书。金松公司随即向海丰公司追索，但海丰公司提出明光商场至今没有履行合同，并且金松公司受让票据没有支付对价，因此拒绝承担付款责任。于是金松公司向法院提起诉讼，要求海丰公司支付票据款项。

判决：在上述支票遗失案中，法院审理认为，被冶金机械公司业务员遗失的支票是合法有效的票据，在支票没有记载收款人的条件下，应认定票据的持有人即为收款人。冶金机械公司通知付款人止付的行为有效，但登报宣布支票作废的行为无效。该票据拾得人以有效票据向养殖厂购买鱼苗，养殖厂支付了对价，应认定为善意取得票据，享有全部的票据权利。工商银行的停止支付行为符合法律要求，但养殖厂对冶金机械公司仍享有追索权，冶金机械公司应承担票据付款的责任。据此，支持养殖厂的诉讼请求。同时，冶金机械公司在支付票款后，也可依据其他法律向拾得人主张财产权益。

在明光商场的支票赠与案中，法院审理认为，由于海丰公司是明光商场的票据关系的直接相对人，并且明光商场没有履行与票据直接相关的合同义务。因此，无权向海丰公司直接主张票据权利。金松公司取得票据权利的手段是接受明光公司的赠与，属于无偿取得票据，无偿取得票据其权利不优于明光商场。海丰公司可以对金松公司行使抗辩权，有权拒绝付款。据此，驳回金松公司的诉讼请求。并且，由于在此过程中各方都没有履行票据和合同义务，也不能依据其他法律主张财产权益。

评析：上述支票遗失案的核心问题是票据丧失后，采取什么样的救济措施具有法律效力。虽然冶金机械公司已经挂失，并登报宣布支票作废，但是冶金机械公司自己作出的作废宣布不可能对社会公众产生效力，是没有法律效力的，不能起到冻结票据关系的效果。因此，养殖厂作为善意取得人享有合法的票据权利，冶金机械公司作为支票的出票人必须承担票据责任。当然，在冶金机械公司支付了票款后，它还有权要求票据拾得人归还其不当得利，但这已经不是票据法律关系，必须另案处理。

在上述支票赠与案中，虽然票据法强调其法律关系的独立性，但也规定直接当事人之间有特别约定而违约的，对方有权抗辩（参见《票据法》第11条、第13条）。由于明光商场取得票据后一直没有履行签发票据时向海丰公司供应电器的特别约定，因此，海丰公司有权对明光商场的付款请求行为提出抗辩，有权拒绝付款，明光商场对海丰公司的付款请求权具有瑕疵。金松公司因无偿取得票据，它所享有的票据权利不优于明光商场。因此，海丰公司可以对金松公司行使抗辩权，有权拒绝付款。

第八章　存贷融通行为法

学习目的与要求　金融业是经营货币财产的行业，它的核心内容包括货币财产的流通和货币财产的融通。货币财产的融通主要包括存贷融通、信托融通、证券融通和保险融通四种基本形式。存款和贷款融通是银行业的传统业务，虽然目前从世界范围来看，货币融通证券化的趋势在不断加强，银行的存款和贷款业务量在不断下降。但是，存款贷款业务和支付结算业务仍然是各国银行业的核心业务，也是各国银行业法规范的重点内容，是最基础的货币财产融通形式。通过本章的学习，要求学生：

● 重点掌握：存款的性质；存款的生效；存款人的权利；贷款的规范。

● 一般了解：贷款的性质；贷款的担保；同业拆借规范。

● 深入思考：存款关系的属性；存贷融通与其他融通的优劣比较。

【核心概念】存款性质　存款权利　贷款类型　贷款权利　同业拆借

【引导案例】

案情：2005 年 5 月，周先生在中国建设银行金华市分行某支行准备存款，他一边接电话，一边将装有 30 万元现金的塑料袋放在了柜台上，等候办理存款业务。这时，旁边一名穿黑上衣的男子突然抢过装现金的塑料袋并逃跑。罪犯被抓获后，公安机关追回现金 12 万余元。周先生认为是银行没有尽到对存款人的保护义务才致使他的 30 万元被抢，银行的营业大厅里没有保安人员、大堂经理，只是在橱窗上有内容为“5 万元以上的存款请到贵宾室”的条幅。因此，周先生起诉中国建设银行，要求赔偿他的全部存款损失。银行则称法律没有规定银行必须配备保安人员，周先生被抢劫属于不可抗力因素导致。

某公司在银行开立账户，并分多次在账户内存入人民币 2,000 万元。后来公司到银行取款，得知上述存款已被他人以公司的名义分 10 次取走了 1,999.8

万元，银行账户余额仅为2,000元。该公司称他们从来没有提取过这些款项，一定是被他人冒名取走了。银行立即报告公安局，经公安局侦查证实，提取款项的人为成某，他采取电脑扫描、喷涂等手段伪造汇票委托书、转账支票等凭证，分10次从银行骗取存款1,999.8万元后潜逃，至今没有被抓获。并且，没有发现银行与成某或公司之间存在共同诈骗问题。该公司遂向法院提起诉讼，要求银行支付其存款本金、利息和滞纳金。

判决：在中国建设银行存款抢劫案中，法院审理认为，周先生被抢劫的原因之一是银行没有在营业大厅内配备必要的保安人员，在周先生被抢劫后也没有采取必要的挽救措施，应承担部分被抢劫的责任。同时，周先生没有到贵宾室去办理存款，也没有采取其他必要的防范措施，没有尽到应有的注意义务。鉴于双方都有过错，应各承担50%的责任，判决银行赔偿周先生损失8万余元。

在公司银行存款被冒领案中，法院审理认为，银行存款关系中包含存款保管关系，银行有义务尽到其合理的可能保护存款人的利益。客户提取银行存款的汇票委托书、转账支票等票证都是由银行向客户提供的，银行应该有能力辨别出它们的真伪，其未能识别出伪造、变造的票据或其他凭证而错误付款属于重大过失。据此判决，赔偿该公司被罪犯冒领的1,999.8万元存款损失。

【案例导学】

从上面两个案例可以看出，银行存款关系不同于普通的财产合同关系，在存款抢劫案中，存款人虽然处于银行营业大厅内却没有完成存款的交付，并没有成就存款法律关系。因此，银行不应承担存款法律责任。但是，银行的营业场所不同于普通场所，应具备适合这一场所要求的必要保安措施，银行没有尽到这一经营义务，应对客户被抢劫承担一定的责任。在存款被冒领案中，银行对存款人存款利益的保护是法定义务，并不取决于存款合同的约定。因此，对于银行与客户的关系，不能仅仅理解为是普通的合同关系，它们关系中的绝大部分内容都是由法规直接规定的，这里既有保护存款人财产权利的考虑，也有维护整体金融效率、秩序和安全的考虑，更有促进银行业健康发展的考虑。

■ 第一节　存款业务规范

一、存款的法律性质

存款和贷款是银行业的传统业务，虽然随着社会的不断发展，出现了货币融通证券化、银行业务支付结算化的趋势，但存款和贷款融通仍然在银行业务中占有重要地位。存贷融通行为法，是调整存款和贷款融通行为的法律规范，它是货币融通行为法的重要组成部分。货币融通行为法是在金融主体法、货币客体法和货币流通行为法的基础上，进一步规范各种具体融通行为的规范体系，是金融法体系的又一重要内容，它主要由存贷融通行为法、信托融通行为法、证券融通行为法和保险融通行为法构成。

（一）存款的概念

这里的存款可以有两种理解：一是从行为法上将其理解为货币财产拥有主体，由于被银行业金融机构的利息等因素吸引，或者为使其货币财产能够得到较好的保管，或者为了流通与支付的方便，而将其主动地存入金融机构为其设立的账户内，并取得相应存款凭证的行为。二是从财产法上将其理解为货币财产拥有主体，通过存款行为将货币财产转化成的存款货币财产的行为。事实上，存款是行为法和财产法的统一，它们的区别只是观察问题的角度不同，每一个角度都是存款性质的不同反映。吸收公众存款是只有取得监管授权的银行机构才有权经营的业务，没有取得监管授权而吸收公众存款是严重的违法行为，达到一定标准的会构成犯罪。同时，合法的存款会受到"存款保险"的保障，在银行机构破产时会按照保险金额给以保险赔偿。[1]

存款是一个具有严格法律内涵和外延的概念，它具体是指以存款凭证和存款账户上记载的主体名称为存款人和受益人，同有权经营存款业务的银行机构约定固定的本金和利息以及其他费用，将法定货币或存款货币转移到为其专门开立的存款账户，在金融机构保证随时支付和提取的条件下放弃其他财产权益的一种特殊的财产法律关系。首先，存款凭证和存款账户上记载的必须是同一主体，存款人与受益人必须是同一主体。其次，存款的本金数额和利息比率必须事先明确约定，金融机构除向存款人归还本金和支付利息外不得承诺和支付任何其他收益。再次，在金融机构保证随时支付和提取的条件下，存款人对其存款不享有任何经营管理权，不得干涉金融机构对存款资金的使用。最后，金融机构以存款资金进行的投资和收益与存款人不存在直接的财产关系，完全由金融机构独自享有收益和承担风险。只有同时满足这四项条件的财产关系才是存款关系，以区别于信托、证券和保险财产关系。[2]

（二）存款的类型

存款按照存款人的性质，以及存款人与吸收公众存款的金融机构之间的权利义务关系不同，可以分为许多种类。按照存款主体的性质不同，可分为单位

---

〔1〕参见《商业银行法》《银行业监督管理法》《刑法》《存款保险条例》的相关规定。

〔2〕这里需要特别注意的是，客户保存在网络支付机构账户中的资金并不是存款人的存款，对于客户来讲它的法律性质是预付价值，对于支付机构来讲它是托管于银行的客户支付备付金，并且也不受存款保险的保护。在网络支付机构破产时，客户账户内的资金不属于破产财产，它以支付机构为委托人，以银行为受托人，以客户为受益人的信托财产。

存款和个人存款；按照存款是否具有强制性，可分为自愿存款和强制存款；按照存款期限与提取的方式不同，可分为活期存款和定期存款。单位存款是指企事业单位、部队、国家机关、团体、学校等机构，将货币财产存入银行机构所形成的存款；个人存款是自然人将自己的货币财产存入银行机构所形成的存款。单位存款与个人存款由于存款主体性质不同，法律对它们的规范也不完全相同，以体现法律对不同主体的差别对待。按照我国现行法规规定，单位存款属于强制性存款，个人存款属于自愿性存款。[1]

活期存款是指存款人不需要事先特别约定，可以根据自身需要随时存入、提取和向他人划转的存款。金融机构对这类存款仅支付较低的利息，这主要是由于活期存款稳定性差、利用率低，经营管理成本比较高。活期存款是有特定权利义务关系的存款，存款人享有合同履行期限的选择权，只要符合规定的要件和程序，可以随时支付或提取；否则，因此造成的损失金融机构应承担责任。此外，金融机构吸收活期存款，还负有按法定比例向中央银行缴存存款准备金，并留足法定比例或自定比例备付金的义务。活期存款的种类很多，通常主要包括活期支票存款、交易账户存款和活期储蓄存款等。[2]

定期存款是指存款人同金融机构事先约定存款期限，存入和提取都要受到存款期限制约的存款。定期存款是有具体履行期限的存款，如果变更存款期限则属于合同的变更。但是，存款合同的变更权由存款人单方面享有，金融机构应保证定期存款的随时提取，只是以存款利息的形成承担一定的变更责任。定期存款的种类主要包括不可转让存单、可转让存单和定期储蓄存款等。不可转让存单是金融机构对存款人出具的，不得在金融市场上买卖的定期存款正式凭证，它的最大特点是只能在其签发的金融机构兑现。可转让存单是金融机构对存款人出具的，可在金融市场转让的定期存款凭证。定期储蓄存款则是居民个人以储备和积蓄为目的的，保存在金融机构的货币资产。

（三）存款的性质

关于存款的性质有许多种理论，有人认为“从实质上说，存款是货币资金的使用权以特定的方式，在一定期限内出让给银行或非银行金融机构”；[3] 我国许多法律、法规中则将其规定为所有权。[4] 从国际上来看，“大陆法系认为，存款属于消费寄托，即以金融机构为受寄人，以存款人为寄托人，以金钱为标

---

〔1〕 参见《现金管理暂行条例》第2条、第3条、第5条，以及相关法律、法规的规定。

〔2〕 参见《商业银行法》第32条、第77条，以及《商业银行资本管理办法》等的规定。

〔3〕 于新年、曹守晔、孔祥俊主编：《金融理论与实务·金融合同卷》，人民法院出版社1997年版，第143页。

〔4〕 参见《宪法》第13条，《民法通则》第75条，以及《储蓄管理条例》第5条等的规定。

的物的消费寄托……英美法系则认为，存款与银行贷款并无本质的区别，只不过在存款上出借人是存款人，借款人是金融机构；在贷款上出借人是金融机构，借款人是客户……我们赞成这样一种观点，即存款合同是混合合同，包括两种或两种以上有名合同的构成要素。具体而言，在结算账户基础上形成的存款合同，是委托代理合同（存款人委托接受存款的金融机构代其收付款项）、消费寄托合同（体现存款人保管金钱价值的目的）、消费借贷合同（体现接受存款金融机构的消费目的）的混合合同”。[1]

这些看法都有一定的道理，但这些认识也都是不全面的，没有能够全面反映出存款的性质。首先，从存款行为的角度看，它是一种合同关系，但这种合同关系不同于普通合同，它的合同内容除存款数额和期限外，其他内容都是由法规明确规定或由习惯确定的，存款人和金融机构基本上没有选择的余地。因此，存款是一种基本内容法定的合同。其次，从存款客体的角度看，它是一种特殊的财产关系，银行账户中的存款货币是一种由法定货币衍化而来的特殊货币资产，在法律性质上不同于传统的有体或无体财产体系，它在不同相关主体之间形成的是货币财产关系。最后，从存款经营和流通的角度看，它还是一种监督管理关系，货币经营和流通体系是当代社会一种独立的法律体系，为保证这个体系的效率、秩序和安全，各国都对其实施严格的监管。[2]

作为合同关系，存款是一种特殊的实践性合同。作为实践性合同，仅有要约和承诺的意思表示，存款关系还是不能生效的；存款人必须实际实施了存款行为，将法定货币交付给金融机构，或将存款货币转移到自己在金融机构的存款账户上，并经金融机构签章确认后才能生效。如果存款人没有实际向金融机构交付货币财产，存款关系就不能生效，金融机构也不因此承担存款责任。同时，存款合同又是一种主要条款都由法律、法规直接规定的合同，存款人只能选择合同的种类，不能改变合同的内容。并且存款人一旦作出存款的表示，也就表明其接受了这些规定的存款条款。[3]

作为财产关系，存款是货币财产关系、货币保管关系、货币投资关系、支付结算关系的统一。[4]

---

〔1〕 汪鑫主编：《金融法学》，中国政法大学出版社 2002 年版，第 128～129 页。

〔2〕 存款不仅仅是某一种性质的法律关系，而是行为关系、财产关系和监管关系共同构成的混合法律关系。因此，它是不可能单独用行为法理论、财产法理论或监管法理论解释的。事实上，现实生活中的多数法律关系都是混合法律关系。

〔3〕 存款合同的具体内容主要表现为法律规定、金融机构的公示和行业惯例。

〔4〕 详见刘少军、王一轲：《货币财产（权）论》，中国政法大学出版社 2009 年版，第四章“存款货币财产权”。

第一，存款是法定货币的衍化形式，是一种由法定货币财产衍生的货币财产，货币的各种法定功能和特性都得到了继承，它是存款货币财产，具有法定货币的绝大部分法定功能。当然，法定货币代表的是中央银行的信用，它是无限法偿货币；存款货币代表的是存款银行的信用，它虽然也具有货币的功能却已经不再是法偿货币。存款货币的货币功能虽然来自于法定货币，但它的支付效力却是来自于收款人对存款银行的信任。因为，在存款银行破产时，银行存款会变为破产财产。[1]

第二，存款是货币保管关系，金融机构必须尽自己合理的可能保护存款人的存款安全。同时，存款人也必须支付相应的保管费用。这既是存款人存款的目的之一，也是与存款的产生过程相一致的。最初的存款关系是货币兑换商对商人货币的保管，以后才发展为现代意义上的存款关系。既然是一种保管关系，就存在保管关系的生效条件问题，它的生效条件是货币交付程序的完成，一旦存款人完成了货币的交付，存款银行就必须承担法定的保管责任，就必须尽自己的合理努力保护存款人的货币财产安全；否则，如果存款人的存款受到损失必须承担赔偿责任。同时，存款人也必须支付相应的保管费用。但是，金融机构对货币财产的保管关系又不同于普通保管关系，它是一种已经标准化了的保管关系，保管人与被保管人的权利义务关系是事先确定的，这是由金融机构的业务特点决定的。[2]

第三，存款是货币投资关系，它同样是存款人存款的目的之一。它具体表现为，存款人将其货币财产交付给金融机构之后，存款人享有随时取回其存款的权利，以及要求金融机构支付存款利息的权利。在存款人享有这两项权利的同时，金融机构则可以在保证存款人随时支取的前提下，自主地决定将其未提取的存款货币财产用于任何法律允许的投资，以取得投资收益。因此，对存款人而言，其存款行为本身就是一种投资行为，是一种为取得存款收益而将货币财产投资于存款资产的行为。也正是由于这一原因，使其丧失了被保管财产的取回权；在金融机构破产时，存款货币只能作为破产财产处理。既然是投资关系，既然取得了投资收益就必须承担投资风险，就应有投入资金受到损失的可能。在现实生活中，实际支付给存款人的利息，通常是扣除保管费用之后的利息。但是，金融机构的投资关系与利息支付关系并不是同一法律关系，存款人

---

〔1〕 在当代银行制度中，多数国家都有存款保险的规定，即使银行破产也通常能保证存款的安全。

〔2〕 参见《商业银行法》第6条、第29～33条、第50条，《支付结算办法》第16条、第19条等的具体规定。

并不直接承担金融机构的投资风险。[1]

第四，存款是支付结算关系。就非转账流通性存款来讲，存款人与金融机构的财产关系仅限于上述三种关系。但对于具有支付结算功能的存款来讲，存款关系中还包含着支付结算关系。支付结算关系是委托代理关系与当事人之间附加的其他法律关系的融合，它的基础法律关系是委托代理关系。存款人有权随时命令金融机构将其存款支付给指定的收款人，金融机构必须无条件执行其支付命令。在此同时，金融机构还必须代理其收款业务，代替存款人将付款人支付的存款保管于其存款账户中。在这一过程中，存款人是委托人，金融机构是代理人。并且，金融机构有权向存款人收取代理费用。在金融机构不直接收取代理费用的条件下，最终支付给存款人的存款利息实际是存款利息扣除保管费用和代理费用之后的余额，也可能出现存款利息不足以支付而要求存款人支付存款费用的情况。[2]

存款关系不仅包括合同关系和财产关系，还包括监管关系。作为监管关系存款关系是货币经营监管关系和货币流通监管关系的统一。存款是法定货币的衍化形式，保留了法定货币的基本权能。同时，存款货币流通又是货币流通的基本形式。为维护整个社会货币流通体系的正常运行，法律必须设立严格的整体金融利益规范，这样就需要对存款关系人执行这些规范的情况进行严格的监督管理，以保障这些法律规范能够得到准确的执行。存款监管关系具体包括：存款业务经营监管关系伪造、变造法定货币监管关系；存款保护措施监管关系；存款货币使用监管关系；支付结算工具使用监管关系；支付结算程序监管关系；洗钱行为监管关系；存款支付保障监管关系；利息与费用标准监管关系；银行经营安全监管关系等。当存款人或金融机构违反相关法律、法规的规定时，监管机关有权对其进行相应的处罚或起诉。[3]

二、存款的主体关系

存款业务有两个基本的当事人，即存款人和有权吸收大众存款的金融机构。因此，在存款业务中，所形成的主要是存款人与金融机构之间的主体关系，存款人与金融机构既享有权利也必须承担义务。由于存款主体关系主要是二者之间的相互关系，因此它们之间的关系是具有相对性的。存款人的权利会构成金融机构的义务，金融机构的权利通常也会构成存款人的义务。但需要注意的是，由于存款人与金融机构的法律地位并不是绝对平等的，它们之间的权利义务关

〔1〕参见《商业银行法》第29条、第33条、第71条，以及《企业破产法》的具体规定。

〔2〕参见《商业银行法》第3条、第44条，以及《票据法》和《支付结算办法》的相关规定。

〔3〕参见《中国人民银行法》《银行业监督管理法》《商业银行法》《票据法》等的规定。

系也不是完全对等的。[1]

（一）存款人的权利

存款人的权利是指存款关系生效后，存款人应依法享有的权利和金融机构应依法承担的义务。按照我国现行法律规定，存款人享有的权利主要包括：还本付息请求权、支付结算命令权、存款利益保护权、损失赔偿请求权、存款权益继承权。

还本付息请求权是指存款人依据其对存款的财产权，有随时收回本金和取得相应利息的权利。金融机构必须按照约定支付，不得拖延或拒绝支付存款的本金和利息。活期存款存款人有权随时支取，只要符合法律规定和双方约定，金融机构必须保证付款；即使是定期存款，存款人也有权随时支取，金融机构也不得拖延、拒绝支付或故意刁难。[2]

支付结算命令权是指在存款人开设支付结算存款账户的条件下，存款人随时有权命令金融机构将其存款货币转移给指定的收款人，金融机构必须无条件接受存款人的命令，只要存款人账户中有足够的存款并符合法定或约定的条件就不得拒绝支付。在办理存款货币支付结算过程中，存款人与金融机构之间的基础法律关系是委托代理关系，存款人不需要征得金融机构的同意就有权单方面发出支付命令或改变支付命令，在具备执行条件的情况下金融机构必须无条件执行。同时，在存款人作为收款人时，金融机构必须无条件代理存款人收取款项，并及时将收取款项的情况通知存款人。[3]

存款利益保护权是指存款人享有存款利益被保护的权利，金融机构作为保管人必须尽自己合理的可能保护存款人的存款利益。具体来讲，包括存款保密权和存款支配权。首先，金融机构必须对存款人的存款事项保密，禁止任何单位和个人非法查询。[4] 其次，金融机构必须保障存款人对其存款货币的支配权，

---

〔1〕 从法哲学的角度来讲，由于主体之间的实际地位并不完全平等，因此，当代法律的权利义务关系并不是完全对等的。

〔2〕 参见《商业银行法》第29条、第33条，以及《储蓄管理条例》等的相关规定。

〔3〕 参见《商业银行法》《票据法》《支付结算办法》等法律、法规的具体规定。

〔4〕 2010年3月18日，美国政府颁布《外国账户税务法案》（The Foreign Account Tax Compliance Act），该法案的立法初衷在于通过强化税收申报义务、增加透明度来使美国税务机关能够全面掌握美国公民在海外拥有的账户和资产信息，以防止海外逃税。但是，该法案单方面强调美国利益，对非美国金融机构强加了识别账户、信息报送与代扣代缴等多项义务。这些义务是与我国《商业银行法》等法律相违背的，除非我国法规承认美国的这项特权，否则，应认为对我国金融机构无效。目前，我国已经同美国达成平等互利的协议，通过“税法”来解决这一问题，美国税务机关定期向我国提供中国公民在美国的金融机构存款情况，我国税务机关定期向其美国税收机关提供美国公民在中国金融机构的存款情况。

禁止任何单位和个人非法侵害其存款财产。对于个人存款，除法律另有规定外，任何单位和个人不得查询、冻结或扣划。对于单位存款，除法律、法规另有规定外，任何单位和个人不得查询；除法律另有规定外，任何单位和个人不得冻结、扣划。按照我国现行法律规定，这些除外单位主要包括法院、检察院、公安机关，以及税务机关、海关、审计机关、监察机关、监管机关等。其中，法院可以按程序直接冻结存款，其他机关应按程序经金融机构负责人同意后，才可以查询、冻结或扣划存款。非因存款人过错导致存款被冒领的，金融机构向存款人开出非正式存款凭证的，要免除金融机构的责任它必须证明该现象的发生是基于存款人的过错，或者证明是由存款人非法行为导致的。金融机构存款凭证记载差错，无论何方主张权利，金融机构都有义务证明存款人权利的不存在，或自身权利的存在。[1]

损失赔偿请求权，是指在金融机构没有对存款人的存款实施有效保护、致使存款人受到损失的条件下，存款人有要求赔偿的权利。这些权利包括要件赔偿请求权、程序赔偿请求权和违约赔偿请求权。金融机构在存款提取或支付的过程中，必须严格按照法定或约定要件、程序和时限办理业务，不符合要件、程序和时限要求的必须拒绝提取或支付；否则，必须承担赔偿责任。具体来讲，金融机构在提款人或收款人单证、签章不全、不符，或者违反审核与支付程序、时限支付款项，擅自停止营业或缩短营业时间，擅自变动利率，无故拖延、拒绝支付本金和利息，非法查询、冻结、扣划存款人的存款，挂失成立后仍然向取款人支付存款等，给存款人造成财产损失的都应承担赔偿责任。[2]

存款权益继承权，是指在存款人为个人的条件下，依其对存款所享有的财产权，在死亡后其合法继承人享有继承权。但是，继承人提取存款必须持有当地公证部门的继承权证明书，或法院判决书、裁定书或调解书，证明自己是继承权的享有主体。如果存款人死亡后，存款被按照正常手续支取，应视为正常代取存款或代办理转存款，由此引起的存款继承纠纷，金融机构不承担责任。在存款人为单位且已进入破产程序的条件下，金融机构在接到法院“停止付款通知书”后，必须立即停止该单位的货币支付。此时的存款已经变成破产财产，它只能按照单位终止管理组织的命令或法院的裁决来办理各项存款支付；否则，

---

〔1〕参见《商业银行法》《关于查询、冻结、扣划企业事业单位、机关、团体银行存款的通知》《金融机构协助查询、冻结、扣划工作管理规定》《税收征收管理法》《海关法》《审计法》《行政监察法》《民事诉讼法》《刑事诉讼法》《人民法院组织法》《人民检察院组织法》《治安管理处罚法》等的规定。

〔2〕参见《商业银行法》第73条，《储蓄管理条例》，《票据法》第104～106条，以及《支付结算办法》第208条、第217条、第226条、第230条、第234条、第240～242条、第245条等的规定。

也应承担损失赔偿责任。除法律有免责规定外，吸收存款的金融机构必须尽其合理可能保护存款人的存款，任何因没有尽力保护存款人的存款而给存款人造成损失的，都必须承担损失赔偿责任。[1]

（二）银行业的权利

银行业金融机构的权利是指在存款关系中，金融机构依法享有的权利和存款人应承担的义务。按照我国现行法律的规定，金融机构享有的权利主要包括：客户身份审核权、闲置存款投资权、大额或可疑存款报告权、特别约定抵消权和服务费用收取权。客户身份审核权是指金融机构在客户存款时，享有对客户相关信息的审核权，包括存款审核权和取款审核权。其中，存款审核权是指客户存款时，金融机构享有审核和登记客户相关信息的权利。无论是个人客户还是单位客户，必须出示其真实身份证明，金融机构则必须登记客户身份信息，不得以其他名义存款。取款审核权是指客户提取存款时，金融机构有权审核取款凭证、密码和其他身份信息，信息不符的有权拒绝支付。[2]

闲置存款投资权是指金融机构在保证客户随时支取存款的条件下，有权利用其账户上的闲置存款货币进行法律允许的投资，并享有因此取得的收益和承担因此造成的风险。金融机构的闲置存款投资权，通常并没有明确的法律规定，而是银行业的经营惯例，也是银行业经营收益的主要来源，但这种投资权不是没有要求的。首先，金融机构必须缴存法定存款准备金、存款保险费用，并留足法定比例以上的备付金；否则，应承担相应责任。其次，它只能进行法律所允许的投资。按照我国现行法律规定，允许金融机构进行投资的领域主要包括进行自用资产投资、发放各种类型的贷款、对金融业进行资本性投资，以及在法律允许的范围内进行一定比例的资产证券投资。最后，金融机构的投资领域只受法律约束，不受存款人的约束。存款人对金融机构如何使用其闲置存款，无权进行直接干涉。[3]

大额或可疑存款报告权是指金融机构在吸收存款的过程中，发现可能的违法存款或取款行为，应向有权调查和处理的机关报告。金融机构是社会的支付结算中心，存款，特别是交易账户存款是结算的主要资金。许多违法犯罪行为，都可以通过金融机构的日常业务活动被发现。但是，由于金融机构是企业，它不享有对大额、可疑存款的直接调查处罚权，只能依法向有权机关报告。通常，

---

〔1〕 参见《关于执行〈储蓄管理条例〉的若干规定》第40条，以及相关法律、法规的具体规定。

〔2〕 参见《个人存款账户实名制规定》，《储蓄管理条例》第29条，《关于执行〈储蓄管理条例〉的若干规定》第15条、第34～35条，以及《人民币银行结算账户管理办法》第17～24条等的规定。

〔3〕 参见《商业银行法》第3条、第32～34条、第43条，以及相关法律、法规的具体规定。

需要报告的机关主要是公安机关、检察机关、税务机关、监管机关及其他法定机关。按照我国现行法律的规定，金融机构主要有义务向监管机关报告，经监管机关调查后才需要向有关机关移送。[1]

特别约定抵消权是指在与存款人有特别约定的条件下，金融机构有权以存款人的账户存款抵偿其所欠债务。抵消权分为法定抵消权和约定抵消权，约定抵消权是指存款人与金融机构达成协议，授予金融机构以存款抵消其债务的权利。在金融机构与存款人有抵消的特别约定时，金融机构有权主张抵消。法定抵消权是指法律规定有抵消条件，一旦满足这些条件债权人就可以当然主张抵消。由于存款人对其账户存款享有法定支配权，也是为了维护整个社会支付结算体系的正常运行，法律通常不授予金融机构法定抵消权，这一点不同于民法和《合同法》的规定。但是，按照《破产法》的规定，债权人在破产申请受理前对债务人负有债务的，在一定条件下可以向管理人主张抵消。[2]

服务费用收取权是指在金融机构为客户提供了存款服务后，有权向存款人收取相应的服务费用。但是，金融机构的服务费用收取标准，同普通企业的定价和收费是有区别的。首先，金融企业是具有一定垄断性和公共性的企业，它是按照有限竞争的原则而不是有效竞争原则设立的，同时还具有一定的公共性，它的收费就不能是任意的而必须受到严格监管。其次，金融企业的费用收取具有统一性，它直接影响到居民的生活水平。最后，金融企业收费对社会经济具有重要的调节控制作用，影响着经济的运行与增长状况。因此，法律对金融企业的费用收取标准有严格的限制，它的收费标准应由监管机关、中央银行和国家价格主管部门，根据申请进行统一规定或许可。[3]

■ 第二节　贷款业务规范

一、贷款的基本类型

贷款是银行业金融机构作为贷款人以还本付息为条件，将一定数量的货币

〔1〕参见《反洗钱法》《税收征收管理法》《税收征收管理法实施细则》等的有关规定。

〔2〕参见《合同法》第83条、第99～100条，《企业破产法》第40条，以及《贷款通则》第22条等的规定。

〔3〕参见《商业银行法》第50条，《价格法》第18条，以及《商业银行服务价格管理办法》等的规定。

资金提供给借款人使用一定期限的一种借贷行为。[1] 从法律行为的角度看，贷款与存款具有共同属性，存款可以理解为是存款人与金融机构之间的也是一种借贷行为。但是，贷款关系仅仅是借贷行为关系，而不包括存款中的其他法律关系。贷款按照不同的标准可以分为许多种类型，按照贷款行为性质可以分为自营贷款、委托贷款和特定贷款。其中，自营贷款是贷款人自主发放的贷款，委托贷款是代理他人的贷款，特定贷款是具有某些特殊规定的贷款。按照贷款的期限可以分为短期贷款、中期贷款和长期贷款。其中，短期贷款是期限在1年以内（含1年）的贷款，中期贷款是期限在1年以上（不含1年）5年以下（含5年）的贷款，长期贷款是期限在5年（不含5年）以上的贷款。按照贷款的担保性质可以分为信用贷款和担保贷款。[2]

（一）信用贷款

信用贷款是指金融机构不要求借款人提供任何担保，而完全凭借其自身的信用发放的贷款。因此，它要求金融机构必须清楚地了解借款人的业务情况，借款人必须具有良好的信誉、雄厚的经济实力和可靠的偿还能力。为保证信用贷款的质量，我国现行法律还规定，金融机构不得向其关系人发放信用贷款，任何单位和个人也不得强制金融机构发放信用贷款。这里的关系人是指金融机构的董事、监事、管理人员、信贷业务人员及其近亲属，及其投资或担任高级管理职务的公司、企业和其他经济组织。[3] 信用贷款的基本类型主要包括：信用额度贷款、循环信用贷款、专门项目贷款和账户透支贷款。

信用额度贷款是指金融机构为借款人核定一个在某时期内借款的非正式的最高限额，借款人可以在该期间内任意借入限额内的款项，只要不超过限额通常不拒绝放款的贷款。在法律性质上，信用额度是金融机构与借款人之间的一种非正式协议，金融机构没有必须向借款人提供贷款的义务，当金融机构不愿意继续放款时可单方面停止贷款。信用额度贷款在利息上通常采用浮动利率，按照实际动用的资金数量和市场利率计算利息。对信用额度中未动用部分，基于金融机构需要相应的资金准备，有时也收取一定的承诺费。信用额度贷款属于实践性法律行为，未提供贷款不承担违约责任，一旦提供贷款，双方的权利

---

〔1〕 这里的银行业金融机构包括商业银行、合作银行、政策性银行、专业银行、信用合作社，以及各种取得经营贷款业务资格的金融公司。除这些银行业金融机构之外，其他没有取得经营贷款业务资格的主体不得经营贷款业务，否则即构成非法经营，情节严重的会构成非法经营犯罪。当然，民间主体也可以进行非经营性贷款，企业也可以将闲置资金偶然用于贷款。银行业金融机构贷款由金融法调整，民间主体和企业非经营性贷款由民商法调整。

〔2〕 参见《商业银行法》和《贷款通则》第7~9条，以及相关法规的规定。

〔3〕 参见《商业银行法》第35条、第40条、第41条，以及相关法规的规定。

义务关系就依照协议确定。此时，任何一方违约都要承担相应的责任。

循环信用贷款是指金融机构给借款人核定一个在某时期内借款的正式最高限额，借款人可以在该期间内任意借入限额之内的款项，只要不超过限额，金融机构不能拒绝放款的贷款。在法律性质上，循环信用贷款的信用额度是金融机构与借款人之间的一种正式的协议，具有严格的法律约束力。贷款合同一旦成立，就有义务在规定期限内向借款人提供规定限额的贷款，不得单方面取消或变更向借款人贷款的承诺。这种贷款行为属于诺成性法律行为，只要当事人双方意思表示一致贷款合同即正式成立。在这种贷款合同订立的过程中，只要其中某方提出要约，另一方的承诺为要约人知晓或应当知晓时，合同即告成立，它就对各方都产生法律约束力。循环信用贷款合同自成立之日起即具有法律效力，双方当事人都必须遵守；否则，要承担相应的违约责任。

专门项目贷款简称专项贷款，是指金融机构向借款人发放的，约定具有指定专门用途的，在一定期限内按照一定的利率还本付息的一次性贷款。它主要用于满足借款人的特定资金需求，因此通常是一次性贷放、一次性使用。并且，款项必须用于贷款合同规定的用途，到期必须全部一次性偿还，不得循环使用。从法律角度看，这种贷款合同的主要特点是借款数额固定、期限固定、利息固定、用途固定和一次性使用。贷款人必须按照约定的数额、固定期限、利息和用途，一次性地向借款人发放贷款；同时，借款人也必须按照约定的数额、期限、用途使用贷款，到期按照规定的利息偿还。任何一方违反上述约定都视为违约行为，都要承担相应的违约责任。

账户透支贷款是指金融机构允许客户在其账户上，以超过账户余额的数额支用款项的一种贷款。这种贷款一般是以日计息，客户仅对其支用的超过账户余额的款项支付利息，但利息率通常比较高。这种贷款方式不需要在贷款时签订协议，而是在开立账户时就已经约定。这种贷款是一种实践性法律行为，客户一旦透支即表明他以实际行为确认了借贷关系，客户就必须按照约定还本付息。透支贷款有善意透支和恶意透支的区别，善意透支属于合法行为，恶意透支属于非法行为。通常，确认善意透支和恶意透支的标准主要包括：借款人是否出于正当理由取得与账户性质一致的贷款；借款人是否具有可靠的偿还能力；借款人是否能够在约定期限内主动偿还透支贷款的本金和利息。[1]

（二）担保贷款

担保贷款是根据金融机构与借款人的担保合同，或者借款合同中的担保条

〔1〕按照我国《刑法》第196条的规定，恶意透支罪属于信用卡诈骗罪中的一种罪，它是指持卡人以非法占有为目的，超过规定限额或者规定期限透支，并且经发卡银行催收后仍不归还的行为。

款取得担保财产权，或者在得到保证人保证的基础上，向借款人提供的一种贷款。担保贷款中借款人与金融机构之间是债权债务关系。借款人提供的担保是债务担保，金融机构对担保品享有的是担保权。贷款债权的实现是担保权消灭的理由，担保权的行使以债权实现为目的。担保的范围包括主债权及其利息、违约金、损害赔偿金、保管担保财产和实现担保权的费用等。担保贷款的种类主要包括：固定抵押贷款、浮动抵押贷款、最高额抵押贷款、让与担保贷款、质押担保贷款、保证担保贷款和票据贴现贷款。[1]

固定抵押贷款是金融机构要求借款人，将其拥有或第三者拥有法定权利的、法律允许的特定财产作为贷款担保，并不转移该财产占有关系的抵押贷款。在这种贷款中，抵押人应认真保管抵押物，不使抵押物价值减少，需要登记的应到有关部门办理登记手续；否则，担保无效或不能对抗善意第三人。同时，也可以要求投保财产保险。在贷款到期不能清偿时，抵押权人可就该抵押财产的折价或拍卖、变卖价款优先受偿。金融机构除应与借款人签订贷款合同外还应签订抵押合同，或者在贷款合同中规定抵押条款。同一财产设定两个以上抵押的，按照抵押物登记的先后顺序清偿，顺序相同的按比例清偿；未登记的按照合同生效顺序清偿，顺序相同的按比例清偿；抵押物已登记的先于未登记的受偿。[2]

浮动抵押贷款是金融机构要求借款人将其拥有或第三者拥有法定权利的、法律允许的现有和将来取得的全部财产作为贷款担保，并不转移该财产占有关系的抵押贷款。它与固定抵押贷款不同，固定抵押贷款以现存的、特定的财产为抵押标的，不能以未来的财产为标的；它的抵押物可以是借款人现实拥有的财产，也可以包括将来拥有的允许作为抵押品的财产。并且，抵押物的范围也是概括性的而不是确定性的。但是，当借款人不能履行到期债务时，浮动抵押的财产就特定化了，抵押权就固定于此时借款人所抵押的特定财产范围上。在其固定前，借款人可以在其业务经营中正常地使用和处分该资产，而固定抵押中抵押人要处分抵押财产必须经抵押权人同意。[3]

最高额抵押贷款是金融机构为使一定期间内向借款人连续发放的贷款得到保障，而要求借款人提供其拥有或第三者拥有法定权利的相当于贷款最高额的财产作为贷款担保，并不转移该财产占有关系的抵押贷款。借款人到期不归还

---

〔1〕 参见《担保法》第21条、第37条、第46条、第67条，《物权法》第173条、第184条等的规定。

〔2〕 参见《担保法》第39条、第41条、第52～54条，以及《物权法》第187条、第188条、第199条等的规定。

〔3〕 参见《物权法》第181条的规定，浮动抵押是《物权法》新承认的一种担保方式。

贷款本息或发生约定的实现抵押权的情形，金融机构有权在最高贷款额限度内就该担保财产优先受偿。最高额抵押权设立前已经发放的贷款，经当事人同意可以转入该担保贷款的范围。但是，担保贷款债权确定前，部分贷款债权转让的抵押权不得转让，除非在签订贷款合同时双方已有相关约定。当约定的贷款期间已满需要贷款人清偿贷款时，或者新的贷款不会再发生，或者抵押财产被查封、扣押，或者借款人、抵押人被宣告破产或被依法撤销时，所担保的贷款总额便得到确定。如果没有约定贷款的确定期间或约定不明确，抵押权人或抵押人自最高额抵押权设立之日起2年后请求确定贷款总额时，可以确定受最高额抵押担保的贷款总额。[1]

让与担保贷款是金融机构为保障贷款本息的偿还，要求借款人或第三人将担保物的财产权移转给金融机构，在贷款本息清偿后将担保物归还给借款人或第三人，在不能归还贷款本息时金融机构可以就担保物受偿的贷款。它既可以将担保物直接归属于金融机构，也可以用担保物估价或变卖款归还贷款，当担保物价款超过贷款本息时应将差额返还，当担保物价款不足以清偿贷款本息时仍可以请求偿还。让与担保是大陆法系德、日等国沿袭罗马法上的信托行为理论并吸纳日耳曼法上的信托成分，经过判例和学说的补充，历经上百年发展而逐渐发展起来的一种非典型的担保制度。目前，世界许多国家的法律都承认让与担保。我国金融机构实际贷款中也大量存在这种类型的贷款，特别是以房地产为担保标的的养老贷款，通常约定担保物直接归属于金融机构。但是，目前我国法律禁止采取这种担保方式。[2]

质押担保贷款是金融机构要求借款人，将其拥有或第三者拥有法定权利且法律允许的动产或特定权利，按照合同约定交其占有或持有作为担保而发放的担保贷款。当借款人不能按照合同约定的期限和数额归还贷款时，金融机构可以依照法律规定以其质押的财产折价，或者以拍卖、变卖该财产的价款优先受偿。质押贷款包括动产质押和权利质押，对于质押财产，金融机构负有妥善保管的义务，如果损坏，借款人在清偿完债务时，有权要求金融机构赔偿。金融机构虽然占有质押财产，但不能使用或将其出租给他人使用，不享有质押财产的各种收益权利，唯有在债权到期不能实现时，才可以处分该质押财产。当处分质押财产的款项在债权受偿后仍有余额时，所余款项应归还借款人。如果处分质押财产的款项不足以清偿债权，还可以继续要求借款人清偿，但这时金融

〔1〕 参见《担保法》第59~62条，《物权法》第203~207条的具体规定。

〔2〕 参见《担保法》第40条，《物权法》第186条的规定。

机构的债权即变为普通债权。[1]

保证担保贷款是金融机构同借款人之外的第三人约定，当借款人的债务不能履行时由该第三人代其履行债务的担保贷款。保证人提供担保应签订保证合同，并以自己的名义和财产作担保，在借款人不能履行债务时由其代为清偿。如果贷款合同被确认无效借款人又无力偿还债务时，保证人还要承担担保责任，除非保证合同中有特别约定。保证人代借款人清偿债务后，就取得了代位求偿权，有权向借款人追偿其代为偿还的债务。保证合同中的保证人，既可以是自然人也可以是法人，既可以为一人也可以为多人。在多人为保证人的条件下，保证人仅就其保证的份额承担保证责任，没有约定份额的则要承担连带保证责任。当保证人为某合伙人时，该保证合同对全体合伙人都有法律效力。在既有财产的担保又有人的担保时，应按照约定的顺序担保贷款；没有约定或约定不明的，债务人应先以自己的财产担保归还贷款；由第三人提供担保时，既可要求偿还财产也可要求保证人承担责任。[2]

票据贴现贷款是票据的合法持有主体，将自己持有的未到期的票据出售给金融机构，金融机构在扣除自接受票据之日起至票据到期之日止的利息后，将剩余的票据金额一次性支付给贴现人的贷款。在票据到期时，票据付款人可以直接向贴现的金融机构付款。如果到期票据付款人拒绝付款，向金融机构贴现的贴现人仍需承担担保票据承兑和付款的责任。票据贴现贷款事实上是贴现人向金融机构转让票据的一种买卖行为，但它在法律上又同一般的买卖行为不同。这种买卖行为完成后，票据转让主体仍要承担保证票据承兑和付款人到期付款的责任，相当于票据转让主体以票据作质押从金融机构借入款项。因此，这种票据转让行为也可以视为一种特殊形式的担保贷款。[3]

二、贷款的主体关系

银行业的贷款业务有两个基本的当事人，即借款人和发放贷款的金融机构。因此，在贷款业务中，所形成的是借款人与金融机构之间的主体关系，这种法律关系具有相对性。借款人的权利会构成金融机构的义务，金融机构的权利也会构成借款人的义务。但是，由于借款人与金融机构的法律地位不是绝对平等的，它们之间的权利义务关系也不是完全对等的。

---

〔1〕 参见《担保法》第63条、第65条、第69条、第71条、第74条，《物权法》第208条、第210条、第214～217条、第220条、第221条、第224～228条等的具体规定。

〔2〕 参见《担保法》第6条、第12条、第17～20条，《物权法》第176条等的具体规定。在借款人的借款行为构成违法或犯罪而贷款合同无效时，如恶意透支等，担保人不能证明自己无过错的通常也需要承担保证责任。

〔3〕 参见《票据法》第27条、第32条、第37条，《贷款通则》第9条等的规定。

（一）借款人的权利

借款人的权利是指在借款业务活动中，借款人应依法享有的权利和金融机构应承担的义务。按照我国现行法律的规定，借款人的权利主要包括：贷款机构选择权、贷款条件知情权、申请限期答复权、附加条件拒绝权、贷款货币支配权、贷款债务转让权、经营信息保护权和不法行为举报权。

贷款机构选择权是指借款人有权选择为其提供贷款的金融机构，其既可以向其开立基本账户的主办银行申请贷款，也可以向其他依法经营贷款业务的金融机构申请贷款，任何单位和个人不得强制借款人在某特定的金融机构贷款。贷款条件知情权是指借款人有权知悉金融机构贷款的种类、期限、利率，以及资信审查的内容和发放贷款的条件等，金融机构有义务向借款人提供上述信息。

申请限期答复权是指申请人自向金融机构提出贷款申请后，金融机构在规定限期内必须向借款人作出明确的答复。否则，应对由此给申请人带来的损失承担责任。按照我国现行法律的规定，短期贷款的答复时间不得超过 1 个月，中期、长期贷款的答复时间不得超过 6 个月。附加条件拒绝权是指借款人有权拒绝金融机构提出的贷款合同以外的附加条件，金融机构不得以此为由拒绝贷款。贷款货币支配权是指一旦金融机构同意贷款，并将贷款资金交付给借款人，借款人就享有该货币的货币财产权，有权按照约定使用该货币资金。除合同约定的限制条件外，借款人享有该货币财产的支配权。[1]

贷款债务转让权是指借款人需要由第三者承担债务责任时，在征得贷款金融机构的同意后，有权向第三人转让该借款债务；但如果未经贷款金融机构同意，该转让对贷款金融机构无效。经营信息保护权，是指金融机构必须对利用贷款业务活动了解的借款人信息保守秘密，不得将其债务、财务、生产、经营等情况非法透露给第三人；否则，应承担相应的法律责任。借款人的这些信息属于个人隐私或商业秘密，如果非法透露或使用可能构成对借款人的侵权。不法行为举报权是指借款人享有对金融机构非法贷款行为的举报权，它既可以向该金融机构的上级机构举报，也可以向有关机关举报。

在享有上述权利的同时，借款人在办理贷款业务的过程中也不得从事下列行为：不得在一个贷款人同一辖区内的两个或两个以上同级分支机构取得贷款；不得向贷款人提供虚假的或隐瞒重要事实的资产负债表、损益表等；不得非法用贷款从事股本权益性投资；不得用贷款在有价证券、期货等方面从事投机性质的经营；除依法已经取得经营房地产资格的借款人以外，不得用贷款经营房

---

〔1〕按照《合同法》第 200 条的规定，借款的利息不得预先在本金中扣除，利息预先在本金中扣除的，应当按照实际贷款数额返还借款并计算利息，借款人只按照实际收到的贷款数额还本付息。

地产业务；依法取得经营房地产资格的借款人，也不得用贷款从事房地产投机；不得套取金融机构贷款用于借贷牟取非法收入；不得违反国家外汇管理规定使用外币贷款；不得采取欺诈手段骗取贷款等。[1]

（二）贷款人的权利

贷款人的权利是指在贷款业务活动中，金融机构应依法享有的权利和借款人应承担的义务。按照我国现行法律的规定，贷款人的权利主要包括：审核资料索取权、还款能力审查权、债务担保请求权、贷款自主决策权、贷款使用监督权、还本付息请求权、贷款债权保全权、债务转移许可权和经营决策否决权。

审核资料索取权，是指金融机构有权向贷款申请人索取其必需的贷款决策审核资料，申请人必须按照要求向其提供相关资料；否则，金融机构有权拒绝提供贷款。但是，金融机构不得向申请人索取与贷款决策无关的资料，申请人也有权拒绝提供这些资料。还款能力审查权，是指金融机构有权审查贷款申请人的还款能力，并可依法调查申请人的财产情况、经营情况和信誉情况。

债务担保请求权，是指金融机构为保证贷款本息能够按期收回，有权要求借款人提供相应的债务担保，否则金融机构有权拒绝贷款。在金融机构认为借款人具有可靠的还款能力时可以发放信用放款，但在认为借款人还款能力不够可靠时，就会要求其提供债务担保。贷款自主决策权，是指金融机构享有自主进行贷款决策的权利，除经国家机关批准的特定贷款外，有权拒绝任何单位和个人强令其发放贷款。贷款使用监督权，是指金融机构发放贷款后，有权对贷款的使用情况、借款人的财产状况和生产经营状况进行监督，发现借款人未能履行合同规定义务的，有权依约定要求提前归还贷款或停止支付尚未使用的贷款；在贷款将受或已受损失时，可依据约定采取使贷款免受损失的措施。

还本付息请求权，是指金融机构依据它对贷款的债权，有按期收取利息和收回本金的请求权。借款人有按照约定利率、利息支付方式给付利息的义务，不得随意拖延或拒绝偿还；否则，应承担相应的违约法律责任。在担保贷款的条件下，金融机构有权行使抵押权、质押权，或者向保证人请求履行保证责任。贷款债权保全权，是指借款人发生危及贷款人债权安全的情况时，应当及时通知贷款人，同时采取保全措施。债务转移许可权，是指借款人有转移债务的行为时应通知金融机构，在取得金融机构的同意后其转让才具有法律效力；否则，

---

〔1〕 参见《商业银行法》第48条、第52条，《贷款通则》第18条、第20条，以及《合同法》《刑法》的相关规定。借款人向贷款人提供虚假或隐瞒重要事实的资产负债表、损益表等骗取金融机构贷款，给银行或其他金融机构造成重大损失或有其他严重情节的构成骗取贷款罪；以转贷牟利为目的，套取金融机构贷款再高利转贷给他人，违法所得数额较大的构成高利转贷罪。参见我国现行《刑法》第175条，《刑法修正案（六）》等的相关规定。

该债务转移行为对金融机构无效。

经营决策否决权，是指在借款人的经营状况恶化，经营风险主要转嫁给贷款人时，贷款人应有权参与借款人的经营决策，并有权否决借款人明显危及贷款人利益的经营决策。在正常的生产经营条件下，借款人的生产经营风险主要是由股权投资人或借款人自身承担，在借款人能够支付到期债务时通常不会对贷款人的贷款安全构成威胁。但是，在借款人的净资产已经比较少，如果某项经营决策失败会给贷款人带来重大财产损失时，按照谁承担风险谁才有权决策的原则，贷款人应该享有危及贷款安全性生产经营决策的否决权。否则，借款人很可能作出严重危及贷款安全的决策，使贷款人的财产利益受到重大损失，法律必须合理地分配承担风险与经营决策权之间的关系。[1]

贷款金融机构享有上述权利的同时，在办理贷款业务的过程中也不得有下列行为：在担保贷款中不得以优于其他借款人的条件向关系人发放同类贷款；不得向不具备规定资格和条件的主体发放贷款；不得向生产经营或投资明文禁止的产品、项目的主体发放贷款；不得违反外汇管理规定发放贷款；不得向未经批准的建设项目发放贷款；不得向未取得环境许可的生产经营或投资项目发放贷款；不得对违法经营活动发放贷款；在自营贷款、委托贷款和特定贷款中，除按规定计收利息和相应的管理费用外，不得收取其他与管理的贷款无关的任何费用；不得为委托人垫付资金。[2]

三、贷款的基本程序

贷款的基本程序是指贷款业务活动中各项工作的先后顺序，它是保障金融机构贷款质量的重要制度。按照我国现行法律和金融机构内部控制制度的规定，贷款业务的基本程序主要包括：提出贷款申请、提交审查资料、进行贷款审查、作出贷款决策、签订贷款合同和组织贷款回收。

（一）提出贷款申请

贷款申请是借款人向金融机构申请贷款的书面凭证，是借款人与金融机构签订贷款合同、办理贷款的必备文件。按照我国现行法律的规定，申请贷款必须以书面形式向金融机构提交贷款申请书。贷款申请书是要式法律文件，必须记载必要的申请内容。它的主要内容包括借款目的和用途，申请贷款类型，借

---

〔1〕我国现行法律中并没有规定贷款人对借款人经营危机时经营决策的否决权，它使我国银行业金融机构面临着非常大的经营风险，为应对这一风险，许多金融机构多采取各种提前回收贷款的方法，但这进一步加剧了经营危机企业的困难。如果能够赋予贷款人经营决策否决权，公平分配风险与决策权，也会使金融机构的行为更有利于经营危机企业摆脱危机。

〔2〕参见《商业银行法》第34～38条、第40条、第41条，《贷款通则》第22～24条，以及《合同法》《银行业监督管理法》《刑法》《外汇管理条例》等的相关规定。

款数额、还款期限、还款方法，以及还款资金来源和担保方法等。

从法律角度看，贷款申请书的性质属于贷款融通要约，它是借款人向金融机构提出的，以订立贷款合同取得贷款资金为目的的意思表示。因此，申请书必须向特定的相对人提出，并载明必要的内容，且这些内容还必须明确、具体，以达到要约的标准。金融机构一旦对借款人的申请完全接受就构成对要约的承诺，要约一经承诺合同即告成立，双方当事人就必须履行合同中规定的义务；否则，就要承担相应的法律责任。[1]

（二）提交审查资料

严格审查借款人的各方面情况，谨慎进行贷款决策，是保证贷款本息能够到期收回的基本前提。因此，金融机构必须对借款人的借款用途、借款使用、偿还能力、还款方式等情况进行严格审查，并实行审贷分离、分级审批的制度，要求借款人提供详细的各种相关技术经济资料。通常，这些资料主要包括：借款人及保证人的基本情况资料；借款使用项目的基本情况资料；会计（审计）事务所核准的上年度财务报告；申请借款前一期的财务报告；贷款使用后经济效益的预测资料等。

如果贷款用于进行固定资产投资，还必须提供该投资项目的相关审批资料，项目建议书和可行性报告，项目投资的各种背景材料，项目投资的全部资金来源资料，投资项目的工艺技术资料、主要设备及建设地点的选择资料，投资项目的财务评价资料，项目建设速度的确定资料，以及项目未来经济效益的预测资料等。如果是担保贷款，还需要提供抵押物、质物清单，处分权人的同意抵押、质押的证明，以及保证人拟同意保证的有关证明文件。[2]

（三）进行贷款审查

金融机构收到借款人提交的贷款申请书和有关技术经济资料后，应当对借款人的信用等级以及借款的合法性、安全性、营利性等情况进行调查和审查。贷款调查和审查的内容主要包括信用和法律两个方面。信用调查和审查是对申请人经济和信用能力方面的调查或审查，以确定借款人的资信能力。它主要包括：借款人的经营能力，借款人的综合管理水平，借款人目前的经济状况、未来的发展前景和经济效益预测，是否有偿还贷款本息的能力和资金来源，借款人以前的资信情况和道德状况等。

贷款的法律调查与审查是金融机构对申请贷款的借款人，从法律关系的角度进行的调查和审查，以确定借款人是否具备借款的法律资格。它的主要内容

---

〔1〕参见《贷款通则》第25条，以及相关法律、法规的具体规定。

〔2〕参见《商业银行法》第35条、第36条，《贷款通则》第25条等的规定。

包括：借款人是否具有申请贷款所必需的权利能力和行为能力；借款人是否有资格作出该借款的决策；借款人的行为是否具有法律效力；借款人是否具有完整的生产经营资金；借款人的贷款申请是否有正当理由；借款人的借款用途是否符合有关法律规定；借款人是否已在本金融机构开立了账户等。如果是担保贷款，还应对保证人的偿还能力，抵押物或质物的权属、价值以及实现抵押权、质权的可行性进行严格调查与审查，核实抵押物、质物和保证人情况，对贷款的风险度进行可靠的预测，按照规定权限审批。[1]

（四）作出贷款决策

贷款决策是根据对借款人审查分析的结果，最终确定是否对其发放贷款和贷款内容的过程。按照我国现行法律、法规的规定，金融机构以安全性、流动性、效益性为经营原则，安全性是效益性的基础，流动性是效益性的前提，效益才是它的最终目的。因此，贷款决策必须谨慎进行。通常，贷款决策的主要内容包括贷款的类型决策、数额决策、期限决策和利率决策。贷款的类型主要包括信用贷款与担保贷款，本币贷款与外汇贷款等。不同类型的贷款适用不同的法律，受不同的法律制度约束。

贷款数额决策，是确定对借款人贷款的具体数额。为保证金融机构的经营安全，我国法律要求贷款余额与存款余额的比例不得超过规定比率，流动性资产余额与流动性负债余额的比例不得低于规定比率，对同一借款人的贷款余额与金融机构资本余额的比例不得超过10%。贷款期限决策，是确定对借款人贷款的归还时间。贷款必须规定贷款期限，并且法律对不同性质的贷款期限也有明确的要求。贷款利率决策，是确定对借款人贷款的利息率。它主要取决于中央银行的基准利率，经营成本、风险程度、资金供求、通货膨胀率，以及监管机关规定的贷款利率限制，据此确定贷款利率。[2]

（五）签订贷款合同

金融机构作出贷款决策后，应以书面形式同借款人签订贷款合同。贷款合同是金融机构与借款人之间订立的，确定双方权利与义务关系的契约。贷款合同的签订是双方的法律行为，合同中应该明确规定双方的权利义务，并注意合同的有效性。按照我国现行法律的规定，贷款合同有效的基本条件主要包括主体合格、意思表示真实和合同内容合法。

贷款合同的内容，应根据法律和贷款决策的要求确定。通常，贷款合同的主要内容包括：金融机构和借款人双方对于本借贷行为的意思表示；贷款种类、

---

〔1〕参见《商业银行法》第35条、第36条，以及《贷款通则》第26条、第27条等的规定。

〔2〕参见《商业银行法》第4条、第38条、第39条，以及《贷款通则》第28条等的规定。

贷款用途、贷款期限；贷款金额、贷款本金的偿还办法；贷款利率、贷款利息的计算方法和支付办法；贷款担保的有关条款；金融机构的名称、借款人的姓名或名称；合同签订日期、合同生效日期；违约责任和双方认为需要约定的其他事项等。保证贷款应当签订保证合同，或在贷款合同中载明保证条款，加盖保证人签章。抵押贷款、质押贷款应当由抵押人、出质人与贷款人签订抵押合同、质押合同，需要办理登记的，应依法办理登记。[1]

（六）组织贷款回收

贷款回收在金融机构的贷款业务中占有重要地位，它是贷款安全和贷款收益的最终实现，也是对贷款审查的严格性、贷款决策的科学性和贷款合同的合理性的最终检验。组织贷款的回收，包括贷款的检查和贷款的回收两项内容。贷款检查，是保证贷款能够按时收回的一项重要措施。通过检查可以及时发现问题，尽快采取相应的措施予以解决，以保证贷款收回或减少贷款损失。贷款检查应由非贷款决策人员实施，主要包括定期检查和不定期检查。贷款检查的主要内容包括：贷款合同的有效性，贷款的合法性，借款人的财务状况，贷款归还的可靠性等。金融机构在短期贷款到期1个星期前、中长期贷款到期1个月之前，应当向借款人发送还本付息通知单。

贷款的回收，是指金融机构要求借款人归还贷款的活动。贷款的回收可以通过许多方法实现，按照现行法律的规定，贷款回收的主要方法包括自愿方法、强制方法和诉讼方法。贷款回收的自愿方法主要包括借款人主动清偿、双方债务相互抵消、以借款人的存款进行拨充抵偿、第三人代位清偿和第三人的债务承担等。贷款回收的强制方法主要包括普通财产的变卖回收、抵押物的出售回收、质押品的出售回收，以及财产留置回收和请求法院发出支付令进行督促回收。因行使抵押权、质权而取得的不动产或股权，应当自取得之日起2年内予以处分。贷款回收的诉讼方法，是在不能采取自愿方法和强制方法的情况下，在法律规定的诉讼时效内，通过诉讼途径实现债权、收回贷款本息。此外，还可以将贷款权益出售给金融资产管理公司，或以贷款权益“证券化”的方式出售给“特殊目的机构”。并通过证券承销机构，向普通社会公众或专业投资人进行证券发行。[2]

---

〔1〕参见《商业银行法》第37条，《贷款通则》第29条，以及《合同法》第196~211条的规定。

〔2〕金融资产管理公司是专业经营金融机构资产的公司，将贷款权益出售给该类机构可减少贷款金融机构的业务负担，提前取得经营收益。同时，金融资产管理公司或贷款金融机构也可以采取贷款权益证券化的方式，将其出售给证券投资人。详见《金融资产管理公司条例》《证券法》，以及“资产证券化”的相关规定。

■ 第三节　同业拆借规范

一、同业拆借的概念

同业拆借是指金融机构之间在依法设立的同业拆借市场上，通过全国统一的同业拆借网络进行的无担保资金融通的行为。目前，我国全国统一的同业拆借网络包括：全国银行间同业拆借中心的电子交易系统，中央银行分支机构的拆借备案系统，以及中央银行认可的其他交易系统。同业拆借是银行或非银行金融机构之间，为解决短期资金余缺、调剂法定存款准备金头寸而进行的资金融通，它通常是通过其在中央银行的存款账户进行的，实际上是超额储备金的调剂市场，它对提高金融市场资金使用效率具有重要意义。因此，其被称为中央银行基金，在美国则被称为联邦基金。

同业拆借市场，是一种特殊的金融市场。对于拆出方来讲，可以将闲置资金拆借出去获得利息收入，减少资金过多积压带来的利息负担。对于拆入方来讲，通过同业拆借可以用较低的成本获得短期周转资金，解决短期内资金短缺的问题，以优化银行业金融机构的资产负债结构。同业拆借是银行与非银行金融机构之间相互进行的短期借贷，拆入方和拆出方都应遵循交易自愿、平等互利、恪守信用、短期融资的原则。在同业拆借中，拆借双方都是形式上平等的法律主体，拆借金额、期限、利率、资金用途和双方权利义务等，都由双方自行协商并通过合同加以约定。

同业拆借与其他借贷关系相比，具有几个显著的特点。一是同业拆借是一种资金借贷关系。在同业拆借关系中，拆出资金一方是债权人，拆入资金一方是债务人。拆入资金一方要支付利息，利息由双方在监管机关规定的幅度内自行协商确定。二是同业拆借双方都必须是金融机构，非金融机构、工商企业或个人通常不能参与同业拆借。三是同业拆借只能是短期借款，拆借期限受到严格限制。同业拆借的主要目的，是解决金融机构之间资金周转上的困难。因此，只能是短期借贷；否则，期限过长可能导致金融机构流动性风险的扩散，引发整个金融系统的流动性风险。[1]

二、同业拆借的准入

同业拆借市场，是一种特殊的金融市场。因此，必然对其市场主体有特殊的要求。按照我国现行法规的规定，能够进入同业拆借市场的主体必须是金融

---

〔1〕参见《中国人民银行法》第4条、第32条，《商业银行法》第3条，《同业拆借管理办法》第3条以及相关法律、法规的规定。

机构。同时，这些金融机构还必须达到一定的标准。按照我国目前法规对金融机构的界定，能够进入同业拆借市场的主体包括：中资商业银行、外商独资银行、中外合资银行、合作银行、政策性银行，农村信用合作社县级联合社，企业集团财务公司、信托公司、金融资产管理公司、金融租赁公司、汽车金融公司，证券公司、保险公司、保险资产管理公司，中资商业银行（不包括城市商业银行、农村商业银行和农村合作银行）授权的一级分支机构、外国银行分行，以及经中央银行确定的其他金融机构。

同业拆借市场的准入不仅有主体性质要求，由于这种交易是一种无担保交易，为维护市场秩序、降低交易风险、保障交易安全，相关法规还对进入市场的主体品质有严格的要求。按照我国现行法规的规定，申请进入同业拆借市场的金融机构应当具备以下条件：它必须是在中国境内依法设立的金融机构，要有健全的同业拆借交易组织机构、风险管理制度和内部控制制度，有专门的从事同业拆借交易的人员，主要监管指标符合中央银行和有关监管部门的规定，最近2年未因违法、违规行为受到中央银行和有关监管部门处罚，最近2年未出现资不抵债的情况，以及中央银行规定的其他条件。

同业拆借市场准入的上述主体品质条件，是针对普通金融机构，特别是普通银行业金融机构而言的。对于非银行业金融机构，除需要具备上述品质条件要求外，还有特殊的品质条件要求。首先，外商独资银行、中外合资银行、外国银行分行，还必须经行业监管机构批准获得经营人民币业务的资格，不具有经营人民币业务资格的外资银行没有资格进入同业拆借市场。其次，企业集团财务公司、信托公司、金融资产管理公司、金融租赁公司、汽车金融公司、保险资产管理公司等非银行业金融机构，在申请进入同业拆借市场之前，最近2个年度内还必须能够连续盈利。再次，证券公司在申请进入同业拆借市场前，除最近2个年度必须连续盈利外，在此期间内必须没有出现净资产低于2亿元的情况。最后，保险公司在申请进入同业拆借市场前，最近4个季度连续的偿付能力充足率必须在120%以上。

同业拆借市场的准入不仅有主体资格条件要求，还有申请程序要求。金融机构申请进入同业拆借市场，应按照规定的程序向中央银行或其分支机构提交申请材料。中央银行及其分支机构应当自受理申请之日起20日内作出是否许可的决定。20日内不能作出决定的，经行长（主任）或副行长（副主任）批准，可以延长10日，并应当将延长期限的理由告知申请人。已进入同业拆借市场的金融机构决定退出时，应至少提前30日报告中央银行或其分支机构，说明退出的原因，提交债权债务清理处置方案，并针对可能出现的问题制定有效的风险处置预案。中央银行及其分支机构许可金融机构进入同业拆借市场或接到退出报告后，应以适当方式向同业拆借市场发布公告。正式发布公告之前，任何机构不得擅自发布相关信息。自发布退出公告之日起，2 年之内不再受理该金融机构进入同业拆借市场的申请。[1]

三、同业拆借的清算

同业拆借交易，是一种特殊的借贷交易。因此，必须建立严格的交易和清算规范。按照我国现行法规的规定，同业拆借交易必须在全国统一的同业拆借网络中进行。政策性银行、企业集团财务公司、信托公司、金融资产管理公司、金融租赁公司、汽车金融公司、证券公司、保险公司、保险资产管理公司以法人为单位，通过全国银行间同业拆借中心的电子交易系统进行同业拆借交易。通过中央银行分支机构拆借备案系统进行同业拆借交易的金融机构，应按照中央银行当地分支机构的规定办理相关手续。同业拆借交易以询价方式进行，自主谈判、逐笔成交，拆借利率由交易双方自行商定。

金融机构进行同业拆借交易，必须逐笔订立交易合同。交易合同的内容应当具体明确，详细约定同业拆借双方的权利和义务。合同应包括以下主要内容：交易双方的名称、住所及法定代表人的姓名；成交日期、交易金额、交易期限；利率、利率计算规则和利息支付规则、违约责任；以及中央银行要求载明的其他事项。交易合同可采用全国银行间同业拆借中心电子交易系统生成的成交单，或者采取合同书、信件和数据电文等书面形式。资金清算涉及不同银行的，应直接或委托开户银行通过中央银行大额实时支付系统办理。在同一银行完成的应以转账方式进行，不得使用现金支付。[2]

四、同业拆借的监管

同业拆借是一种货币资金借贷，拆借的数量、期限、利率等直接关系到金融业的风险，必须进行严格的风险控制。按照我国现行法规的规定，金融机构应将拆借风险纳入风险管理的总体框架中，建立健全同业拆借风险管理制度，设立专门的同业拆借风险管理机构，制定同业拆借风险管理内部操作规程和控制措施；依法妥善保存交易记录和与交易记录有关的文件、账目、原始凭证、报表、电话录音等资料；禁止利用拆入资金发放固定资产贷款或用于投资；拆出资金限于交足存款准备金、留足备付金和归还中央银行到期贷款之后的闲置资金；拆入资金用于弥补票据结算、联行汇差头寸的不足和解决临时性周转资金的需要。拆借期限由双方商定，但不得突破法定最长期限。

政策性银行、中资商业银行、中资商业银行授权的一级分支机构、外商独

---

〔1〕 参见《同业拆借管理办法》第 6 ~ 13 条，《中国人民银行行政许可实施办法》第 28 ~ 29 条的规定。

〔2〕 参见《同业拆借管理办法》第 14 ~ 17 条，以及相关法律、法规的规定。

资银行、中外合资银行、外国银行分行、农村信用合作社县级联合社拆入资金的最长期限为1年；金融资产管理公司、金融租赁公司、汽车金融公司、保险公司拆入资金的最长期限为3个月；企业集团财务公司、信托公司、证券公司、保险资产管理公司拆入资金的最长期限为7天；金融机构拆出资金的最长期限不得超过对方拆入资金最长期限，具体期限由中央银行根据市场发展和管理的需要进行规定和调整，拆借到期后不得展期。中央银行对同业拆借实行限额管理，申请调整拆借资金限额应比照申请准入程序提交申请材料，中央银行可以根据具体情况调整其拆借限额。同时，进入市场的金融机构承担向同业拆借市场披露的信息义务，董事或法定代表人应当保证所披露信息的真实、准确、完整、及时。中央银行依法对同业拆借市场进行监督管理。[1]

【司法案例】

案情：某商业银行接受李某的定期存款23,000元，由于工作人员的疏忽，错将存款单金额打印成28,000元。李某1年后搞个体运输需要购买一辆汽车，于是向当地信用社借款。李某以该存单作质押（该存单未经过商业银行核押），从信用社借款40,000元。约定分两期偿还，第一期15,000元，第二期25,000元。第一期还款如期履行后，李某在开车过程中发生交通事故，第二期还款无法履行。信用社以质押的存单去商业银行兑付，被告知该存单上的数额与实际不符，无法兑付25,000元。信用社认为银行应该在该存款单的金额内支付，遂起诉商业银行和李某，要求赔偿自己的损失。

某物业公司向银行借款11,000万元，银行与该物业公司签署了一份最高额抵押合同，约定物业公司以在建工程某写字楼和商住楼为抵押物。双方办理了抵押登记手续，并取得了在建工程项目抵押证明。此后，该物业公司未能按照约定还款。在此期间，施工企业以建筑施工合同纠纷为由向法院提起诉讼，要求物业公司偿付其拖欠的该写字楼和商住楼的工程款及相应利息。法院判决施工企业胜诉，并查封该写字楼和商住楼用以偿还工程款和相应利息。银行以案外人的身份对法院的查封行为提出异议，并主张对上述房产拥有合法的抵押权，并应以该抵押权享有优先的受偿权。

判决：在存单质押纠纷案中，法院审理认为，按照我国相关法规的规定，存单持有人以金融机构开具的、未有实际存款或与实际存款不符的存单进行质押，以骗取或占用他人财产的，该质押关系无效。接受存单质押的人在审查存单真实性上有重大过失的，开具存单的金融机构仅对所造成的损失承担补充赔偿责任。明知存单虚假而接受存单质押的，开具存单的金融机构不承担民事赔

---

〔1〕参见《中国人民银行法》《商业银行法》《同业拆借管理办法》等的规定。

偿责任。以金融机构核押的存单出质的，即便存单系伪造、变造、虚开，质押合同均为有效，金融机构应当依法向质权人兑付存单所记载的款项。因此，本案中的存单属于有瑕疵的存单，以此为质押的合同无效，但借款人也应该承担贷款的偿还责任，吸收存款的银行也应承担补充赔偿责任（2,000 元）。

在物业公司抵押纠纷案中，法院审理认为，按照我国相关法规的规定，建筑工程承包人的优先受偿权应优于抵押权和其他债权。本案中发生的是施工企业要求物业公司偿付其拖欠的该写字楼和商住楼的工程款及相应利息，它对该写字楼和商住楼享有的权利优先于抵押权和其他债权。因此，施工企业享有优先受偿权，驳回了银行的复议申请，维持原判决。

评析：存款质押纠纷案的核心问题有两个：一是瑕疵存单的质押合同是否有效；二是质押无效时应如何进行责任分配。首先，瑕疵存单如果经过“核押（即吸收存款的金融机构审核）”，质押合同仍然有效，吸收存款的金融机构应向质权人兑付存单所记载的款项；如果没有经过“核押”，则瑕疵存单的质押合同无效。在质押合同无效的条件下，贷款人在审查存单的真实性上是有重大过失的，吸收存款的金融机构仅对所造成的损失承担补充赔偿责任（即未还款项25,000元与实际存款数额23,000元之间的差额）。

物业公司抵押纠纷案的核心问题，是施工企业对施工工程的留置权与银行对该建筑物的抵押权谁更优先的问题。从法理上讲，它们都是对物的支配权，具有共同属性，应该按照权利产生的先后确定优先地位，就此而言应该是银行的抵押权优先。但是，考虑到我国施工企业拖欠职工工资的现象比较严重，这涉及建筑工人的生存权问题，我国法律就做出了人身权优于财产权的选择。参见《合同法》第 286 条，《最高人民法院关于建设工程价款优先受偿权问题的批复》。

第九章

信托融通行为法

学习目的与要求 信托融通是货币财产融通的重要方式，就本来意义上讲，信托与货币融通并没有直接联系，它只是民间的一种普通财产的管理行为。随着经济发展水平的不断提高，公众持有投资资金数额的不断增长，信托这种法律关系逐渐被金融机构所利用，成为目前社会规模最大的货币财产融通手段之一，信托业也成为当代社会的重要金融行业，非金融机构不得经营信托业务。信托融通行为法是金融行为法的重要组成部分，是对相关信托制度的概括和总结。通过本章的学习，要求学生：

●重点掌握：信托的概念；信托财产性质；信托主体关系；信托关系效力。

●一般了解：信托的类型；信托关系性质；金融租赁的特征。

●深入思考：信托与物权和债权的关系；信托法在法律体系中的地位。

【核心概念】法律性质　主体关系　信托财产　信托效力　金融租赁

【引导案例】

案情：某建筑公司和某房地产公司共同为某服装公司建设某工程，因工程费发生纠纷，遂根据仲裁条款进行仲裁，仲裁庭裁决由服装公司支付给两公司300万元，采用支票付款方式。两公司将该支票交付给某信托公司，委托其管理支票项下的资金。一年后，信托公司停止营业并被依法宣告破产。建筑公司和房地产公司获悉，根据“信托协议”要求信托公司的清算人支付其管理的资金。信托公司清算人以“支票项下的资金已经与公司的其他资金混合”为由，拒绝其优先受偿的要求，只同意将它们作为一般债权人参加破产财产分配。两公司遂提起诉讼，要求优先受偿。

某贸易公司以其100万元的利润为其职工设立了一个信托基金，受托人为某信托公司。后来，贸易公司在经营过程中出现困难，不仅拖欠某房地产公司

500万元的工程款，还欠缴税款30万元。由于该贸易公司已经无其他资金偿还欠款和欠缴的税款，于是房地产公司将贸易公司诉至法院，要求强制执行它的这笔信托财产。税务局则冻结了它的这笔信托财产，要求以该信托财产清偿欠缴的税款。贸易公司则将税务局诉至法院，要求法院确认税务局无权对其信托财产进行强制执行。

判决：在支票款项信托案中，法院审理认为，信托法律关系不同于物权关系，也不同于债权关系，而是一种特殊的财产权利义务关系。信托财产独立于委托人的固有财产，也独立于受托人和受益人的固有财产，它既不能作为受托人的固有财产来看待，也不能作为普通债权来看待。因此，在受托人破产时，不能将信托财产作为破产财产，而应归还给其权利人。据此判决，应按照信托财产独立性原则，在公司财产中优先偿还建筑公司和房地产公司的信托财产，并加算相关收益，同时扣除信托报酬。

在职工信托基金案中，法院审理认为，信托财产是独立财产，它独立于委托人的固有财产。房地产公司无权对贸易公司的信托财产主张强制执行，信托财产需要独立纳税，并仅对信托财产本身应缴纳的税款负责，同委托人应缴纳的税款无关。据此判决，驳回房地产公司的诉讼请求。税务局只对信托财产欠缴的税款有强制执行权，应解除对贸易公司信托财产的冻结。

【案例导学】

信托关系是一种特殊的法律关系，信托关系产生于英美法系，是传统物权、债权等大陆法系理论难以解释的财产关系。但是，目前多数大陆法系国家都有“信托法”，这也从另一个角度说明传统大陆法系的财产理论已经不能适应时代发展的需要。按照世界各国相关法律的规定，信托经营机构是信托公司或信托银行。信托经营机构属于金融机构，信托经营业务属于金融业务。同时，信托关系在证券融通和保险融通中也都有应用，必须将信托融通行为法安排在存贷融通行为法之后学习，才符合金融法的逻辑顺序。

第一节 信托基础规范

一、信托的法律性质

信托是一种古老的财产管理制度，在古埃及就产生了遗产信托，到古罗马时代遗产信托已形成了稳定的制度。现代意义上的信托起源于英国，13世纪英国的用益制度被广泛地认为是当代信托制度的雏形。用益制度是一种土地利用形式，由于《没收法》禁止向教会捐赠土地，教徒们为达到捐赠土地的目的，只得将土地转让给他人，要求受让人为教会管理土地，并将土地产生的收益全部交付给教会。随着金融业的不断发展，信托逐渐从传统的民事信托发展为金融信托，使信托成为货币融通的重要形式。信托法本是英美法系的一种财产制度，近年来大陆法系国家也相继引进信托制度，并使其逐渐成为以金融信托为核心的、被各种法律体系共同采用的财产委托经营管理制度。

（一）信托的概念

信托就字面意思来讲，是指信任与委托。美国法律认为，它“是指一种有关财产的信任关系（Fiduciary Relationship），其产生于一种设立信托的明示意图，一人享有财产的法定所有权并负有衡平法上的义务，为另一人的利益处分该财产”。日本法律认为，“本法所称信托，乃基于为他人管理处分财产之特定目的，所为的移转或其他处分财产权之行为”。我国法律认为，信托“是指委托人基于对受托人的信任，将其财产权委托给受托人，由受托人按委托人的意愿以自己的名义，为受益人的利益或者特定目的，进行管理或者处分的行为”。应该说我国的信托概念，反映了当代信托的基本含义。[1]

信托的概念表明，信托有三方当事人，信托以信任为基础；信托是财产管理行为，信托财产具有独立性。首先，信托有委托人、受托人、受益人三方当事人。其中，委托人是指通过信托行为将自己的财产权委托给受托人管理或处分，从而设立信托关系的信托主体。[2] 受托人是指接受委托人委托或有关机关的指定，对信托财产进行管理或处分的信托关系主体。在金融信托中，它通常是依法设立并具有经营信托业务资格的信托公司或信托银行。受益人是指对受托人管理或处分的财产享有受益权的信托关系主体，它是信托财产利益的享有主体，信托行为最终是为受益人的利益服务的。

信托行为的基础是委托人对受托人的信任，没有对受托人的信任不可能产生信托关系。这是由于受托人受托管理和处分信托财产仅取得信托报酬，信托报酬与管理或处分信托财产的结果没有直接关系。信托行为实质上是一种特殊的财产管理行为，信托财产是构成信托关系的基础。信托行为的经济学意义在于，“受人之托、代人理财”，财产是信托行为的基本客体。因此，信托财产必须具有独立性，它既独立于委托人和受益人的固有财产，也独立于受托人的固有财产。信托财产实质上是一种被分解的财产权，不同主体仅按照法律规定和

---

〔1〕 参见《美国信托法重述（二）》第2条，《日本信托法》第1条，我国《信托法》第2条的规定。

〔2〕 这里需要注意，我国《信托法》规定“将其财产权委托给受托人”，而其他国家对信托的定义往往是“将其财产权转移给受托人”。使用“转移给受托人”，往往使委托人对信托财产不再直接享有财产权，而使用“委托给”还给委托人保留了一定的财产权，特别是委托人的信托撤销权，这对于委托人灵活地利用信托法律关系具有重要意义。

信托合同约定享有其某部分的财产权。[1]

在现实生活中，财产管理关系是非常复杂的，每一种财产管理关系都必须有严格的内涵和外延，这样才能对不同的法律关系适用不同的法律规范。因此，确认信托关系必须明确它的认定标准。信托关系的认定标准主要包括四个方面，只要同时满足这四个标准就能够认定其为信托关系。一是受托人只有享有财产的占有权才可能形成信托关系，在委托代理行为中虽然也可能有财产的内容，但通常不享有财产的占有权。二是受托人只有享有对财产独立的经营管理权才可能形成信托关系，在行纪和经纪行为中虽然也代理他人管理财产，但通常没有独立的经营管理权。三是受益人的受益权只有与财产的经营管理结果直接相关才可能形成信托关系，在债权债务行为中虽然也产生收益，但这种收益与财产的经营管理结果没有直接关系。四是受托人只有是该财产自身之外的主体才可能形成信托关系，在企业行为等中虽然也有委托管理行为，但通常是委托内部人而不是外部人管理。

信托关系的认定标准是确认是否构成信托关系的准则，按照信托关系是否纯粹还可以将其进一步分为纯粹性标准和混合性标准。通常，一个纯粹性信托除需同时满足上述四个认定标准外，还必须同时满足三个纯粹性标准。一是信托财产必须完全独立于信托当事人的固有财产，虽然信托财产与固有财产的混淆并不能否定行为的信托性质，却不能成为标准化的信托。二是受托人的报酬完全独立于信托财产，虽然受托人的报酬与经营管理结果相联系并不能否定行为的信托性质，却不能成为标准化的信托。三是受益人完全接受全部信托财产的经营管理结果，虽然受益人接受部分经营管理结果并不能否定行为的信托性质，却不能成为标准化的信托。混合性信托则是除满足其认定标准外，其他方面不能满足纯粹性标准要求的信托，这些行为仍然属于信托行为，必须受信托法律、法规的规范。[2]

（二）信托的性质

信托关系是一种特殊的财产管理关系，认清这种关系的性质具有重要的理论和实践意义。信托关系的性质可以从许多角度观察，也可以从不同当事人出发进行确定，但其核心是对受益人受益权的界定，即受益权是物权还是债权的问题，如果能清楚地解释这一问题，其他问题就迎刃而解了。但是，在受益权

---

〔1〕 参见《信托法》第3条、第7条、第14～16条，以及相关法律、法规的规定。

〔2〕 在我国目前的金融财产委托管理中，为了规避法律对信托业务经营的限制，许多信托行为都不使用信托的名称，给金融监管和司法裁判带来了许多困难，必须明确信托的认定标准才能恰当地执法和司法。详见刘少军："委托理财的性质分析与法理思考"，载［日］《亚细亚法学》，（株）骏河台出版社2009年版。

性质的研究过程中，以人的关系为重点还是以财产关系为重点所得出的结论是完全不同的，从而使信托关系的法律性质处在不断的争论之中，形成了许多有代表性的理论。概括起来，这些理论主要包括债权理论、物权理论、法主体理论、权利转移理论和双所有权理论等。[1]

债权理论是将受益人的受益权视为债权的理论。该理论认为，委托人一经将信托财产转移给受托人之后，受托人就成了信托财产的绝对权利人；受托人对委托人要承担按照信托目的为受益人的利益管理或处分信托财产的义务，受益人对信托财产并不享有直接性的权利，而只是取得了对人性质的债权。债权理论把信托的性质看作是委托人、受托人、受益人之间的债权债务关系，信托是由受托人的完全权和受益人的债权所构成。但这一理论一直受到质疑，如它不能解释管理或处分信托财产要受信托目的限制，也与信托财产的性质相排斥，更无法解释受益人撤销权的债权性质。

物权理论是将受益人的受益权视为物权的理论。该理论认为，信托受益权的本质不是相对于受托人的债权，而是相对于信托财产的物权。对于信托财产受托人只在信托目的所限制的范围内享有权利，而受益人享有的权利是债权权利以上的权利，法律赋予受托人的权利最终是为了保证受益人利益的实现。因此，与其说受益人对受托人享有债权，毋宁说受益人是对信托财产享有物权。但是，物权理论形成了受托人、受益人对信托财产均享有完全权的困境，违背了“一物一权”的基本原则。特别需要注意的是，在当代社会，信托财产也不都是有体物，多数情况下信托财产主要是货币财产。

法主体理论认为，通过信托行为受托人取得信托财产的管理或处分权，并不是取得了信托财产的完全权；受益人对受托人享有的是信托利益给付请求权，并对信托财产享有物权性质的权利。由于信托财产与受托人的固有财产相区别，使信托财产本身具有与受托人主体地位相独立的实体性法律主体地位。受托人就像法人的董事、经理一样，作为信托财产的“机构”或“代表”，有权以自己的名义管理或处分信托财产。由于信托财产具有法律主体地位，如果受托人在管理或处分信托财产时因不可归责于受托人的事由发生致使信托财产减少的现象时，受益人的受益权范围也相应随之而减少。受益人的权利形式上是对受托人的权利，实质上是对信托财产的权利。这也是一种批判债权理论的理论，它虽然有一定道理，但信托财产同法律主体毕竟是有区别的。同时，受益人对受托人和信托财产都享有权利。

权利转移理论又可以分为相对性权利转移理论和限制性权利转移理论。相

---

〔1〕 参见朱大旗：《金融法》，中国人民大学出版社 2007 年版，第 512 ~ 514 页。

对性权利转移理论将信托财产的权利归属分成内部关系和外部关系，在外部关系上，受托人是信托财产的完全所有权人，在内部关系上，委托人则是信托财产的所有权人，受托人仅是管理或处分他人财产的主体。限制性权利转移理论认为，委托人的财产权转移不是信托财产完全权的转移，而是根据信托目的的限制性转移。如果信托目的是管理财产，则受托人只享有财产管理权；如果信托目的是处分财产，则受托人只享有财产处分权。双重所有权理论则认为，虽然受托人是信托财产普通法上的所有权人，但信托财产的利益应由衡平法上的受益人所有，这种理论被多数英美法系学者所接受。

上述关于信托性质的理论都有一定道理，但没有一种理论能够得到普遍的接受。原因并不在于学者的无能，而在于理论基础的根本性失误。笔者以为，财产是客体与财产权的结合，财产权应分为原生财产权和衍生财产权，而不是简单的物权和债权。同时，“它是主体对客体权利（权力）义务（职责）的统一……不同的财产是主体对客体不同权利（权力）义务（职责）的组合”。“处在最佳边际均衡点上的财产权利（权力）义务（职责）关系，就是在该具体历史条件下的最公平合理的财产法律关系。”[1] 信托行为是一种将委托人的财产通过信托合同衍化成为信托财产关系的行为。信托的性质就是信托，它是一种相对独立的法律关系，是信托合同关系、信托财产关系和信托监管关系的统一，而不是其中的某一部分。这种解释是同世界各国现行的《信托法》相一致的，也是同我国现行的《信托法》相一致的。

首先，信托是一种合同关系。信托关系是通过信托合同成立和生效的，其中许多的权利（权力）义务（职责）分配是在信托合同中约定的。同时，这种分配又是在委托人、受托人和受益人之间进行的，必然有关于当事人行为的约定，也就必然存在对人的行为要求。其次，信托是围绕着信托财产来进行的，其中既有法定的权利（权力）义务（职责）分配，也有约定的权利（权力）义务（职责）分配。并且，信托财产也不都是有体物，其中的绝大部分是货币财产。因此，它必然是在原生财产关系基础上的一种衍生财产关系，这种财产关系只能用信托财产关系来表达，不可能绝对归属于任何一种原生财产关系。最后，信托不仅是合同关系、财产关系，还是一种监管关系。信托经营行为属于金融行为，是关系到整体金融利益的行为，它必须接受信托业监管机关的监管，以保障信托业的整体效率、秩序和安全。[2]

---

〔1〕 刘少军：《法边际均衡论》，中国政法大学出版社 2007 年版，第 192、205 页。

〔2〕 详见刘少军：“委托理财的性质分析与法理思考”，载［日］《亚细亚法学》，（株）骏河台出版社 2009 年版。

二、信托的主体关系

信托是一种委托人以自己的财产权为依据，以原有财产权和信托法对各方当事人的权利（权力）义务（职责）规定为基础，以信托合同中对各方当事人的权利（权力）义务（职责）的约定为补充，形成的一种特殊的财产管理关系。这种特殊财产管理关系的核心特征，主要体现在信托法对各方当事人权利（权力）义务（职责）的规定上。如果不考虑监管机关的信托监管关系，信托各方当事人的主体关系就是委托人、受托人和受益人三者之间在法律上的权利与义务关系。它的具体内容包括委托人的权利与义务、受托人的权利与义务和受益人的权利与义务三个方面。

（一）委托人的权利与义务

委托人是提出信托要求的信托行为发起人，他既可以是法人或自然人，也可以是非法人组织。但作为委托人，他必须具有行为能力，必须对其信托财产具有合法的财产权。并且，委托人必须没有陷于破产，没有丧失其财产的处置权。按照我国现行信托制度的规定，委托人应承担的义务主要包括遵守法律义务、财产转移义务、费用支付义务和损失承担义务。具体来讲，委托人必须依法与受托人设定信托，设立信托必须具有合法的信托目的。信托目的违法，信托关系无效。信托合同成立后委托人必须将信托财产权转移给受托人，由受托人根据信托合同的要求，独立自主地进行管理、处理和营运。同时，委托人必须按照合同约定支付信托报酬，并在发生损失时承担相应损失责任；在发生违反信托合同约定的行为，给受托人造成损失时，也应负责赔偿受托人的损失。这些义务是保证信托行为有效实施的前提。[1]

委托人在承担上述委托义务的同时也享有相应的权利，这些权利主要包括：受托人选择权、信托财产复归权、信托状况知情权、管理方法调整权、财产处分撤销权、返还赔偿请求权和受托人解任权。具体来讲，委托人有权选择受托人，有权要求受托人按照信托合同管理信托财产；有权了解其信托财产的管理、运用、处分及收支情况，并有权要求受托人对这些情况作出说明；有权查阅、抄录或复制与其信托财产有关的账目，以及处理信托事务的其他文件。因设立信托时未能预见的特别事由，致使信托财产的管理方法不利于实现信托目的或者不符合受益人的利益时，有权要求受托人调整该信托财产的管理方法。受托人违反信托目的处分信托财产，或者因违背管理职责，或者处理信托事务不当致使信托财产受到损失的，委托人有权申请法院撤销该处分行为，恢复信托财产的原状或者予以赔偿；信托财产的受让人明知是违反信托目的而接受该财产

---

〔1〕 参见《信托法》第6条、第7条、第14条、第19条、第21条，以及相关法律、法规的规定。

的，应当予以返还或者予以赔偿；委托人自知道或应当知道上述撤销原因之日起1年内不行使撤销权的，该撤销权消灭。受托人违反信托目的处分信托财产，或者管理运用、处分信托财产有重大过失的，有权依照信托文件的约定解任受托人，或者申请法院解任受托人。[1]

（二）受托人的权利与义务

受托人是按照委托人的要求，管理、处理和经营信托财产的主体，在经营性信托中，它特指有资格经营信托业务的信托公司、基金管理公司等。受托人在办理信托业务的过程中，必须按照法律、法规的规定承担相应的义务。这些义务主要包括：遵守委托义务、同等谨慎义务、不谋私利义务、分账管理义务、直接管理义务、记录报告义务和信托保密义务。受托人应遵守信托文件的规定，为受益人的最大利益处理信托事务。必须恪尽职守，进行诚实、信用、谨慎、有效的管理。不得利用信托财产为自己谋取利益；否则，所取得的利益归入信托财产。不得将信托财产转为其固有财产，否则必须恢复信托财产的原状；造成损失的应承担赔偿责任；除非另有规定或约定并以公平的市场价格外，不得与信托财产进行交易或将不同委托人的信托财产进行相互交易；造成信托财产损失的，应当承担赔偿责任。必须将信托财产与其固有财产以及不同委托人的信托财产进行分别管理、分别记账。除非另有规定或有不得已事由，受托人必须亲自处理信托事务。必须保存处理信托事务的完整记录，每年定期将管理、运用、处分及收支情况报告委托人和受益人；并且，必须对委托人、受益人以及处理信托事务的情况和资料保密。

信托机构在承担上述委托义务的同时，为保证能够更好地管理、处理和经营信托财产，维护委托人和受益人的利益，取得相应的信托业务经营收益，必须赋予其相应的权利。信托机构的权利主要包括：有限利益支付权、信托报酬取得权、费用债务优先权、连带责任主张权和受托身份辞任权。受托人有权仅以信托财产为限，向受益人支付信托利益。有权依照信托文件的约定取得报酬，信托文件未对信托报酬作事先约定的，经信托当事人协商同意可以作出补充约定；未作事先约定和补充约定的，不得收取报酬，约定的报酬经信托当事人协商同意可以增减其数额。受托人因处理信托事务所支出的费用、对第三人所负债务以信托财产承担；受托人以其固有财产先行支付的，对信托财产享有优先受偿的权利；但违背管理职责或处理信托事务不当，对第三人所负债务或自己受到的损失必须以其固有财产承担。受托人违反信托目的处分信托财产，或者因违背管理职责，或者处理信托事务不当致使信托财产受到损失的，在未恢复

〔1〕参见《信托法》第20～23条，《信托公司管理办法》，以及相关法律、法规的规定。

信托财产原状或未予赔偿前，不得请求给付报酬；如果是共同受托人应承担连带清偿责任。第三人对共同受托人之一所作的意思表示，对其他受托人同样有效。设立信托后经委托人和受益人同意，受托人可以辞任。如果受托人死亡或被依法宣告死亡，被依法宣告无行为能力或限制行为能力，被依法撤销或被宣告破产，依法解散或法定资格丧失，其职责终止。[1]

（三）受益人的权利与义务

受益人是由委托人指定的享受信托财产利益的人，任何信托业务都必须有明确规定的受益人；否则，信托关系无效。委托人在与受托人成立某项信托时，可以通知受益人也可以不通知受益人，不必征得受益人的同意。但是，受益人有权拒绝接受该项信托财产的利益，此时由于无受益人，信托关系无效。委托人可以是受益人，也可以是同一信托的唯一受益人。受托人也可以是受益人，但不得是同一信托的唯一受益人。受益人由于是信托关系的被动接受人，通常不承担任何信托义务。但在信托活动中如果由于非受托人的过失而使信托财产受到损失时，受益人也有义务接受信托机构提出的费用支付或补偿损失的要求；并有按照法律和信托合同的规定向信托机构支付报酬的义务。

受益人在信托业务中虽然不承担主要义务，却因其受益人的地位而依法享有许多相应的权利。按照现行法律的规定，这些权利主要包括：信托财产受益权、信托利益放弃权、信托行为监督权、信托利益处置权和信托决算确认权。受益人除信托文件另有规定外，自信托生效之日起享有信托受益权；共同受益人按照信托文件的规定享受信托利益，信托文件对信托利益的分配比例或分配方法未作规定的，各受益人按照均等的比例享受信托利益。受益人可以放弃受益权，全体受益人都放弃受益权的信托终止，部分受益人放弃信托受益权的，被放弃信托受益权按照信托文件规定的人、其他受益人、委托人或其继承人的顺序确定归属。受益人有权对信托机构或受托人执行信托的情况进行监督，他同时享有委托人的信托状况知情权、管理方法调整权、财产处分撤销权、返还赔偿请求权和受托人解任权；在与委托人意见不一致时，可以申请法院作出裁定。受益人依法享有转让、赠与或者典当其受益财产的权利，在受益人为自然人的条件下，其受益权还可以按照《继承法》的规定依法继承。在信托结束最终决算时，享有信托合同履行的确认权；只有经过受益人的确认，信托机构（受托人）的信托责任才能终止。[2]

---

〔1〕 参见《信托法》第 24～42 条，《信托公司管理办法》，以及相关法律、法规的规定。

〔2〕 参见《信托法》第 20～23 条、第 43～49 条，《信托公司管理办法》，以及相关法律、法规的规定。

三、信托财产的特征

信托财产是信托关系的标的，是委托人通过信托行为转移给受托人，由受托人按照约定和法律的相关规定，为实现信托目的而进行经营管理或处分的财产。信托是一种特殊的财产管理或处分行为，这种管理或处分行为的特殊性必然要反映在信托财产上，使信托财产具有区别于其他财产管理的特殊属性。这些特殊属性主要表现在它的限定性、代位性和独立性三个方面上。[1]

（一）财产的限定性

信托财产的限定性是指并不是任何财产都能够作为信托财产，只有法律上允许办理信托的财产才可能作为信托财产，法律对信托财产的范围具有严格的限制。按照我国现行法律的规定，禁止流通的财产不得作为信托财产；法律、法规限制流通的财产，依法经有关部门批准后，才可以作为信托财产。有些财产虽然有关法律没有明确限制或禁止其作为信托财产，但由于在信托业务执行过程中，委托人必须将信托财产转移给受托人，无法发生产权转移的财产不能作为信托财产。同时，信托财产必须是确定的财产，财产数额和财产权性质不确定的也不能成为信托财产。

此外，是否能够成为信托财产，还取决于受托人能否接受该财产。受托人不能接受的财产，无法成为信托财产。特别是在经营性信托中，法律、法规对信托公司或基金管理公司等信托经营机构能够管理或处分的财产有许多特别规定，它们通常主要是各种金融资产或是能够成为金融资产的财产，不能成为金融资产的财产无法作为经营性信托的标的。同时，不动产信托和大型动产信托还存在登记问题，它包括登记的对抗效力和登记的生效效力两个方面。对于法律规定登记生效的必须办理登记，否则该信托行为无效；对于登记才有对抗效力的，不登记不得对抗善意第三人。[2]

（二）财产的代位性

信托财产的代位性是指信托财产并不因其财产形态的变换，而丧失其信托财产属性的性质，即无论信托财产的实物形态发生怎样的变化，由原财产按信托合同形成的财产在性质上仍然是信托财产。信托财产不仅包括信托关系成立时转移的财产，还包括由委托人在信托关系成立后追加的财产，以及由受托人因管理或处分信托财产而取得的财产。因此，信托财产并不因其物质形态发生变化而改变其作为信托财产的属性，影响信托关系人之间的权利义务关系。这是由于信托财产的本质是财产的价值而不是使用价值，虽然使用价值具有优先

---

〔1〕 参见《信托法》第10条、第14～18条，《信托公司管理办法》，以及相关法律、法规的规定。

〔2〕 参见《信托法》第7条、第10条、第11条、第14条，《信托公司管理办法》第16条等的规定。

性，但最终还是以价值来衡量的。[1]

（三）财产的独立性

信托财产的独立性，是指它与委托人、受托人和受益人的固有财产相互独立。首先，信托财产独立于委托人的固有财产，委托人对信托财产不享有占有权、支配权、使用权和处置权，这是为保护受益人的利益而进行的特别规定。其次，信托财产独立于受托人的固有财产，信托财产虽然由受托人管理或处分，但受托人不享有其最终的归属权，必须与其固有财产相分离，这是为了保护委托人和受益人的利益而进行的规定。最后，信托财产也独立于受益人的固有财产，虽然信托财产是为受益人的利益设立的，但它并不直接是受益人的财产，受益人只有在达到受益条件时才能取得其利益。

按照我国现行法律的规定，信托财产与委托人未设立信托的财产有明确界限。委托人设立信托后，只有是唯一受益人的条件下才直接享有信托财产利益；在其死亡或依法解散、撤销、被宣告破产时信托终止，信托财产作为其遗产或清算财产。在委托人不是唯一受益人的条件下信托存续，信托财产不作为其遗产或清算财产，但其受益权可以作为遗产或清算财产。另外，信托财产与受托人的固有财产也有明确的界限，不得将信托财产归入受托人的固有财产或成为其中的一部分；受托人死亡或依法解散、撤销、被宣告破产而终止，信托财产不属于其遗产或清算财产。并且，除设立信托前债权人已对该信托财产享有优先受偿的权利且依法要求行使该权利；受托人处理信托事务时产生的债务，债权人要求清偿该债务；以及信托财产本身有欠缴税款的情况外，不得对信托财产进行强制执行；对于已经被强制执行的，委托人、受托人或受益人都有权向法院提出异议。同时，受托人管理或处分信托财产形成的债权，不得与其固有财产的债务以及不同信托的债权债务之间相互抵消。[2]

■ 第二节 信托融通规范

一、信托的基本类型

信托法包括信托基本法和信托业法，[3] 信托业特指经营信托业务的行业。

---

〔1〕 参见《信托法》第14条、第17条、第57条，《信托公司管理办法》第3条、第38条等的规定。

〔2〕 参见《信托法》第15~18条，《信托公司管理办法》第3条、第15条、第29条、第30条、第34条等的规定。

〔3〕 我国的信托基本法是指《信托法》，信托业法包括《信托公司管理办法》《信托公司集合资金信托计划管理办法》《企业年金基金管理办法》《信贷资产证券化试点管理办法》及其他关于信托业经营的法律、法规。

就信托业而言，它可以向客户提供专业性的理财服务，是典型的专家理财行业；信托业的核心业务是信托投资、信托贷款和基金管理，是同银行业关系最密切的金融行业；信托融通与存贷融通相比具有更强的选择性，委托人可以对自己财产的管理或处分提出特定的服务要求，而存贷融通则不能向银行业提出任何特定的要求。因此，信托是一种更具特性化的金融工具。信托业务是非常复杂的，不同种类的信托有不同的特征。按照其适用的法律和产生的法律后果不同，可以将信托业务分为以下几种基本类型：

（一）金融与民间信托

金融信托是信托业金融机构在信用的基础上，通过签订信托合同接受社会组织或个人的委托，对委托人的财产进行各种金融性质的管理、运用和处分的信托业务。信托业属于金融行业，凡是以经营信托业务为主营或兼营业务的机构，必须取得信托业监管机关的监管授权，颁布“信托业务经营许可证”，才有权在企业名称上使用“信托”的字样，并在监管下合法经营信托业务。没有取得监管机关授权和颁发经营许可证的不得经营信托业务，否则属于非法经营金融业务，情节严重的构成犯罪。我国目前有权专业经营信托业务的金融机构主要包括信托公司、基金管理公司等，有权兼营信托业务的金融机构主要包括商业银行、合作银行、证券公司和保险公司等。[1]

民间信托是非金融业单位和个人在信用的基础上，通过签订信托合同接受社会组织或个人的委托，对委托人的财产进行各种管理、运用和处分的信托业务，金融信托与民间信托的法律界限在于信托的设立方式和信托的经营方式不同。如果委托人是某单个的单位或个人，或者是以非公开募集的方式设立属于私募性质的信托基金，委托给某受托人进行经营管理，并且该受托人除管理该信托外不再接受其他人的委托经营信托业务，则属于不具有系统性金融风险的民间信托。对于民间信托，法律不严格限制其主体资格，只要具有普通民事权利能力和行为能力都可以作为民间信托的受托人。[2]

（二）设定与法定信托

设定信托是委托人通过特定的信托行为而设立的信托，只要是通过签订合同、达成协议、设立遗嘱等法律行为而设立的信托都属于设定信托。法定信托是依据法律的直接规定而成立的信托，这种信托是委托人通过立法的形式确定

---

〔1〕参见《信托法》《证券投资基金法》《证券法》《银行业监督管理法》《信托公司管理办法》《信托公司集合资金信托计划管理办法》《企业年金基金管理办法》《信贷资产证券化试点管理办法》等的规定。

〔2〕参见《信托法》《银行业监督管理法》《商业银行法》《证券法》《保险法》等的规定。

某机构为受托人，该信托机构的受托人身份是由法律规定直接赋予的，同信托关系的其他关系人或国家机关的意志无关。这种信托在各国的信托比例中占的比例较小，一般存在于某些关于财产的法律之中，如《证券投资基金法》中的基金管理人和基金托管人等。[1]

将信托划分为法定信托与设定信托的意义在于，这两种信托法律效力产生的前提不同。法定信托是当然有效的信托，这种信托一经产生就具有法律效力，无需具备设定信托所必须具备的其他法定条件。许多固定化的金融信托多采取法定信托的形式，它可以节约交易成本，严格规范不同信托主体的权利义务关系。设定信托则必须具备全部法定有效要件才具有法律效力，才是法律承认的信托关系。通常，多数信托都属于设定信托，它为当事人提供了较大的自由空间，可以约定各方的权利义务关系。

（三）公益与私益信托

公益信托是指委托人以公共利益为目的而设立的信托。公益信托的基本特征是，信托的受益人是社会一定范围内的不特定人，是该社会范围内具备受益条件的全体成员。私益信托是指委托人以私人利益为目的而设立的信托。私益信托的基本特征是，它的受益人是某特定人，是委托人为指定的某特定人设立的信托，它的受益人在信托协议或合同中是特别指定的。公益信托与私益信托不仅受益人有明显的区别，设立信托的目的也完全不同。因此，必须在法律上将它们严格划分，以采取不同的制度进行不同的规范。通常，私益信托适用信托法的一般规定；公益信托则不仅受信托法的一般约束，由于其受益人具有一定的社会性，它还要受其他相关法律制度的约束。

按照现行法律的规定，以救济贫困、救助灾民、扶助残疾人，发展教育、科技、文化、艺术、体育等事业，发展医疗卫生事业、环境保护事业、维护生态环境，以及发展其他社会公益事业为目的设立的信托属于公益信托。公益信托的设立和确定受托人，应当经有关公益事业的管理机构批准；未经公益事业管理机构批准的，不得以公益信托的名义进行活动。公益信托应当设置信托监察人，监察人由信托文件规定，未规定的由公益事业管理机构指定。监察人有权以自己的名义为维护受益人的利益提起诉讼或实施其他法律行为，受托人未经公益事业管理机构批准不得辞任。公益信托终止的清算报告，应当经监察人认可后报公益事业管理机构核准，并由受托人予以公告。[2]

---

〔1〕 参见《证券投资基金法》第12条、第31条，以及相关法律、法规的规定。

〔2〕 参见《信托法》第38条、第60条、第62条、第64～66条、第71条，以及相关法规的规定。

（四）自益与他益信托

自益信托是指以委托人本人为受益人享有信托利益的信托，它是信托业务中一种非常重要的信托。通常，委托人在没有精力或没有能力处理自己的财产事务时，可以采用自益信托的方式将相关的财产事务委托给专业信托机构来办理，以最大限度地实现自身的利益。他益信托是指由以委托人以外的人，享有信托利益的信托。通常，几乎所有的公益信托、委托人通过遗嘱设立的信托都属于他益信托。在他益信托关系中，设立该信托的委托人同享有该信托利益的受益人为不同的人。

进行自益信托和他益信托划分的意义在于，确定二者的委托人是否享有法定的特殊权益，如信托合同或协议的解除权。按照我国现行《信托法》的规定，自益信托的受益人就是委托人本人，不存在委托人和受托人共同侵害受益人利益的可能。因此，委托人在信托存续期间有权撤销或解除信托关系。对于他益信托来讲，由于委托人与受益人是不同的信托当事人，为最大限度地保护受益人的利益，除法律另有规定或信托行为设立时保留撤销权外，委托人在存续期间无权撤销或解除信托合同。[1]

二、金融信托的类型

在当代社会，信托业金融机构经营的信托是信托行为的主要形式，随着社会的发展，信托的规模越来越大，种类也越来越多。为了维护整体金融利益、防止出现系统性金融风险，各国法律都对金融信托与民间信托设立了严格的划分标准，凡是属于金融信托的都必须纳入严格的金融规范和进行有效的金融监管，凡是属于民间信托的则可以按照信托法相对自由地代受益人管理和处置。同时，金融信托还可以进一步分为许多种类型，不同类型的金融信托在经营上也具有一定的限制，并且有相关的主体资格要求。

（一）私募与公募信托

金融信托与民间信托的重要区别之一，是金融信托的发起人往往不是委托人而是受托人。金融信托通常是由受托人设计一个信托基金，招募委托人作为投资人参加，再将该基金用于约定方向的投资，受托人从中取得信托报酬，受益人从中取得信托投资收益。按照金融信托受托人募集委托人的性质，可以将其分为私募信托和公募信托。其中，私募信托是指受托人以非公开方式向规定数量以内的社会特定主体，主要是达到信托投资人适当性要求的单位或专业投资人士募集投资基金的信托。这种信托如果交由某一专门的主体经营，并且该主体仅经营该投资基金，通常不会发生系统性金融风险。因此，如各种类型的

〔1〕 参见《信托法》第15条、第43条、第50条，以及相关法律、法规的规定。

产业投资基金、股权投资基金等，可以由某单独的主体经营。如果同时经营多个投资基金则会形成风险的集聚和系统性金融风险，这种业务必须由取得信托业务经营资格的金融机构经营。[1]

公募信托是指受托人以公开方式向社会不特定的，符合投资适当性要求的社会公众募集投资基金的信托。向社会公开募集信托基金，涉及社会公众普遍的投资利益。并且，社会公众不是专业投资人士，对信托投资的风险不可能有非常清楚的认识，也没有专业投资人士的投资分析能力。因此，要求公募信托投资必须达到适当的安全程度，同时必须建立严格的基金运营监察机制，充分保护普通信托投资人的利益。因此，经营公募信托不仅要求必须取得经营信托业务的资格，还必须取得经营公募信托业务的特殊资格，普通金融机构也不得任意经营公募信托业务。我国目前主要的公募信托是各种类型的公募信托基金，如证券投资基金、银行业理财产品、证券业理财产品和保险业理财产品等，主要经营公募信托基金的金融机构包括信托公司、基金管理公司、商业银行、证券公司和保险公司等。[2]

（二）标准与非标信托

按照金融信托是否完全符合信托的纯粹性标准，还可以进一步将其分为标准信托和非标信托。标准信托是既符合信托的认定标准又符合信托的纯粹性标准的信托，即完全按照《信托法》中规定的标准化信托模式设立的信托。非标信托是符合信托的认定标准，但不完全符合信托的纯粹性标准的信托，即不完全按照《信托法》中规定的标准化信托模式设立的信托。这些非标准化信托有些是金融机构按照自身业务经营的特点和需要，在标准化信托的基础上改造而成的，有些则是由相关法律、法规按照不同金融机构经营信托业务的需要规定的，必须明确认识这些信托的法律性质。目前，我国的非标准化信托的类型主要包括存款性信托、证券性信托、保险性信托和通道性信托。

存款性信托是在信托基本性质的基础上，进一步规定有保障本金偿还条件或规定有保障一定比例的基本利率的信托。它通常是商业银行经营的信托业务，相对于其他信托加入了许多存款的属性，但它在本质上仍然符合信托的认定标准，属于带有一定存款性质的信托。证券性信托是在信托基本性质的基础上，进一步规定有证券投资性授权的信托。它通常是证券公司或投资基金管理公司经营的信托业务，往往在信托合同中授予这些机构较大的证券投资自主权。保险性信托是在信托基本性质的基础上，同某类保险业务相联系的信托。它通常

〔1〕 参见《信托法》《证券投资基金法》等的规定。

〔2〕 参见《信托法》《证券投资基金法》《商业银行法》《证券法》《保险法》等的规定。

是保险公司经营的信托业务，如分红保险业务、万能保险业务和投资联结保险业务等。通道性信托则是委托人没有经营某金融投资的权利，为了规避法规的限制性规定而以信托关系为投资通道，变相从事法规限制性投资的信托，它从本质上讲属于非法信托。[1]

三、信托的效力制度

信托的效力制度是规定信托关系设立、变更、终止的方式与效力的制度，信托关系是一种特殊的财产管理关系，它的设立、变更和终止都有特殊的法律条件要求，不满足相应的法律条件，信托关系不具有设立效力、变更效力和终止效力。同时，信托关系的设立、变更和终止也是对信托财产权利的分配，不同的信托关系状况直接影响着各方当事人的财产权利。

（一）信托的设立

信托的设立是指通过一定的法律行为，在当事人之间成就信托关系的事实，信托关系的设立是信托业务活动开始的标志。信托的设立可以分为成立和生效两个方面，信托的成立是指委托人与受托人依法达成合法有效的信托协议；信托的生效通常需要委托人完成转移信托财产的程序，不转移信托财产信托合同不能生效。信托的成立和生效都具有法律效力，信托成立的效力是指相对方有权要求履行协议条款，信托生效的效力是指协议各方必须全面地履行协议和法律上规定的权利义务；否则，就需要承担法律责任。

1. 设立的要件

信托设立的要件是指成立某项信托关系所必须具备的条件，它主要包括合格性条件和合法性条件两个方面。信托的合格性条件，是指信托的各方主体必须合格，必须符合《信托法》的要求。

其中，委托人的合格是指委托人必须具有信托权利能力和行为能力，它必须对信托财产享有法定的财产权，并且，没有处于破产的境地。这三项条件中缺少任何一项，它所实施的信托行为均属无效或是可以撤销的行为。受托人的合格包括民间受托人的合格和金融受托人的合格两个方面。在金融信托中，信托机构必须具有监管机关授予的经营金融信托业务的资格，并且没有陷于破产的境地。这两项条件缺少任何一项，它所办理的信托业务都属于无效或是可以撤销的，不具有法律效力。

---

[1] 参见《证券公司客户资产管理业务管理办法》《商业银行个人理财业务管理暂行办法》《商业银行开办代客境外理财业务管理暂行办法》等的规定。关于通道性信托，也有人称之为被动信托，认为它也是一种合法有效的信托，因为受托人享有经营信托业务的资格，它只是被用于作为资金融通的资格通道，信托只是规避法规的形式需要，受托人往往只收到较少的信托报酬，因此不承担法定的受托人责任。

信托的合法性条件，是指信托行为的目的、形式和内容必须合法。信托目的合法，是指只有为合法目的设立的信托才具有法律效力。信托形式合法，是指只有采取法定形式设立的信托才具有法律效力。信托的种类不同，法律对其形式要件的要求也不同。如果法律对某种信托的形式有特殊规定，则必须采取符合该规定的形式才能够成立。信托内容合法，是指各当事人关于信托财产的管理或处理方法，信托业务处理以及其他有关事项等内容的约定，必须符合信托法和其他有关法律制度的要求，必须符合国家的各种公共政策、经济政策和金融政策；否则，如果内容本身就违反法律的限制性规定或政策，信托协议就可能成为无效的协议，也就不可能具有法律效力。[1]

2. 设立的形式

信托设立的形式主要包括法律行为设立和权力行为设立。通常，成立信托的行为包括信托合同、信托遗嘱和信托宣言。信托合同是指委托人与受托人签订的，以设立信托关系为内容的合同。它应依据《信托法》《合同法》和相关具体规定进行，并应采取书面形式。信托遗嘱是由遗嘱人订立的，以设立信托关系为目的的遗嘱，它除受《信托法》约束外，还受《继承法》的约束。信托宣言是指由委托人公开向社会作出的，以设立信托关系为目的的宣言。信托宣言的委托人同时也是受托人，不存在信托财产的转移。但是，多数国家不承认信托宣言是成立信托的有效方式。并且，按照信托协议的约定，需要交付财产的以交付财产为生效条件，需要办理登记的以登记为生效条件。

信托的权力行为设立，是指委托人通过权力机关实施的一定行为而使信托关系成立。具体何种权力行为能够成立信托关系，各国有关法律对此有不同的规定。通常，能够通过权力行为成立信托关系的机关主要包括立法机关、监管机关和司法机关。信托关系的立法机关设立，是指立法明确规定某类行为必须采取信托方式，否则不得实施该类行为。[2] 信托关系的监管机关设立，是指按照金融和信托法规的有关规定，当特定的事实出现时监管机关可以按照法律规定的方式，强制某财产当事人将该财产设立为信托关系。[3] 信托关系的司法机关设立，是指司法机关按照法律的规定，基于一定的事实设立信托关系；或者

---

〔1〕 参见《信托法》第5~11条，《银行业监督管理法》，《商业银行法》，《证券法》，《保险法》，以及《信托公司管理办法》第7条等相关法律、法规的规定。

〔2〕 我国《证券投资基金法》《社会保险法》《慈善法》等规定，设立该类基金必须采取信托法律关系，除受本法调整外还必须受《信托法》及相关法规的调整。

〔3〕 如我国《证券法》《证券投资基金法》《期货交易管理条例》等规定，投资人用于购买证券、基金、期货的资金，必须按照规定以信托的方式存入商业银行或指定的管理机构，以监管方式强制其成立信托关系。

法院在某些特殊情况下，按照一定的原则推定信托关系的成立。

按照我国现行法律的规定，设立信托应当采取书面形式，包括信托合同、遗嘱或法规认可的其他书面形式。采取合同形式设立信托的，合同签订时信托成立；采取其他书面形式设立信托的，受托人承诺信托时信托成立。信托目的违反法律、法规或损害社会公共利益，信托财产不能确定，委托人以非法财产或法律规定不得设立信托的财产设立信托，专以诉讼或讨债为目的设立信托，受益人或受益人范围不能确定的信托无效；需要办理登记而没有办理或补办的信托无效。委托人设立信托损害其债权人利益的，债权人有权申请法院撤销该信托，但它不影响善意受益人已经取得的信托利益。设立遗嘱信托，遗嘱中指定的人拒绝或无能力担任受托人的，可由受益人另行选任受托人；受益人为无民事行为能力人或限制民事行为能力人的，可以由其监护人代行选任。[1]

（二）信托的变更

信托的变更是指对信托关系内容的修改和补充，经常出现的情况是对信托财产管理方法的改变。在正常条件下，信托关系成立后就不能变更，但有时也会出现某些特殊情况，如果不变更信托合同的内容就会有损于受益人的利益。这时，就需要对信托合同的内容进行变更。通常，各国法律对信托内容的变更都有严格的条件要求，有些内容甚至不允许变更。并且，即使是法律允许变更的信托内容，也必须按照法律规定的程序和方法进行变更；否则，不符合有关法律规定的变更条件，该变更没有法律效力。

按照我国现行法律的规定，在设立信托后，如果受益人对委托人或其他共同受益人有重大侵权行为，或者已经取得受益人的同意，以及出现信托文件规定的其他情形时，委托人可以变更受益人或处分信托受益权。并且，在受益人对委托人有重大侵权行为，或者已经取得了受益人的同意，以及出现信托文件规定的其他情形时，委托人也可以解除信托关系。除信托文件另有规定外，如果委托人是唯一的受益人，委托人或其继承人也可以解除信托关系。在公益信托中，如果受托人违反了信托义务或已经没有能力履行其职责，公益事业管理机构有权变更受托人；在发生设立信托时不能预见情形的条件下时，公益事业管理机构也可以根据信托目的，变更信托文件中的有关条款。[2] 对于公募型信托，如果要变更信托关系的内容，需要受益人大会决议通过；或者按照事先约

〔1〕参见《信托法》第6～13条，以及《信托公司管理办法》相关的规定。
〔2〕参见《信托法》第50条、第51条、第68条、第69条，以及相关法律、法规的规定。

第九章

定的变更方式进行变更，否则变更无效。[1]

（三）信托的终止

信托关系的终止是指信托关系的结束，以及各信托当事人之间权利义务关系的消灭。信托关系的终止可以由多种原因引起，主要包括信托期限届满终止、信托关系解除终止、信托目的已经实现或无法实现终止、信托行为中规定的终止事由出现终止，以及受益人依法实施了终止信托的行为终止五种基本情况。信托关系必须按照法定条件终止，信托关系被依法终止后，信托各方当事人之间的权利义务关系也同时消灭。

按照我国现行法律的规定，当信托文件规定的终止事由出现，信托的存续违反信托目的，信托目的已经实现或不能实现，经信托各方当事人协商同意，信托被撤销或被解除时，信托关系必须终止。信托终止后，信托财产应归属于信托文件规定的主体；如果信托文件没有规定，应归属于受益人或其继承人；没有受益人或继承人的应归属于委托人或其继承人。在信托财产的归属确定后，信托财产转移的过程中信托关系视为存续，权利归属人视为受益人。信托终止后，法院对原信托财产进行强制执行的，除不能强制执行的情况以外，以权利归属人作为被执行人；受托人行使请求给付报酬、从信托财产中获得补偿的权利时，可以留置信托财产或对其权利归属人提出请求。

公益信托终止时，受托人应当于终止事由发生之日起 15 日内，将终止事由和终止日期报告公益事业管理机构；受托人作出的处理信托事务的清算报告，应当经监察人认可后报公益事业管理机构核准，并由受托人予以公告；信托终止时没有信托财产权利归属人，或者权利归属人是不特定社会公众的，经公益事业管理机构批准，受托人应当将信托财产用于与原公益目的相近似的目的，或者转移给具有近似目的的公益组织或其他公益信托。公益事业管理机构违反《信托法》规定的，委托人、受托人或受益人有权向法院起诉。如果受托人无不当行为，受益人或信托财产的权利归属人对清算报告也无异议，受托人就解除了对清算报告的责任；但是，信托不得因委托人或受托人的死亡、丧失行为能力、依法解散、撤销或破产而终止，也不因受托人辞任而终止。[2]

---

〔1〕对于公募型投资基金能否在合同中约定以通知的方式变更信托关系的内容还存在争议，但如果有全体投资人的明确授权，应认为其具有法律效力。

〔2〕参见《信托法》第 52～58 条、第 70～73 条，以及相关法律、法规的规定。

第三节 金融租赁规范

一、金融租赁的特征

金融租赁亦称融资租赁，是金融租赁机构根据承租人的需要出资购进租赁物，出租给承租人有偿使用的一种金融业务。在企业需要购置某固定资产而又没有足够资金的情况下，可以向金融租赁机构申请租赁，由租赁机构向供货单位支付货款，购进租赁物出租给该单位使用。因此，金融租赁实质上是一种向企业融通资金的行为，是重要的货币融通方式。金融租赁既是一种特殊的金融业务，也是一种特殊的租赁业务。作为特殊的金融业务，它与存贷款融通、信托融通等有明显的区别；作为特殊的租赁业务，它不同于普通的租赁业务，也不同于工商企业的融资租赁业务。[1]

（一）金融租赁的业务特征

金融租赁的业务特征是指在业务性质上，它所具有的区别于商业信用、消费信用等非金融业融资，以及普通租赁业务的特殊性。通常，这种特殊性可以概括为非交易性、非服务性和融资性。金融租赁的非交易性是指同商业信用和消费信用相比，金融租赁并不是一种商品交易活动，也不是为商品交易活动提供服务，它并不实际转移租赁物的归属权。商业信用和消费信用，是当事人之间以商品买卖为目的的一种延期付款行为，它实质上是商品买卖，是归属权的实际转移。金融租赁中承租人并没有实际购买租赁物，只是以支付租金为条件，取得了租赁物的占有权和使用权。金融租赁的非服务性是指同服务性金融业务相比，金融租赁并不是向承租人提供某种金融服务，或者为委托人管理或处分财产，而是向其提供某种特定的租赁物。在金融信托中，信托财产最终归属于受益人，信托机构只是为委托人提供一种金融服务。在金融租赁业务中，出租人必须取得租赁物的归属权，然后以获取租金为条件出租给承租人使用，租赁机构向承租人提供的是租赁物而不是某种特殊的金融服务。金融租赁的融资性，是指它同普通租赁相比，实质上是一种货币融通行为，是一种价值的融通而不是使用价值的出租。金融租赁的租赁物是由承租人选择、租赁机构购置的，租

---

〔1〕参见《合同法》第237条，《金融租赁公司管理办法》第3条，《信托公司管理办法》第19条、第20条，以及《国际统一私法协会国际金融租赁公约》第1条等的规定。这里需要特别注意的是，目前我国的金融租赁或融资租赁分为两个体系，纳入金融业监管体系的称为金融租赁，受《金融租赁公司管理办法》的调整，它以融通资金为核心；纳入工商业监管体系的称为融资租赁，受《融资租赁企业监督管理办法》调整，它以租赁物的经营为核心。因此，在金融法中应统一称“金融租赁”，在工商业法中应统一称“融资租赁”。

赁物的使用是长期的，并且租赁物的瑕疵或使用中的损坏，都由承租人承担全部责任。[1]

（二）金融租赁的法律特征

金融租赁的法律特征是指在法律性质上，金融租赁业务所具有的特殊属性。这些特殊属性可以概括为：租赁合同的二重性和不可解除性，租赁物交付的观念性，瑕疵和危险的免责性，以及破产地位的特殊性。

租赁合同的二重性，是指金融租赁过程中，要在三方当事人之间订立两个相关合同。金融租赁要有租赁物的供货商、租赁机构和承租人三方当事人，签订租赁物买卖和租赁两个合同。如果租赁合同不成立、无效或可以解除，在供货商交付租赁物之前买卖合同应可以解除，或因有关条件成就而自动失效。如果供货商已实际交付租赁物，则租赁物的买卖合同仍然有效。当租赁物的买卖合同不成立、无效或可以解除时，租赁合同应可以解除或因有关条件成就而自动失效。[2]

租赁合同的不可解除性，是指租赁合同禁止中途解约。金融租赁合同通常规定有禁止在租赁期满之前解约的条款，并且即使合同中没有明文规定禁止中途解约，在解释上也应认为当然有此条款，称为中途解约禁止特约。这主要是由于金融租赁活动中租赁物是由出租人选定的，中途解约后租赁机构难以再将其进行出租或出售，或者即使出租、出售也难以收回所投入的资金。租赁物交付的观念性，是指租赁机构在办理金融租赁业务的过程中，并不实际取得和交付租赁物，租赁物的取得与交付只是一种观念上的取得和交付。由于金融租赁的实质是向承租人融通资金，因此在租赁业务的过程中，只要承租人向租赁机构发出租赁物受领证后，即视为租赁机构已履行其租赁物交付义务。[3]

租赁物瑕疵和危险的免责性，是指租赁机构通常不承担对租赁物瑕疵担保和危险负担责任。这主要是因为租赁物是由承租人基于自己的知识和经验选择的，租赁机构完全是按照承租人的选择购买的，它本身没有租赁物的鉴定能力。但是，如果租赁合同中规定有损害赔偿请求权让渡条款，在租赁机构有责任的条件下应承担瑕疵担保责任。租赁机构不承担租赁物的危险负担责任，是指在

---

[1] 参见《合同法》第244条、第246条、第247条，《国际统一私法协会国际金融租赁公约》第8条等的规定。

[2] 参见《合同法》第241条，《金融租赁公司管理办法》和《国际统一私法协会国际金融租赁公约》第10条、第12条，《最高人民法院关于审理融资租赁合同纠纷案件适用法律问题的解释》等的规定。

[3] 我国现行法律、法规中没有关于禁止中途解约的规定，这种论述只是理论上的，在实际操作中应将其列为金融租赁合同条款；否则，金融租赁机构可能会面临不可预知的业务损失。

租赁期间租赁物因不可抗力等不可归责于租赁双方的事由，而导致其灭失、被盗及毁损等，承租人要求解除租赁合同的，应向出租人补偿租赁物的剩余价值。这是由于金融租赁的实质是融资，应该按照货币融通的法律原则来对待。并且，这样规定有利于承租人更好地保护租赁物，充分发挥各自的优势。[1]

破产地位的特殊性，是指当承租人因故破产时，租赁机构在租赁合同解除和租金的收取上具有特殊地位。通常，在承租人停产、关闭或破产时，租赁机构享有解除租赁合同，收回租赁物，并请求支付损害赔偿金的权利。这是租赁机构保证其收回为租赁物所付资金，以及补偿本金与租金损失的必要措施。如果当事人约定租赁期届满租赁物归属于承租人，承租人已经支付大部分租金但无力支付剩余租金，出租人因此解除合同，收回租赁物，收回租赁物的价值超过承租人欠付的租金以及其他费用的，承租人可以要求部分返还。此外，在承租人因故破产时，破产管理人对以金融租赁方式取得的租赁物享有选择权。如果管理人选择继续履行租赁合同，则租金债权不能作为破产债权处理。如果选择解除合同则应返还租赁物，残存的租金作为破产债权处理。[2]

二、金融租赁的主体关系

金融租赁的主体关系主要是指由金融租赁关系成立而形成的，以租赁物为基础的承租人、供货人和出租人三者之间的权利与义务关系。金融租赁关系可以包括许多种类，这主要取决于它的具体业务模式，如融资性租赁、衡平性租赁和服务性租赁等。但无论采取何种业务模式，它的基本主体包括承租人、供货人和出租人，它的主体关系主要是指他们各自的权利义务。

（一）承租人的权利义务

承租人是指以交付租金为条件，取得租赁物使用权的单位和个人。在金融租赁业务中，承租人的主要义务包括：同租赁物供货人协商租赁物买卖事项，确定租赁物的买卖条件，确定租赁物的运输、安装以及调试等事项，在租赁物交付后向租赁机构发出租赁物受领证。在租赁物的使用过程中，及时向租赁机构说明其使用情况，定期按约定支付租金和手续费，妥善保管和合理使用租赁物。承担全部瑕疵担保和危险负担责任（在出租人不干涉租赁物选择的条件下），接受出租人的业务监督和管理并按期归还租赁物。

承租人的权利主要包括：有权选择租赁机构；在租赁物未能按合同规定交

---

〔1〕 参见《合同法》第244条、第246条，《国际统一私法协会国际金融租赁公约》第8条、第9条，《最高人民法院关于审理融资租赁合同纠纷案件适用法律问题的解释》等的规定。

〔2〕 参见《合同法》第242条、第249条，《国际统一私法协会国际金融租赁公约》第7条，《最高人民法院关于审理融资租金合同纠纷案件适用法律问题的解释》等的规定。

付、推迟交付或是交付的租赁物不合格的条件下，有权拒收租赁物或终止租赁合同。如果租赁机构不按原租赁合同提供租赁物，承租人又未丧失拒收权时，有权拒绝支付租金。在租赁期间有合法占有租赁物的权利，有权决定租赁物的使用事项。承租人在租赁物使用过程中，有权拒绝租赁机构终止租赁合同的要求。在发现租赁物有瑕疵时，有向供货人要求维修、更换和赔偿的权利。在征得租赁机构同意的条件下，有转租赁的权利。在租赁期满时，享有租赁物的优先租赁权和优先购置权。[1]

（二）供货人的权利义务

供货人是指出售租赁物的供货商，他既可以是单位也可以是个人。在金融租赁业务中，供货人的主要义务包括：同承租人确定有关租赁物买卖的有关事项，向承租人提供全部租赁物使用和操作资料。同租赁机构签订租赁物买卖合同，按合同要求按时向承租人提供租赁物，并保证租赁物的质量。在租赁物发生质量问题时，向承租人提供维修、更换服务，必要时向其支付合理的赔偿金。

供货人在承担上述供货义务的同时，也享有相应的权利。供货人享有的主要权利包括：有要求租赁机构按合同规定支付货款的权利；在不能取得货款的情况下，有请求法院强制执行的权利。供货人按照供货合同只承担对某购货人的义务，它只对租赁机构或承租人的某方承担供应租赁物及相关的义务，有拒绝向其双方承担供货及相关义务的权利。[2]

（三）出租人的权利义务

金融租赁中的出租人是指以取得租金为条件，向承租人出租所需租赁物的金融机构。在金融机构经营租赁业务的过程中，有按照合同规定向供货人支付租赁物货款的义务。如果不能按照合同规定按期向供货人支付货款，因此而导致承租人损失的，有向承租人进行合理赔偿的义务。在租赁物交付过程中，还负有监督供货人向承租人按期交付租赁物的义务。

金融机构在承担上述义务的同时，也享有相应的权利，它在租赁业务中的主要权利包括：享有租赁物的归属权，有按合同规定取得租金的权利。它对租赁物的归属权，可以对抗承租人的破产财产管理人和债权人。在租赁物使用过程中，有要求承租人妥善保管和合理使用租赁物的权利。在承租人违约的情况下，有权要求其停止违约，并有权要求其支付相应的违约金。如果承租人不能

---

〔1〕参见《合同法》第237～250条，《国际统一私法协会国际金融租赁公约》第7～14条，《最高人民法院关于审理融资租赁合同纠纷案件适用法律问题的解释》等的规定。

〔2〕参见《合同法》第239条、第240条，《国际统一私法协会国际金融租赁公约》第10条，《最高人民法院关于审理融资租赁合同纠纷案件适用法律问题的解释》等的规定。

停止违约，金融机构有权终止租赁合同。租赁合同期满有权收回租赁物，并再行出租或出售给第三人使用。[1]

三、金融租赁的运作程序

金融租赁的程序，是指金融租赁业务活动中各项工作的先后顺序。由于各国法律、金融租赁机构的类型和金融租赁的类型不同，它们的具体程序也不完全一致，但其基本程序还是具有一致性的。通常，金融租赁的基本程序主要包括选择供货单位、提出租赁委托、进行租赁决策、签订有关合同、履行交付义务、按约支付租金和租赁业务终止等七个基本步骤。

金融租赁的特点之一，是由承租人根据自己的需要选择、确定租赁物。因此，首先应该由承租人选择租赁物和供货单位。在租赁物和供货单位初步确定之后，应由承租人同供货单位协商有关租赁物买卖的事项，包括租赁物的性能、规格、质量、价格、售后服务等内容。通常，为了提高租赁物买卖质量，在选择供货单位时，可以同时选择几家供货单位进行协商，或者采取招标方式进行选择。如果租赁机构干预应承担相应的责任。

租赁物和供货人确定或初步确定后，就应该选择租赁机构。租赁机构的选择既可以采取协商的方式，也可以采取招标的方式。通常，应根据租赁物的价值、特点和选择成本等来确定。主要应考虑租赁机构的经营范围、经营能力、资信情况和租金等条件。租赁机构确定后，应向其提出租赁申请，租赁申请的意思表示多以租赁委托书来表达。委托书中应载明租赁物的类型和供货单位，并同时向租赁机构提交有关技术经济资料。通常，需要提交的技术经济资料主要包括租赁物的购置审批文件，承租人的基本情况资料，租赁物使用项目的基本情况资料，近期承租人的财务情况资料等。

租赁决策是租赁机构根据对承租人审查与分析的结果，最终确定是否承担其租赁业务和以什么方式承担其租赁业务的过程。租赁决策的主要内容包括租赁种类决策、租赁期限决策、租赁责任决策和租金数额决策。租赁种类决策是确定采取哪种租赁形式办理租赁，常用的租赁形式主要包括融资性租赁、衡平性租赁和服务性租赁。融资性租赁是完全由租赁机构自行出资购置租赁物，衡平性租赁是以租赁物为抵押贷款购置租赁物，服务性租赁是除提供租赁物还提供相关技术服务。[2] 租赁期限决策，是确定租赁业务的起止时间。租赁责任决策，是确定各方当事人的权利与义务。租金数额决策是确定整个租赁期内的租

---

〔1〕参见《合同法》第237～250条，《国际统一私法协会国际金融租赁公约》第7～14条，《最高人民法院关于审理融资租赁合同纠纷案件适用法律问题的解释》等的规定。

〔2〕参见《合同法》第237条，《金融租赁公司管理办法》第3条、第4条等的规定。

金总额，以及承租人需要支付的租金数额在时间上的分配。[1]

租赁合同是确定出租人与承租人之间权利义务关系的协议，也是租赁关系成立的凭证。由于金融租赁具有比较复杂的租赁关系，在此过程中要涉及多方当事人签订多个相关合同。对融资性租赁和服务性租赁来讲，首先要租赁机构与承租人签订租赁合同，然后再由租赁机构与供货单位签订供货合同。租赁合同在先，供货合同在后，前者是后者的前提，后者则是前者的依据，两者既彼此独立又密切联系。此外，如果需要某方提供担保，还需要签订相关的担保合同。在衡平性租赁的条件下，则至少应签订三个相关合同，除需要签订租赁合同和供货合同外，还包括租赁机构与贷款提供机构的抵押贷款合同。如果存在担保和其他交易关系，还需要签订相应的担保和交易合同。

在同金融租赁有关的合同签订后，即可按照合同中约定的内容各自履行自己的义务。金融机构要按照约定实际支付货款；供货单位要按照约定的时间和地点实际交付租赁物；承租人则要在实际收到租赁物后向租赁机构交付租赁物受领证书。最终，供货商实际收到了约定的货款，承租人实际收到了租赁物，租赁机构实际收到了租赁物受领证书，各方的交付责任才算完成。如果还有其他相关交付约定，则还必须履行其他相关交付责任。

金融租赁相关各方在履行了各自的交付责任后，承租人则必须按照租赁合同的规定，向出租人定期支付租金。在衡平性租赁条件下，要首先以该租金偿还提供贷款的金融机构的贷款。在贷款全部偿还后或在其他租赁形式条件下，承付人支付的租金才是租赁机构的收入。通常，租赁期间无论发生任何影响租赁物使用的情况，承租人都必须按照合同要求的数额、时间和方式支付租金（除非租赁物非因双方的原因毁损、灭失，或金融租赁目的无法实现）。通常，承租人租赁的设备等需要一定的安装时间，支付租金应充分考虑到这些因素。[2]

租赁合同期满后，租赁机构应与承租人办理结束合同手续，按照合同约定退回租赁物。如果承租人要求继续租用该租赁物，通常享有该租赁物的租用优先权，应同租赁机构协商办理续租手续。如果承租人要求购买租赁物，通常也享有该租赁物的购置优先权，可由双方协商确定租赁物的价格，办理租赁物转让手续。至此，该项金融租赁业务结束。[3]

---

〔1〕 参见《合同法》第238条、第243条，《金融租赁公司管理办法》第25~34条等的规定。

〔2〕 参见《合同法》第248条、第249条，《国际统一私法协会国际金融租赁公约》第11~13条，《最高人民法院关于审理融资租赁合同纠纷案件适用法律问题的解释》等的规定。

〔3〕 参见《合同法》第249条、第250条，《国际统一私法协会国际金融租赁公约》第9条、第13条等的规定。

【司法案例】

案情：某房地产公司与信托公司签订信托协议，将其拥有所有权的三处房产委托给信托公司进行管理和处分，并约定以某建筑公司为受益人。该信托公司在经营管理信托财产的过程中，以某贸易公司的名义租赁信托财产中处于其经营场所内的一处房产供自己使用，租赁合同约定支付的租金明显低于市场价格。建筑公司得知后，要求信托公司对造成的损失承担赔偿责任，但遭到拒绝。于是将信托公司诉至法院，要求其赔偿损失。

某针织厂与金融租赁公司达成协议，向针织厂出租5台针织绣花设备，租金总额为180万元，租期为4年。此后，该针织厂以自己的名义与某机械公司签订购买绣花设备的合同，设备总价款为150万元，并得到金融租赁公司的认可。于是，该金融租赁公司向机械公司汇款150万元，机械公司将5台设备交付给了针织厂。但是，针织厂在向金融租赁公司支付了40万元租金后，在未经金融租赁公司允许的情况下，又将其转租给了某内衣厂，约定租期为4年。金融租赁公司在租期满4年时，要求针织厂支付剩余租金并收回租赁物。针织厂称该设备已经出租给了内衣厂，其应向内衣厂收取租金和租赁物。于是金融租赁公司将针织厂诉至法院，要求其支付租金并归还租赁物。

判决：在房地产信托案中，法院审理认为，按照我国《信托法》的规定，受托人必须为受益人的最大利益处理信托事务，并不得利用信托财产为自己牟取利益，不得以不公平的价格与信托财产进行交易，或者在信托财产之间进行交易。信托公司作为受托人擅自以他人的名义，以低于市场价格的租金使用受托财产，应承担赔偿责任。据此判决：赔偿建筑公司的损失。

在针织厂租赁设备纠纷案中，法院审理认为，针织厂与金融租赁公司的金融租赁合同合法有效，应按照合同约定向其支付租金。针织厂在没有取得租赁公司同意的情况下，擅自转租赁属于越权行为。由于针织厂不享有租赁设备的处置权，无权对外转租赁，因此它的转租赁合同无效。据此判决：针织厂向租赁公司支付租金、返还租赁物，并赔偿因此给内衣厂造成的损失。

评析：信托行为是基于委托人对受托人的信任而发生的财产委托管理行为，它以受托人对信托财产的管理和处分为核心，《信托法》的主要内容和宗旨就是最大限度地规范受托人的行为，使受托人能够恪尽职守，诚实、信用、谨慎、有效地管理信托财产，为受益人的最大利益处理信托事务。如果受托人违背这一信托义务，就必须为其行为承担相应的法律责任。

按照财产法的基本法理，承租人只享有租赁物的占有权和使用权，并不享有其处置权。因此，在未经出租人许可，承租人无权将租赁物转租给第三人。按照我国《合同法》的规定，“承租人经出租人同意，可以将租赁物转租给第三人。承租人转租的，承租人与出租人之间的租赁合同继续有效，第三人对租赁物造成损失的，承租人应当赔偿损失。承租人未经出租人同意转租的，出租人可以解除合同”。因此，法院的判断是符合法律规定的。

第十章

证券融通行为法

学习目的与要求　证券融通是既与存贷融通、信托融通有明显区别，又有一定联系的货币融通方式。从联系的角度讲，它们都可以通过发行证券的方式实现货币融通；从区别的角度讲，证券法中的证券是指同时向多人募集的证券，即使是存款证券和信托证券也要同时受证券法的调整。随着银行业务经营货币流通化和货币融通证券化趋势的不断加强，以及证券市场整体化和国际化趋势的不断加深，证券融通法律制度在金融法律制度中占有越来越重要的地位。通过本章的学习，要求学生：

- 重点掌握：证券的性质；证券主体关系；市场禁止行为制度。
- 一般了解：证券市场的类型；信息公开制度；投资基金性质。
- 深入思考：股票、基金的财产权属性；当代证券法的发展趋势。

【核心概念】证券性质　主体关系　证券发行　证券交易　投资基金

【引导案例】

案情：1998年11月~2001年1月间，吕某与朱某合谋操纵康达尔的流通股票。在吕某的指使下，丁某、董某、何某、李某、边某等人，在北京、上海、浙江等20余个省、市、自治区，以单位或个人名义先后在120余家证券营业部开设股东账户1,500余个，融资规模达50多亿元，并最终控制该公司，将其更名为“中科创业”。同时，他们集中资金优势、持股优势，联合、连续进行自买自卖交易，操纵股票市场价格。中国证券监督管理委员会对此案进行了调查，并移送检察院提起诉讼。

2005年6月，某石化总厂筹划组织其部分下属企业组建股份公司，目的是申请其股票在证券交易所市场上市交易。为此，伪造了前3年的会计记录，经查共多计利润16,176万元，伪造当年会计记录，虚增利润2,849万元。并将国家税务局一张400余万元的缓交税款批准书涂改为4,400余万元，以满足当时股票发行上市申请标准的要求。该公司通过发行审核、股票上市发行并交易后，虽然曾在招股说明书中承诺将资金投入四个项目，事实上其募集的资金均未投资这些项目。后来，该公司的欺诈上市行为被中国证券监督管理委员会工作人员发现，并依法进行了处罚。

判决：在吕某等的操纵市场案中，北京市二中院审理认为，吕某等构成操纵证券市场罪，对主要违法公司处罚金2,300万元；对丁某、董某、何某、李某、边某等人分别判处2～4年有期徒刑，并处罚金10万～50万元；吕某和朱某因还涉及其他更严重的犯罪另案处理。

在证券欺诈上市案中，证券监督管理委员会认为，该公司的行为已经构成欺诈上市，按照有关法律、法规的规定作出如下处罚：①对该股份公司处以警告；②对批准年报的董事长认定为市场禁入者，永久不得担任上市公司和证券业高级管理人员；③对批准年报和在招股说明书上签字的董事罚款3万元；④责令6个月内收回违规使用的资金，投入公告的项目。

【案例导学】

从以上两个案例可以看出，证券市场不同于普通的商品市场和其他金融市场，它在市场结构、交易方式、结算方式、市场主体、市场客体、市场媒介体、市场准入、市场退出和市场功能等方面都有自己的特殊性，由此也就形成了特殊的财产和行为关系，这种关系的特殊性决定了必须制定专门的法律对其进行专门的规范。只有严格按照这些法律规范实施证券市场行为，才能保护投资人的合法权益，才能保证证券市场的健康、稳定发展。因此，理解证券融通行为法，确定行为合法与非法的标准，必须首先从维护整体金融利益出发；同时，也必须注意各市场主体个体利益的保护。

■ 第一节　证券基础规范

一、证券与证券市场

证券市场是随着股票和债券的产生与发展而发展起来的，同银行业和信托业的间接货币融通相对应的直接货币融通市场。随着货币融通证券化趋势的不断加强，证券市场的发展还有广阔的空间。证券市场的发展虽然给货币融通提供了新的领域，但没有法律约束和监管的证券市场也成了金融危机爆发的导火线。因此，美国于1933年颁布了世界首部《证券法》，并在第二年又颁布了《证券交易法》。此后，世界各主要市场经济国家都相继颁布了“证券法”，以从整体金融利益的角度规范证券市场行为，保护投资者利益，监管证券市场运行状况，保证证券市场的健康、稳定发展。[1]

（一）证券的概念

证券是一个外延广泛的概念，就一般意义上讲，证券是一种凭证，它有广义和狭义之分。广义的证券是以证明或设定权利为目的做成的凭证，是各类记载并代表一定权利的法律凭证的统称。它表明证券持有人或第三人有权取得该证券拥有的特定权益，或证明其曾经发生过的行为。作为证券，它必须具备两个基本特征：一是法律特征；二是书面特征。证券的法律特征是指它反映的是某种法律行为的结果，这一特征可以从两个方面来理解。首先，作为某种法律行为的结果，它必须具有合法性，否则就不能成为证券。其次，证券中包含的特定内容具有法律效力，发行人和持券人或第三人都无权拒绝接受证券中所赋予对方的权益，或否认对方曾经发生过的行为，否则将受到法律的制裁。证券的书面特征也可以从两个方面来理解。首先，作为一种书面凭证，它必须采取书面或与书面具有同等效力的形式。[2] 其次，它必须按照特定的格式进行书写或制作，并且必须载明有关法规规定的全部必要事项，否则将不能得到法律的认可。不同种类的证券，有关法规对其有不同的书面特征要求，但无论其书面特征要求如何，只要是同时具备上述两项基本特征的凭证，都可以称之为证券，如车船票、邮票、汇票、支票、股票、债券等。证券法上的证券是狭义的证券，它是特指代表特定的财产权益，可均分、可转让或交易的投资性凭证或合同，以及它们的衍生交易标的。它具体是指适于在证券市场上交易的财产投资性证书，是一种由投资性财产衍化成的代表特定权益的金融财产。[3]

证券法意义上的证券，具有以下几个方面的特征：一是它是财产权益证书，代表某种金融财产或某种货币财产价值，就此而言它与存款货币、贷款债权、信托财产没有本质的区别，并且都能以书面凭证或同等效力的形式存在。二是它是可均分且一次性对多个主体发行的标准化财产权益证书，在这一点上它明显区别于票据、存款、贷款和单独的信托，它们多是特殊的有差异的非标准化

---

〔1〕目前，随着金融市场交易的金融工具种类不断增加，许多国家开始将“证券法”的范围扩大到全部金融商品和资本性投资工具的领域。如2006年日本将其《证券交易法》改为《金融商品交易法》，韩国于2007年将《证券交易法》等关于资本市场方面的法律统一修改为《资本市场和金融投资业法》（简称为“资本市场法”）。

〔2〕在当代网络和电子信息社会条件下，传统纸质形式的证券多已被电磁符号形式的电子证券取代，它虽然在物质存在形式上同纸质证券有区别，但在功能上与纸质证券具有基本上同等的效力。同时，也必须明确纸质证券与电子证券还是具有一定区别的，在具体权利行使和据此形成的权利内容上都会因电子化而产生一些变化。

〔3〕如果将证券这样定义，我国的《证券法》就没有必要修改为“金融商品交易法”或“资本市场和金融投资业法”，它的含义更加丰富，完全可以调整涉及整体金融利益的全部直接金融市场。

的证书或证券。三是它主要是指面向不特定的普通社会公众公开发行的公募证书，公募证书肯定会涉及整体金融利益，具有系统性风险，需要从金融法的角度调整；私募证书涉及这些问题比较少，应主要由民商法调整。四是它可以在公开市场上转让或交易，适合投资人迅速投资或转让或转化为货币，其他证券虽然也可以转让，但它们的转让是偶然的、非经常性的。五是它的交易目的是获得投资收益或价格差额收益，而主要不是为了转化为货币或进行财产的管理。具体来讲，证券法意义上的证券主要是指公开在市场上发行和交易的股票、债券、基金份额、受益凭证，以及它们的衍生品。[1]

（二）证券的类型

证券法上的证券是投资人投资行为取得的收益凭证或其衍生品，从法律性质上来讲，它们是财产证券和证权证券。作为财产证券，它可能给投资人带来超过投资价值的价值，这种投资收益既可能来源于它所代表资产的经营收益，也可能来源于证券本身的价格波动。作为证权证券，它不是投资的财产本身，而是它的凭证或证书，投资人的财产权利与凭证本身是可以分离的。证券的交易与转让以财产权利的转移为最终依据，而不以证券的交付为最终依据。同时，证券的丧失并不当然导致财产权利的丧失，财产权利的行使也不以提示证券为必要条件。按照它们的性质可以分为，原生与衍生证券、股权与其他证券、私募与公募证券、记名与不记名证券、纸质与电子证券。

原生证券是投资人通过资产投资行为，直接从投资财产的使用主体手中取得的证券。这些投资财产使用主体，是筹集资金实际从事生产经营的单位。它们在现实生活中，主要是各种类型的企业和国家财政部门，这些单位是证券收益的最终来源，证券的最终收益水平主要取决于发行时的约定或生产经营的收益水平及其市场状况。衍生证券是以原生证券为基础，由原生证券或证券市场衍化而来的证券，也可以称之为证券衍生品。目前，衍生证券主要包括证券的价格指数、认购证、期货、期权等。衍生证券也可以是证券市场的交易对象，但它本身并不能给投资人带来最终的投资收益，它的投资收益最终只能来自于原生证券；有些衍生品只是指示市场趋势、回避市场风险的手段。[2]

原生证券按照其财产权的性质，可以具体分为股权证券和其他证券。典型的股权证券是证明投资人对公司类企业进行投资的凭证，是对公司享有股权的

---

〔1〕参见《证券法》第2条，《证券投资基金法》第2条，《期货交易管理条例》第2条等的规定。这里，虽然证券衍生品具体是由“期货法”调整的，但它也属于证券的范畴，也应纳入证券融通行为法的调整之中。

〔2〕我国证券市场上流通的既有原生证券也有证券衍生品，以原生证券为基础财产的证券衍生品可以产生直接的投资收益，以某证券市场指标为“基础财产”的证券衍生品只能形成价格差额收益。

证明，它的具体表现形式主要包括普通股票、优先股票和混合股票等。其他证券主要包括债权证券、基金份额、资产支持证券等，典型的债权证券是证明投资人对债务人进行债权投资的凭证，它的具体表现形式主要包括政府债券、金融债券和企业债券。基金份额则是以投资基金份额形式存在的信托受益凭证，它的法律性质是信托关系。资产支持证券是以某资产为依据而发行的受益凭证，它的法律性质既可以是债权性的也可以是信托性的，或者是综合性的财产权益。随着金融业的发展，还可能出现许多新的证券类型。

私募证券是指向特定规模以下的专业投资人，非公开发行与募集的证券。私募证券的发行与交易通常不会导致系统性金融风险，证券法往往对其豁免规范和监管，而主要由民商法规范和调整。[1] 公募证券是指向社会不特定的普通投资人，公开发行与募集的证券。公募证券的发行与交易直接涉及社会的整体金融利益，会形成系统性的金融风险。因此，是证券法规范和调整的核心。公募证券的发行需要有严格的注册或核准程序，以保证发行证券和证券市场信息的质量。公募证券的交易必须在有组织的严格规范和监管的市场进行，并对交易规则、交易程序、交易信息、交易结算、交易安全和交易行为有严格的要求。违反这些证券法规，要受到严厉的监管或司法处罚。

按照证券票面上是否记名，可分为记名证券和不记名证券。记名证券是指证券票面上记载权利人的姓名或名称的证券，记名证券的转让需经过背书或法律规定的其他方式，证券上所记载的权利人姓名或名称应作相应的变更。记名证券遗失或毁损时，可以挂失，并可公示催告。不记名证券是指券面不记载权利人姓名或名称的证券，不记名证券流通较为便利，但在证券遗失或毁损时，不可以挂失。纸质证券是指以纸质财产权利证书形式存在的证券，它既可以是记名证券也可以是不记名证券。电子证券是指以电子账户登记的形式存在的证券，它只能是记名证券。电子证券虽然与纸质证券没有本质的变化，但形式变化也对其权利行使方式和内容有一定影响，不能将二者完全等同。[2]

（三）证券市场的类型

证券市场是证券发行与交易场所的总称，由证券、场所和参与人等要素构成。证券市场的参与人主要包括证券的发行人、投资人、经纪人、结算人和监管人等。按照它的基本功能可以分为发行市场和交易市场。发行市场是发行新

---

〔1〕参见《证券投资基金法》和中国基金业协会发布的《私募投资基金募集行为管理办法》，这里需要特别注意的是，这个“管理办法”不是法律、法规或规章，而是行业自律规范，它的法律性质属于行业协会成员之间的合同。

〔2〕目前，我国证券市场上的证券交易和登记结算采用的都是电子网络系统，流通的证券基本上都是电子证券，需要特别注意它与纸质证券的区别。

证券的场所，它的基本功能是筹集资金；交易市场是交易旧证券的场所，它的基本功能是实现证券的流通。按照交易对象可以分为股票市场、债券市场、基金市场和衍生品市场等。按照组织结构和交易方式可以分为交易所市场、柜台市场、第三市场和第四市场等，它们集中体现了证券市场的法律关系，所有证券市场都是证券法规范和监管的对象。

交易所市场是有固定的交易时间、地点、设施和严格的交易组织制度，交易双方必须通过经纪商以集中竞价方式交易和集中统一结算的场所。交易所市场是证券流通的主要渠道，在交易所市场上，投资人可以随时通过经纪商买进或卖出证券，交易所的统计报价系统可以随时发布交易资料和信息，有利于投资人时刻掌握证券市场的情况。交易所市场有严格的管理制度，对上市证券有严格的上市标准要求，对经纪商的收费标准、证券上市费用标准、经纪行为和投资行为都有严格的规定，违反有关规定必须承担相应的责任。因此，交易所市场是高度组织化的流通市场，大部分证券流通都是在交易所市场进行的。交易所市场按照交易证券的上市标准又可以分为许多交易板块，如国际板块、主要板块、中小板块和创业板块等。按照交易结算是否有多层次担保机制，可以分为中央对手方结算市场和非中央对手方结算市场；中央对手方结算市场有多层次的结算担保机构，投资人、经纪人、结算人都必须按照顺序担保当日交易结算的完成，为不能结算的主体垫付资金。[1]

柜台市场是在证券商的交易柜台上，不需要通过经纪商而是由投资人直接进行交易的、按照投资人的协议价格成交的证券市场，它是非公开发行证券的主要流通市场。由于法律或交易所对公募证券有严格的品质要求，只有达到标准的才能在交易所市场交易，达不到标准的只能在柜台市场交易。许多证券商除在交易所市场从事证券业务外，还在其营业场所设有自己的证券交易柜台，买进或代理买进投资人出售的证券，并将买进的证券以较高的价格卖给或代理卖给其他投资人，两者之间的价格差额为证券商的收入，在代理交易的情况下，证券商只收取佣金。柜台市场通常没有严格的交易程序、交易规则和信息公开

---

〔1〕 我国目前的交易所市场都是有中央对手方的结算市场，有多层次的结算担保机制，以维护市场交易的连续性。本书在此后论述相关主体的权利义务时，主要以中央对手方结算市场为依据，包括对结算中权利义务的论述。

制度，证券交易也不够活跃，往往没有严格的证券监管。[1]

第三市场是在交易所市场上市证券的柜台交易市场。由于只有具有交易所会员或成员资格的证券商，才能在交易所市场内为投资人或其自身买卖证券。并且，在交易所市场进行证券交易要交纳佣金，许多市场还规定有固定的佣金标准。在此条件下，为使非交易所会员或成员进行上市证券的交易，又不支付较大数额的交易费用，就出现了在柜台市场上交易上市证券的现象，并逐渐发展成为专门的证券市场。第三市场的出现和迅速发展，使证券交易日趋分散化和多样化，由交易所市场向场外扩散；交易过程不再依赖交易所经纪商；也反映了机构投资人证券市场地位的提高。

第四市场是交易双方不通过经纪商，直接进行证券交易的市场。随着机构投资主体地位的提高，交易数额的扩大和第三市场的出现，通过经纪商进行大规模交易越来越难以接受。它不仅要支付较多的交易费用，而且也很不方便。通过经纪商进行交易不但使证券交易双方不能通过直接协商获得比较满意的交易价格，也不能使交易迅速进行且不暴露自己的交易目的；再加之当代电子信息网络的形成和完善也为不通过经纪商进行交易提供了可能，客观上促成了第四市场的形成。第四市场的出现对交易所和第三市场的大规模证券交易产生了巨大的投资效率压力，有利于进一步降低交易成本、简化交易手续和提高投资效率。

二、证券的法律性质

证券的法律性质，是指证券这一权利凭证所体现的法律属性。首先，证券是衍生财产。它是投资人以货币财产、实物财产或知识财产等原生财产，进行证券投资所形成的特殊财产，这种财产的性质取决于法律的具体规定，或者取决于当事人之间的约定。其次，证券是金融财产。它是连接筹资人与投资人的权益凭证，是将投资人的财产融通给筹资人，并能够在不同投资人之间融通的凭证。最后，证券是虚拟财产。证券财产权利人并不直接经营管理其投入的资产或事业，即使是股东也不直接从事公司的经营管理。证券的法律性质具体表现在它所形成的当事人之间的法律关系上，它是投资合同关系、财产投资关系、交易经纪关系、交易清算关系、投资保护关系和市场监管关系的总和。[2]

---

〔1〕 参见《证券公司柜台市场管理办法（试行）》《机构间私募产品报价与服务系统管理办法（试行）》等的规定。随着证券市场的电子化和网络化，目前，柜台市场也有在一定范围内联网集中竞价交易的发展趋势，至少可以实现交易信息发布的电子化和网络化。如果也能够在各柜台市场之间实现联网集中竞价交易，柜台市场事实上也就变成了交易所市场。在柜台市场上，为了保证交易的连续性，证券商自身会作为固定的交易相对方，通常称之为做市证券商。

〔2〕 具体参见《公司法》《证券法》《证券投资基金法》《合同法》等相关法律、法规的规定。

证券的投资合同关系，是指取得证券及其衍生品的行为首先是一种合同行为，是一种通过合同实现财产类型转化的行为。投资人必须将其投资财产实际交付或交付同时变更登记，将投资人的财产实际转化为筹资人的财产后才享有证券财产权。如果投资人没有向筹资人实际交付财产，或者需要登记才发生转让效力的财产没有变更登记，投资人并不能实际获得证券财产权。同时，这种合同关系的内容并不是完全由双方约定的，合同的基本内容是由法律直接规定的。合同生效后不仅双方约定的条款具有法律效力，法律直接规定的权利义务关系也对双方具有法律约束力。[1]

证券的财产投资关系，是指证券所体现的是投资人与筹资人之间的财产投资关系。首先，他们之间是一种财产关系，是投资人与筹资人之间的财产转换，没有财产的转换不构成证券关系。其次，他们之间是一种投资关系，作为投资关系，它所转化成的是资产证券，是一种能够给投资人带来资产收益的证券或其衍化形式。这种投资关系，还有股权投资和其他投资之分。作为股权投资关系，投资人的财产一旦投入，在公司存续期间就不得收回，他只能将自己的股权证券转让、转化为其他财产形式。同时，投资人享有对投资企业的股东权。作为其他投资关系，投资人的财产投入之后可能会形成债权关系、信托关系和混合财产关系，甚至在证券衍生品中形成某市场指标的投资关系。不同的投资关系形成不同的投资权益，它的具体内容是由法律规定和合同约定的。[2]

证券的交易经纪关系，是指在证券及其衍生品的交易过程中，投资人与证券或期货公司形成的证券经纪关系。它首先是经纪关系，然后才是证券经纪关系。经纪关系是指经纪人接受客户的委托，为客户提供财产交易服务并收取佣金的关系。证券经纪关系是特指证券或期货公司接受投资人的委托，以自己和投资人的名义代理客户进行证券交易与结算，并承担结算担保、财产处置等风险控制职责和收取佣金的服务关系。按照英美法系国家或区域的规定，证券或期货公司与投资人之间形成的关系可以视为代理关系。[3] 按照大陆法系国家或区域的规定，证券或期货公司与投资人之间形成的关系被视为行纪关系。[4] 这种解释在20世纪70年代以前还是可以接受的，但此后各国的证券与期货清算机

---

〔1〕 参见《合同法》《公司法》《证券法》《证券投资基金法》等相关法律、法规的规定。

〔2〕 参见《公司法》《证券法》《证券投资基金法》《信托法》《期货交易管理条例》等的规定。

〔3〕《1934年美国证券交易法》第3条第A款第4项把“经纪商”广泛地定义为“任何代理他人从事证券交易业务的人，但不包括银行”。经纪商“纯粹是代客买卖，担任委托客户的代理”。

〔4〕 在日本证券交易制度中，将在证券交易中证券公司接受客户委托，以证券公司名义为客户买卖证券规定为“佣金代理”，并规定“佣金代理”适用《日本商法典》关于行纪的规定。我国台湾地区“证券交易法”第15条、第16条也明确规定，从事有价证券买卖之行纪或居间者为证券经纪商。

制都发生了明显变化，建立起了多层次的清算担保和风险控制体系。在此条件下，证券或期货经纪已经同其他经纪以及代理或行纪等关系产生了非常明显的区别，它已经成为一种特殊的法律关系。[1]

证券的交易清算关系，是指在证券及其衍生品交易过程中，投资人、经纪人与登记结算人之间所形成的清算关系。按照各主要国家和我国法律的规定，在交易等市场中证券及其衍生品交易清算实行的是分级结算结构。在此过程中，经纪人是以投资人和自己的名义进行交易的，是交易结果的直接责任人。他首先必须向交易相对方承担交易结算的责任，然后才能要求投资人承担交易结算责任。同时，这种交易结算也不是在经纪人与交易相对方直接进行的，而是以他们在登记结算人处设立的证券或期货集中交收账户和资金集中交收账户，以及每个投资人的资金账户或保证金账户和在登记结算人处设立的证券或期货账户分两个级别间接进行的，以维护证券市场的效率和证券清算体系的安全。这种复杂的交易清算体系是用代理或行纪关系无法解释清楚的，在当代社会它应是一种新型的独立的法律关系。[2]

证券的投资保护关系，是指证券及其衍生品交易过程中不同投资主体之间的特殊保护关系。它是为维护证券市场的公平与效率而特别构建的法律关系，具体表现为证券质量制度、证券信息制度和证券交易制度三个方面。证券质量制度主要包括发行质量制度、上市质量制度和证券退市制度等，通过这些制度保证上市证券都能够达到较高的品质，为投资人提供比较好的证券投资对象。证券信息制度主要包括发行信息制度、上市信息制度、交易信息制度、信息禁止制度等，通过这些制度保证每个投资人都能够平等地获得可靠的投资决策信息。证券交易制度主要包括交易主体资格制度、强势主体行为限制制度、弱势主体特殊权利制度、特殊风险保障制度等，通过这些制度保证各类投资人都能够有基本上同等的投资行为基础和决策判断条件，以充分实现证券市场的功能，维护证券市场的繁荣。[3]

证券的市场监管关系，是指以证券监管机关为核心形成的监督管理关系。

---

〔1〕 我国《证券法》和《期货交易管理条例》明确规定这种法律关系为经纪关系，它虽然与代理、行纪以及其他经纪等有一定联系，但《证券法》和《期货交易管理条例》中所规定的证券经纪关系有特定的含义及权利义务关系的内容，这种关系包含有多个层次的证券或期货交易清算担保和风险控制内容，不能简单地与代理、行纪和其他经纪关系混同。

〔2〕 参见《证券法》《期货交易管理条例》《证券登记结算管理办法》等的相关规定。

〔3〕 参见《证券法》总则部分、证券发行部分、证券交易部分，以及上市公司收购市场的具体规定。这里的交易主体资格制度主要是指投资人适当性制度，我国法律规定限制不适合承受相应投资风险的主体进行证券投资。

它是证券法律、法规贯彻执行的重要前提，是维护整体证券市场利益的重要保障。证券监管是对各种证券法律关系主体和市场行为的全面监管，包括对发行主体、投资主体、经纪主体、结算主体、组织主体、服务主体等的监管，也包括对证券的发行行为、上市行为、信息行为、交易行为、存管行为、结算行为、组织行为、退市行为等的监管。通过进行现场检查、调查取证、询问当事人、要求当事人作出说明，以及查阅、复制与被调查事件有关的财产权登记、通信记录、交易记录、财务会计及其他相关资料，查询当事人的资金账户和证券账户等，掌握市场主体的违法行为证据，依法纠正和处罚违反整体证券市场利益的主体和行为，维护弱势主体和整个证券市场的利益。[1]

三、证券的主体关系

证券及其衍生品是货币融通的重要工具，证券及其衍生品市场是一个复杂的交易体系，会形成多个市场主体之间的多种法律关系。它的基本法律主体包括享有交易结果的投资人，提供交易服务的经纪人，组织交易登记结算的清算人，以及作为交易场所组织机构的交易所。这些主体在证券及其衍生品市场上扮演着特定的角色，享有特定的权利，承担着特定的义务。

（一）交易所的权利义务

证券或期货交易所是为证券及其衍生品集中交易提供场所和设施，组织和监督交易行为，实行自律管理的法人。在证券或期货市场上，它所承担的主要义务包括场所设备提供义务、交易指令执行义务、证券信息发布义务和市场秩序维护义务。其中，场所设备提供义务要求，它必须向其会员或成员提供必要的交易场所和设施，以便使交易能够顺利地进行。交易指令执行义务要求，它必须严格按照经纪人的交易指令，按照价格优先、时间优先的原则达成不同主体之间的交易。证券信息发布义务要求，交易所必须向社会公开发布有关上市公司、交易情况和法律法规等的信息，以便投资人据此进行投资决策。市场秩序维护义务要求，交易所必须尽到其合理的可能维护市场交易秩序。如果交易所不能按照法律规定或自律约定履行这些义务，就要受到相应的监管处罚或承担相应的法律责任。[2]

证券或期货交易所在承担上述义务的同时也享有必要的权利，它是保证能够履行其义务的重要条件。按照法律规定和相关文件的约定，交易所的权利主

〔1〕 参见《证券法》《期货交易管理条例》及相关法律、法规的具体规定。

〔2〕 在我国，设立金融交易所必须经监管机关批准并授予其业务经营权，没有经过监管机关批准和授予其经营权的属于非法金融机构，设立其他证券市场也应向监管机关备案，接受证券监管机关的监管。

要包括会员成员批准权、上市退市决定权、交易费用收取权、停牌停市决定权、交易主体监管权、违法违约处罚权。其中，会员成员批准权，是指交易所有权按照法定和约定标准批准经纪人为其会员或成员，只有交易所会员或成员才有权经纪投资人的业务。上市退市决定权，是指交易所有权按照法定和约定的标准决定某证券及其衍生品的上市或退市。交易费用收取权，是指交易所有权收取上市费、会员费、交易费、席位费等交易费用，并将其用于交易设施的建设与维修，以及各项业务费用支出，维护交易所的正常运行。停牌停市决定权，是指在出现重大事件、突发性事件或不可抗力时，按照法律规定或约定，交易所有权采取技术性停牌的措施或决定临时停市。交易主体监管权，是指交易所有权依法和按约监管各证券交易主体。违法违约处罚权，是指交易所有权按照法律规定或约定，对违法或违约的交易主体进行处罚。[1]

（二）投资人的权利义务

投资人是在证券市场上为自己买卖证券及其衍生品的主体，其可以是有权买卖证券及其衍生品的单位，也可以是个人。其承担的证券市场义务主要包括自身信息告知义务、交易规则遵守义务、交易资金预存义务、交易费用缴纳义务和交易协议履行义务。其中，自身信息告知义务要求，投资人在委托经纪人买卖证券及其衍生品时，必须如实告知其必要的自身身份和财务状况信息。交易规则遵守义务要求，投资人在交易过程中必须遵守法定和约定的各种交易规则，否则就必须承担相应的违法或违约责任。交易资金预存义务要求，投资人在进行证券及其衍生品投资之前必须将交易资金预先存储于托管机构，以作为交易担保和进行统一的交易清算。[2] 交易费用缴纳义务要求，投资人在交易完成后必须向交易所支付交易费用和向经纪人支付佣金，以作为交易所和经纪人的业务收益。交易协议履行义务要求，投资人在证券及其衍生品交易协议达成后，必须按期履行交付证券或支付资金的义务。

证券及其衍生品投资人在承担上述义务的同时也享有相应的权利，它是实现投资人投资目的的必要条件。按照法律规定和相关文件的约定，投资人的权利主要包括合格信息获知权、流通证券交易权、证券交易决策权、资金证券支配权、证券收益获取权、投资利益保护权。其中，合格信息获知权，是指投资人有平等地获知真实、准确、完整的证券及其衍生品投资信息的权利，否则有

〔1〕 参见《证券法》《期货交易管理条例》及各交易所章程和交易规则等的具体规定。

〔2〕 这里的证券及其衍生品的交易资金，对于证券投资而言，是指其托管于商业银行的投资资金，对于证券衍生品投资而言，是指其托管于保证金存管机构的投资保证金，它与托管机关机构之间的法律关系应该是信托关系。

权就因此造成的损失向责任人要求赔偿。流通证券交易权，是指投资人有权买卖依法可以流通的证券及其衍生品。证券交易决策权，是指投资人有权自主地进行投资决策，他人不得干涉其合法的交易行为。资金证券支配权，是指投资人依法享有对其存放于托管机构的证券和投资资金的支配权，该资金和证券不得作为托管机构的破产财产。[1] 证券收益获取权，是指投资人有权获得其证券及衍生品的投资收益，任何单位和个人不得非法冻结或挪用。投资利益保护权，是指投资人特别是弱势投资人的合法权益受法律保护，任何单位和个人不得非法侵害；否则，必须承担赔偿责任。[2]

（三）经纪人的权利义务

经纪人是在证券及其衍生品市场上取得经纪人资格，代理投资人进行买卖并收取佣金的证券或期货公司。在经纪行为过程中，其承担的义务主要包括遵守经纪规则义务、遵守交易委托义务、财产独立维护义务、交易资料保存义务和结算运行维护义务。其中，遵守经纪规则义务要求，经纪人必须遵守法定和约定的经纪规则，不得违法或违约经营，不得接受客户的全权交易委托。遵守交易委托义务要求，经纪人必须严格按照委托人的委托和法规对该业务的规范办理经纪业务，严格遵守此业务阶段的代理人义务。财产独立维护义务要求，经纪人必须尽自己合理的可能维护投资人投资财产的独立性，不得挪用或将其混同于自有财产或与自身业务进行混合操作。交易资料保存义务要求，经纪人必须保存客户的委托和交易记录，并不得少于20年。结算运行维护义务要求，经纪人在登记结算过程中，如客户资金不足有义务首先以自己的自营资金垫付，以维护登记结算体系的正常运行。[3]

经纪人在承担上述义务的同时也享有相应的权利，它是其履行上述义务和实现经营目的的必要条件。按照法律规定和相关文件的约定，经纪人的权利主要包括经纪业务经营权、相关业务经营权、客户信息审核权、资金证券审核权、资金证券留置权、留置财产处分权、经纪佣金收取权。其中，经纪业务经营权，是指经纪人经监管机关核准依法取得经纪资格后有权经营经纪业务。相关业务

---

〔1〕这里需要特别注意的是，在当代证券及其衍生品交易清算体系之下，投资人的证券存管于证券登记结算机构的证券账户中，投资人的资金存管于银行的证券投资资金账户或存管机构的保证金账户中。这些账户的法律属性是信托性质的，与银行存款账户中的存款是不同的，无论是账户中的证券，还是账户中的资金，都不得作为存管机构的破产财产。

〔2〕参见《证券法》《期货交易管理条例》及相关法律、法规的具体规定。

〔3〕这里的经纪人是指经监管机关核准并授予其经纪业务经营权的证券公司和期货公司，它们是证券及其衍生品市场的合法经纪人。没有取得经纪业务经营权的单位和个人不得从事证券及其衍生品经纪业务，否则即为非法经营，情节严重的会构成犯罪。

经营权，是指经纪人经核准有权经营与经纪业务相关的承销业务、保荐业务、自营业务等。客户信息审核权，是指经纪人有权审核客户的身份和财产信息，并保证这些客户资料的真实、准确、完整。资金证券审核权，是指投资人委托经纪人进行证券及其衍生品交易，必须首先将资金或证券信息告知经纪人，并由经纪人进行记录登记以监督交易结算的进行。资金证券留置权，是指在投资人没有足够的资金或证券完成交割的条件下，经纪人在垫付后有权留置其买入的证券或卖出所得资金，并将其存入结算机构的处置账户。留置财产处分权，是指规定期限内投资人不补足证券或资金，经纪人有权处分留置财产用以完成交易结算，剩余部分归还投资人，不足部分有权追偿。[1] 经纪佣金收取权，是指经纪人办理经纪业务有权向投资人收取佣金。[2]

（四）清算人的权利义务

清算人是指专业登记结算公司或交易所的清算部门，是为证券及其衍生品交易提供集中登记、存管与结算服务，以经纪人为直接结算关系人、以投资人为最终结算关系人的非营利法人或部门。[3] 清算人承担的义务主要包括遵守结算规则义务、遵守结算委托义务、结算证券划转义务、结算资料保存义务和结算运行保障义务。其中，遵守结算规则义务要求，清算人在办理业务过程中必须遵守法定和约定的登记结算规则。遵守结算委托义务要求，清算人必须按照委托协议和交易结果，为经纪人和投资人办理结算业务。结算证券划转义务要求，清算人必须通过为经纪人设立的证券账户和资金账户，实现其与经纪人之间的直接清算；并通过为投资人设立的证券账户和资金或保证金账户，实现经纪人与客户之间的最终清算。结算资料保存义务要求，清算人必须保存登记结算记录，并不得少于20年。结算运行保障义务要求，清算人应设立证券及其衍生品交易结算互保金、结算风险基金，用于垫付或弥补因违约交收、技术故障、操作失误、不可抗力等造成的损失，保障结算的正常运行。[4]

清算人在承担上述义务的同时也享有相应的权利，它是履行义务和实现经

〔1〕 在经纪人处分留置财产的资金不足以清偿为投资人垫付的结算资金的条件下，剩余资金的追偿就不属于“证券法”或“期货法”调整的内容，而是属于民商法调整的内容，应该按照民商法的规范进行追偿。

〔2〕 参见《证券法》《期货交易管理条例》《证券登记结算管理办法》《客户交易结算资金管理办法》《最高人民法院关于冻结、划拨证券或期货交易所、证券登记结算机构、证券经营或期货经纪机构清算账户资金等问题的通知》等的具体规定。

〔3〕 在我国，证券交易所市场的清算人只有中国证券登记结算公司，在证券衍生品市场上清算人是期货交易所的清算部门。

〔4〕 结算互保金，是指按照结算风险共担的原则，由参与结算的经纪人出资设立的风险基金。结算风险基金，是指按照登记结算机构和经纪人业务收入的规定比例提取的风险基金。

营目标的必要条件。按照法律规定和相关文件的约定，清算人的权利主要包括登记结算经营权、自营资金动用权、留置指令执行权、风险基金动用权和结算费用收取权。登记结算经营权，是指清算人取得登记结算资格后有权依法经营登记结算业务。自营资金动用权，是指在投资人账户资金不足以完成结算时，清算人有权动用其经纪人自营账户的资金抵偿投资人不足的交易资金。留置指令执行权，是指在投资人违约时，清算人有权按照经纪人的指令留置投资人的资金或证券，将其转入专用清偿账户以协助经纪人向投资人收取证券或资金。风险基金动用权，是指经纪人发生资金交收违约的，有权按照经纪人担保资金、结算互保金中违约人交纳的部分、结算互保金中其他经纪人交纳的部分，以及结算风险基金的顺序动用该资金，完成与相对方经纪人的资金交收，以维护证券登记结算体系的正常运行。结算费用收取权，是指登记结算公司或部门办理清算业务，有权向业务对象收取规定比例的登记结算费用。[1]

■ 第二节 证券发行规范

一、证券的发行审核

证券发行是行为主体向市场发行证券，以此筹集需要融通的资金的行为。按照发行的对象可以分为私募发行和公募发行，证券法调整的证券发行主要是指公募发行，以维护整体证券市场利益。对于私募发行，虽然也必须进行一定的规范和监管，但通常都豁免进行事先监管。在证券公开发行市场上，发行主体主要关心的是发行是否能够成功，投资主体主要关心的是发行人能否达到一定的品质，他购买证券的风险性和收益性如何。这是证券发行市场矛盾的焦点，也是证券发行市场监管的主要内容。因此，证券发行制度首先是发行审核制度，它主要由信息审核制度和信息公开制度构成。

（一）信息审核制度

证券发行信息审核制度，是规定信息审核监管体系和方式的制度。未经发行信息审核通过，不得公开发行证券；否则，即为非法发行，情节严重的构成非法公开发行证券犯罪。公开发行的标准包括发行对象标准、累计人数标准、信息公开标准和特别豁免标准。按照我国现行法律的规定，面向社会不特定公

---

〔1〕 参见《证券法》第155条、第157～168条，《证券登记结算管理办法》第三章至第七章，《证券结算风险基金管理办法》，《客户交易结算资金管理办法》和《最高人民法院关于冻结、划拨证券或期货交易所、证券登记结算机构、证券经营或期货经纪机构清算账户资金等问题的通知》等的具体规定。

众，或者向特定主体但人数超过 200 人，或者公开或变相公开发行信息，或者不符合豁免条件都属于公开发行证券。[1] 证券发行信息审核制度主要包括发行注册制度和发行核准制度。发行注册制度要求，证券发行必须向监管机关申请注册，注册后必须将主要信息对社会公开。它规定除可依法豁免注册的证券外，都必须首先向监管机关提出注册申请，并提交注册申报材料。只要申报材料真实、准确、完整即可获得注册，允许公开发行证券。如果发现存在缺陷和漏报必须补足，发现有利用虚假资料等恶意骗取注册的应承担相应的法律责任。发行注册后应将申报材料公之于众，随时提供查阅或咨询。

发行核准制度要求，证券发行必须由证券监管机关核准，核准后必须将主要内容对社会公开。它规定除依法可以豁免核准的证券外，任何公开发行都必须向证券监管机关办理核准申请手续，提交审核申报材料。对经审核认定不符合发行条件的不允许发行，对符合发行条件的核准发行。证券发行核准后，应将核准申报材料公之于众，并向各投资主体随时提供查阅或咨询。证券发行注册制度与核准制度的主要区别在于，发行审核过程中是否存在法定的发行证券品质的强制性标准，具有强制性标准、达不到该标准不允许发行的为核准制，它可以保证发行证券的质量；不具有证券发行强制标准的为注册制，它所保证的只是发行信息的真实性，证券的品质由投资人自行判断。[2]

（二）信息公开制度

证券发行信息公开制度，是规定发行注册或核准后必须将申报材料对社会公众公开的制度，它具体包括信息公开原则和信息公开程序。信息公开的原则，是信息公开的基本准则。首先，它要求公开的信息内容必须真实、准确、完整，不得有虚假性记载、误导性陈述，以及隐瞒或重大遗漏，以便使投资者的决策依据尽可能地全面。其次，它要求公开的信息必须及时、公平和易懂，即公开的信息必须是最新的，以免投资者不能迅速获得最新信息，超过规定时限的资料也同样为不真实资料；信息资料应以最易获得的形式、平等地向全体投资人同时公开；并且，信息内容的表达应简明通俗，能够被普通投资者理解，可以

---

〔1〕 参见《证券法》,《刑法》第 179 条，以及相关法律、法规的规定。我国目前的豁免条件包括：特定金融企业的公开发行，达不到公开发行标准的对合格专业投资人士的私募发行，小微企业每年不超过规定数额的小额发行，面向企业内部职工的证券发行，以及规模不超过法定标准的小额发行等。我国合格专业投资人士的标准主要包括：年收入不低于 50 万元，拥有的金融资产不少于 300 万元，具有 2 年以上证券、期货投资经验的个人。

〔2〕 参见美国、日本、韩国等国家的证券发行审核制度，以及其他实行注册制国家的审核制度。2015 年 12 月 27 日，全国人大常委会审议通过了《关于授权国务院在实施股票发行注册制改革中调整适用〈中华人民共和国证券法〉有关规定的决定》，该决定的实施期限为 2 年，自 2016 年 3 月 1 日起施行。

将其概括为，真实、准确、完整，及时、公平、易懂。

证券发行信息公开的程序主要包括提出发行审核申请、信息的证明与审核、发行信息的公示三个基本步骤。发行证券首先应向审核机关提出申请，并提供法规规定的审核材料。审核机关应对这些材料进行严格审核，发现问题应通知发行人予以修正、补报和澄清。最终，发行人必须将这些材料，在证券发行前按照法定的方式向社会公布，并提醒投资者阅读。发行证券的信息依法公开前，任何知情人不得公开或泄露该信息，也不得在公告公开发行募集文件前发行证券。发行公司的全体董事、监事、高级管理人员，保荐机构及保荐代表人，为证券发行出具专项文件的注册会计师、资产评估人员、资信评级人员、律师及其所在机构，应在出具的相关文件上签字，保证不存在虚假记载、误导性陈述或重大遗漏，并对自己签字的相关文件声明承担担保责任和连带赔偿责任。如果在公开发行后上市交易，需要交易所进行上市审核。[1]

二、证券的发行方式

证券发行方式，是指证券从发行人手中转移到投资人手中的具体方法或形式。证券发行是技术性比较强的工作，它不仅需要发行的证券本身具有较好的品质，还需要有比较适合的发行方式。采取不同的方式发行证券直接关系到发行成本，关系到发行的成功与失败。按照证券发行过程中是否有承销机构参与，可将其分为直接发行和间接发行两种基本方式。

（一）证券的直接发行

证券的直接发行是指证券发行过程中，发行人不委托专门的承销机构办理有关事务，而是亲自向投资主体销售证券的发行方式。采取这种发行方式，由于没有承销机构参加，无需支付承销费用，可降低发行成本。同时，对于发行规模和范围较小的证券，特别是主要在某范围内部发行的证券，采取直接发行方式还能够减少中间环节，提高证券发行速度和发行效率。

证券发行涉及的事务很复杂，从申报登记、征募宣传到证券的印制、运送、发行、登记、款项收转等，都需要专门的技术和经验。因此，我国证券法律规定，发行人向不特定对象发行的证券应当采取间接发行方式由证券公司承销。向不特定对象发行的证券票面总值超过规定数额的，应当组织承销团，承销团由主承销和参与承销的证券公司组成。并且，承销期限最长不得超过90日。如果股票发行采用代销方式，代销期限届满，向投资者出售的股票数量未达到拟

---

〔1〕参见《证券法》《上市公司证券发行管理办法》《非上市公众公司监督管理办法》等的相关规定，证券市场信息的品质既是发行人的责任，也同时是保荐人的责任。并且，应首先由保荐人承担发行赔偿责任，再与相关责任人承担连带责任。

公开发行股票数量70%的为发行失败，发行人应当按照发行价格加算银行同期存款利息返还股票认购人。[1]

（二）证券的间接发行

证券的间接发行是指证券发行过程中，发行人委托专门的承销机构办理有关事务，而不亲自向投资主体销售的发行方式。采用这种发行方式，有利于提高发行人的知名度和信誉，有利于快速出售证券、降低发行风险。采用间接方式发行证券，首先应选择承销机构，并与之签订承销协议，承销机构必须是具有证券承销资格的证券经营机构。同时，承销机构应对公告材料的真实性、准确性和完整性进行核查，发现有虚假记载、严重误导性陈述或重大遗漏的，不得进行销售活动；已经销售的，必须立即停止销售活动，并采取纠正措施。证券的间接发行具体包括代销、包销和招标三种形式。

代销是指承销机构以代理人身份代为发售证券，只收取代销手续费，但不对证券发售结果负责的发行方式。采用这种发行方式，虽然可将证券发行事务委托给承销机构，但仍要承担发行失败的风险。包销是指承销机构要承担全部发售责任，以规定价格向社会公众进行发售，未能发售的部分由其自行购买的发行方式。招标实际上是一种特殊的包销方式，它是指发行人通过招标的方法，同承销机构和投资者确定证券发行条件，实现证券发行的一种发行方式。按投标人竞争的项目不同，又可分为价格招标、手续费招标和利率招标三种具体形式，这种发行方式主要适用于债券的发行。

证券公司在承销证券的过程中，不得以不正当竞争手段招揽证券承销业务，对所代销、包销的证券应当保证先行出售给认购人，不得为本公司预留所代销的证券和预先购入并留存包销的证券。证券公司承销证券，应当同发行人签订代销或包销协议，协议中应载明当事人的名称、住所及法定代表人姓名，代销、包销证券的种类、数量、金额及发行价格，代销、包销的期限及起止日期，代销、包销的付款方式及日期，代销、包销的费用和结算办法，违约责任，以及监管机关规定的其他事项。公开发行股票，代销、包销期限届满，发行人应当在规定的期限内将发行情况报监管机关备案。[2]

三、股票的发行价格

股票的发行价格是指股份公司在发行股票时，每股股份所能够实际取得的发售收入额。通常，发行价格主要受有关法律规定、发行公司状况和市场情况的影响。由于各国公司和证券法律对股票种类和发行价格的规定不同，以及发

---

〔1〕参见《证券法》《证券投资基金法》及相关法律、法规的规定。

〔2〕参见《证券法》《证券投资基金法》《证券发行与承销管理办法》及相关法律、法规的规定。

行公司和发行市场的状况不同，股票的发行价格也各不相同。从世界各国的规定来看，股票主要有票面价格发行、设定价格发行、票面折价发行和票面溢价发行四种基本情况。票面价格发行，是指按照股票票面上标明的每股金额发行。设定价格发行，是对无面值股票而言的，发行时不标明每股股票的面额，而是根据公司章程或董事会决议规定的发行价格发行。票面折价发行，是指以股票面额的折扣价格作为发行价格，即以低于股票面额的价格发行。票面溢价发行，是指按照超过股票面额一定比例的价格发行。

股票虽然可以有多种发行价格，但在某种股票的实际发行过程中，通常只能采取一种发行价格。股票的发行价格主要取决于股票的票面形式、有关法律的规定、公司经营状况和证券市场状况。股票的票面形式，对股票发行价格具有重要的决定作用。对面值股票来讲，它可以采用面额发行、折价发行和溢价发行三种发行价格。对无面值股票来讲，它只能采用设定价格发行。各国有关法律的规定，也直接决定着股票发行价格。有的国家规定不能发行无面值股票，这样就不会存在设定价格发行。此外，公司经营和证券市场状况也决定着股票的发行价格。如果公司经营和证券市场状况较好，则可能进行溢价发行。股票溢价发行的，发行价格由发行人与承销的证券公司协商确定。[1]

第三节 证券交易规范

一、市场准入的规范

证券市场是对主体、客体和媒体都有严格要求的市场，证券市场准入制度是规定主体、客体和媒体市场准入标准和程序的制度。它对于保证证券市场要素的质量，规范市场上的证券流通行为，维护证券市场的流通秩序，保护投资人利益具有重要作用。从各国相关规定来看，证券市场准入制度主要包括：证券的准入规范、证券业准入规范和信息的公开规范。

（一）证券的准入规范

证券的准入规范，是对进入流通市场证券的准入监管规范。它应包括证券上市规范和证券上柜规范，按照我国现行法律的规定，除政府债券、金融债券和证券衍生品等享有准入豁免权的以外，其他证券进入交易所市场或柜台市场进行交易应由监管机关和交易所依法和按约进行准入监管。它的具体内容主要

---

〔1〕 参见《证券法》第34条，《公司法》第126～128条，以及相关法律、法规的规定。

包括证券的准入标准、准入程序和流通停止。[1]

证券的准入标准，是指进入市场流通的证券必须达到的特定品质要求。在证券准入核准制条件下，准入标准是由监管机关规定的；在证券准入注册制条件下，准入标准是由市场组织主体规定的，达到准入标准才允许在本市场交易，达不到准入标准的只能在下一级市场交易。按照证券进入流通的市场不同，可以将其分为交易所市场准入标准和柜台市场准入标准。其中，交易所市场的准入标准又可以具体分为，国际板块准入标准、主要板块准入标准、中小板块准入标准、创业板块准入标准和其他板块准入标准。通常，国际板块的准入标准是国际知名公司，主要板块的准入标准是国内知名公司，中小板块的准入标准是国内中小型公司，创新板块的准入标准是高技术和高成长性公司，其他板块的准入标准是其他类型的公司。柜台市场的准入标准是能够具有一定交易的公司，不能形成市场的证券只能进行内部转让。

证券的准入程序，是申请证券进入市场流通的审核顺序。它的基本程序主要包括提交申请、审核批准、签约付费和发出公告四个步骤。按照现行法律的规定，申请人首先要向交易所上市管理机关提出申请，并同时提交有关申请文件。交易所应按照准入标准认真审核，以确定申请文件的真实性、准确性和完整性，并最终作出是否允许其进入市场的决策。证券准入合同是交易所与发行人订立的，确定双方权利与义务关系的协议，它的主要内容包括证券种类、发行日期、发行数量、证券面额、准入费用、准入日期和准入终止事项等。证券的准入费用是指发行人在其证券进入市场流通时，应向市场业务部门交纳的管理费用，包括准入初费和准入年费。证券进入市场交易前，发行人还需向社会发布准入公告，以使投资人全面了解该证券的各方面情况。

证券的流通停止，是规定准入证券在证券市场上停止流通的标准。按照我国法律的规定，证券流通的停止包括流通暂停和流通终止，流通暂停又可以分为强制暂停和自动暂停。强制暂停是证券暂时不再符合交易条件，或者有违法违约行为，被交易所暂停其在市场上流通的状况。自动暂停是发行人出现发行新证券、分红派息等情况，或者根据发行人申请暂时停止流通的状况。证券流通的终止是公司不再符合在本市场的交易条件，或者有严重的违法违约行为，或者公司解散或被宣告破产或债券到期，以及达到交易所规定的终止流通的其他情形时，应终止上市。对交易所作出的不予上市、暂停上市、终止上市决定

[1] 政府债券、国家担保的金融债券由于是以国家信用做担保的，本身就具有最高的品质。因此，各国通常都对其进行准入豁免。证券衍生品的准入需要监管机关的特殊批准，不能通过普通准入程序进行证券市场交易。

不服的，可以向证券交易所设立的复核机构申请复核。[1]

（二）证券业准入规范

在证券流通市场上，不仅需要对证券进行准入监管，对于充当证券流通媒介的证券公司、期货公司及其从业人员也要实行准入监管，不符合法定或约定标准要求的证券公司、期货公司及其从业人员，也不能从事证券流通业务和进行证券流通业务的经营。证券业的准入规范主要包括交易所市场准入规范和柜台市场准入规范，我国目前规定的主要是交易所市场的准入规范。

证券公司或期货公司要进入交易所市场，经营证券及其衍生品经纪或自营业务，必须是会员制交易所的会员或是公司制交易所的成员。要成为交易所的会员或成员，必须首先获得经营证券或期货业务的监管授权，并向交易所提出申请。申请中应明确表示，承认交易所章程并遵守交易所的规则。同时，提交有关审批资料。经交易所审查认为符合条件，在办理有关手续和缴纳席位费后即可成为交易所的会员或成员。证券业从业人员的准入，是对特定证券或期货岗位从业人员的准入要求，它通常要求必须取得证券或期货业协会颁发的证券或期货业人员从业资格。[2]

（三）信息的持续公开

信息的持续公开是与发行信息公开相对应的概念，是指上市公司和公司债券上市交易的单位等，在证券上市后必须将与证券交易和市场价格有关的重要信息，继续向监管机关和交易所报告并向社会公开的行为。按照我国现行法律的规定，持续信息公开是信息披露义务人的强制性义务，是保证市场公开、公平、公正的前提。持续信息公开包括定期报告和临时报告。[3]

定期报告是指信息披露义务人，在法定期限内制作完成并公告的信息披露文件，它具体分为中期报告和年度报告。上市公司和债券上市交易的单位，应当在每一会计年度的上半年结束之日起 2 个月内，向监管机关和交易所报送中期报告。在每一会计年度结束之日起 4 个月内，应向监管机关和交易所报送年度报告。[4] 临时报告又称重大事件报告，是指当发生可能对证券交易价格产生

---

〔1〕 参见《证券法》《关于完善上海证券交易所上市公司退市制度的方案》《关于改进和完善深圳证券交易所主板、中小企业板上市公司退市制度的方案》及证券交易所规则的具体规定，以及《深圳证券交易所创业板股票上市规则》第十二章、第十三章、第十四章等的具体规定。

〔2〕 参见《证券法》《期货交易管理条例》《证券公司监督管理条例》《证券交易所管理办法》《期货交易所管理办法》《证券业从业人员资格管理办法》《期货从业人员资格管理办法》及相关法律、法规的具体规定。

〔3〕 参见《证券法》第 65 ~ 67 条，以及《上市公司信息披露管理办法》等的具体规定。

〔4〕 参见《证券法》第 65 条、第 66 条，《上市公司信息披露管理办法》第 19 ~ 29 条等的规定。

较大影响的重大事件，投资者尚未得知时，发行人应当立即将该情况向监管机关和交易所报送临时报告，说明事件的起因、目前的状态和可能产生的法律后果。同时，将报告内容向社会公告。[1]

上市公司监事会应当对董事会编制的定期报告进行审核，并提出书面审核意见，公司董事、高级管理人员应当对定期报告签署书面确认意见，并保证披露信息的真实、准确、完整。如果公告的报告以及其他信息披露资料，有虚假记载、误导性陈述或重大遗漏，致使投资者在交易中遭受损失的，上市公司应当承担损失赔偿责任，公司董事、监事、高级管理人员和其他直接责任人员，以及保荐人等相关责任人应当承担连带赔偿责任，除非能够证明自己在此过程中没有过错。公司的控股股东、实际控制人有过错的，应当与公司承担连带赔偿责任。依法必须披露的上述信息，应当在监管机关指定的媒体发布，同时将其置备于公司住所、证券交易所等处，供社会公众查阅。监管机关、证券交易所、保荐人及有关人员，对公司依法必须作出的公告，在公告前不得泄露其内容。其他证券发行人和经纪人也应为其信息承担责任。[2]

二、交易效力的规范

证券及其衍生品交易必须按照法定的交易程序进行，这些基本程序包括选择经纪公司、开立交易账户、委托证券交易、集中竞价成交和清算交割过户。其中，选择的经纪公司必须是具有法定经纪业务资格的公司；需要开立的账户包括资金账户、证券账户，保证金账户和期货账户，资金账户和证券账户是现货交易需要开立的账户，保证金账户和期货账户是期货及其衍生品交易需要开立的账户；证券及其衍生品采取竞价方式按照价格优先、时间优先的原则成交；成交后需要进行清算，最终实现证券或期货的财产交割和资金过户。其中，核心规范是交易委托规范和成交效力规范。

（一）交易委托规范

证券及其衍生品交易委托的种类主要包括市价委托、限价委托、停止损失委托、停止损失限价委托和授权委托等。市价委托是投资人委托经纪人，按照可能出现的市场价格买进或卖出某证券或合约。限价委托是投资人委托经纪人，以限价或高于限价的价格卖出，或者以限价或低于限价的价格买入某证券或合约。停止损失委托是投资人委托经纪人，在市场价格上升到限价以上或下跌到限价以下时买进或卖出某证券或合约，以防止价格继续上升或下跌带来更大的损失。停止损失限价委托是投资人委托经纪人，在价格上升到某价格区间或下

[1] 参见《证券法》第67条，《上市公司信息披露管理办法》第30～36条等的规定。
[2] 参见《证券法》第65～71条，《上市公司信息披露管理办法》第37～56条等的规定。

跌到某价格区间时买进或卖出某证券或合约，以控制价格继续上升或下跌带来更大的损失。授权委托是投资人授予经纪人一定的投资决策权，在授权范围内经纪人有权自主地代表投资人进行投资决策，只要是授权范围内实现的交易都对投资人具有效力。[1]

（二）成交效力规范

证券及其衍生品的成交效力规范，是指在交易所市场上不同情况下交易的法律效力的规范，它主要包括普通效力规范、自行过错规范、经纪过错规范、违法交易规范和重大风险规范。其中，普通效力规范是指无论投资人采取何种方式委托经纪人进行证券及其衍生品交易，只要经纪人是以投资人的名义进行的交易，并且是在交易所正常运行条件下实现的，该交易就对投资人具有法律效力，必须无条件履行该交易的清算交割过户程序。这是由于证券及其衍生品市场不同于普通的商品市场，它是在一个庞大的交易系统控制下实现的巨大规模的系列交易，不出现影响整个证券市场的重大交易问题，不能主张交易的无效或可撤销，必须无条件接受在这个系统下形成的交易结果。自行过错规范是指由于投资人自己的过错而导致的交易具有法律效力，因此给自己带来的损失只能自行承担。经纪过错规范是指由于经纪人的过错而导致的交易具有法律效力，因此给委托人带来的损失应由经纪人承担过错责任。违法交易规范是指投资人或经纪人违反法律规定进行的交易具有法律效力，因此给相关投资人或经纪人带来的损失由实施该行为的主体承担赔偿责任。重大风险规范是指在某交易使整个市场面临整体性重大交易损失或风险时，经监管机关或法院裁判可以认定全部交易无效或可撤销，以保持整个证券市场的稳定和安全，维护市场的整体金融利益。[2]

三、交易方式的规范

证券及其衍生品的交易方式规范，是为充分实现证券流通的目的而规定的，证券流通过程中所能够采用的具体方法和形式的规范，它直接决定着证券市场的流通效率和金融安全。通常，各国证券法律允许的基本交易方式主要包括现货交易、期货交易、期权交易和信用交易。在证券及其衍生品交易过程中，各国法律允许的交易方式可以有许多种。但是，无论何种具体交易方式，都是这四种基本交易方式的衍化或组合。

---

〔1〕参见《证券法》《期货交易管理条例》等法律、法规的规定，目前，多数国家法律都允许市价委托和限价委托，选择采取停止损失委托和停止损失限价委托，多数国家都禁止授权委托，以控制证券市场秩序和风险。

〔2〕参见《证券法》《期货交易管理条例》及其他国家的相关法律、法规的规定。

（一）现货交易规范

现货交易是证券交易的最基本方式，它是指交易成交后根据双方确定的价格和付款办法，在较短时间内进行交割，实现证券财产权转让的交易方式。在现货交易中，证券交易的成交时间与交割时间不得过长地分离；否则，就可能出现在证券成交且没有交割时进行再次交易的情况。这样，现货交易实际上就可能转化为期货交易，并可能由此导致证券交割无法实现，引起整个证券市场的交易清算风险。它不仅会给投资人带来较大的投资风险，还会引起证券市场的系统性风险。因此，在现货交易中，投资人与经纪人都必须严格遵守交易规则，不得违法进行现货的无结算交易。

证券市场行情是不断变化的，行情的变化会诱使投资人产生投机愿望，形成在成交后、交割前的空隙中，买进后又卖出或卖出后又买进，以期获取价格差额收益的现象。如果行情未按预测的方向变化，就可能导致无法实现交割。在此条件下，为维护证券交易和清算系统的正常运行，经纪人、登记结算机构就必须为投资人垫付资金，从而增加证券交易风险。因此，世界各国都严格限制现货交易中成交和交割之间的间隔时间，以保证不改变证券现货交易的属性，维护证券流通的正常秩序。[1]

（二）期货交易规范

期货交易是指在现时点买进或卖出证券或衍生品，按一定价格定约成交，在某标准化的时间后再进行清算、交割的交易方式。这种证券或衍生品交易对卖者来讲为预售，对买者来讲是预购。买卖双方成交时必须签订成交协议，这种协议属诺成性交易合同，买卖双方必须在规定的时间履行交货付款义务。为保证双方最终能够按照约定交货与付款，在成交时双方都必须按照交易保证金比率支付保证金，并按照价格变动趋势调整保证金数额。当某方不能再支付保证金时，依法进行强制平仓。期货交易主要有两种交割方式，一是在交割日进行实物交割；二是在交割日前对冲交易差额结算。

期货交易具有回避利率、汇率、价格变动风险，预测价格变动趋势的功能，甚至以某主权货币计价清算的期货交易还具有一定的国际商品定价功能。但是，在现实经济生活中，许多买卖主体进行期货交易的目的，并不是为了实现这一功能。他们多是利用期货价格的变动牟取价格差额收益，从而形成了买空、卖空和多空套做等许多种期货交易方法，使期货交易事实上成为一种投机活动。因此，有的国家法律本着允许适当投机的原则，严格规范期货交易行为，有的国家法律只允许进行某些证券的期货交易，有些证券市场发展不完善的国家，

---

〔1〕 参见《证券法》第42条，现货交易是目前我国法律明确许可的证券交易方式。

甚至禁止进行证券的期货交易。[1]

（三）期权交易规范

期权交易亦称选择权交易，它是指购买或出售具有在一定期间内用事先成交的价格，买进或卖出一定数量证券及其衍生品的权利的交易方式。也就是在期权购买主体支付了一定数量的期权费用后，取得在规定期限内向期权出售主体按照双方约定的价格，买进或者卖出期权交易协议中规定数量证券及其衍生品的权利的交易。它实质上是期货交易的一种衍化形式，是将期货交易中的保证金转化为期权购买费用，将双向交易转化为单向交易的交易形式。由于投资人最大的损失是期权费用，它比期货交易有更高的安全性。

期权交易有多种具体交易方式，最基本的交易方式主要包括买入期权交易、卖出期权交易和期权套利交易。在多数情况下，期权交易都是买空、卖空交易。因此，期权交易的交割方式多为对冲买卖，进行差额结算，无需实物交割。只有在非买空、卖空的情况下，才需要进行货币与证券的实物交割。由于期权交易也以投机为主，许多国家法律都对这种交易有严格的限制，有的国家法律明确规定能够进行期权交易的证券种类，有的国家法律甚至禁止进行证券的期权交易，或者同时禁止商品期权交易。[2]

（四）信用交易规范

信用交易是指投资主体借款购买证券或借入证券出售，从中取得价格差额收益的交易方式，它实质上是现货交易与期货交易相结合而产生的一种交易方式。信用交易的具体模式主要包括两种：一种是信用买进，即利用借款买进证券或其衍生品，待价格上涨后再卖出，从中取得价格差额收益；另一种是信用卖出，即将借入的证券或其衍生品出售，待价格下跌时再买进，从中取得价格差额收益。通常，向投资人提供信用交易的只能是证券公司或期货公司，其他机构不得经营信用交易业务。

信用交易虽然能够使投资主体以较少的资金投入取得较高的收益，但其投资风险也比较大。一旦投资方向判断失误，不仅要向融资或融券方支付较高的利息，还需要承担价格差额损失。同时，一旦市场发生较大的波动，会形成投资人的统一行动，从而助长市场的波动幅度。因此，许多国家的法律都禁止普通金融机构对证券或其衍生品投资主体发放信用交易投资贷款或融通证券；只

---

[1] 我国目前允许某些商品的期货交易，禁止证券期货交易。但是，为满足证券期货交易的需要，允许证券指数期货交易，它是以证券市场价格指数为交易对象的期货交易。参见《期货交易管理条例》《中国金融期货交易所交易规则》《证券公司参与股指期货、国债期货交易指引》等的具体规定。

[2] 我国正在试点进行期权交易，参见《股票期权交易试点管理办法》《上海证券交易所股票期权试点交易规则》的规定。

有证券公司或期货公司可以在法律允许的范围内，向投资主体提供这种贷款或融通证券，但通常也要受到严格的限制。许多国家的法律甚至规定禁止进行证券的信用交易，禁止任何金融机构向证券投资主体提供证券或资金融通。[1]

四、交易行为的规范

证券及衍生品交易行为规范，是交易过程中各相关主体必须遵守的行为规则。它的目的是规范进入市场的各交易主体和交易媒体的市场行为，对破坏证券市场整体效率、秩序和安全的各种行为进行约束。它既是对弱势市场主体的保护，也是对不公平交易的限制。通常，证券及衍生品交易行为规范的内容主要包括：禁止性行为规范、限制性行为规范和收购性行为规范。

（一）禁止性行为规范

证券及其衍生品市场上的禁止性行为，是指法律、法规明确禁止市场主体实施的行为。这些行为严重违反了证券市场的公开、公平、公正原则，会使多数普通投资人的利益受到损害，破坏证券市场的正常投资与流通环境，影响证券市场功能的正常发挥。因此，必须依法予以禁止。这些禁止性行为主要包括：禁止内幕交易、禁止操纵市场、禁止虚假陈述和禁止欺诈客户。

1. 禁止内幕交易

内幕交易行为是指证券及其衍生品内幕信息的知情人和非法获取内幕信息的人，在内幕信息公开前买卖相关证券及其衍生品，或者泄露该信息，或者建议他人买卖相关证券及其衍生品的行为。禁止内幕交易的内容主要包括内幕人员范围、内幕信息范围、内幕交易行为和内幕交易责任四个方面。

内幕人员是指在内幕信息公开前直接或间接以合法或非法手段获取内幕信息的人。这些人员主要包括证券发行人、上市公司、持有公司5%以上股份的股东、公司实际控制人、发行人控股的公司，以及它们的董事、监事、高级管理人员；由于所任公司职务可以获取公司有关内幕信息的人员；证券监管机关的工作人员，以及由于法定职责对证券发行、交易进行管理的其他人员；证券保荐人、承销机构、交易所、登记结算公司、证券服务机构的有关人员及其近亲属；利用骗取、套取、偷听、监听或私下交易等非法手段获取内幕信息的人员，以及通过其他途径获取内幕信息的人员。

内幕信息是指证券及其衍生品交易中，涉及公司或交易对象的经营、财务等信息，以及其他对市场价格有重大影响的尚未公开的信息。它主要包括：构成上市公司必须报送临时报告的信息；公司分配股利或增资的计划；公司股权

---

〔1〕 我国法规目前只允许证券公司向投资人提供信用交易，参见《证券公司融资融券业务管理办法》的具体规定。

结构的重大变化；公司债务担保的重大变更；公司主要资产的抵押、出售或报废信息；公司的董事、监事、高级管理人员可能依法承担重大损害赔偿责任；上市公司收购的有关方案；以及对交易价格有显著影响的其他信息。

内幕交易行为是指内幕信息的知情人和非法获取内幕信息的人，在内幕信息的价格敏感期内买卖相关证券及其衍生品，或者泄露该信息给他人，或者建议他人买卖该证券及其衍生品的行为。包括以本人的名义直接或委托他人买卖，为他人买卖或建议他人买卖，以明示或暗示的方式向他人泄露内幕信息，以及以他人名义为自身的利益买卖证券及其衍生品。

内幕信息的价格敏感期是指从内幕信息开始形成之日起，至内幕信息公开或该信息对交易价格不再有显著影响之日止的这段时间。按照我国现行法规的规定，构成内幕交易的，没收其违法所得，并可处以罚款，甚至追究刑事责任。给投资者造成损失的，应当依法承担赔偿责任。其中，内幕交易的违法所得，是指行为人实施内幕交易行为获取的不正当利益，即行为人买卖证券及其衍生品获得的收益或规避的损失。行为人违法获得的收益，等于基准日持有的市场价值与累计卖出金额、累计派发货币金额之和，扣除累计买入金额、分配新股支付的金额和相关交易费用之后的余额。行为人违法规避的损失，等于其累计卖出的金额扣除卖出证券及其衍生品在基准日的市场价值和相关交易费用后的余额。这里的基准日是指内幕交易行为终止日、内幕信息公开日、监管调查终结日或监管机关认定的其他适当时点。[1]

2. 禁止操纵市场

操纵市场是指行为人以不正当手段，影响证券及其衍生品交易价格或交易量，扰乱证券市场秩序的行为。禁止操纵市场的内容主要包括操纵行为人、操纵行为手段和操纵行为责任。

操纵行为人是指在证券及其衍生品市场上从事交易活动，直接或间接实施操纵行为的人。如果以单位名义实施操纵行为，违法所得归单位的，认定单位为操纵行为人。单位操纵市场的，直接负责的主管人员和其他直接责任人都应承担法律责任。利用他人账户操纵市场，个人利用其设立的企事业单位操纵市场，盗用单位名义操纵市场的，该个人为操纵行为人。证券或期货公司明知投资人操纵市场，仍向其提供资金、账户等协助的，为合谋行为人，基金等以其管理人或受托人为实施操纵行为人。

操纵行为手段是指在市场上实施了连续交易、约定交易、自买自卖、蛊惑

---

〔1〕 参见《证券法》,《期货交易管理条例》，以及《刑法》第180条等的规定。内幕交易是证券市场和期货市场共同的禁止性行为，它们的基本性质是一致的，只是在具体内容上有一定的区别。

交易、抢先交易、虚假申报、特价控制、尾市交易等行为，致使交易价格异常或形成虚拟的价格水平，或者致使交易量异常或形成虚拟的交易量水平，以便取得经济上利益的行为。其中，连续交易是指单独或合谋，集中资金优势、持股优势或利用信息优势联合或连续买卖；约定交易是指与他人串通，以事先约定的时间、价格和方式相互进行交易；自买自卖（或洗售）是指在自己实际控制的账户之间进行证券交易；蛊惑交易是指利用不真实、不准确、不完整或不确定的重大信息，诱导投资者在不了解事实真相的情况下进行交易；抢先交易（或抢帽子）是指先持有某证券及其衍生品，再利用自身能力影响价格变动，从中取得价格波动利益；虚假申报是指行为人做出不以成交为目的的频繁申报和撤销申报，误导其他投资者；特价控制是指在计算相关参考价格或结算价格的特定时间，通过拉抬、打压或锁定等手段影响其变动的行为；尾市交易是指在即将收市时，通过拉抬、打压和锁定手段操纵价格的行为。

构成操纵证券及其衍生品市场行为的，没收其违法所得，并可处以罚款，甚至追究刑事责任。给投资者造成损失的，应当依法承担赔偿责任。这里的违法所得是指行为人实施操纵市场行为获取的不正当利益，它既可以表现为获得的货币，也可以表现为持有的证券。违法所得的计算应以操纵市场行为的发生为起点，以操纵行为的终止、操纵影响消除、监管调查终结或其他适当时点为终点。违法所得的数额等于终点日的市场价值与累计卖出的金额、累计派发的货币金额之和，扣除累计买入的金额、分配新股支付的金额和交易费用之后的余额。其中，交易费用主要包括：依法缴纳的税金和费用；向证券或期货公司支付的交易佣金、登记过户费用；以及交易中的其他合理费用。[1]

3. 禁止虚假陈述

虚假陈述是指具有市场信息发布权力的单位和个人，对证券发行、交易及相关活动的事实、性质、前景、法规等事项，做出不真实、严重误导或重大遗漏以及其他任何形式的虚假性陈述，致使投资人在不了解事实真相的情况下买卖证券及其衍生品的行为。虚假陈述主体有两种基本类型：一是经营性市场信息披露义务人，包括证券发行人、上市公司、承销人、保荐人、证券服务机构，发行人或上市公司的实际控制人，以及它们的直接责任人；二是公共性市场信息披露人，具体包括政府部门、交易所、登记结算公司、监管机关、行业协会及其工作人员，传播媒介从业人员和有关人员等。由于公共性市场信息披露人不具有专业经营性质，通常对他们只能进行监管上的惩罚。

---

〔1〕 参见《证券法》,《期货交易管理条例》，以及《刑法》第182条等的规定。操纵市场是证券市场和期货市场共同的禁止性行为，它们的基本性质是一致的，只是在具体内容上有一定的区别。

经营性市场信息披露义务人，承担着市场信息发布和审核责任，并且发布的是其自身或与自身业务直接相关的市场信息，虚假陈述主要是指这类主体。这类主体的虚假陈述行为具体包括虚假记载、误导性陈述、重大遗漏和不正当披露。其中，虚假记载是指信息披露义务人在披露信息时，将不存在的事实在披露文件中予以记载的行为。误导性陈述是指信息披露义务人，在信息披露文件中，作出使投资人对其投资行为发生错误判断产生重大影响的陈述行为。重大遗漏是指信息披露义务人在信息披露文件中，未将应当记载的事项完全或部分予以记载的行为。不正当披露是指信息披露义务人，未在适当期限内或未以法定方式公开披露应当披露的信息的行为。这些虚假陈述人不仅要承担监管处罚责任，还要承担个体金融利益上的财产责任。

经营性虚假陈述人具体应承担的财产责任，主要是对虚假陈述直接受侵害人的财产补偿责任，以恢复因其虚假陈述行为而被破坏的利益均衡。虚假陈述的受侵害人是指投资人，并且所投资的是与虚假陈述直接关联的证券；是在虚假陈述实施日及以后至揭露日或更正日之前买入该证券；是在虚假陈述揭露日或更正日及以后因卖出该证券发生亏损，或者因持续持有该证券而产生亏损。否则，如果投资人不是在这一时段买卖证券，或者明知虚假陈述存在而进行的投资，或者损失或部分损失是由证券市场系统风险等因素所导致，或者属于恶意投资、操纵证券价格的；就与虚假陈述没有直接的因果关系，不能要求对其损失进行补偿。证券发行人和上市公司是虚假陈述的核心责任人，必须承担虚假陈述的赔偿责任。发行人、实际控制人和对信息发布负有责任的董事、监事和经理等高级管理人员，承销人、保荐人、服务机构及其直接责任人，不能证明自己没有过错的也应承担连带责任。[1]

4. 禁止欺诈客户

欺诈客户是指证券或期货公司及其从业人员在证券及其衍生品交易中，为牟取不正当利益或违背客户真实意思表示损害客户利益的行为。在证券市场上，同投资人直接发生关系的是依法享有经纪业务经营权的证券或期货公司。投资人必须与经纪人签订交易委托协议，通过经纪人为其开立证券账户、保证金账户，委托该经纪人代为进行证券及其衍生品交易。虽然，存管银行承担保管交易资金的责任，登记结算公司承担清算、过户的职责，由于商业银行有严格的

---

〔1〕 参见《证券法》第78条，《刑法》第181条，《最高人民法院关于审理证券市场因虚假陈述引发的民事赔偿案件的若干规定》以及《最高人民法院关于受理证券市场因虚假陈述引发的民事侵权纠纷案件有关问题的通知》等的具体规定。虚假陈述主要是证券市场上的禁止行为，期货市场虽然也存在虚假陈述问题，但在基础财产为非证券的情况下，主要是公共性市场信息的虚假陈述。

相应法律规范，登记结算公司是不以盈利为目的的机构。因此，直接可能对投资人构成欺诈的主要是证券或期货公司及其从业人员，它们对客户的欺诈行为主要集中在委托的执行和投资人的证券与资金两个方面。

按照法律规定，证券公司的自营业务必须以自己的名义，使用自有资金和依法筹集的资金通过自营账户进行，不得假借他人名义或以个人名义进行，也不得将自营账户借给他人使用，不得在经营过程中欺诈客户。证券或期货公司及其从业人员欺诈客户的行为包括：违背客户的委托为其买卖证券；不在规定时间内向客户提供有关交易的书面确认文件；挪用客户所委托买卖的证券或客户账户上的资金，为自己牟取利益；没有客户的委托擅自买卖客户账户上的证券，或者假借客户的名义进行交易；为了牟取佣金收入，诱使客户进行不必要的交易；利用传播媒介或通过其他方式提供、传播虚假或误导投资人的信息；对客户的交易收益或赔偿交易损失作出承诺；以及其他违背客户真实意思表示，损害客户利益的行为。按照法律规定，证券或期货公司及其工作人员，因欺诈客户行为给客户造成损失的，除能够证明该行为并不代表公司之外，公司在接受监管处罚外还应当依法承担赔偿责任。[1]

(二) 限制性行为规范

我国法律不仅对上述典型的证券及其衍生品市场违法行为有严格的禁止性规定。同时，对市场上的非典型违法行为也有严格的禁止或限制性规定。这些规定主要包括：禁止法人非法利用他人账户从事证券及其衍生品交易；禁止法人出借自己或他人的证券账户；不得将法律禁止进行证券或期货交易的资金，投入证券或期货市场进行投资或投机；不得挪用公款进行证券或期货交易。监管机关、交易所、经纪公司、结算机构等的工作人员，以及法律、法规禁止参与证券和期货交易的其他人员，在任期或法定限期内不得直接或以他人名义持有、买卖证券和期货，也不得收受他人赠送的证券；任何人在成为前款所列人员时，对于其原已持有的证券，必须依法进行转让。

同时，为证券发行出具审计报告、资产评估报告或法律意见书等文件的服务机构和人员，在该证券承销期内和期满后6个月内，不得买卖该种证券；为上市公司出具审计报告、资产评估报告或法律意见书等文件的服务机构和人员，自接受上市公司委托之日起至上述文件公开后5日内，不得买卖该种证券。上市公司董事、监事、高级管理人员，持有上市公司股份5%以上的股东，将该公司的股票在买入后6个月内卖出，或者在卖出后6个月内又买入，由此所得的收

---

〔1〕参见《证券法》，《期货交易管理条例》，以及《刑法》第181条等的规定。欺诈客户是证券市场和期货市场共同的禁止性行为，它们的基本性质是一致的，只是在具体内容上有一定的区别。

第十章

益归该公司所有，公司董事会有权收回其所得收益。董事会未收回的股东有权要求董事会在30日内收回，未在限期内收回的，股东有权以自己的名义直接向法院提起诉讼，负有责任的董事应依法承担连带责任。[1]

（三）收购性行为规范

公司收购性行为是控股权的流通行为，控股权的流通直接关系到证券流通秩序，也直接关系到上市公司与原有股东的利益。因此，必须对这种行为进行一定的法律约束。公司收购性行为规范主要包括控股权流通公告规范和控股权收购方式规范。其中，控股权流通公告规范要求，在某投资人通过证券交易持有，或者通过协议、其他安排与他人共同持有某上市公司已发行股份的5%时，必须在该事实发生之日起3日内，向监管机关和交易所做出书面报告，通知该上市公司，并向全体投资人公告，在该期限内不得再行买卖该股票。此后其持有的股份数每增加或减少5%，都应依法进行报告和公告，在报告期限内和做出报告与公告后2日内，不得再行买卖该股票。

按照股权收购方式规范的要求，投资人可以采取协议收购、要约收购以及其他合法方式实施收购行为。以协议方式收购的，达成协议后应在3日内向监管机关和交易所书面报告，并予公告，公告前不得履行收购协议。在投资人的控股比例已经达到30%后继续进行收购的，应当依法向全部股东发出全部或部分收购要约，进行强制要约收购。在强制要约收购条件下，采取部分要约收购的，在承诺出售的股份数超过预定收购数额时应按比例进行收购，并向监管机关和交易所报送公司收购报告书。收购人应自报送收购报告书之日起15日后公告收购要约，收购期限为30～60日。并且，在此期间内不得撤销收购要约，需要变更要约的须经监管机关和交易所批准，并予以公告。收购人在要约收购期限内，不得卖出被收购公司的股票，也不得采取要约以外的其他形式和超出要约的条件买入被收购公司的股票。

收购期限届满，被收购公司股权分布再不符合上市条件的，该上市公司的股票应当由交易所依法或按照约定终止上市；其余仍持有被收购公司股票的股东，有权向收购人以收购要约的同等条件出售其股票。收购行为完成后，被收购公司不再具备股份有限公司条件的，应当依法变更企业形式。在上市公司收购中，收购人持有的被收购上市公司的股票，在收购行为完成后的12个月内不得转让。收购行为完成后，收购人与被收购公司合并、并将该公司解散的，被解散公司的原有股票由收购人依法更换。收购行为完成后，收购人应当在15日内将收购情况报告监管机关和交易所，并予公告。按照世界多数国家的规定，

〔1〕 参见《证券法》《期货交易管理条例》《刑法》及相关法律、法规的规定。

在公司收购过程中，被收购公司的董事、经理等高级管理人员不得损害公司普通股东的利益实施反收购。同时，公司被收购后，如果需要变更其高级管理人员的，应给予被更换的高级管理人员以适当的财产补偿。[1]

■ 第四节　投资基金规范

一、投资基金的概念

投资基金最早产生于英国，它是在海外投资过程中，为了克服地域、语言和知识上的不足，而产生的集合许多人的投资，委托专门的管理人进行管理的一种基金。此后，这种资金管理方式在美国得到了发展。投资基金在不同的国家有不同的称谓，在美国，投资基金被称为共同基金或共同投资基金。它通常的含义是，通过发行股份或受益凭证由不确定多数投资人的出资汇集成一定数额的基金，并将该基金交由专业性的投资管理机构进行投资管理。投资管理机构按照与基金投资人商定的最佳收益目标，将集中起来的资金再分散投资于各种不同的证券或其他金融商品，获得收益后由原投资人按照出资比例进行分配，投资管理机构本身则以基金管理人的身份获取管理费。

在英国，投资基金被称为集合投资计划，它是指“对包括货币在内的任何财产的一种安排，该种安排的目的或结果是使参加安排在内的人（无论是以成为财产的共同所有人形式，还是以其他形式参加这种安排），能够分享或收取来自财产、由财产的运作和处分而产生的利润或收入；这种安排的参加人必须不对财产的管理进行日常控制，无论它们是否有被征求意见权和指导权；并且，这种安排必须具备下列特征中的一个或者两个：①参加人的出资和待分配给它们的利润或收入必须是集合在一起的财产；②该财产由计划运作人管理，或者由他人代表计划运作人管理”。[2] 在日本，投资基金被称为投资信托，证券投资基金被称为证券投资信托，它是指“这样一种信托，其目的在于根据信托人的指令，以投资于特定证券的方式经理信托财产，并由受益人根据投资份额分享信托财产的投资成果”。其他国家也有类似的基金。[3]

我国典型的投资基金，是指公开或非公开募集资金设立基金，由基金管理人负责经营管理，基金托管人托管，为基金份额持有人的利益进行投资活动的

---

〔1〕参见《证券法》《上市公司收购管理办法》《非上市公众公司收购管理办法》等的具体规定。

〔2〕参见英国1986年《金融服务法》（The Financial Service Act，1986）第75条的规定。

〔3〕参见日本《证券投资信托法》第2条的规定，其他国家如韩国的《证券投资信托业法》也有相似的规定。

第十章

基金。它的基本特征是，基金财产独立于基金管理人、托管人的固有财产，基金管理人、托管人不得将基金财产归入其固有财产，因基金财产的管理、运用或其他情形而取得的财产和收益归入基金财产；基金管理人、托管人在因依法解散、被依法撤销或被依法宣告破产等原因需要进行清算时，基金财产不属于它的清算财产。基金财产的债权，不得与基金管理人、托管人固有财产的债务相互抵消，不同基金财产的债权债务也不得相互抵消；非因基金财产本身承担的债务，不得对基金财产进行强制执行。因此，我国典型的投资基金实质上是以基金份额购买人为委托人和受益人，以基金管理人和基金托管人为受托人，以股票、债券等为投资对象的信托。[1]

二、投资基金的类型

投资基金的发展有一个多世纪的历程，但真正大规模的发展还是在近几十年。目前，投资基金已经形成了一个庞大的体系，不再仅限于信托型基金。不同类型的投资基金其内部会形成不同的法律关系，不同的内部法律关系直接影响着它的外部关系，并进一步影响着它在整个社会金融体系中的地位，决定着它是否需要纳入金融法的调整范围，是否需要取得经营管理资格和接受监管机关的监管。因此，研究投资基金必须首先研究它的基本类型。

（一）企业与信托基金

按照投资基金的组织形态，可以将其分为企业型投资基金与信托型投资基金。其中，企业型投资基金是按照“企业法”的设立规定设立的，以企业的形式存在的投资基金，它又可以具体分为合伙型投资基金和公司型投资基金，合伙型投资基金又可以具体分为普通合伙型投资基金和有限合伙型投资基金。其中，普通合伙型投资基金是按照《合伙企业法》设立的普通合伙企业，有限合伙型投资基金是按照《合伙企业法》设立的有限合伙企业，公司型投资基金是按照《公司法》设立的公司企业。这些企业的经营资金专业用于对外进行产业投资或证券投资，它们实质上是专业经营对外投资的普通合伙企业、有限合伙企业或公司企业，这些企业经营的业务与其他企业不同。

信托型投资基金是按照《信托法》的规定设立，以信托基金的形式存在的投资基金。企业型与信托型投资基金，既有联系又有本质的区别。首先，无论是何种投资基金，它们都具有投资基金的性质，都必须受“投资基金法”的调整。其次，企业型投资基金首先要受“企业法”的调整，信托型投资基金首先要受《信托法》的调整。最后，企业型投资基金的管理人是企业自身的管理人，不需要外部的管理人；信托型投资基金的管理人必须是具有“基金管理人”资

---

〔1〕 参见《证券投资基金法》《私募投资基金监督管理暂行办法》等的规定。

格的专业基金管理机构，或者是仅接受单独委托的独立基金管理人；并且，法规往往要求必须将基金托管于银行业金融机构。[1]

（二）产业与证券基金

按照投资基金的投资方向，可以将其分为产业投资基金与证券投资基金。产业投资基金是指专业投资于未上市企业的股权或其他产业资产，并提供相关服务的投资基金。它又可以具体分为企业创业投资基金、企业重组投资基金、基础设施投资基金等，它们是分别专业投资于创业阶段的企业、重组阶段的企业或城乡基础设施建设的投资基金。证券投资基金是指专业投资于股票、债券，以及其他公开发行与交易证券的投资基金。它们都是投资基金，就基金性质上来讲并没有本质的区别，只是专业投资方向不同。并且，这种划分也不是绝对的，许多产业投资基金同时也进行证券投资，许多证券投资基金同时也进行产业投资，这只是按照它们的核心投资方向进行的划分。

在现实生活中，产业与证券投资基金在组织形态上往往具有一定的区别。首先，产业投资基金往往采取有限合伙企业或公司企业的组织形式，证券投资基金往往采取信托组织形式。其次，产业投资基金的规模往往比较小，在组织结构上相对封闭，证券投资基金的规模往往比较大，在组织结构上相对比较开放。最后，产业投资基金的资金运行联系相对简单，通常在经营中不会产生系统性金融风险；单个的产业投资基金可以不由金融机构管理，不纳入严格的金融监管。证券投资基金的资金运行相对复杂，通常在经营中会产生系统性金融风险，必须由金融机构管理、纳入金融监管。[2]

（三）私募与公募基金

按照投资基金的募集方式，可以将其分为私募型投资基金和公募型投资基金。私募型投资基金是指面向特定的不超过 200 人的合格专业投资人，以非公开方式或非变相公开方式募集的投资基金。这里的合格投资人是指拥有达到规模的净资产和金融资产，年收入超过规定数额，并且有多年投资经验的专业投资人，普通投资人不得成为私募型投资基金的投资人。[3] 公募型投资基金是指面向不特定的普通社会公众，以公开方式募集的投资基金。私募型与公募型投资基金在监管上有明显区别，通常私募型投资基金可以自由发行，不需要事前的严格审核和监管，也不是金融法的主要调整对象，主要应由民商法进行调整。

---

〔1〕 参见《证券投资基金法》《信托法》《公司法》《合伙企业法》等的相关规定。

〔2〕 参见《证券投资基金法》《私募投资基金监督管理暂行办法》等的规定。

〔3〕 参见中国基金业协会发布的《私募投资基金募集行为管理办法》，这里需要特别注意的是，这个"管理办法"的法律性质属于行业协会成员之间的合同。

公募型投资基金则必须经过监管机关的注册或审核才允许发行，它的管理人必须是取得监管机关授权的专业管理机构，它的投资和经营行为要受到金融法和监管机关的严格规范和监管。

公募型投资基金还可以进一步分为封闭型和开放型投资基金。封闭型投资基金是指核准的基金份额总额在基金合同期限内固定不变，基金份额可以在依法设立的交易场所交易，但持有人不得在基金终止前申请赎回的基金。开放型投资基金是指基金份额总额不固定，持有人可以在基金合同约定的时间和场所申购或赎回的基金。世界各国早期发行的基金多为封闭型基金，随着市场的逐步成熟，开放型基金的比例逐步增大。开放型与封闭型基金相比，前者可以赎回，价格由基金单位净资产额决定；后者可以进入证券市场流通，价格由市场决定。同各自的基金类型相适应，开放型基金对管理人有较高的要求，必须注意资产的流动性，并及时公布基金净值，以满足投资人的回赎请求。[1]

三、基金的主体关系

投资基金主体亦称基金当事人，无论是信托型基金还是企业型基金，基金当事人都由三个主体构成，它们分别是基金投资人、基金管理人和基金托管人。在企业型投资基金中，企业就是基金本身，企业的股东或合伙人就是基金投资人，这种基金的运作既可以自行管理也可以委托第三人进行管理。在信托型投资基金中，基金的管理人是投资基金的发起人，投资人购买了基金份额后成为受益人或委托人，全体基金持有人共同将基金交由基金管理人进行投资管理，并交由基金托管人进行资金的托管。[2]

（一）投资人的权利与义务

投资人是投资基金存在和发展的基础，也是基金资产的最终归属主体。任何社会主体，只要其申购成功基金份额或受让了基金份额都可以成为基金投资人。按照其主体的属性不同，投资人可以分为个人投资人和机构投资人。个人投资人是以个人名义进行投资活动的自然人，机构投资人主要是实施基金投资行为的单位。作为基金持有人或投资人，它必须遵守相应的义务，这些义务主要包括：遵守主体法律和基金法律义务，遵守基金契约或企业章程义务；按时缴纳已认购基金款项及相关费用义务；承担基金亏损或终止时的责任义务；不损害基金及其他基金持有人利益的义务。

投资人在承担上述义务的同时，也享有其应有的权利。这些权利主要包括：有权按照约定条件和收益分享基金财产收益；在基金终止时，有权参与分配清

---

〔1〕 我国现行《证券投资基金法》所规范的基金既可以是开放型，也可以是封闭型投资基金。

〔2〕 参见《证券投资基金法》《证券投资基金管理公司管理办法》等的规定。

算后的剩余基金财产；有权依法转让或申请赎回其持有的基金份额；有权按照规定要求召开基金份额持有人大会；有权对基金份额持有人大会审议的事项行使表决权；有权查阅或复制公开披露的基金信息资料；有权对基金管理人、基金托管人、基金份额发售机构损害其合法权益的行为依法提起诉讼；以及法律、法规规定和基金合同约定的其他权利。[1]

（二）管理人的权利与义务

投资基金管理人是对基金资产负有经营管理责任的当事人，它应当是依法设立并经监管机关核准具有管理投资基金资格的基金管理公司、信托公司或企业。[2] 基金管理公司的经理和其他高级管理人员，应当熟悉基金投资方面的法律、法规，具有基金从业资格和多年与其所任职务相关的工作经历。基金管理人的董事、监事、经理和其他从业人员，不得担任基金托管人或其他基金管理人的职务，不得从事损害基金财产和基金持有人利益的交易及其他活动。不得将基金管理人的固有财产或他人财产混同于基金财产；不得不公平地对待管理的不同基金财产；不得利用基金财产为持有人以外的第三人牟取利益；不得向持有人违规承诺收益或承担损失。

基金管理人的主要职责包括：依法募集基金，办理或委托经监管机关认定的其他机构代为办理基金份额的发售、申购、赎回和登记事宜；办理基金备案手续；对所管理的不同基金财产分别管理、分别记账和进行投资；按照基金合同的约定确定基金收益分配方案，及时向基金持有人分配收益；进行基金会计核算并编制财务会计报告；编制中期和年度基金报告；计算并公告基金资产净值，确定申购、赎回价格；办理与基金财产管理业务活动有关的信息披露事项；召集基金份额持有人大会；保存基金财产管理业务活动的记录、账册、报表和其他相关资料；以基金管理人名义，代表基金持有人利益行使诉讼权利或实施其他法律行为。基金管理人的权利主要包括投资基金的发起权，基金财产的经营管理权，委托人利益的维护权，以及基金管理费用的收取权。[3]

（三）托管人的权利与义务

基金托管人亦称基金保管人，基金管理人负责基金的日常管理和运作，托管人则开设独立账户，按照管理人的指令保管和处分基金资产，并对管理人的管理行为进行监督。基金托管人只能是符合法定条件，并取得托管人资格的商

---

〔1〕参见《证券投资基金法》《证券投资基金管理公司管理办法》等的规定。

〔2〕按照我国《证券投资基金法》的规定，非公开募集基金可以按照基金合同约定，由部分基金份额持有人作为基金管理人，负责基金的投资管理活动，并在基金财产不足以清偿其债务时对基金财产的债务承担无限连带责任，即以合伙企业的形式管理投资基金。

〔3〕参见《证券投资基金法》《信托法》《证券投资基金管理公司管理办法》等的规定。

业银行、保险公司、信托公司等金融机构。基金托管人与基金管理人不得为同一人，不得相互出资或持股。它与基金管理人都是投资基金的受托人，基金投资人也需要向其支付相应的信托费用。因此，它们都应该各自独立地向投资人负责，以其良好的业绩取得投资人的信任，同时在投资过程中进行互相监督，这是管理人和托管人的基本义务。

基金托管人的主要职责包括：安全保管基金财产；按照规定开设基金财产的资金账户和资产账户；对托管的不同基金财产分别设置账户，确保基金财产的完整与独立；保存基金托管业务活动的记录、账册、报表和其他相关资料；按照基金合同的约定，根据管理人的投资指令，及时办理清算、交割事宜；办理与基金托管业务活动有关的信息披露事项；对基金财务会计报告、中期和年度报告出具意见；复核、审查管理人计算的基金资产净值和申购、赎回价格；按照规定召集基金份额持有人大会；监督基金管理人的投资运作；发现管理人的投资指令违反法律、法规和其他有关规定或违反基金合同约定的，应当拒绝执行，立即通知基金管理人，并及时向监管机关报告。[1]

四、投资基金的运行

企业型和信托型投资基金应首先分别按照其组织法运行，企业型投资基金应首先按照企业法的规则运行，然后再按照投资基金法的规则运行。投资基金法的运行规则主要是公募信托型基金的运行规则，它的主要内容包括投资基金的募集、基金份额的交易、基金份额的申购、基金份额的赎回、投资基金的运作、基金的信息披露、基金的变更终止和基金的财产清算等。在投资基金募集过程中，管理人发售基金份额、募集基金，必须向监管机关提交有关审核文件，经监管机关注册后方可发行。申请文件主要包括基金合同和招募说明书。基金合同必须明确各方当事人法定和约定的权利义务关系，基金招募说明书必须载明法定需要说明的内容，充分揭示投资风险，以便投资人根据上述两个文件的内容决定是否进行投资。基金份额的发售，可以由基金管理人直接办理，也可以委托监管机关认可的其他机构代理。

基金管理人应在基金发售的3日前公布招募说明书、基金合同及其他有关文件，并保证这些文件内容的真实性、准确性和完整性。基金管理人应当自收到核准或注册文件之日起6个月内进行基金募集，超过6个月募集、原核准的事项未发生实质性变化的，应报监管机关备案；发生实质性变化的，应当向监管机关重新申请核准或注册。基金募集期限届满，封闭型基金募集的总额达到核准规模的80%以上；开放型基金超过核准的最低限额，并且持有人人数符合监

---

〔1〕 参见《证券投资基金法》等的规定。

管机关规定的，应当自期限届满之日起10日内聘请法定验资机构验资。自收到验资报告之日起10日内，向监管机关提交验资报告，办理基金备案手续，并予以公告。在基金募集过程中，投资人缴纳认购款后基金合同成立，依法向监管机关办理了备案手续后基金合同生效。基金发行失败，管理人应向投资人返还投资款，并加计银行同期存款利息。[1]

开放型基金的申购、赎回和登记由基金管理人负责，也可以委托监管机关认可的机构代理。基金合同没有特别约定的，管理人每个工作日均应办理基金的申购与赎回业务，除非因不可抗力导致不能支付或无法计算当日基金净值外，应按时支付赎回款项。基金份额的申购、赎回价格，依据申购、赎回日基金份额净值加或减有关费用计算。因净值的计价错误基金造成持有人损失的，有权要求基金管理人、托管人予以赔偿。封闭型基金份额经管理人申请、监管机关核准，可以在交易所上市交易。在基金合同届满或出现其他不符合上市条件的情况时，应该终止基金的上市、退出交易市场。[2]

基金管理人运用基金财产，只能进行监管机关规定范围内的投资。并且，应当采用资产组合方式投资。不得用基金承销证券，向他人贷款或提供担保，从事承担无限责任的投资；不得向基金管理人、托管人，或者与它们有控股关系的股东，或者有其他重大利害关系的公司进行非法的关联交易。基金管理人、托管人和其他基金信息披露义务人应当依法披露基金信息，并保证所披露信息的真实性、准确性和完整性；出具审计报告或法律意见书的会计师事务所、律师事务所，应当保证文件内容的真实性、准确性和完整性。同时，不得对投资业绩进行预测，也不得有其他违法行为。[3]

基金合同中规定的基金运作方式，可以按照约定或持有人大会的决议进行变更。对于基金运营业绩良好，最近2年内没有受到处罚的封闭型基金，经持有人大会决议通过，可以扩募或延长基金合同期限。但是，如果基金合同期限届满而未延期；或者持有人大会决定终止的；或者基金管理人、托管人职责终止，在6个月内没有新管理人或托管人承接的合同终止。基金合同终止时，管理人应当组织清算组对基金财产进行清算，清算组由基金管理人、托管人以及相关的中介服务机构组成。清算组做出的清算报告经会计师事务所审计、律师事务所出具法律意见书后，报监管机关备案、并公告。清算后的剩余基金财产，

---

〔1〕参见《证券投资基金法》第50～60条，以及《证券投资基金销售管理办法》等的规定。
〔2〕参见《证券投资基金法》第61条、第65～70条等的规定。
〔3〕参见《证券投资基金法》《证券投资基金信息披露管理办法》等的规定。

按照各持有人所持份额比例进行分配。[1]

【司法案例】

案情：1992年12月28日，上海证券交易所经批准首次推出了国债期货交易。1994年国内面临两位数的高通货膨胀压力，银行存款利率高达10%以上，当时公布的保值贴补率为8%，而且每月都不断上升，到12月突破两位数，受此刺激，国债期货的价格开始直线上涨。从1994年10月的110多元上涨到1995年初的140多元。当时，万国证券公司等预测，“327”号国债期货的保值贴息率不可能上调，据此计算“327”号国债将以132元最终兑付。因此，就联合辽宁国发集团公司等大量卖出“327”国债期货合约。中国经济开发公司等则认为会上调贴息率，大量买进“327”国债期货合约。1995年2月23日，财政部发布公告称，“327”号国债将按148.50元兑付，空头判断错误。当日，中国经济开发公司率领多方借利多消息大量买入，将价格推到了151.98元。随后辽宁国发集团公司等在形势对空头极其不利的情况下由空转多，将其50万口做空单迅速平仓，又买入50万口多单，这对万国证券公司意味着要发生60亿元的巨额亏损。在此条件下，下午4点22分、距离收盘还有8分钟时，万国证券公司在没有足够保证金的前提下大量做空“327”国债，先以50万口把价位从151.30元降到150元，然后把价位再压到148元，最后一个730万口的巨大卖单把价位压到147.40元。这笔730万口卖单面值1,460亿元，导致当日开盘的多方全部因保证金不足不能履行合约，并出现约40亿元的巨额亏损。

2013年8月16日，上海证券交易所综合股价指数以2,075点低开，到上午11时为止一直在低位徘徊。11时5分，光大证券公司策略投资部在使用套利策略系统进行交易时发生问题，在准备购买“上海证券交易所180交易型开放式指数基金（ETF）”的24只成分股票时，生成了市价买入24组“180成分股票”的巨量订单，2秒钟之内形成26,082笔预期外市价委托，累计申报买入股票234亿元，实际成交72.7亿元。导致工商银行、中国银行、农业银行、中国石油、中国石化等多种蓝筹股票市场价格集体涨停，上证综合指数上涨至2,198点，涨幅高达5.62%。此后，光大证券公司在没有将该信息依法披露前，为减少损失又在市场上进行反向交易，将已买进的股票申购成指数基金在市场卖出，共卖出指数基金18.9亿元，新增股指期货空头合约卖单总计7,310张。事件发生后，证监会调查认定光大证券公司的行为构成内幕交易，对公司及主要责任人进行了处罚。原策略投资部总经理杨某不服，向法院提起诉讼，要求撤销对他的处罚决定。同时，在光大证券公司反向交易时，同其成交的投资人也向法院

[1] 参见《证券投资基金法》第78～82条，《证券投资基金上市规则》等的规定。

提起诉讼，要求光大证券公司赔偿因内幕交易给他们造成的损失。

结果：在国债“327”期货案中，当日收盘后，上海证券交易所召开紧急会议，晚上10点宣布：1995年2月23日16时22分13秒之后的所有交易属于违规交易，交易结果无效，“327”国债的收盘价为违规前的最后交易价格151.30元，违规后的兑付价格由会员协议确定。5月17日，证监会发出《关于暂停中国范围内国债期货交易试点的紧急通知》，停止进行国债期货交易。上海证券交易所的决定使万国证券公司损失56亿元，濒临破产。1996年7月16日，万国与申银合并成立上海申银万国证券公司。1995年4月万国证券公司总经营管某辞职，5月19日在海南被捕，1997年2月3日以受贿罪、挪用公款罪判处有期徒刑17年，剥夺政治权利5年，没收个人财产10万元。

在光大证券内幕交易案中，证监会决定没收光大证券内幕交易违法所得1,307万元，并处违法所得5倍的罚款；没收光大证券股指期货内幕交易违法所得7,414万元，并处违法所得5倍的罚款；两项罚没款共计52,328万元。对直接负责的主管人员徐某给予警告，并处以60万元罚款；对其他直接责任人员杨某、沈某、杨某给予警告，并分别处以60万元罚款；并为证券和期货市场禁入者。杨某向法院提起的撤销其处罚的诉讼被一审法院驳回，杨某不服提起上诉被二审法院驳回。同时，在光大证券内幕交易赔偿诉讼中，法院判决向同其成交的投资人赔偿损失总计553.58万元。

评析：在上述两个案件中，主要涉及两个方面的问题：一是证券及其衍生品交易被宣布无效的条件和权力问题，二是证券违法行为的处罚权力和程序问题。就交易无效的条件来看，除非发生对证券及其衍生品市场造成巨大影响和风险的事件，通常情况下不得宣布交易无效。在“327”国债案中，如果承认最后8分钟的交易有效，会使我国整个证券业承受巨大的风险，并使违法交易人从中获益，至少也会形成不良的道德示范。因此，综合来讲认定交易无效是利大于弊的。但是，应认为交易所无权认定交易无效，应该由监管机关或法院认定才具有合法性。在光大证券内幕交易案中，监管机关选择的是先处罚、对处罚不服或受害人请求赔偿再诉讼的传统解决程序，这一程序首先存在的问题是监管机关处罚权的正当性问题。监管机关既是立法者又是执法者还是裁判者，这不仅存在产生腐败的必然性，同时一个案件多个处理程序也使问题的处理更加复杂。如果监管机关能够直接代表国家和受害人提起诉讼，不仅能够解决权力过于集中的问题、受害人的证明能力问题，也能够解决裁判的权威性问题。

第十一章 保险融通行为法

学习目的与要求 保险融通既是一种货币的融通，也是一种风险的分配，它与存贷融通、信托融通和证券融通既具有内在联系也有明显的区别。最初它以风险分配为主，属于民商法体系，但随着其货币融通功能的不断增强，目前世界各国都将其作为金融行为进行规范。并且，随着公众未来生活保险化和保险业务金融化趋势的不断加强，保险融通行为在金融法中占有越来越重要的地位。它不仅具有财产补偿功能，也是投保人或受益人之间、保险人与投资对象之间进行货币融通的重要渠道。通过本章的学习，要求学生：

●重点掌握：保险的性质；保险的原则；保险法律关系；保险合同的效力。

●一般了解：财产与人身保险的区别；保险合同的变更；保险合同的终止。

●深入思考：当代保险人的地位；保险法与商法的关系；保单的财产属性。

【核心概念】保险原则 保险关系 保险生效 保险变更 保险终止

【引导案例】

案情：某公司以某楼房向保险公司投保财产保险，在保险单的正面注明：本公司收到上述保险费，同意按照背面所载财产保险条款的规定承担责任。在保险金额项中规定：由被保险人根据保险财产实际价值自行确定，保险方不负核证责任。该公司填写价值为400万元。在赔偿处理项中规定：本公司根据财产的实际损失，并按照当天的实际价值计算赔款。后来，在保险有效期内公司发生火灾，该投保的楼房被全部烧毁，保险公司按照该楼房的造价、折旧和市场价格，核赔金额为260万元，而该公司认为应赔偿400万元。双方争执不下，该公司将保险公司起诉至法院。

某人购买一辆价值20万元的二手车，在没有办理车辆损失保险过户的情况下行驶。某日，由于自己驾驶不慎，发生单方面交通事故，导致车辆报废。车主以原车主已经办理车辆损失保险为由，要求保险公司给予赔偿，保险公司以现车主不是保险受益人为由拒绝赔偿。现车主又要求原车主索赔，保险公司以该汽车已经不是原车主的财产，他对该保险标的已经不具有可保险利益，没有可保险利益保险合同无效为由拒绝赔偿。于是，车主将保险公司诉至法院，要求保险公司赔偿。

判决：在楼房财产保险案中，法院审理认为，按照我国《保险法》的相关规定，投保人与保险人未约定保险标的的保险价值的，以保险事故发生时保险标的实际价值为赔偿标准，超额保险的超额部分无效；约定保险标的保险价值并在合同中载明的，应以约定的保险价值为赔偿标准。本案投保人是在保险金额中填写了400万元，但保险金额并不是保险价值，并且双方没有特别约定保险价值。因此，判决保险公司只应向该公司赔偿其260万元实际损失，超过实际损失的部分不予赔偿。

在车辆损失保险案中，法院审理认为，保险公司的理由是成立的。按照我国《合同法》关于债权转让的规定，不通知债务人的，该转让不发生效力。并且，我国《保险法》也规定，保险标的转让的应通知保险人。另外，原车主已经对保险标的不具有保险利益。据此，法院按照民商法的基本原理对本案作出判决，驳回现车主的诉讼请求，保险公司有权拒绝赔偿。

【案例导学】

从以上两个案例可以看出，保险虽然与普通工商业务具有一定的联系，但也有明显的区别。它作为一种金融业务，不仅在监督管理上不同于工商业务，在主体法律关系上也具有特殊性，充分理解这些特殊性是学习和掌握《保险法》知识的前提。在楼房财产保险案中，应既以保险价值又以实际价值为赔偿标准。以约定的保险价值为标准是由于保险是一种金融行为、是财产管理行为，赔偿价值与支付的保险费用具有直接的联系；以实际价值为标准是由于保险为财产的补偿，投保人不能因此盈利。在车辆损失保险案中，已经支付了保险费用，保险人就应该承担保险责任，是否变更合同并不是问题的本质。因此，《保险法》同时规定，保险标的转让后受让人承继被保险人的权利和义务。因此，法院不应该按照民商法的原理而应该按照金融法的原理进行裁判，把保险理解为与存贷融通、信托融通、证券融通一样，都是一种货币融通和财产管理行为，从货币融通和财产管理秩序的角度作出判断。

■ 第一节 保险基础规范

一、保险的法律性质

保险是一种古老的行为，早在古罗马就有关于海损的规定，但这时的保险并不是一种经常性行为。14 世纪以后，随着海运贸易的发展，保险逐渐成为一种经常性行为，也就产生了规范这一行为的要求，于是出现了各种形式的“保险法”。如以德国为代表的单行保险法体系，以法国为代表的商法典体系，以英美国家为代表的成文与不成文法相结合的保险法体系等。随着当代保险的金融功能逐渐加强，以及金融在社会中地位的不断提高，保险法的内容和主导思想也在不断发生变化，逐渐成为金融法的重要组成部分。保险法的内容可以概括为：保险合同法、保险业法和保险监管法。在制定有商法典的国家，商法典中往往只规定保险合同法，保险业法和保险监管法通常单独立法。[1]

（一）保险的概念

保险是为了保障生产和生活的稳定，由保险标的面临同类危险的多数人共同建立保险基金，对保险事故发生造成的财产损失或对原有生活状态的破坏，给予相应的补偿或给付及投资管理的一种制度。它主要由保险标的、保险危险、保险基金、保险事故、损失补偿和收益支付等基本要素构成。保险标的是指存在危险的对象，即财产保险中的财产或相关利益，人身保险中人的寿命和身体，它是存在保险行为的前提。保险危险是指保险标的遭受损失的可能性，它必须是客观存在的、偶然发生的、损害范围确定的危险。保险基金是指面临共同风险的主体通过交纳保险费用共同建立起来的基金，它是对损失或破坏进行补偿的资金来源。保险事故是指共同约定的在保险责任范围内，使保险标的遭受损失或破坏的自然灾害或意外事故；它是进行保险补偿或给付的前提，也是创设保险制度的意义所在。当代的许多保险还同时是一种投资行为，保险人是投资资金的管理人，他应向投资人支付投资收益。

保险是一个含义广泛的概念，在当代社会中主要包括社会保险、相互保险和金融保险三种基本形式。社会保险亦称社会保障，它是以保障普通社会公众的基本生活为目标，以法律的方式确定保险的项目、内容、给付标准和保险费用缴纳义务主体及缴纳标准，在某主体发生需要保障的情况时给予救助或补贴的制度。它由《社会保险法》和“财税法”调整，包括养老保险、失业保险、

---

〔1〕 参见《证券法》第 6 条，《反洗钱法》第 34 条，《保险法》第 8 条的具体规定。

医疗保险、工伤保险和生育保险等。[1] 相互保险是通过建立非营利性社团组织，在该组织成员内部运用保险原理来转移危险，当成员发生规定的保险事故时给予补偿的制度。它是一种非经营性非金融的保险。[2] 金融保险是指投保人根据合同约定，向依法具有经营保险业务资格的保险人支付保险费，保险人对于保险事故造成的财产损失承担赔偿责任，或者当被保险人死亡、伤残、疾病或达到合同约定的年龄、期限等条件时承担给付保险金责任的保险行为，《保险法》中所指的保险都是保险金融机构经营的金融保险。[3]

金融保险在当代社会具有财产补偿功能、社会稳定功能和货币融通功能。财产补偿功能是指它可以为因保险事故受到损失或损害的主体提供财产上的补偿，使其能够迅速摆脱经济上的困境，这是保险的基础功能。社会稳定功能是指通过保险补偿可以恢复被保险事故破坏的经济运行和社会生活状态，对社会的稳定发挥重要的作用。货币融通功能主要包括三个方面：一是它可以实现保险费与保险补偿之间的货币融通，这种融通是在不同的投保人或受益人之间进行的。二是它可以实现投保人与保险人之间的货币融通，它可以使保险人集中大量的资金，并以法律允许的方式向投保人进行货币融通。三是它可以实现保险人与其他社会主体之间的货币融通，保险人可以利用其集中起来的保险资金对社会其他主体进行不同类型的金融投资，从而实现保险资金在全社会的融通。目前，保险融通已经成为当代社会重要的货币融通方式，在整个社会货币融通体系中占有重要地位。[4]

（二）保险的类型

《保险法》上的金融保险，按照不同的标准可以分为许多种类型。首先，按照保险的实施形式，可以分为自愿保险与强制保险。自愿保险是指出于投保人自己的主观意愿，同保险人签订保险合同而成立的保险。在自愿保险中，投保人可以自由选择保险人，自由确定保险的种类、保险对象、保险金额、保险期限等，有权中途变更或解除保险合同；但是，保险人在承保后除非有法规的特殊规定不能解除保险合同。强制保险是指通过法规的形式实施的，在规定的范

---

〔1〕参见《社会保险法》第2条、第4条的规定，我国社会保险费用由用人单位和个人缴纳。

〔2〕2005年，经国务院同意、中国保监会批准，我国设立了第一家相互保险机构“阳光农业相互保险公司”。它是在原黑龙江农垦局风险互助体系的基础上筹建，由黑龙江省20万农户发起设立的，以投保人为组成成员，以相互保险为目的的法人机构。

〔3〕参见《保险法》第2条、第10条，《保险公司管理规定》等的规定。我国目前法律、法规明确规定，经保险监管机关授权取得“经营保险业务许可证”的保险机构为金融机构，它们经营的保险属于金融保险。

〔4〕参见《保险法》第106条，以及《保险机构投资者股票投资管理暂行办法》《保险公司次级定期债务管理办法》《保险资金间接投资基础设施项目试点管理办法》等的规定。

第十一章

围内必须全部投保，保险人、投保人都没有承保或投保选择权的保险。强制保险的保险金额不是当事人协商的结果而是直接的法律规定，强制保险的目的是为了保障具有公共利益或涉及公共安全的危险。[1]

按照保险标的的不同，可以将其分为财产保险和人身保险。财产保险是指以财产及其有关利益为保险标的的保险，它主要包括财产损失保险、责任保险、信用保险和保证保险。其中，财产损失保险是以有形财产为保险标的的保险，责任保险是以被保险人对第三者依法应负的赔偿责任为保险标的的保险，信用保险是以被保险人对第三者依法应负的财产信用为保险标的的保险，保证保险是保险人为投保人向被保险人提供责任担保的保险。人身保险是以人的寿命和身体为保险标的的保险，它包括人寿保险、健康保险和意外伤害保险等。其中，人寿保险是以人的生命为保险标的，以被保险人的生存或死亡为保险事故的保险；健康保险是以人的健康为保险标的，以被保险人的疾病、医疗、失能收入损失和护理等为保险事故的保险；意外伤害保险是以人的身体为保险标的，以被保险人遭遇非本意的、外来的、突然的意外事故，致使其身体受到伤害而残疾或死亡为保险事故的保险。[2]

按照保险功能的不同，可以将其分为消费型保险和投资型保险。消费型保险形成的是一种纯粹的危险保障关系；如果发生保险事故，它会发挥财产补偿的保障作用；如果保险期限届满，没有发生保险事故，投保人或受益人不会得到任何财产返还。这种保险是典型的保险，各国传统的保险基本上都属于消费型保险。投资型保险形成的是投资与保险的双重关系，如果发生保险事故，它会发挥财产补偿的作用；如果保险期限届满，没有发生保险事故，投保人可以凭借投资关系要求利益的返还。投资型保险目前主要存在于人身保险中，它最初是为防止经济波动或通货膨胀对长期人身保险所造成的损失而设计的，后来逐渐演变为投保人和保险人之间的一种金融投资工具。[3]

按照同一保险的次数，可将其分为单一保险、共同保险和重复保险；按照保险金额与价值的关系，可将其分为等值保险、低值保险和超值保险。单一保险是指投保人以同一保险标的、同一保险利益、同一保险事故，与同一保险人订立一个保险合同的保险。共同保险是指两个或两个以上保险人对同一保险业务各自承保一定的份额，或者在保险单中规定投保人分担同一危险中的一定份

---

〔1〕 参见《机动车交通事故责任强制保险条例》等法律强制保险的具体规定。

〔2〕 参见《保险法》第12条、第65条、第92条、第95条，《人身保险产品审批和备案管理办法》第2条，《健康保险管理办法》第2条，《保险公司管理规定》第47条、第48条等的规定。

〔3〕 参见《保险法》《保险资金间接投资基础设施项目试点管理办法》《最高人民法院关于适用〈中华人民共和国保险法〉若干问题的解释（一）（二）（三）》等的规定。

额的保险。重复保险是指投保人对同一保险标的、同一保险利益、同一保险事故分别与两个以上保险人订立保险合同，且保险总金额超过保险价值的保险。这里的保险金额是指保险人对受益人负担损失补偿或约定给付的金额，是保险合同规定的保险最高责任限额；保险价值是就财产保险而言的，它是指保险财产损失时的市场价值，或者投保人与保险人在保险合同中明确约定的赔偿价值。等值保险、低值保险和超值保险，分别是指保险金额等于保险价值、低于保险价值和超过保险价值的保险。[1]

按照保险人负保险责任的次序，可将其分为原有保险与再次保险或称原保险与再保险。原保险亦称第一次保险，它是指保险人对被保险人因保险事故所造成的损失，承担直接的原始赔偿责任的保险。再保险是保险人为了稳定保险业务的经营，扩大承保能力，避免非正常损失，将自己所承担保险责任的一部分或全部再次投保，分摊给其他保险人承担的保险。再保险中分出保险的一方称为分出人或原保险人，接受再保险的一方称为再保险人；原保险人将部分保险责任通过再保险转嫁给了再保险人，再保险人仅对原保险人负责，同原来的被保险人无直接联系。但是，再保险以原保险的存在为前提，再保险人的责任以原保险人的责任为限，原保险失效时再保险也同时失效。按照法律规定，保险人对一次保险事故的最大责任不得超过实有资本金与公积金之和的10%，超过的部分必须办理再保险。[2]

（三）保险的性质

保险的性质，是指保险行为形成的法律关系的性质。首先，从保险行为的角度看，它是一种合同关系，但这种合同关系不同于普通合同，它的合同内容主要是由法律直接规定的，即使是约定的内容也需要监管机关的认可。其次，从保险的内容来看，它是一种特殊的财产关系，它是以保险事故发生为条件的财产补偿关系。虽然，保险不一定必然导致财产的补偿，但它却可能给受益人带来可期待的财产利益。特别是对投资型保险而言，它会使投保人或受益人获得肯定的财产利益。因此，保险凭证也是一种特殊的证券或称特殊的财产。最后，从保险经营的角度看，它是一种监督管理关系，保险经营行为是当代社会一种非常重要的金融行为，它直接关系到金融市场的稳定，关系到各方保险关系人的利益，必须进行严格的监督管理。[3]

---

〔1〕参见《保险法》第18条、第55条、第56条、第59条，以及相关法律、法规的规定。

〔2〕参见《保险法》第28条、第29条、第96条、第103条，以及《再保险业务管理规定》等的规定。

〔3〕参见《保险法》第10~66条、第133~157条，《财产保险公司保险条款和保险费率管理办法》第4条，《健康保险管理办法》第12条等的规定。

作为合同关系，保险是一种特殊的实践性合同。作为实践性合同，仅有要约和承诺还不能生效，投保人必须实际将保险费用交付给保险人，或转移到保险人的存款账户上，并经保险人签章确认后才能生效。[1] 如果投保人没有实际向保险人交付保险费用，保险合同就不能生效，保险人也不因此承担保险责任。同时，保险费用也可以按比例支付或按期限支付。在保险费用按比例支付的条件下，应认为保险合同已经生效，但保险的财产补偿也只能按比例支付。在保险费用按期限支付的条件下，支付了首期费用后保险合同生效；如果逾期未支付其他期限的保险费用，超过规定的宽限期后合同效力中止，或者按照约定的条件减少保险金额。如果被保险人在合同效力中止期限内发生保险事故，应在约定给付的保险金中扣减欠交的保险费。[2]

作为财产关系，保险是财产补偿关系、财产投资关系和财产交易关系的统一。保险的财产补偿关系是保险的基本财产关系，它是指在发生保险事故的条件下，保险人必须给受益人以财产上的补偿。财产投资关系是对投资型保险而言的，投保人可以因投资关系而获得本金返还和投资收益的支付。保险的财产投资关系，可以因投资类型的不同形成存款关系、信托关系、代理关系及混合投资关系。不同的投资关系会形成不同的权利义务，以及不同数额的投资本金返还和收益支付。保险的财产交易关系，是指保险凭证作为一种财产可以交易，它可以通过变更受益人质押的方式进行交易，或者通过变更投保人的方式进行交易。但是，为了保护被保险人的利益，变更受益人要受到法律的严格约束，通常非经受益人同意不得进行保险凭证的交易。[3]

作为监管关系，它是保险合同监管关系、保险经营监管关系、保险投资监管关系和危机处置监管关系的统一。首先，监管机关有权对关系社会公众利益的险种、合同条款和费率进行监管，以保证合同各方权利义务的均衡。其次，

---

〔1〕 保险人收取了保险费用，尚未作出承保表示和签字盖章的，符合承保条件的应认定合同已经生效，应承担保险责任；保险人主张不符合承保条件的应承担证明责任。参见《最高人民法院关于适用〈中华人民共和国保险法〉若干问题的解释（二）》第4条的规定。

〔2〕 参见《保险法》第14条、第36条、第37条。在保险法中，保险合同成立时间、支付保险费的时间、保险人签章的时间、合同约定承担保险责任的时间，是有关保险合同实际生效的4个时间，我国《保险法》虽然规定“依法成立的保险合同，自成立时生效。投保人和保险人可以对合同的效力约定附条件或者附期限”，但是，按照《保险法》和金融法的理解，保险合同与其他金融合同一样应属于实践性合同，应以合同签订时间为合同成立时间，以支付保险费的时间为合同生效时间，合同生效后才能按照约定的时间承担保险责任。因为，金融行为是一种财产管理行为，不实际交付财产是不应有权利要求相应的财产利益的；否则，金融业将难以健康发展。但是，在实际判例中，也有按照诺成合同处理的情况。

〔3〕 参见《保险法》第31条、第41条、第43条、第44条，《关于加强保险公司与商业银行保单质押贷款业务合作管理有关问题的通知》等的规定，以及中国保险监督管理委员会的相关批示。

监管机关有权对保险人的经营状况进行监管，包括其业务状况、财务状况和各项准备金的提取状况，保证其具有可靠的偿付能力。再次，监管机关有权对保险人的投资状况进行监管，以保证其投资的安全性、流动性和营利性，保证其不会造成重大的投资损失。最后，监管机关有权对发生信用危机和违法经营的保险人采取危机处置措施，决定对其进行整顿、接管，甚至决定其破产事项，以最大限度地维护保险相对人的利益，维护社会的金融稳定和安全。由此可见，保险融通作为特定的货币融通方式，既与存贷融通、信托融通、证券融通存在本质区别；同时，又同它们具有内在的联系，使其成为货币融通的一种特殊形式，成为金融法的调整对象。[1]

二、保险的法律原则

法律原则是指某法律体系的基本准则，它应贯穿于该法律制定、执行、适用和解释的全过程。保险的法律原则，是指导《保险法》制定、执行、适用和解释的基本准则，它不仅直接体现在法律的具体规定中，同时也体现在《保险法》的执行和司法过程中，是《保险法》基本价值目标的具体化，保险的法律原则主要包括：可保利益原则、严格诚信原则和损失补偿原则。

（一）可保利益原则

可保利益亦称保险利益，它是指投保人或被保险人对保险标的具有的法律上承认的利益，即当发生保险事故时，人身保险的投保人、财产保险的被保险人必须可能受到实际损失。可保利益原则要求，人身保险的投保人在保险合同订立时，对被保险人应当具有保险利益；否则，保险合同无效。财产保险的被保险人在保险事故发生时，对保险标的应当具有保险利益；否则，不得向保险人请求赔偿保险金。可保利益原则的目的，是保护保险人、被保险人和社会整体利益，防止投保人从自身利益出发，利用保险关系损害保险人、被保险人和社会整体利益。它要求保险标的的利益，必须是合法利益、确定利益和财产利益。首先，投保人对保险标的的利益，必须是被法律承认并受法律保护的利益。其次，它必须是投保人对保险标的现有的利益，或基于现有利益而产生的可期待利益，而不能是不可以确定的利益。最后，它必须是可以用货币财产计量的利益，而不能是不可计量的非财产利益。

具体来讲，在财产保险中，可保利益主要包括现有利益、期待利益和责任利益。现有利益是指在投保人投保时即依法享有的利益，如对保险标的享有所有权、占有权、使用权、经营管理权、保管权、抵押权、质押权等权利，或者

---

〔1〕参见《保险法》第1条、第133～157条，《保险公司管理规定》《保险保障基金管理办法》《再保险业务管理规定》《保险业重大突发事件应急处理规定》等的规定。

享有承揽权、承运权、承租权等权利。期待利益是指虽然在投保时对保险标的的利益尚未存在，但基于现有权利而在未来可以获得的利益，如利润、利息等。责任利益是指在投保人投保时即已经存在的对第三人的责任，它实质上是一种消极的期待利益。在人身保险中可保利益主要包括对自己生命或身体的利益和对他人生命或身体的利益。其中，对他人生命或身体的利益具体包括家庭成员、近亲属、与投保人有劳动关系的劳动者和被保险人同意的其他人。其中，家庭成员主要包括配偶、子女、父母，以及与投保人有抚养、赡养或扶养关系的家庭其他成员。[1]

（二）严格诚信原则

诚实信用最初是“合同法”的原则，由于它在市场经济中的基础地位，许多法律也都要求遵守这项原则。它要求当事人应以诚实、善意的态度行使权利、履行义务，保证当事人都能够得到自己应得的利益，尽力维护相对方应得的利益，不得以损害他人利益的方式实现自己的利益。这一原则也应是《保险法》的原则。但是，保险业务是特殊的金融业务，在保险业务活动中，保险人同时要面对所有的客户，它不可能对全体客户的情况都进行认真的调查。另外，绝大多数保险合同最终都是不需要履行的。同时，保险合同又多是保险人制定的格式合同，投保人也难以全面领会合同的全部条款。并且，保险事故又是在保险人不在现场的情况下发生的，它难以清楚了解保险事故的全部真实情况。因此，为维护保险业的繁荣与发展，保护各方当事人的利益，《保险法》必须规定严格具体的诚实信用责任，对各方当事人提出严格的诚实信用要求。

具体来讲，严格诚信原则要求投保人在投保时，必须按照法定的严格诚信标准，如实地说明其知晓或保险人询问的有关保险标的相关的重要情况，不得隐瞒同保险责任有关的重要事项。同时，保险人也必须按照法定的严格诚信标准，向投保人说明同保险赔偿或给付相关的有关事项，提醒投保人其中可能遇到的对其不利的事项。在保险合同生效后，各方当事人也必须按照严格诚信的标准履行保险合同。在危险程度增高或降低时，重新修改保险合同、增减保险费，以维护各方当事人的利益。被保险人必须以合理的注意标准保护保险标的，不得为获取保险补偿而怠于履行注意义务，放任保险事故的发生。在保险事故发生时，应尽合理的可能保护保险标的，尽量减少保险标的的损失。在保险事故发生后，应及时通知保险人，并为理赔提供真实、可靠的证明资料，不得以

〔1〕参见《保险法》第12条、第31条，以及《最高人民法院关于适用〈中华人民共和国保险法〉若干问题的解释（二）》第4条的规定。保险合同生效后，因投保人丧失对被保险人的保险利益，保险合同仍然有效，保险人仍然必须承担保险责任。

虚假证明资料骗取赔偿或给付。[1]

（三）损失补偿原则

损失补偿原则是《保险法》的核心原则，它是指当保险事故发生使被保险人的利益受到损失时，保险人在其责任范围内仅对实际或约定的损失进行赔偿或给付，受益人不能取得超过实际或约定损失的额外利益。损失补偿原则，是从保险的功能和社会整体利益出发而设定的原则。从保险的基本功能来看，它只是为不确定性危险损失提供财产上的补偿，使其恢复原有的状态。它本质上不是投资行为，不可以因投保而取得盈利。从整体利益的角度看，如果法律允许受益人获得超过损失或付出的赔偿或给付，会使受益人产生投机心理，可能为获取超过其损失或付出的赔偿或给付，故意制造保险事故。这不仅会严重危害被保险人和保险人的利益，也会严重影响社会整体利益，毕竟财产或人身的损失也是社会整体利益的损失。因此，《保险法》必须坚持损失补偿原则，仅对实际受到的损失而给予赔偿或给付。

具体来讲，损失补偿原则要求，在财产保险中保险金额不能超过保险价值，超值保险超值的部分无效，等值保险只能等额赔偿，低值保险只能按比例赔偿，重复保险超值的部分无效，不能得到赔付。在善意重复保险的条件下，各保险人只能按照损失的比例赔偿；在恶意重复保险的条件下，各保险人均不予以赔偿。这种规定引起的另一个结果是财产保险中的代位求偿，即当保险事故是由第三人的过错引起时，受益人有两个基本选择。如果选择向保险人求偿，其前提是不能放弃对第三者的求偿权，在保险人赔偿后，有权以受益人的身份向第三人求偿，但此时受益人也仍有权就未获得保险人赔偿的部分向第三人请求赔偿；如果受益人选择向第三人求偿且第三人已经作出了赔偿，它只能对赔偿数额低于保险赔偿的部分向保险人求偿。由于人身保险无法确定保险价值，保险金的给付只能在保险金额的范围内支付，但支付的必须是当事人因保险事故而实际支出的必要费用，或者是同保险人约定范围之内的费用，或者是同保险人约定的给付金额。并且，不存在保险人的代位求偿问题，保险人向被保险人或受益人给付保险金后，不享有向第三者追偿的权利。但是，此时被保险人或受益人却仍有权向第三者请求赔偿。[2]

---

〔1〕参见《保险法》第5条、第16条、第17条、第22条、第27条、第51～53条、第43～45条、第116条、第131条、第161条、第165条、第174条，以及《最高人民法院关于适用〈中华人民共和国保险法〉若干问题的解释（二）》第5条、第6条等的规定。

〔2〕参见《保险法》第24条、第27条、第46条、第55～57条、第59～64条，《最高人民法院关于适用〈中华人民共和国保险法〉若干问题的解释（二）》第16条，以及《刑法》第198条关于保险诈骗罪等的规定。

■ 第二节 保险关系规范

一、投保人的权利义务

保险是单位和个人管理危险的重要对策，它既是一种财产补偿和投资经营活动，同时又是一种法律关系。在现实生活中，保险是投保人亲自或通过经纪人、代理人与保险人或其代理人约定，在投保人向保险人支付了保险费且同意承保后，当被保险人发生约定的保险事故时，保险人承担向被保险人或受益人赔偿或给付保险金责任的行为。在此过程中，必然会在不同当事人之间形成特定的法律关系。这种法律关系是由保险当事人的行为成就的，以保险标的和可保利益为基础的，在保险当事人、保险关系人和辅助人等之间形成的特定权利义务关系。其中，保险当事人是指投保人和保险人，保险关系人是指被保险人和受益人，保险辅助人是指保险代理人、经纪人和其他辅助人。

投保人是指与保险人签订保险合同，并按照保险合同约定负有支付保险费义务的保险当事人。投保人既可以是法人也可以是自然人，但无论是法人还是自然人都必须具有相应的权利能力和行为能力。并且，在投保人与保险标的之间必须具有在法律上认可的可保利益。支付保险费、具有可保利益、具有相应的保险权利能力和行为能力，是取得投保人资格的三个必须具备的要件。不具备这些条件就不能成为合格的投保人，其所签订的保险合同也属无效合同。投保人可以为自己的利益签订保险合同，也可为他人的利益签订保险合同，还可以为自己利益兼为他人利益签订保险合同。[1]

投保人在保险关系中必须承担特定的义务。这些义务主要包括支付保费义务、如实告知义务、标的保护义务、合理施救义务、及时通知义务和证明提供

[1] 参见《保险法》第10条、第12条、第31条、第48条，人身保险的投保人在保险合同订立时，对被保险人应当具有保险利益；否则，保险合同无效。财产保险的投保人在订立保险合同时，可以不具有保险利益；但被保险人在保险事故发生时，对保险标的应当具有保险利益。否则，不得向保险人请求赔偿保险金。因此，虽然在财产保险中，投保人不具有保险利益保险合同可以生效，但如果投保人与被保险人为同一人，他在保险事故发生时不具有保险利益，也不能取得保险金。在人身保险合同中，被保险人与受益人可以是不同的人，也可以是同一人；在财产保险中，被保险人与受益人应该是同一人。

义务。[1] 投保人应按保险合同规定支付保险费用，不支付保费保险合同不能生效。[2] 对保险标的或被保险人情况，在保险人询问的范围内有如实告知义务；投保人故意或因重大过失未履行如实告知义务，足以影响保险人决定是否同意承保或提高保险费的，保险人有权解除合同。[3] 投保人故意不履行如实告知义务，保险人对于保险合同解除前发生的保险事故，不承担赔偿或给付保险金的责任，也不退还保险费。因重大过失未履行如实告知义务，对保险事故的发生有严重影响的，保险人对于保险合同解除前发生的保险事故，不承担赔偿或给付保险金的责任，但可以退还保险费；如果保险人明知投保人未如实告知而与其订立保险合同则不得解除，发生保险事故时应承担赔偿或给付保险金的责任。在投保人与被保险人为一人时，应承担尽力保护保险标的的义务。保险事故发生时，应承担合理施救的义务。在保险事故发生后，应承担及时通知义务。[4] 在申请保险赔偿或给付保险金时，有向保险人提供保险事故性质、原因、损失程度等证明材料的义务。[5]

投保人在承担上述义务的同时，也享有特定的权利。这些权利主要包括合同解除权、退费请求权、受益人指定权和施救补偿权。在保险合同成立后，除货物运输和运输工具航程保险合同外，投保人享有合同解除权；在保险合同解除后，就保险人没有承担保险责任的期限，享有保险费退还请求权。在保险标的危险程度明显降低或保险价值明显减少时，除保险合同另有约定外，有要求相应降低保险费率和退还相应保险费的请求权。投保人申报的被保险人年龄不真实，并且真实年龄不符合合同约定的年龄限制的，保险人可以解除合同，并按照合同约定退还保险单的现金价值。投保人申报的被保险人年龄不真实，致使投保人支付的保险费少于应付保险费的，保险人有权更正并要求投保人补交

〔1〕 参见《保险法》第10条、第14条、第16条、第21条、第22条、第51条、第57条，以及《最高人民法院关于适用〈中华人民共和国保险法〉若干问题的解释（二）》《最高人民法院关于适用〈中华人民共和国保险法〉若干问题的解释（三）》等的规定。

〔2〕 我国《保险法》第13条第3款规定："依法成立的保险合同，自成立时生效。"照此理解，只要合同成立，不支付保费保险人也必须承担保险责任。同时也规定，"投保人和保险人可以对合同的效力约定附条件或者附期限"。从金融法的法理上理解，金融业作为经营管理货币财产的行业，除法律、法规有特别规定外，不交付财产其经营管理合同是不能生效的。

〔3〕 参见《保险法》第16条的规定，这里的保险合同的解除权，自保险人知道有解除事由之日起，超过30日不行使而消灭。自合同成立之日起超过2年的，保险人不得解除合同；发生保险事故的，保险人应当承担赔偿或给付保险金的责任。

〔4〕 除保险人通过其他途径已经及时知道或应当及时知道保险事故发生的外，因故意或重大过失未及时通知，致使保险事故的性质、原因、损失程度等难以确定的，保险人对无法确定的部分，不承担赔偿或给付保险金的责任。

〔5〕 保险人对投保人、被保险人和自身不能证明的保险事故损失，不承担赔偿或给付保险金的责任。

保险费，或者在给付保险金时按照实付保险费与应付保险费的比例支付。投保人申报的被保险人年龄不真实，致使投保人实付保险费多于应付保险费的，保险人应当将多收的保险费退还投保人。投保人经被保险人同意，有权指定或变更人身保险受益人。保险事故发生后，作为被保险人的投保人有权对为防止或减少保险标的损失所支付的必要和合理的费用请求补偿，但该费用补偿与保险人所付费用之和不得超过保险金额。[1]

二、保险人的权利义务

保险人是指依法成立并取得监管机关授予的保险业务经营资格，享有保险基金组织、管理和使用权利的保险公司。由于保险业务涉及整体金融利益，经营金融保险业务必须依法取得监管授权，其他任何单位和个人不得经营金融保险业务；在中国境内的法人和其他组织需要办理境内保险的，必须向境内的保险公司投保。保险人经营保险业务应承担的义务主要包括：保险责任义务、不得解约义务、提示说明义务、按期赔付义务、预先赔付义务、延期赔偿义务、再次告知义务和客户保密义务。保险人必须按照合同约定的时间承担保险责任。除法律另有规定或保险合同另有约定外，合同成立后保险人不得解除保险合同。在保险合同订立过程中，保险人需对其提供的格式条款进行说明，免除保险人责任的条款应在保险凭证上作出足以引起投保人注意的提示，并对该条款向投保人作出明确说明；未作提示或明确说明的，该条款不产生效力。保险人在收到理赔请求后，最迟应在30日内作出核定，并在达成赔偿或给付协议后10日内或约定期限承担赔偿或给付保险金义务；保险人自收到索赔资料之日起60日内，对赔偿或给付数额不能确定的应根据可确定的数额先予支付，确定后再支付剩余的差额。保险人未及时履行赔偿或给付义务，除支付保险金外还应当赔偿因此受到的损失。对再保险接受人，保险人还应承担再次如实告知义务。保险人对当事人的业务和财产情况负有保密义务。[2]

保险人在承担上述义务的同时，也享有相应的权利。这些权利主要包括：保费收取权、特殊解约权、责任确认权、标的保护权、费用增收权、损物归属权、代位求偿权和欺诈拒赔权。保险人有权按照约定向投保人收取保险费；对因投保人未如实告知而签订的保险合同享有解除权，且不承担解除前的保险责任。保险人有权依法确认应承担的保险责任，对非保险责任有权拒绝赔偿或支付保险金；有权拒绝任何单位或个人非法干预其赔付业务，以及非法限制被保

---

〔1〕 参见《保险法》第15条、第31条、第32条、第40条、第41条、第50~57条等的规定。

〔2〕 参见《保险法》第6条、第7条、第14条、第15~17条、第23条、第25条、第28条、第116条等的规定。

险人或受益人取得保险金的权利。保险人有权对保险标的的安全状况进行检查，并及时向投保人、被保险人提出消除不安全因素和隐患的建议；对未按照约定履行对保险标的保护义务的，有权要求增加保险费或解除合同；经被保险人同意，有权对保险标的采取安全预防措施。在保险标的危险程度显著增加时，有权要求增加保险费或解除保险合同；对危险程度显著增加而不通知保险人的，有权对危险增加而引发的保险事故不承担赔偿责任。保险事故发生并赔偿后，保险人享有受损保险标的的归属权。在保险赔付后享有对引起损害的第三者的代位求偿权，被保险人私自放弃权利的行为无效；如果因被保险人的故意或重要过失代位求偿权不能行使，可以相应扣减或要求返还保险金。[1] 对故意制造或谎称发生保险事故的有权拒绝赔付，有权解除合同并不退还保险费；[2] 对虚报事故原因或夸大损失程度的有权不承担相应部分的赔付责任。[3]

三、被保险人的权利义务

被保险人是指其财产或人身受到保险合同保障的保险关系人。财产保险的被保险人是其财产取得保险保障的人；人身保险的被保险人是其生命或身体取得保险保障的人。被保险人与投保人或受益人可以是同一个人，也可以不是同一个人。未经被保险人的同意并约定保险金额的，该保险合同不具有法律效力；由第三人订立的以死亡为保险金给付条件的保险合同，未经被保险人书面同意不得转让或质押。[4] 除父母外，投保人不得为无民事行为能力人投保以死亡为给付保险金条件的人身保险，保险人也不得承保；父母为其未成年子女投保人身保险的，其死亡给付保险金额总和不得超过监管机关规定的限额。因为，这种保险合同可能会导致谋财害命等非正常保险行为。[5]

在保险活动中，无论被保险人是否是投保人都应承担特定的义务。被保险人的义务主要包括：标的保护义务、增险通知义务、合理施救义务、出险通知

〔1〕参见《保险法》第46条、第62条的规定。除被保险人的家庭成员或其组成人员故意造成的保险事故以外，保险人不得对被保险人的家庭成员或其组成人员行使代位求偿权；否则，保险赔偿就失去了意义，受益人也没有真正得到赔偿。在人身保险中，被保险人因第三者的行为而发生死亡、伤残或疾病等保险事故的，保险人向被保险人或受益人给付保险金后，不享有向第三者追偿的权利。但被保险人或受益人仍有权向第三者请求赔偿。

〔2〕投保人故意造成被保险人死亡、伤残或疾病的，保险人不承担给付保险金的责任。投保人已交足2年以上保险费的，保险人应当按照合同约定向其他权利人退还保险单的现金价值。受益人故意造成被保险人死亡、伤残、疾病的，或者故意杀害被保险人未遂的，该受益人丧失受益权。

〔3〕参见《保险法》第14条、第23条、第24条、第27条、第43条、第51~60条等的规定。

〔4〕参见《最高人民法院关于适用〈中华人民共和国保险法〉若干问题的解释（三）》第1条的规定，根据《保险法》第34条的规定，“被保险人同意并认可保险金额”，可以采取书面形式、口头形式或者其他形式；可以在合同订立时作出，也可以在合同订立后追认。

〔5〕参见《保险法》第12条、第33条、第34条，以及相关法律、法规的规定。

义务和证明提供义务。被保险人有遵守法律关于消防、安全、生产操作、劳动保护等方面的规定，正常维护保险标的安全的义务。当保险标的危险程度增加时，负有向保险人通知的义务。当保险事故发生时，有采取必要措施防止或减少其损失的义务。在保险事故发生后负有及时通知义务，以及提供保险事故性质、原因、损失程度等证明材料的义务。被保险人在承担上述义务的同时也享有相应的权利，这些权利主要包括：赔付请求权、施救补偿权、救济补偿权和受益指定权。在被保险人同时是受益人时，在保险合同有效期内享有损失赔偿或保险金支付的请求权；在保险事故发生后，享有必要施救费用补偿的请求权。在因第三人造成损害的保险事故中，享有必要的仲裁费用或诉讼费用的请求权。在人身保险中，投保人与被保险人均有权指定受益人或变更受益人，但在由投保人指定受益人时，必须取得被保险人的同意。[1]

四、受益人的权利义务

保险关系中的受益人即保险金领受人，它是保险合同中由被保险人或投保人指定的享有赔偿或保险金请求权的保险关系人。受益人可以是保险业务中独立的法人或自然人，也可以是投保人或被保险人本人。人身保险的受益人由被保险人或投保人指定，被保险人为无民事行为能力人或限制民事行为能力人的可以由其监护人指定。受益人为数人时，被保险人或投保人可以确定受益顺序和受益份额；未确定受益份额的，按照相等份额享有受益权。受益人作为保险关系的主体并不是保险当事人，他通常仅独立存在于人身保险中，财产保险的受益人多是投保人或者被保险人。[2]

受益人对其取得的保险金享有独立的财产权，但在签订保险合同时未指定或指定不明无法确定，或者先于被保险人死亡、没有其他受益人的，以及丧失受益权或放弃受益权、没有其他受益人的，被保险人的法定继承人即为受益人。[3] 由于受益人不是保险当事人，他仅是保险利益的无偿享有主体。因此，受益人通常既不需要承担交付保险费的义务，保险公司也无权向其追索保险费用，受益人的义务是附属性的而不是独立性的。按照法律规定，受益人的主要义务是保险事故发生后的及时通知义务，以及向保险人提供保险事故的性质、原因、损失程度等证明材料的义务。

受益人的主要权利是在保险合同有效期内，享有保险金给付或赔偿的请求

〔1〕 参见《保险法》第21条、第22条、第51条、第52条、第57条、第60~66条等的规定。

〔2〕 参见《保险法》第18条、第39条、第40条，以及相关法律、法规的规定。

〔3〕 参见《保险法》第42条，如果受益人与被保险人在同一事件中死亡，且不能确定死亡先后顺序的，推定受益人死亡在先。

权。但是，受益人故意造成被保险人死亡、伤残、疾病的，或者故意杀害被保险人未遂的，会丧失受益权。投保人、受益人故意造成被保险人死亡、伤残或疾病的，保险人不承担给付保险金的责任，投保人已交足2年以上保险费的，保险人应当按照合同约定向其他享有权利的主体退还保险单的现金价值。除被保险人为无民事行为能力人外，以死亡为给付保险金条件的合同，自合同成立或合同效力恢复之日起2年内被保险人自杀的，保险人不承担给付保险金的责任；[1] 但对投保人已支付的保险费，保险人应按保险单退还其现金价值。此外，被保险人故意犯罪或抗拒依法采取的刑事强制措施导致其伤残或死亡的，保险人不承担给付保险金的责任；投保人已交足2年以上保险费的，可以按照保险单退还其现金价值。[2]

五、辅助人的权利义务

保险辅助人是指在保险当事人与保险关系人之外，不享有保险合同中的权利也不承担义务，但又同保险关系的建立和履行具有一定关系的人。通常，保险辅助人主要包括保险代理人、经纪人和公证人。保险公证人是指为保险当事人办理保险标的的查勘、鉴定、估价，以及对赔款的理算、洽商等予以证明的保险业务参与人，它在现实生活中主要是指保险公估机构，它既可以是接受保险人也可以是接受被保险人的委托进行工作。保险公证人的酬金，由其相应的委托人支付。保险公证人由于工作中的过错，造成委托人权益受到损害的，应独立承担相关的法律责任。[3]

保险代理人是根据保险人的委托，在授权范围内代为办理保险业务并收取手续费的单位和个人。保险代理人有许多种类，包括专职代理人、兼职代理人，以及专门代理人和独立代理人。代理人办理保险业务由保险人承担责任，在其代理权限内即使因过错而有侵害他人利益的行为，该行为或依据该行为订立的保险合同也对保险人有约束力。在订立保险合同时，保险代理人所获悉的业务事项无论是否实际告知保险人，均假定保险人已获知。但是，越权代理、无权代理，或代理终止后的行为，保险人不承担责任；除非经保险人的追认或投保人有充足理由相信代理人有代理权，并已经订立了保险合同。通常，人身保险采取专门代理人制度，财产保险则采用独立代理人制度，个人保险代理人在代

〔1〕《最高人民法院关于适用〈中华人民共和国保险法〉若干问题的解释（三）》第21条规定，保险人以被保险人自杀为由拒绝承担给付保险金责任的，由保险人承担证明责任；受益人或者被保险人的继承人以被保险人自杀时无民事行为能力为由抗辩的，由其承担证明责任。

〔2〕参见《保险法》第39条、第40条、第42～45条，以及相关法律、法规的规定。

〔3〕参见《保险法》第129条，以及《保险公估机构监管规定》的相关规定。

为办理人寿保险业务时，不得同时接受两个以上保险人的委托。[1]

保险经纪人主要是为投保人与保险人订立保险合同提供中介服务，并依法收取佣金的单位。经纪人不是保险人或投保人的代理人，而是独立为保险业务提供中介服务的单位，经纪人从事保险经纪业务必须取得监管机构的许可。经纪人的收入来自于保险佣金，它在成立保险合同时由保险人支付，在向保险人请求赔偿时由受益人支付，因经纪人的故意或过失造成保险损失的应承担相应责任。保险代理人、经纪人在办理业务过程中，不得欺骗保险人、投保人、被保险人或受益人；不得隐瞒与保险合同有关的重要情况；不得阻碍或诱导投保人不履行如实告知义务；不得给予或承诺给予投保人、被保险人或受益人合同约定以外的利益；不得利用权力、职务或职业便利以及其他不正当手段强迫、引诱或限制投保人订立保险合同；不得伪造、擅自变更保险合同，或者为合同当事人提供虚假证明材料；不得挪用、截留、侵占保险费或保险金；不得利用业务便利为其他机构或个人牟取不正当利益；不得串通投保人、被保险人或受益人，骗取保险金；不得泄露在业务活动中知悉的当事人的秘密。[2]

■ 第三节　保险合同规范

一、保险合同的订立

保险合同是确定保险关系的契约，具有诚信性、保障性和射幸性。投保人与保险人之间应按照严格诚信的原则订立保险合同；在有效期内，无论保险事件是否发生，保险人均应承担保险责任；并且，保险人是否赔偿或给付保险金是不确定的，它取决于保险事件是否发生，以及保险标的受到损失的程度。[3]保险合同的订立是保险人与投保人之间的法律行为，要经过投保和承保两个基本步骤才能完成。投保是投保人把要求投保的意思及主要条件向保险人做出明确表示的过程，即发出保险要约的过程。承保是保险人对投保人的要约做出承诺的过程，保险人承诺后保险合同即告成立。[4]

（一）保险合同的形式

从目前世界各国的情况来看，保险合同在有些国家可以采取口头的方式订立，但多数国家不承认口头保险合同，要求必须采取书面形式；否则，不具有

---

〔1〕参见《保险法》第117条、第125～127条，以及《保险专业代理机构监管规定》的规定。

〔2〕参见《保险法》第118条、第128条、第131条的规定。

〔3〕参见《保险法》第4条、第5条、第10条、第11条、第14条，以及相关法律、法规的规定。

〔4〕参见《保险法》第11条、第13条，以及相关法律、法规的规定。

法律效力。书面保险合同的内容和具体形式，原则上可以由双方当事人协商确定。但是，随着保险业的不断发展和保险经营的需要，保险合同日益向标准化的方向发展，最终多被固定在几种特定形式的格式合同上。目前，各国普遍采用的保险合同形式主要包括要保书、暂保单、保险单和保险凭证。

要保书亦称投保单，是投保人向保险人递交的书面要约，是保险合同的重要组成部分。要保书通常由保险人准备，投保人应按照其所列项目逐一填写。财产保险中要保书的主要内容包括被保险人的名称和地址，保险标的的名称和存放地点，投保的险别，保险责任起讫时间，保险价值和保险金额等。要保书虽然只是保险合同的组成部分，但只要保险人承保并且加盖了承保印章，保险合同即告成立。在保险人出立保险单之前，投保人所作的告知也能够影响合同的效力。投保人如果在要保书中没有履行如实告知义务，且不在保险单上修正，保险人可据此解除合同。如果要保书上有记载，保险单上即使遗漏也不影响合同成立，保险人也不得以此解除合同。

暂保单亦称临时保单，是保险人或保险代理人、经纪人在不能或不宜立即出具正式保险单或保险凭证时，向被保险人签发的临时保险凭证。通常，当保险分支机构接受投保人的投保申请后到获得批准前；或者保险人原则上确定承保，但某些条款还没有商定时；以及代理人或经纪人取得保险业务，但未向保险人办妥保险单以前，需要向投保人签发暂保单。暂保单的内容比较简单，通常除已经载明的特定事项外，凡没有列明的均以正式保险单的内容为准。暂保单与正式保险单具有同等的法律效力，但它的有效期较短，并在正式保险单交付时自动失效。正式保险单发出前，保险人可以终止暂保单。

保险单亦称保单，是投保人与保险人之间订立的正式保险合同的书面凭证。它通常由保险人或其代理人制作、签章后交付给投保人。保险单是被保险人在保险标的遭受意外事故发生损失时，或人身保险事故发生时，向保险人索赔或请求给付保险金的主要依据。同时，也是保险人向受益人赔偿或支付保险金的主要依据。保险单不是保险合同本身，而是保险合同的正式凭证。保险凭证是保险人签发给被保险人，以证明保险合同已经生效的文件。它实质上是一种简化了的保险单，同保险单具有同样的作用和法律效力。保险凭证未载明的内容均以相应的保险单内容为准，如果正式保险单与保险凭证的内容有抵触，或保险凭证另有特订条款时，应以保险凭证为准。

按照相关法律、法规的规定，投保人提出保险要求，经保险人同意承保，并就合同条款达成协议，保险合同即告成立。我国保险合同签订的主要形式是保险单，也可以采取其他保险凭证的形式。同时，保险人应当及时向投保人签发保险单或其他保险凭证。在我国，订立保险合同必须采取书面形式，除保险单和其他保险凭证外，经投保人和保险人协商同意，也可以采取其他书面协议的形式。另外，在保险单或其他保险凭证中要求载明当事人双方约定的合同内容，不得仅以保险凭证代替保险合同。[1]

（二）保险合同的内容

保险合同的内容，是指合同中所记载的各项条款。保险合同的内容主要包括基本条款、附加条款和保证条款。

基本条款是指保险人在保险单上事先统一约定的条款，[2] 它又可以具体分为法定条款和任选条款。法定条款主要包括：保险人的名称和住所，投保人、被保险人的姓名或名称、住所，人身保险中受益人的姓名或名称、住所；保险标的、保险责任和责任免除，保险期间和保险责任开始时间，保险金额，保险费以及支付办法，保险金赔偿或给付办法，订立合同的时间等。这些是保险合同中不可缺少的条款。

基本条款中的任选条款，是保险人根据其业务本身的需要自行规定的条款。通常，投保人必须接受双方才能取得一致。附加条款是为了适应不同投保人的需要，在保险单基本条款的基础上附加的一些补充性条款，用以扩大或限制原基本条款中所规定的权利和义务。保证条款亦称作特约条款，是指保险人与被保险人之间约定的，某一方保证为特定行为或不为特定行为，或者保证某种事态存在或不存在的条款。通常，普通保险合同可以不增加附加条款和特约条款，只按照保险单上的基本条款确立保险当事人或关系人之间的关系，特殊保险才需要增加附加条款和特约条款。[3]

（三）保险合同的效力

保险合同是否具有法律效力，取决于合同有效的要件和其效力的影响因素。通常，保险合同有效的要件主要包括主体合格、内容合法、当事人意思表示一致，以及履行了必要的手续四个基本条件。主体合格对保险人来讲，它必须是依法设立并经监管授权有权经营保险业务的保险公司，或者是取得保险公司授权具有订立保险合同资格的代理人。投保人则必须是具有行为能力的法人或自然人；在人身保险中，还必须对被保险人具有保险利益。内容合法的要求包括尊重社会公德、不得损害公共利益、该行为不为法律所禁止。并且，合同中的各项条款均不违反法律规定，格式条款中没有单方面免除保险人依法应承担的

---

〔1〕参见《保险法》第11条、第13条、第17条，以及相关法律、法规的规定。

〔2〕通常，完整的保险合同都由保险单和保险合同的格式条款两部分构成，保险单填写保险合同的主要条款，保险合同的格式条款附在保险单的后面或背面，它们共同构成一个完整的保险合同内容。

〔3〕参见《保险法》第11条、第13条、第18条，以及相关法律、法规的规定。

义务或加重投保人、被保险人责任的规定；没有单方面排除投保人、被保险人或受益人依法享有的权利的规定；否则，该条款无效。同时，合同形式是法律认可的有效形式，在双方意思表示一致的前提下，还必须履行填写合同凭证和支付保险费等必要的手续。[1]

能够满足保险合同有效条件要求的合同，都是有效的保险合同，都具有法律效力。但在现实保险业务中，合同是否具有法律效力往往还要受到一些其他因素的影响。通常，这些影响因素主要是指，保险当事人和关系人是否履行了有关法律或合同中规定的、足以影响合同有效性的相应义务，或者实施了足以影响合同有效性的行为。如是否履行了相应的保证义务；是否履行了如实告知义务；是否履行了危险增加通知义务；是否履行了支付保费的义务；以及是否有隐瞒行为和弃权行为等。同时，多数保险合同还有犹豫期的规定，通常，犹豫期为投保人收到保单后的10天之内。如果在犹豫期内投保人选择退保，保险人只能收取签订合同的工本费，并退还全部保险费。[2]

保险合同因故被监管机关或法院确认无效后，合同中的权利义务也即失效，尚未履行的不得再履行，履行中的也必须终止履行。对已经产生的履行结果进行返还财产、赔偿损失或收归国库的处理。保险合同被确认无效后，保险人取得的保险费应返还给投保人。如果保险人已经向被保险人补偿了财产损失，也应返还给保险人。如果其中一方有过错，过错方应赔偿对方因此所受的损失；如果双方均有过错，应该各自承担自己的过错责任。违反法律和社会整体利益的保险合同，如果双方均属故意，应该将已经取得或约定取得的财产收归国库；如果只有一方故意，故意的一方应将从对方取得的财产返还对方，非故意的一方已经从对方取得的或约定取得的财产应该收归国库。对保险合同条款的有效性存在争议的，法院或仲裁机关应当作出有利于被保险人和受益人的解释。[3]

二、保险合同的变更

保险合同一经生效，就具有法律约束力，当事人双方都必须尊重对方的权利，履行对相对方的义务，保险人不得擅自变更或解除合同。但是，保险合同是继续性合同，在其存续期间可能会因某些特定情况必须变更合同。保险合同变更，是在合同没有履行或没有完全履行的条件下，因订立合同所依据的主观或客观情况发生变化，当事人依照法定的条件和程序，对原合同的某些条款进

〔1〕参见《合同法》第7条、第9条、第13条、第40条，《保险法》第4条、第5条、第11条、第17条、第19条等的规定。

〔2〕参见《保险公司管理规定》《健康保险管理办法》《互联网保险业务监管暂行办法》《关于进一步规范商业银行代理保险业务销售行为的通知》等的规定。

〔3〕参见《合同法》第44~46条、第52~59条，《保险法》第11条、第30条、第54条等的规定。

行修改或补充的行为。通常，保险合同变更的形式主要包括主体变更、内容变更，以及合同的失效与复效。

（一）主体的变更

保险合同的主体变更，是指保险某方当事人或关系人的变更，即投保人、保险人、被保险人或受益人的变更。保险合同的主体变更，实质上是合同的转让。保险合同的转让，各国法律规定并不完全一致，有的法律承认某种保险合同主体随保险标的转移而自动转移。有些保险种类，保险合同的转让必须得到保险人或被保险人的认可方为有效；否则，自转让之日起失效。

通常，保险标的转让的受让人承继被保险人的权利和义务，但被保险人或受让人应当及时通知保险人。因保险标的转让导致危险程度显著增加的，保险人可以按照约定要求增加保险费或解除合同；否则，因此发生的保险事故，保险人不承担赔偿责任。对人身保险来讲，主体变更主要是受益人的变更。通常，被保险人或投保人可以变更受益人，但投保人变更受益人须经被保险人同意。变更受益人应书面通知保险人，以死亡为给付条件的，未经被保险人书面同意不得变更受益人。保险人收到变更受益人的书面通知后，应当在保险单上批注；否则，因保险合同没有变更受益人该转让无效。保险合同主体变更后，原保险主体的权利义务关系也一同转移给受让人，包括原保险合同的瑕疵。[1]

（二）内容的变更

保险合同的内容变更，是在合同主体不变的情况下，变更合同的其他条款。通常，在财产保险合同中，主要表现为保险财产数量的增减，保险财产品种、价值或存放地点的变化，或者航程与航期的变更，以及合同保险期限、保险金额的变更等内容。在人身保险合同中，主要表现为被保险人职业的变化、保险金额的增减、缴费方法的变化等内容。

按照法律规定，保险合同订立后，投保人或被保险人可以提出变更合同内容的请求，但必须经保险人同意，办理变更手续后才能生效。变更保险合同的主要凭证是批单，它是在变更保险合同时，由投保人申请保险人签发的一种变更合同内容的书面证明。保险合同变更的任何协议，保险人都必须在原保险单或保险凭证上批注或附贴批单，以此作为合同变更的证明。[2]

（三）失效与复效

保险合同失效，是指合同生效后，由于某种原因使合同暂时失去效力的现象。如果合同因某种原因失效，在失效期间发生保险事故，保险人不承担保险

〔1〕参见《保险法》第20条、第29条、第34条、第41条、第49条，以及相关法律、法规的规定。
〔2〕参见《保险法》第20条，以及相关法律、法规的具体规定。

责任。保险合同的复效是针对失效而言的，合同失效后，由于失效的原因消除而重新生效。保险合同失效并不等于合同效力的终止，投保人可以提出恢复合同原有效力的请求，并经保险人承诺，使失效的合同恢复效力。如果在规定期限内，投保人或被保险人不申请复效，即从效力停止之时起终止。

按照法律规定，合同约定分期支付保险费，投保人支付首期保险费后，除合同另有约定外，投保人自保险人催告之日起超过30日，或者超过规定期限60日，未支付当期保险费的，合同效力中止，或者由保险人按照约定的条件减少保险金额。因此导致效力中止的，在投保人补交保险费后经协调一致可以恢复效力。但是，自效力中止之日起2年内未达成协议的，保险人有权解除合同。保险人因此解除合同，投保人已交足2年以上保险费的，应当按照约定退还保险单的现金价值；未交足2年保险费的，应按照合同约定扣除手续费和相关费用后，退还保险费或保险单的现金价值。[1]

三、保险合同的终止

保险合同的终止，是指保险当事人根据合同确定的权利义务关系，因法律规定的原因出现而不复存在。在现实的保险业务中，保险合同的终止是有严格的法律规定的。通常，引起保险合同终止的原因很多，主要包括因合同期限届满终止、解除终止和履行终止三个方面。

（一）合同期满终止

保险合同期满终止，是指合同订立后虽然没有发生保险事故，但合同规定的保险期限已经届满，保险人的保险责任自然终止的法律事实。这种形式的保险合同终止是最基本和最普遍的终止形式，任何保险合同都存在期限届满终止的可能。当然，保险合同到期后还是可以续保的，但合同续保并不是原保险合同的继续或复效，而是重新订立一个新的保险合同。不仅保险合同存在期满问题，保险赔偿或给付保险金也存在期满问题。人寿保险以外的其他保险的被保险人或受益人，向保险人请求赔偿或给付保险金的权利，自知道保险事故发生之日起2年不行使而消灭。人寿保险的被保险人或受益人对保险人请求给付保险金的权利，自知道保险事故发生之日起5年不行使而消灭。[2]

（二）合同解除终止

保险合同解除终止是指在合同有效期限尚未届满前，当事人依法终止合同的法律行为。保险合同的解除主要包括法定解除、约定解除和任意解除三种基本情况。保险合同的法定解除，是在出现法定解除合同的原因时，当事人依法

---

〔1〕参见《保险法》第36条、第37条，以及相关法律、法规的规定。

〔2〕参见《保险法》第26条，该期限即为权利人提起诉讼的诉讼时效。

行使解除权，消灭已生效的保险合同的行为。法定解除是一种单方的法律行为，享有解除权的当事人只需向对方做出意思表示即可发生解除效力，无需征得对方同意。通常，主要是投保人不履行或不按规定履行义务。保险合同的约定解除，是在订立保险合同时，双方约定有解除合同的特定条件，在条件出现时有权解除合同。通常，为保护保险当事人和关系人的利益，对合同的约定解除都有较严格的条件限制，尤其是对保险人的限制往往更加严格。保险合同的任意解除，是对某些特定的保险种类，双方当事人根据自己的意愿，在不受任何限制的条件下解除保险合同。它既可以由保险人也可以由投保人提出解除合同。但是，在多数情况下解除保险合同都有严格限制。特别是对于保险人，合同成立后非特殊情况下不得非法任意解除合同。在保险标的发生部分损失时，在保险人赔偿后30日内，投保人可以解除合同；除合同另有约定外，保险人也可以解除合同。保险人解除合同的应当提前15日通知投保人，并将保险标的未受损失部分的保险费，扣除自保险责任开始之日起至解除合同之日止的应收部分后退还投保人。[1]

（三）合同履行终止

保险合同的履行终止是指在合同有效期内保险事故发生，保险人按照约定履行了保险义务，赔偿或给付了全部的保险金额后导致保险合同终止的现象。在保险机构赔足保险金额后，即使合同期限未满，保险标的依然存在，也会因保险人已经履行了合同规定的全部保险义务而使其效力终止。另外，如果非因保险事故使保险标的灭失，保险合同也会因失去保险标的而自然终止。但是，如保险标的仅受到部分损失，保险人未赔足全部保险金额，保险合同并不因履行而终止，保险还需要继续承担保险责任。

【司法案例】

案情：居民张某家的楼上住户李某由于忘记关闭自来水龙头，造成张某家的财产受到损失，地板、室内装修、家用电器等各项损失总计20万元。经双方协商同意，李某赔偿张某12万元，张某同意并收取了赔偿款。事后，张某想起单位曾为他投保家庭财产保险，于是决定再向保险公司申请索赔。保险公司在接到报案后，对现场进行了勘察，由于现场已经破坏，只能根据实际损失情况决定赔付16万元，并且只向其赔付超过李某已经赔付12万元中的4万元。由于损失是由第三者造成的，保险公司在赔付的同时要求签订权益转让书，准备向责任人追偿损失。张某签字后，保险公司向李某索赔16万元。李某认为已经赔偿张某，不再承担赔偿义务，于是，保险公司将李某诉至法院。

---

〔1〕参见《保险法》第15条、第58条，以及相关法律、法规的规定。

王大、王二为王某的两个儿子，王大已经结婚，王二因残疾一直未婚。某日，王大了解到可以为自己的父母办理人寿保险遂与王某商议投保，王某考虑到王二在自己死后的生活问题，就指定王二为受益人，约定死后保险公司一次性支付50万元保险金。后来，王某生病住院，王大未经王某同意就将保单质押给邻居借款为其父亲治病。王某因医治无效死亡，邻居找王大要求归还借款，王大称没有能力归还。邻居遂要求保险公司支付保险金，保险公司拒付，同时通知王二，要求持保单领取保险金。王二向邻居索要保单未果，遂将其诉至法院要求其归还保单，邻居则要求行使质押权。

判决：在张某家庭财产保险案中，法院审理认为，张某保险事故的发生是由第三者李某引起的，按照《保险法》中关于代位求偿权的规定，保险公司在对张某进行赔偿后有权向李某求偿。且由于李某与张某之间是私人约定，该约定对保险公司不具有公信力，赔偿额应该以保险公司认定的数额为准。据此判决，李某除向张某支付12万元赔偿外，还应该向保险公司支付4万元赔偿。

在王某的保单质押案中，法院审理认为，保单，特别是人身保险保单具有财产价值，依法可以进行质押。但是，为保护被保险人的利益，按照《保险法》的规定，未经被保险人书面同意的质押无效。据此判决，驳回邻居的诉讼请求，并将保险单还给王二，保险公司向其支付50万元保险金。

评析：在由于第三者的原因导致被保险人财产损失的条件下，他应该有两种选择：一是向保险公司请求赔偿保险金，二是向侵害人要求赔偿。本案中由于张某是选择首先要求侵害人赔偿，保险公司此时仅应向其支付侵害人赔偿与保险赔偿之间的差额。并且，由于被保险人在保险事故发生后没有尽到及时通知义务，又由于个人原因破坏了事故现场，保险公司只能按照实际能够确定的损失承担赔偿责任。同时，由于李某与张某之间是私人约定赔偿数额，该数额不具有公信力。因此，保险公司有权向李某主张剩余的代位求偿权，就其没有按照公平的价格向张某赔偿的差额主张权利。

保险单质押是一种事实上可能变更保险受益人的行为，质押权人如果行使质押权就会成为保险单的实际受益人。而在以死亡为给付保险金条件的情况下，质押权人很可能为了实际获得保险单的受益权而故意导致被保险人死亡。《保险法》为保护被保险人的利益，防止出现道德风险，规定未经被保险人书面同意，以死亡为给付保险金条件的保险单质押无效。因此，王某的邻居不享有该保单的质押权，必须将保单退还给受益人，他对王大的债权无法通过保险法来解决，只能通过其他法律解决。

第十二章 金融经营行为法

学习目的与要求 金融机构是以货币财产为经营对象的机构，它们要经营货币业务、存贷融通业务、信托融通业务、证券融通业务和保险融通业务等，面临着普通工商业机构所不具有的特殊风险。为保证金融业的整体效率、秩序和安全，必须对金融机构的经营行为规定特殊的经营规范。因此，必须在金融主体法、金融客体法和基本业务行为法的基础上，进一步规范它们的经营行为，控制金融机构的经营风险，保障整个金融业经营的基本安全，它是金融行为法的重要组成部分。通过本章的学习，要求学生：

●重点掌握：负债的基本规范；资产的基本规范；资本的基本规范。

●一般了解：金融企业风险控制规范；中央银行风险控制规范。

●深入思考：金融企业经营规范的特殊性；经营行为规范的必要性。

【核心概念】金融机构 负债规范 资产规范 资本规范 风险控制

【引导案例】

案情：2015年，我国证券市场经历了一场严重的“股市异常波动”事件，从2014年7月开始，股票市场价格开始快速上涨。直至2015年6月12日，上海证券交易所综合股价指数由3,000点左右达到5,178点的最高点，上涨了152%。但是，从2015年6月15日至7月8日，又暴跌至3,507点，跌幅超过32%，最低点跌至2,850点。虽然政府采取了许多防止进一步下跌的措施，甚至不惜命令国有企业大量购买股票挽救市场，但并没有收到预期的效果。导致这次股市异常波动的原因有很多，其中，许多证券公司与非法民间金融组织合作，非法向股票投资人融通资金是重要原因之一。

对此，证券监管机关进行了认真的调查，发现华泰证券公司、海通证券公司、广发证券公司、方正证券公司等，在对外部接入的证券交易系统，如恒生

HOMS系统、铭创系统、同花顺系统等第三方交易终端软件时，未进行软件认证许可；未对外部系统接入实施有效管理，对相关客户身份情况缺乏了解；未采集客户交易终端信息，从而未能确保客户交易终端信息的真实性、准确性、完整性、一致性和可读性；也未采取可靠措施采集、记录与客户身份识别有关的信息，未实施有效的了解客户身份的回访、检查等程序。导致非法民间金融资金大量被用于非法的证券信用交易，引起股市的异常波动。这种行为严重违反了法规对证券公司经营的业务规定，严重破坏了证券市场的正常秩序。

结果：证券监管机关根据调查结果，依据证券法律、法规的相关规定对这些证券公司进行了处罚。没收华泰证券公司违法所得1,823万元，并处罚款5,470万元；对公司经纪业务总经理胡某及信息技术部副总经理陈某分别处以10万元罚款。没收海通证券公司违法所得2,865万元，并处罚款8,596万元；公司零售与网络金融部原总经理丁某，主要责任人邹某、高某、汪某、方某等分别处以5万~10万元的罚款。没收广发证券公司违法所得681万元，并处罚款2,042万元；对公司经纪业务总部总经理王某、信息技术部总经理林某、上海分公司总经理梅某、上海分公司电脑部主管周某分别处以10万元罚款。没收方正证券公司违法所得872万元，并处罚款1,743万元；对公司信息中心负责人刘某、网点运营部陆某处以10万元罚款；公司长沙黄兴中路营业部负责人夏某等分别处以5万元罚款。同时，对处罚情况向社会公告。

【案例导学】

从这个案例可以看出，金融企业的经营规范与普通工商企业具有明显的区别，它们要面临许多普通工商企业没有的特殊风险。并且，一个小的失误就可能导致大的危机。因此，对于金融企业，法律、法规规定有非常严格的准入标准规范、内部管理规范、审慎经营规范，以及具体的风险控制指标体系，并由金融监管机关进行定期或不定期的场外监督和现场检查。违反这些金融经营制度的金融企业不仅要受到严格的处罚，还可能责令其停业整顿或吊销经营许可证，使其丧失经营该金融业务的资格。

第一节 负债经营规范

一、金融企业的负债

金融机构的经营是在既定的经营目标指导下，按照一定的程序和方法合理组织负债、资产和资本等经营要素，最大限度地实现其经营目标的过程。金融机构的经营主要包括负债业务经营、资产业务经营和资本业务经营三个方面。金融机构的负债是其主要的资金来源，是金融机构经营的首要对象。按照金融机构的法律地位和性质不同，可将其分为金融企业的负债和中央银行的负债。金融企业经营资金的主要来源是各种形式的负债，它是金融企业经营的主要内容，是进行资产业务经营的前提。[1]

（一）负债的类型

金融企业的业务主要包括银行业务、信托业务、证券业务和保险业务等。因此，金融企业的负债也主要包括银行企业、信托企业、证券企业和保险企业的负债。按照相关银行法律的规定，普通银行负债的内容主要包括被动负债、主动负债、结算负债以及其他负债。被动负债是吸收社会公众和企事业单位存款等形成的负债；主动负债是主动获取经营资金行为而形成的负债，主要包括发行金融债券、向同行业借款、向中央银行借款、回购协议借款和向国际货币市场借款等。结算负债是在办理中间业务及同业往来过程中，占用他人资金所形成的负债。其他负债是在办理非经营性业务时形成的负债，主要包括应付工资、应付福利费、预提费用、应交税金和应付利润等。[2]

信托企业的负债是对委托人、受益人、社会公众、企业和其他金融机构的债务或欠款，是其重要的业务资金来源。按照信托法律的规定，信托企业的负债主要包括信托业务负债、代理业务负债、租赁业务负债和其他负债。其中，信托业务负债是在办理信托业务中形成的负债，主要包括应付受托人、受益人收益和托管费用等。代理业务负债是办理代理业务中形成的负债，主要包括代发行证券款、代兑付债券款、代售证券款和代购证券款等。租赁业务负债是在办理租赁业务过程中形成的负债，主要包括租赁保证金和应付转租赁租金。其他业务负债，包括其他信托与非信托业务负债。[3]

证券企业的负债是对证券投资人、证券发行人和其他业务关系人的债务或欠款，是其重要的业务资金来源。按照证券法律的规定，证券企业的负债主要包括经纪业务负债、发行业务负债、投资业务负债和其他业务负债。按照这些资金能够占用的时间，可以将其进一步分为流通性负债和长期性负债。其中，流动性负责主要包括拆入资金、卖出回购证券款、代买卖证券款、代发行证券款、代兑付证券款、各种应付及预收款项、预提费用、短期债券和其他短期负债。长期性负债主要包括长期债券、长期应付款（包括融资租入固定资产应付

---

〔1〕这里需要特别注意的是，“负债”是一个会计学和会计法上的概念，它与法学中的债务虽然有一定联系，但也有本质的区别，不能简单地将其理解为是对外债务。参见相关金融法律的“财务会计”部分，以及金融企业财务会计制度等的规定。

〔2〕参见《商业银行法》《金融企业会计制度》《商业银行财务会计基本制度》及相关法律、法规的规定。

〔3〕参见《信托法》《信托公司管理办法》等法律、法规的规定。

款）和其他长期负债等。[1]

保险企业的负债是对保险受益人、社会公众、企业和其他金融机构的债务或欠款，是其重要的业务资金来源。按照保险法律的规定，保险企业负债主要可以分为保险费负债、准备金负债和其他负债。保险费负债是在办理保险业务过程中形成的负债，它主要包括应付分保账款和预收保险费等。保险准备金负债是在承保各种保险业务后，建立各种准备金所形成的负债，主要包括分保准备金、保险保证金、未到期责任准备金、未决赔款准备金，以及保户储金和长期责任准备金等。保险企业的其他负债，是在办理其他保险业务或非保险业务过程中形成的负债，主要包括长期借款、应付手续费、各种应付账款、应付工资、应付福利费、预提费用、应付税金和应付利润等。[2]

（二）负债的经营

金融企业负债的经营是在总体经营目标指导下，具体确定负债的经营目标，按照一定的程序和方法，合理调节、控制它的负债规模、负债结构和负债成本，为最大限度地实现总的经营目标服务的过程。它在金融企业经营中占有重要地位，没有合理规范的负债经营就难以取得良好的经营效果。金融企业负债经营的主要对象包括负债规模、负债成本和负债结构的经营。

负债规模经营是指根据金融企业资产业务的需要，以及金融法律、法规的有关要求，确定合理的负债业务规模，并努力通过各种负债手段，使金融企业负债保持在合理水平的状态。负债成本经营是根据负债规模的需要，合理确定负债规模的实现方式，尽可能以最低的负债成本满足负债规模的需要。负债成本经营的关键是确定合理的负债结构，负债结构的经营是根据负债规模的要求和成本状况，合理安排不同负债之间的比例，以尽可能降低负债成本。

二、中央银行的负债

中央银行是在社会一定范围内，在货币流通和融通体系中居于主导地位，负责制定和执行货币信用政策，实行货币流通监督管理，调节、控制货币流通和融通的规模与状况的金融中心机构。它的基本经营目的是通过负债和资产业务的经营实现其各项货币政策目标，维护正常的货币流通和经济秩序。因此，中央银行负债业务是实现其货币流通和金融调控目标的重要手段。

（一）负债的类型

中央银行的负债业务是形成其资产业务的基础，它的基本负债主要包括：流通中的法定货币，金融企业存款准备金，各清算银行的清算资金，财政金库

---

〔1〕参见《证券法》《证券公司会计制度》等法律、法规的规定。

〔2〕参见《保险法》《金融企业会计制度》等法律、法规的规定。

和经费存款，以及中央银行的其他负债。流通中的法定货币是中央银行对法定货币持有人的负债。在信用货币本位法条件下，法定货币是持有人以等量商品价值换取的等价财产，它在理论上是由中央银行承诺其价值量的价值符号。因此，法定货币是中央银行以其信用承诺的财产价值，它不仅是货币，还是中央银行对持有人的负债，虽然这种负债是不需要清偿的。法定货币与存款货币不同，存款货币是中央银行的资产而不是负债。[1]

金融企业的存款准备金，是普通银行为保证存款人提取存款，而从其吸收的存款中提取的准备金。存款准备金主要包括法定准备金和超额准备金两部分。法定存款准备金是普通银行按照金融法的规定，在吸收存款后按法定比率向中央银行缴存的存款准备金。超额存款准备金是普通银行按自身的业务需要提取的，超过法定准备金的存款准备金。中央银行集中法定存款准备金和部分超额存款准备金的目的，最初主要是为了对发生经营困难的银行给予资金支持，以减少各银行的经营风险、增强其业务弹性，以根据经济运行状况的需要增加或减少货币投放。随着经济的发展和中央银行金融调控职能的加强，它逐渐成为调节与控制整个社会信用量和货币供应量的重要手段。

在存款货币的流通过程中，为减少票据、结算凭证的交换和存款货币划转的工作量，各级中央银行都设立有清算机构，办理各清算银行的清算业务。各清算银行在中央银行办理清算业务，首先必须开设存款账户，以便在货币票证清算后进行存款货币的划转，由此形成中央银行的清算资金负债。中央银行的清算业务是服务性业务，各银行是否参加各级清算系统并不是法律强制的，就此意义上讲，是否向中央银行存入清算资金是自愿的。但是，如果某商业银行或其他办理结算业务的金融机构参加中央银行的清算系统，就必须按照有关规定在中央银行开立账户，存入必要的清算资金，就此意义上讲，各清算银行是否向中央银行存入清算资金又是不能自由选择的。

中央银行作为国家的银行，负有代理国库的职能，国家金库的收入和支出都会形成中央银行的存款或称负债。中央银行代理国家金库所形成的负债主要包括财政金库存款和行政经费存款。财政金库存款是财政金库收入和支出之间的差额，它是尚未支用的财政预算资金。行政经费存款是财政金库存款在下拨给各行政事业单位，或者其他依法需要拨付经费的单位后所形成的存款，即各行政事业单位尚未支用的业务经费，它也是中央银行的重要负债。中央银行的

---

〔1〕从传统的银行券来讲，流通中的银行券是发行银行必须以黄金或白银兑换的对银行券持有人的负债。但是，目前中央银行发行的法定货币已经不再是银行券，没有兑换义务。因此，这里的负债只是一种记账方法，并不是法学意义上的债务，它实质上是中央银行依法取得的货币发行收入。

其他负债主要包括：在国际金融机构的负债、国内金融机构往来、兑付国库券基金、各种应付款项和各种预付款项等。[1]

（二）负债的经营

中央银行负债的经营是在货币政策目标指导下，具体确定负债的经营目标，并按照一定的程序和方法，合理调节、控制其负债规模、负债结构和负债成本，为最大限度地实现其业务目标服务的过程。它在中央银行的业务经营中占有重要地位，没有合理规范的负债经营就难以达到经营目标。中央银行负债经营的主要对象包括负债规模、负债结构和负债成本的经营。

负债规模的经营是指根据负债经营目标的需要和有关法律规定，确定合理的负债规模，并努力通过各种负债手段，使其负债保持在合理水平的状态。负债结构经营是根据负债规模的要求，合理安排各不同负债之间的比例，以调整流通中法定货币和存款货币的规模。中央银行的经营虽然不以营利为目的，但负债成本也是其经营的重要内容。它主要不是用来提高利润水平，而是通过经营调整社会的货币资金成本，进而影响金融企业的资金融通成本，最终影响金融企业的信用规模，并由此调整整个社会的货币供应规模和货币供应成本，调节控制社会经济的运行和增长状况。

■ 第二节　资产经营规范

一、金融企业的资产

金融机构的资产是它的资金运用，是金融机构利用负债等手段筹集起来的经营资金，是进行各种金融资产业务经营的结果。它是金融机构负债业务之外的另一项重要经营业务，是金融机构经营收益的主要来源。金融机构资产业务的经营状况，直接决定着它的经营收益水平。按照金融机构的性质可将其分为金融企业和中央银行的资产经营。金融企业的资产是其负债业务取得资金的具体运用，是其经营的重要内容。各种金融企业资产业务经营状况，直接决定着相关产业的经营状况，影响着社会的金融秩序和经济秩序。因此，法律对金融企业的资产经营有严格要求。[2]

（一）资产的类型

金融企业的业务主要包括银行业务、信托业务、证券业务和保险业务。因此，金融企业的资产也主要包括银行企业、信托企业、证券企业和保险企业的

---

〔1〕 参见《中国人民银行法》第38～41条，以及《中国人民银行财务制度》第12～15条等的规定。

〔2〕 参见相关金融法律的“财务会计”部分，以及相关金融企业财务会计制度的具体规定。

资产。按照相关银行法律的规定，银行企业的资产主要包括贷款资产、贴现资产、法币资产、存款资产、投资资产，以及其他非银行业务资产。其中，贷款资产是向借款人发放各种贷款形成的债权；贴现资产是贴现业务取得的各种贴现票据；法币和存款资产，是以法定货币和存款形式存在的准备资产；投资资产是对外金融投资过程中形成的各种金融资产。非银行业务资产包括固定资产、无形资产、递延资产和其他资产。〔1〕

信托企业的资产，是信托企业对委托人、受益人、借款人、承租人及其自身等的业务资金运用。按照相关信托法律的规定，信托企业的资产主要包括信托资产、证券资产、投资资产，租赁资产、法币资产、存款资产，以及其他非信托性业务资产。其中，信托资产是在办理信托业务中形成的各种资产；证券资产是在证券承销业务和自营业务中形成的证券资产；投资资产是在对外投资中形成的产业和金融资产；租赁资产是在租赁业务中形成的出租物资产；法币和存款资产，是法定货币和存款形式的准备资产。非信托业务资产包括固定资产、无形资产、递延资产和其他资产。〔2〕

证券企业的资产，是证券企业对投资人、发行人，以及其他业务关系等的业务资金运用。按照相关证券法律的规定，证券企业的资产主要包括证券资产、贷款资产、投资资产、法币资产、存款资产，以及其他相关证券业务资产。其中，证券资产是在办理证券发行和证券自营业务过程中，形成的各种形式的资产证券；贷款资产是在办理向投资人贷款的过程中形成的资产；投资资产是在对外进行非证券投资过程中形成的其他投资资产；法币资产和存款资产，是其法定货币和存款形式的准备资产。其他相关证券业务资产主要包括固定资产、无形资产、递延资产和其他资产。〔3〕

保险企业的资产，是指保险企业对受益人、借款人、资金筹集人及其自身等的资金运用，它是取得保险收入的前提。按照保险法律的规定，保险企业的资产主要包括信贷资产、预付赔款、投资资产、法币资产、存款资产，以及其他非保险业务资产。其中，信贷资产是对外发放贷款形成的资产；预付赔款是在处理保险案件的过程中，预先向受益人支付赔付款项形成的保险资产；投资资产是以保险金进行各种投资所形成的资产；法币资产和存款资产，是法定货币和存款形式的准备资产。其他资产是在业务经营中，以固定资产、无形资产、

---

〔1〕 参见《商业银行法》《金融企业会计制度》《商业银行财务会计基本制度》等的规定。

〔2〕 参见《信托法》《信托公司管理办法》等的规定。

〔3〕 参见《证券法》《证券公司会计制度》等的规定。

递延资产和其他资产形式存在的资产。[1]

（二）资产的经营

金融企业资产的经营是在其总体经营目标指导下，具体确定资产的经营目标，按照一定的程序和方法，合理调节、控制它的资产规模和结构，进而调节、控制各种资产的收益水平和风险程度，为最大限度地实现总体经营效益和社会效益经营目标服务的过程。因此，金融企业资产的经营，实质上是对其收益和风险的经营，是实现金融企业经营目标的基本手段。

金融企业资产收益的经营是根据其自身经营资金的特点，尽可能在金融法律、法规许可的范围内，选择收益合理的资金投入对象，进行科学的资金运用，努力以较少的资金投入取得较多的收益。金融企业资产风险的经营，是根据其自身经营资金的特点，正确预测经营风险的种类，准确度量经营风险的大小，合理预防不同经营风险的发生，努力使经营收益与风险之间保持合理的关系。

二、中央银行的资产

中央银行的资产，是中央银行对金融企业、货币金属和外汇持有主体、证券持有主体及其自身等的资金使用，是其业务资金的具体运用，也是中央银行行使其职能的具体表现。中央银行在整个金融业，特别是银行业，以及社会经济运行和增长中具有特殊的法律地位。它决定了中央银行的各项资产业务不是以营利为最终目的，而是为了货币政策目标的最终实现。

（一）资产的类型

中央银行的资产业务是其存款货币发行的基本渠道，是实现其货币政策目标的重要手段。它的基本资产主要包括再贷款与再贴现资产、证券投资资产、外汇与货币金属资产和中央银行的其他资产。再贷款与再贴现资产，是中央银行通过对金融机构，特别是普通银行的贷款，来实现其存款货币发行和社会货币供应的调节与控制手段，它具体包括年度性贷款、季节性贷款、日拆性贷款和再贴现。证券投资资产是中央银行根据不同时期货币政策的需要，在公开市场上进行证券等的买卖，来实现调节存款货币发行量和货币供应量的手段，它们是中央银行的基本货币政策工具。

外汇与货币金属资产是中央银行为增强国家外汇和金银储备，调节、控制货币供应量，以及避免财产损失而采取的货币政策手段。它不仅是稳定国内货币流通秩序的重要手段，同时也是平衡国际收支和维持汇率水平的重要手段。它可以调节临时性的国际收支状况，也可以用于干预外汇市场、调节本国货币的汇率水平。中央银行的其他资产主要包括在国际金融机构的资产，国内金融

第十二章

[1] 参见《保险法》《金融企业会计制度》等的规定。

机构往来，中央银行的各种应收款项、预付款项和固定资产等。中央银行在国际金融机构的资产，是它拥有的国际金融机构股权或债权，或者其他性质的资产。国内金融机构往来，是中央银行同国内其他金融机构往来中形成的资产。应收款项和预付款项，是以中央银行应收款和预付款形式存在的资产。中央银行的固定资产，主要是指它的各种办公设施，这些资产是保证中央银行能够实际进行业务活动的基本条件。[1]

（二）资产的经营

中央银行资产的经营是指在中央银行货币政策目标的指导下，具体确定资产的经营目标，并按照一定的程序和方法，合理调节与控制其资产规模和结构，调节控制基础货币量和货币乘数水平，进而调节、控制社会货币供应量和利息率水平，以及金融业和整个社会经济的运行与增长状况，为最大限度地实现货币政策目标服务的过程。因此，中央银行资产经营的主要对象包括中央银行资产的总体规模和各资产之间的比例结构。

中央银行资产规模的经营，是根据资产经营目标和货币政策目标的需要和金融法律、法规的规定，确定合理的资产规模，并努力通过各种资产手段，使其资产的总体规模保持在合理的状态。保持中央银行资产规模合理的关键，是确定每项资产的规模和各项资产之间的结构，以便更好地实现其各项货币政策目标。具体来讲，主要是确定再贷款与再贴现的规模、证券投资资产规模、外汇资产和货币金属资产规模，它们是中央银行利用资产业务调节与控制经济运行，实现货币政策目标的重要手段。

第三节 资本经营规范

一、金融资本的性质

金融机构的资本，是其享有完全财产权的作为业务经营基础的资金。拥有一定数量的资本是其存在的基本前提，也是金融机构设立的基本要件。金融机构进行业务经营必须有必要的营业场所、办公设施，以及相应的办公用品和业务资金等，这些都应靠资本金来实现。同时，有足够的资本金也是金融机构取得客户信赖、吸收客户资金、开展资产业务的基础。金融机构资本的性质，是指在法律上资本区别于其他资金的根本属性，它表现在法律职能和权利特征两个方面。它是金融机构享有完全财产权的业务经营财产，同时也是开展各种负债业务的担保，是债权人所享有债权的根本保障。

---

〔1〕 参见《中国人民银行法》第38～41条，以及《中国人民银行财务制度》第16～27条等的规定。

（一）全权的财产

资本金的基本法律职能，是为该机构从事业务活动提供基本的营运财产，同时它也是对债权人债权的财产担保。财产担保的基本要求是必须以归属于担保人的财产，或者担保人享有完全财产权的财产作为担保。因此，金融机构的资本金必须是其享有全部财产权的财产，这里的全部财产权是指其相对独立的处置性财产归属权，即私权法上的归属权。否则，就难以起到债务担保的作用。

按照相关金融法律、法规的规定，金融机构以长期金融债权或次级金融债权的形式筹集的不享有全部财产权的资金，也可以用于弥补流动性的不足，也可以作为金融机构的资本。当然，以长期金融债权筹集的资金确有其相对稳定性，在一定期限内确实可以作为其偿还流动债务的保证，就此意义上讲，它具有一定的资本属性。但是，它在性质上是金融机构的负债，不能作为传统意义上的资本，至少不能作为金融机构的核心资本。[1]

（二）负债的担保

金融机构的经营与普通产业经营不同，它主要是利用负债业务取得的资金来从事资产业务。在资产业务中形成的各种资产，既可能使金融机构取得较高的经营利润，也可能由于市场变化或借款人违约等受到损失。在金融机构有较多的金融资产因各种原因而受到较大损失时，如果没有资本金作保障，全部损失必然由其债权人来承担。因此，资本是金融机构的负债担保。

承担经营风险是金融机构归属主体的首要财产义务，但它并不是其债权人的首要财产义务。债权人并不是金融机构的归属主体，他仅从金融机构取得了债权权益，没有直接承担其经营风险的义务；否则，就同债权人的法律地位相违背。因此，金融机构作为其资产归属主体和资产业务的决策主体，必须以特定规模的资本金作为对债权人负债的担保。在资产受到损失时，以其资本金或由资本金形成的对其他资产归属主体的权益来进行弥补，从而保护债权人的利益，维持企业的正常经营。

二、金融企业的资本

金融企业的资本是其经营资金中享有完全财产权，能够作为从事金融业务经营基础和负债担保的财产。它实质上并不是指某一特定的财产，而主要是指企业总资产与总负债之间的差额，是记录在会计账户中的特定财产。金融企业的资本制度，是规定金融企业的资本性质、资本结构，以及资本来源的制度。

---

〔1〕 当代的企业经营风险控制原则不再绝对强调财产权的归属，而是更多地强调保持企业财产的流动性，只要企业能够保持其财产的流通性，就不会出现不能支付到期债务的情况，也就不会达到破产的条件。

通常，它的主要内容包括资本构成制度和资本筹集制度。

（一）资本的构成

金融企业的资本构成，是指构成资本的项目和各项目之间的结构。金融企业的资本主要包括核心资本和辅助资本。

核心资本是金融企业的实收资本，以及具有相同性质的公开储备等。它的具体内容主要包括实收资本金、资本公积金、盈余公积金和未分配利润。实收资本金是指金融企业投资人，实际投入到金融企业资本项目的资金。资本公积金是由资本金自身直接形成，或者接受馈赠等形成的公积金。盈余公积金是为保证金融企业的稳定发展以及债权人利益，从每期盈余中提取的公积金。未分配利润是指已经取得，但尚未向金融企业的归属主体进行分配的利润。

金融企业的辅助资本是指性质上同实收资本具有一致性，但在形式上却具有明显区别的经营资金。它主要包括未公开的储备、普通准备金和折旧基金。其中，未公开的储备是指实际上具有储备资金的性质，但在形式上未以储备资金的名义提取的储备资金。普通准备金，是指为应付非正常的金融资产损失而设立的资产损失准备金。折旧基金是指金融企业为更新其固定资产，而根据固定资产原值和有关法律规定的折旧率逐期提取的准备金。[1]

（二）资本的筹集

金融企业的资本筹集，是金融企业资本的来源渠道，它的主要内容是资本的筹集方式。金融企业资本的筹集方式，主要取决于金融企业的性质和它的资本构成。如果是国有金融企业，它的资本主要筹集方式为国家财政拨款、发行资本债券和自身的积累。如果是非国有的金融企业，它的资本主要筹集方式为发行各种类型的股票、资本债券和自身的积累。

金融企业发行的资本债券，是一种长期的金融债券或银行期票。由于其偿还期限较长、资金可以长期占用，因此可以作为资本来使用，属于债务型资本。金融企业利用发行资本债券筹集资金有许多有利之处，它可以在不分散对企业控制权的情况下扩大资本规模，不需要向中央银行缴存存款准备金。并且，在金融企业经营状况较好时，可以提高其归属主体的收入。[2]

三、中央银行的资本

中央银行的资本是指中央银行业务经营资金中享有完全财产权，能够作为

---

〔1〕 参见《公司法》《金融企业会计制度》《巴塞尔协议三：关于流动性风险衡量、指标和监测的国际框架性协议》《商业银行资本管理办法（试行）》等的具体规定。

〔2〕 参见《商业银行次级债券发行管理办法》《全国银行间债券市场金融债券发行管理办法》等的具体规定。

金融业务经营的基础和负债担保的资金。中央银行的资本制度，是规定中央银行的资本性质、资本结构，以及其资本来源的制度。它的主要内容包括资本构成制度和资本筹集制度两个方面。

（一）资本的构成

中央银行是具有国家机关性质的金融机构，它的资本金并不像金融企业，对其机构本身的存在具有决定性意义，有些国家的中央银行甚至没有资本金。对于有资本金的中央银行来讲，资本的构成是指在中央银行的经营资金中，构成资本的项目和这些项目之间的数量结构。中央银行的资本项目主要包括中央银行的实收资本、税后利润，以及财政部门的拨款等。[1]

（二）资本的筹集

中央银行的资本筹集是指其资本的来源渠道，它的基本内容是资本的筹集方式。中央银行资本的筹集方式，主要取决于它的历史形成过程和资本结构构成。通常，国有中央银行的资本筹集方式，主要是依靠国家财政拨款和自身积累。部分国有中央银行的资本筹集方式，主要是国家财政拨款、发行股票和自身积累。没有建立资本制度的中央银行，则不存在资本的筹集问题。[2]

第四节　风险控制规范

一、金融企业风险控制

金融企业的经营资金主要来自于负债而不是资本金，但它的存在和发展却在很大程度上又依赖于社会信誉。同时，金融企业的信用状况往往具有很大的波动性，例如，存款人可随时提取和转移存款，借款人可能不按期归还甚至无法偿还贷款，保险事故可能随时发生等，这就使其经营具有不稳定性和风险性。因此，必须加强金融企业经营的控制，建立科学而严格的控制制度。它的主要内容包括：资本状况、资产状况、分配程序和分配比例的控制。[3]

（一）资本状况的控制

金融企业的资本状况，主要是通过控制资本质量和资本规模状况实现的。其中，资本质量的控制，是关于资本的内容、结构和数量关系的控制。它主要是通过控制核心资本比率、资本保证金比率、资本集中比率等指标的状况来实现。核心资本比率是核心资本与资本总额的最低比率。资本保证金比率是从保

---

〔1〕参见《中国人民银行法》第38～41条，《中国人民银行财务制度》第10～11条等的规定。

〔2〕参见《中国人民银行法》第38～39条，《中国人民银行财务制度》第10～11条等的规定。

〔3〕参见《商业银行法》《证券法》《保险法》及关于金融企业风险控制的具体规定。

险公司注册资本中提取的偿债保证金占注册资本总额的比率，它应保持在20%，并必须存入银行。资本集中比率是指金融总机构，向各分支机构拨付的营运资金总额占总机构资本金总额的最高比率，商业银行的资本集中比率不得超过60%，以防止资本金的过度分散。[1]

资本规模的控制是关于资本与资产规模数量关系的控制，它具体包括资本总额充足率、核心资本充足率、资本保险费比率、资本单个业务比率和资本金最低限额等。资本总额充足率是资本总额与加权风险资产总额间的最低比率，商业银行和证券公司不得低于8%。核心资本充足率是核心资本总额与加权风险资产总额间的最低比率，商业银行不得低于4%。资本保险费比率，是资本金与公积金之和同当年自留保险费的最低比率，它不得低于25%。资本单个业务比率，是对同一借款人的贷款总额或对一次保险事故所承担的最大责任同资本总额的最高比率，它不得超过10%。证券公司的净资本与各项风险准备金之和的比例不得低于100%；净资本与净资产的比例不得低于40%。资本金最低限额，是规定金融企业资本金的最低数额，它等于实际资产减实际负债后的差额。[2]

（二）资产状况的控制

金融企业的资产状况控制，是通过负债规模等约束资产质量和资产风险的业务控制，它包括金融资产的质量控制和风险控制。金融资产质量的控制具体包括资产流动性比率、核心负债比率、不良资产率、单一集团客户授信集中度和全部关联度等。资产流动性比率是流动性资产与流动性负债的最低比率；核心负债比率为核心负债与负债总额的最低比率；不良资产率是不良资产与资产总额的最高比率，商业银行不应高于4%。单一集团客户授信集中度，是最大一家集团客户授信总额与资本净额的最高比率；单一客户贷款集中度，为最大一家客户贷款总额与资本净额的最高比率，它不应高于10%。全部关联度为全部关联授信与资本净额的最高比率，它不应高于50%。[3]

金融资产风险的控制，是金融企业负债状况等与资产状况关系的业务控制，它具体包括存贷款比率、利率风险敏感度、操作风险比例、正常贷款迁徙率和关注类贷款迁徙率等。存贷款比率是指金融企业各项贷款与各项存款的最高比率。利率风险敏感度，是指利率上升200个基点对银行净值的影响与资本净额之比，它应根据商业银行风险监管实际需要来确定。操作风险比例，是指操作

第十二章

[1] 参见《保险法》第97条，《商业银行法》第19条，以及《巴塞尔协议三：关于流动性风险衡量、指标和监测的国际框架性协议》和《商业银行资本管理办法（试行）》等相关法律、法规的规定。

[2] 参见《商业银行法》第39条，《保险法》第102条、第103条，以及《商业银行资本管理办法（试行）》《证券公司风险控制指标管理办法》及相关法规文件等的规定。

[3] 参见《商业银行法》第39条，《商业银行资本管理办法（试行）》等的规定。

造成的损失与前三期净利息收入加上非利息收入平均值的比例。正常贷款迁徙率，是指正常贷款变为不良贷款的金额与正常贷款的比率。关注类贷款迁徙率，是指关注类贷款中变为不良贷款的金额与关注类贷款的比例。控制这些指标的变化，就能够比较好地控制金融企业的经营风险。[1]

（三）分配程序的控制

金融企业的分配程序的控制，是为控制金融企业的资本状况和资产状况，而约束其利润的分配程序。通常，金融企业的利润分配程序主要包括弥补亏损、提取公积金、提取公益金和分配利润四个基本步骤。在每个会计年度结束后，金融企业应以法定公积金弥补经营亏损。如果法定公积金不足以弥补亏损，则首先应以当年的经营利润弥补亏损，弥补亏损后才能对剩余利润进行分配。如果该金融企业没有经营亏损，则可以直接进行其他的分配程序。

金融企业没有亏损或弥补亏损后的利润，应首先按照规定比例提取法定公积金，如果其法定公积金已经超过一定规模，可以不再提取。金融企业在提取了法定公积金后，可根据需要提取任意公积金。但是，由于资本公积金不是由金融机构的利润形成的，不能在利润分配时提取。金融企业在提取法定公积金之后，即可进行利润的实际分配。利润是资本归属主体的收入，国有金融企业的利润应当按照规定或约定上缴国家财政；非国有金融企业的利润应按股东持股或出资的比例进行分配。[2]

（四）分配比例的控制

金融企业利润分配的比例主要取决于法律规定和自身的愿望，它的核心问题是公积金比例和向机构外分配比例。公积金和对企业归属主体的分配虽然都是归属权的分配，但前者代表的是其未来和债权人利益，后者代表的是其现实利益。公积金的多少直接关系到金融企业的未来发展前景和经济实力，关系到债权人的利益能否得到可靠的保障。因此，各国法律都特别注意公积金的分配比例和向机构外的分配比例，无论金融企业的组织形式如何，法律通常都有明确规定，以保障金融企业能够稳健运营。

二、中央银行风险控制

中央银行的经营控制与金融企业不同，中央银行没有业务经营风险，它不会因经营不善而破产。它是以控制其正确地制定和执行货币政策为目的，针对其经营中可能出现的问题，具体规定其业务经营行为的控制规范，以保证其实现经营目标的重要制度。中央银行经营的控制主要包括基本业务控制、业务经

---

〔1〕 参见《商业银行法》第39条，《商业银行风险监管核心指标（试行）》第10～12条等的规定。

〔2〕 参见《公司法》《商业银行法》《证券法》《保险法》及相关法律、法规的规定。

营控制，以及分配程序控制和分配比例控制。

（一）基本业务的控制

中央银行的基本业务控制，是规定其业务经营中应遵守的最基本行为规范，它的主要内容包括经营目标制度、决策独立制度、存款无息制度，以及经营平等制度、资产流动制度和业务公示制度。经营目标制度是规定中央银行不得以营利为经营目标。中央银行是货币政策的制定和实施机构，如果它以营利为目的就会影响其基本职能的实现。决策独立制度是规定中央银行的业务经营决策必须具有相对独立性，政府不能对其业务活动进行直接控制的制度。存款无息制度是规定国家财政和其他金融机构等在中央银行的各种存款均不支付利息的制度。这是由于中央银行的业务经营不以营利为目的，并且，中央银行在其业务经营过程中，也为这些机构提供相应的无偿服务。中央银行的经营平等制度，是规定中央银行在业务经营过程中，必须同其他金融机构保持平等的业务关系，不能以其特殊的法律地位进行强制经营的制度；否则，会破坏正常的金融秩序和经济运行与增长秩序。资产流动制度是规定中央银行必须保持较大的资产流动性，以便于根据执行货币政策的需要，及时通过其业务经营活动进行调节与控制的制度；否则，它就没能力根据实际需要灵活而有效地实施货币政策。中央银行的业务公示制度，是规定中央银行应定期公布它的业务状况，并向社会提供有关统计资料的制度。这不仅有利于提高其社会信誉和地位，也有利于各界分析研究金融政策对经济可能带来的影响，并据此制定自己的经营计划。[1]

（二）业务经营的控制

中央银行的业务经营控制，是限制中央银行从事某些特殊的金融业务活动的规范，它的主要内容包括普通金融业务限制制度、财政业务限制制度和社会公众业务限制制度。普通金融业务限制制度，是规定中央银行不得经营普通金融企业经营的金融业务的制度。这是由于中央银行在业务经营上享有许多特权，如果允许中央银行经营普通金融业务，金融企业就无法同它进行业务经营竞争。并且，这也会改变其自身的性质，无法实现其法定的职能。财政业务限制制度，是对中央银行与财政部门之间业务活动的限制。它不得向财政部门透支，不得直接认购、包销国债和其他政府债券，不得向财政部门提供贷款等。社会公众业务限制制度，是对中央银行与社会公众之间业务的限制。中央银行不得向非金融机构，以及其他单位和个人提供贷款，不得为任何单位和个人提供担保等，以保证其法定经营目标的实现。[2]

---

〔1〕 参见《中国人民银行法》第3条、第4条、第28~30条、第44条、第45条等的规定。

〔2〕 参见《中国人民银行法》第23条、第26条、第28~30条、第48条、第49条等的规定。

（三）分配程序的控制

中央银行的利润分配程序控制，是限制中央银行利润分配的具体顺序。通常，中央银行的利润分配程序可以分为弥补亏损、提取准备金和分配利润三个基本步骤。中央银行每个会计年度结束后，应首先弥补以前年度的经营亏损，然后才能对当年的经营利润进行分配。它的经营亏损应首先以准备金进行弥补，在准备金不足时应首先以当年的利润弥补亏损，弥补亏损后才能对剩余利润进行分配。如果不存在经营亏损，则可以按照资本的归属关系和法律规定直接进行利润的分配，我国中央吸引的全部利润属于国家。

对于国有中央银行，通常，当年的经营亏损全部由财政弥补，无需采取其他弥补方式。国有中央银行在取得利润后可直接提取准备金，部分国有中央银行则必须在弥补亏损后，再提取法定数量的准备金，准备金提取后才可进行剩余利润的分配。部分国有中央银行首先要对私人股东进行股息分配，并且分配固定股息后的剩余利润也不归属于私人股东，它的全部剩余利润都必须上缴国家财政或保留在中央银行内部。[1]

（四）分配比例的控制

中央银行利润分配的比例主要取决于它的资本构成和法律的有关规定，它的核心问题是准备金比例和向中央银行以外分配的比例，它们分别代表着不同的主体利益。其中，准备金和对归属主体的分配虽然都是对归属权的分配，但前者代表的是社会利益，后者代表的是其归属主体的利益。准备金数量直接关系到中央银行的经济实力，关系到是否需要对其进行补贴。因此，各国法律都特别注意准备金的分配比例，以及向中央银行外的分配比例，无论中央银行的组织形式如何，法律都有明确规定。

【司法案例】

案情：我国的委托理财业务自2006年全面开展以来得到了迅速发展，委托理财在本质上属于信托法律关系，应该按照《信托法》的规定保持信托财产的独立性，每次发行信托产品募集的资金必须独立地投资于约定的投资范围，并以其获得的投资收入向受益人支付收益。不得将不同的信托财产或受托人自己的固有财产进行混合操作。否则，就会导致某信托收益与成本不清，甚至将信托关系混淆于银行存款与贷款关系。这不仅会侵害投资人的利益，也会严重破坏正常的金融秩序。但是，自2012年以来，我国信托业将不同的信托财产混合经营建立“资金池”的现象不断出现。它们或者将不同信托产品筹集的资金不断混合投资于同一项目，或者将不同信托产品筹集的资金汇集到一个“资金池”

〔1〕参见《中国人民银行法》第8条、第38~41条，以及相关法律、法规的规定。

中，投资于随时需要的项目，甚至是许多法规限制的项目。根据监管机关调查，2013 年，全国范围内信托公司“资金池”业务整体规模约为 2,000 亿 ~ 3,000 亿元。其中，中融信托公司在 600 亿 ~ 700 亿元之间，国投信托公司在 300 亿 ~ 400 亿元之间，平安信托公司在 700 亿元以上。

结果：针对信托公司开展“资金池”业务的情况，2014 年 4 月，中国银监会专门颁发了《关于信托公司风险监管的指导意见》，要求信托公司不得开展非标准化理财“资金池”等具有影子银行特征的业务，以保护投资人利益、防止出现金融风险。但是，平安信托公司仍然在开展这方面的业务，在业务经营上存在较大的风险。并且，在检查中还发现有将信托财产的部分收益确认为子公司收入、账户管理存在严重缺陷等问题。针对平安信托公司经营过程中的严重违规行为，银监会作出对“资金池”违规罚款 980 万元，对转移信托财产收益和账户管理缺陷等违规罚款 1,650 万元的处罚。

评析：由于金融企业和中央银行都是当代社会特殊的金融机构，为了维护整体金融效率、秩序和安全，各国都在不断制定相关的经营行为制度，严格控制它们的经营行为以及业务经营规模与结构。这些业务经营行为制度从个体的角度讲，是限制了它们的自主经营权。但是，从整体金融利益的角度讲，它是保障金融业健康、稳定发展所必需的。没有这些业务经营控制制度、不对金融业的业务行为进行必要的控制，就会导致业务关系和法律关系的混乱，投资人的利益就难以得到保障，金融企业自身的经营效益和经营安全也难以得到整体性维护，这是整体经济条件下必须予以充分重视的问题。当然，法律、法规对金融企业自主经营权的限制也必须是相对必要的，如果没有充足的必要性，这种控制就会成为非法的统治，必须在保护经营自主权和对经营行为进行严格控制之间找到合理的均衡点。

第十三章

金融调控行为法

学习目的与要求　金融调控行为法是金融行为法中又一个相对独立的行为法，它是中央银行通过货币政策实现的对金融和经济的调控行为。从调整目标上来讲，它是为了整体金融利益或整体经济利益，是具有金融法或经济法性质的行为；从调整方法上来讲，它具有比较强的行政手段性质。金融调控行为法是规范调控行为的制度，是确定金融调整的基本目标、中介目标和实施目标，确定调控工具的使用规范的制度，是保障中央银行金融调控权力、控制其金融调控行为的制度。通过本章的学习，要求学生：

●重点掌握：货币政策目标；货币供应原理；货币供应量调控工具。

●一般了解：货币政策目标之间的关系；货币政策工具的类型。

●深入思考：金融调控与经济法的关系；金融调控与行政法的关系。

【核心概念】政策目标　货币供应　基础货币　货币乘数　实施工具

【引导案例】

案情：我国经济在2003年出现了明显的过热，如果不采取一定的宏观经济措施，必然会使经济受到更大的损失。因此，从2003年9月21日起，我国中央银行不断提高法定存款准备金率。到2008年6月25日，我国先后提高法定存款准备金率达21次；存款准备金率由最低时的6%，达到最高时的17.5%。按照我国当时的经济运行水平，每提高法定存款准备金率一个百分点，将减少货币供应量大致4,000亿元左右。2008年9月，美国金融危机爆发，这次金融危机使中国经济受到较大影响，为此我国结束了长达近5年的通货紧缩政策，转而开始实行扩张性货币政策。从2008年9月25日起，我国开始不断降低存款准备金率，以抑制经济的过度萎缩。并且，开始对不同金融机构采取不同的存款准备金率，直到2010年1月18日才重新提高法定存款准备金率。

结果：由于我国根据国际、国内经济运行状况，不断调整法定存款准备金率，及时地调控了流通中的货币供应数量，从而对过热的经济运行状况和突发的经济萎缩起到了重要的调节、控制作用，比较成功地应对了2008年美国金融危机所造成的影响，保持了经济的相对高速、稳定增长。

【案例导学】

从这个案例可以看出，金融调控对国家的经济运行和增长状况具有重要的调节、控制作用。但是，也必须看到，如果货币政策制定得不合理，货币供应量调节、控制得不够精确，它也会使经济达不到理想的运行和增长状态。因此，世界各国都制定有严格的金融调控制度，对货币政策决策权力、决策程序、调控目标和调控工具进行严格的规范。违反金融调控行为法的这些规范，相关责任人也必须承担国家宏观经济损失的责任。

■ 第一节 货币政策基本目标

一、货币政策与经济调控

金融调控是中央银行利用货币政策，对金融活动进行调节与控制，进而实现对社会经济调节与控制的过程。金融调控的首要任务是确定货币政策的目标，它是指导全部金融调控业务活动实施的基本方针。货币政策目标制度，是规定货币政策目标的种类、性质和地位等的制度，它通常是根据金融调控与经济调控的关系来确定的。中央银行的金融调控是通过调节与控制货币供求行为，实现对需求行为和需求状况的调节与控制，进而实现对经济运行和增长状况的调节与控制的过程。

（一）需求与经济运行

社会经济运行和增长的根本问题，是总需求与总供给的关系问题。如果社会的总需求低于总供给，就会引起商品和劳务的供过于求，形成商品和劳务的积压。市场对这种经济运行状况的反映是在下个生产经营周期缩减生产，减少各种生产要素的需求，它的直接结果是引起整个社会收入的减少和经济的衰退，这必然导致社会需求的进一步缩减和经济的进一步衰退。并会通过产业传导机制和乘数机制，形成由需求减少、生产萎缩和收入减少，到需求进一步减少、生产进一步萎缩和收入进一步减少的不断循环，使社会经济运行规模不断衰退，直至下跌到基本消费水平的需要规模。

如果社会的总需求高于总供给，就必须会引起商品和劳务的供不应求。市场对这种状况的反映是在下个生产经营周期增加生产，增加对各种生产要素的需求，其结果是引起社会收入增加和经济高速增长。收入增加和经济增长，必然会引起需求的进一步增加和经济的进一步增长。并将通过产业传导和乘数机制，形成需求、生产和经济的循环增长。当增长达到一定程度，整个社会不再存在普遍闲置的生产要素之后，就会因商品和劳务的供不应求而出现明显的通货膨胀，并引起整个金融秩序和经济秩序的混乱。最终因瓶颈部门的出现和更加严重的通货膨胀，引起经济的快速衰退。

（二）货币与经济运行

在社会化的市场经济条件下，经济运行本身严格的产业联系形成了其内在的经济波动机制。即使是供给与需求均衡的经济，如果受到技术创新、新资源发现，以及政治变动等外生因素的触发，也会引起经济运行的周期循环波动，这是不以个人的意志为转移的客观规律。经济的波动不仅会给居民生活带来严重影响，也会给社会经济带来重大损失，是当代整体经济社会生活的矛盾焦点。认真分析经济波动产生的原因就会发现，无论诱发经济波动的具体原因如何，它的直接原因都是需求的增减变动。如果这些诱发因素没有导致需求的增减变动，就不会引发经济的循环波动。

在当代经济生活中，需求的变动在很大程度上是由货币供求行为决定的，货币供求的变动又主要是由中央银行的货币政策最终决定的，中央银行的货币政策是调节、控制经济运行和增长的基本手段。因此，各国法律都规定，中央银行的基本职能就是调控社会的货币供应规模，并都赋予其相对独立或独立的法律地位，以通过其货币政策实现经济的合理增长。当社会总需求规模过大，引起经济增长速度过快时，中央银行可以通过其货币政策减少货币供应量，适当限制社会总需求的增长速度，保证经济以合理的速度增长。当社会总需求规模过小引起经济衰退时，中央银行则可以通过其货币政策适当增加货币供应量，扩大社会总需求规模，阻止经济衰退，稳定经济增长。

二、货币政策的基本目标

货币政策是中央银行为实现特定的经济目标，通过调节、控制货币供求行为和社会需求，实现对经济运行状态的调节与控制的方针和措施的总称。它的基本职能是维持适度的货币供求，为经济运行提供相对稳定的货币环境。在经济运行失常时，进行逆向调控，适当降低过快的经济增长速度，或者合理阻止经济的衰退。但是，货币政策的使用也是具有负面效应的，如果调控的方向和精度不适当就难以达到应有的效果，甚至会加剧经济的波动。因此，必须为货币政策行为规定严格的制度，以将其效果控制在合理的范围之内。货币政策制度的内容包括政策目标、传导机制和政策工具。货币政策的基本目标主要包括稳定币值、经济增长、充分就业和保持国际收支平衡四个方面。[1]

（一）稳定币值目标

稳定币值是使社会商品和劳务价格的总体水平，在短期内没有显著的或急剧的波动，既没有较明显的通货膨胀，也没有明显的通货紧缩。币值变动是货币供求关系的外在表现，它会直接导致经济运行的波动，并同时引起经济运行秩序的混乱。货币政策的基本任务，是为经济正常运行提供稳定的货币环境，它的基本标准就是币值的稳定，它是经济正常运行的基本前提。

在市场经济条件下，商品和劳务价格是经济活动的指示器。如果币值不稳定、价格发生剧烈的波动，必然引起市场导向和市场秩序的混乱，进而引起生产经营和分配秩序的混乱，并最终引起整个社会经济秩序的混乱。它会给生产经营带来巨大的盲目性，给社会造成巨大的资源和经济损失。因此，多数国家都规定稳定币值是货币政策的首要目标，以维持正常的金融和经济运行秩序。此外，通货膨胀还是对社会公众财产的一种无形剥夺，有人称之为通货膨胀税，是一种整体性侵犯主体财产权的行为。[2]

（二）经济增长目标

经济增长是社会物质财富增多，生产经营规模扩大，产品和劳务数量增加，以及技术进步、质量和效率提高等经济运行质与量的全面增长。通常，经济的增长状况主要取决于社会劳动投入量、资产投入量，以及劳动或资产的产出效率。它们都是实物量，同货币政策并没有直接的联系。但是，货币政策能够决定总需求，总需求能够通过市场机制和产业联系带动社会总供给，从而影响企业的生产经营行为，决定社会的实际劳动投入量、资产投入量以及劳动或资产的产出效率，最终决定经济的增长状况。

这里必须特别强调的是，以经济增长作为货币政策目标，必须以保持币值的基本稳定为前提条件。币值稳定是保证经济增长的基础，没有稳定的货币环境和良好的市场与经济秩序，要实现经济的持续、稳定、协调增长是不可能的，这已为世界各国的经济发展历史所证明。因此，货币政策必须以稳定币值为首要目标，它既是首先要实现的条件性目标，同时也是目的性目标。经济增长是在币值稳定的条件下期望实现的货币政策目标，它是货币政策的目的性目标，

〔1〕我国的货币政策目标是：保持货币币值的稳定，并以此促进经济增长（见《中国人民银行法》第3条）；美国1977年新修订的《联邦储备法案》将货币政策的基本目标规定为：①To promote "maximum" output and employment；②To promote "stable" prices（见1977年美国"Federal Reserve Act"）。

〔2〕有些学者将通货膨胀所导致的货币财产价值的实际减少称为通货膨胀税，虽然这种说法不具有严格的法学意义，但从它对货币财产拥有主体财产价值的影响来看还是有一定道理的。

也是稳定币值所要达到的最终目的。[1]

（三）充分就业目标

充分就业是指具有工作能力并自愿工作的居民，都能够从事较合理的工作，不存在较多的失业现象，它是附属性质的货币政策目标。导致居民就业不充分的原因主要有三个：一是劳动力质量原因；二是劳动力结构原因；三是劳动力需求数量原因。造成失业存在的劳动力质量原因，主要是劳动者自身不具有适应社会需要的基本劳动能力。造成失业的劳动力结构原因，主要是劳动者的专业技能不符合社会需要。这两种失业都是由主观原因造成的，同社会经济的运行和增长状况没有直接的联系。

造成失业的劳动力需求原因，主要是由于经济运行不正常，出现剧烈的波动或衰退，引起劳动力需要量减少。造成劳动力需求数量变化的主要是经济原因，同经济增长有着直接的联系，是货币政策可以调节、控制的原因。只要货币政策能够使经济持续、稳定、协调增长，劳动力的需求量就会不断增长，不会出现大量的失业现象。只要经济增长目标实现了，充分就业的目标通常也就能够实现，至少有助于这个目标的实现。单独实施充分就业目标，难以真正地实现充分就业。因此，各国通常都将充分就业规定为货币政策第三个要实现的目标，并且由于它是民生性目标，往往具有更重要的地位。

（四）国际收支目标

国际收支是国家或地区之间各种经济往来所引起的全部货币收支，货币政策的国际收支目标就是要实现国际收支的基本平衡，它也是附属性质的货币政策目标。国际收支是否平衡及顺差或逆差的规模是否在合理范围之内，反映的是国家对外的债权债务关系，是由进出口和对外投资状况决定的，是国家经济运行状况和货币地位的表现。通常，国际收支顺差表明其对外债权大于债务，是经济实力较强、经济运行状况较好的表现；国际收支逆差表明其对外债务大于债权，是经济实力较弱、经济运行状况较差的表现。

对国际收支状况的评价，不能简单地看其短期内是否平衡。短期内的收支顺差或收支平衡，并不都有利于经济发展和生活水平的提高；短期内的收支逆差，也不都意味着经济运行和增长状况欠佳。但是，从长期来看，国际收支必须保持基本平衡，长期的顺差或逆差都不利于经济的正常运行和高速、稳定增

[1] 当然，这里需要注意的是，币值稳定并不等同于币值不变，币值稳定应是指币值的波动在一个比较稳定的范围内。根据世界各国的相关经验，币值稳定的标准应是将通货膨胀率控制在2%～5%之间。当社会存在小幅度的通货膨胀时，会在一定程度上刺激公众增加消费。同时，会使企业在工薪不变的情况下相对减少生产经营成本、提高商品和劳务的销售价格，从而在一定程度上带动消费增长和投资的增加，有利于相对稳定的经济增长。

长。国际收支状况主要取决于汇率水平和经济增长状况。因此，国际收支是附属性目标，它主要取决于稳定币值和经济增长目标的实现状况。单独实施国际收支目标，难以从根本上实现国际收支平衡。

(五) 其他政策目标

货币政策的其他目标，是除稳定币值、经济增长、充分就业和国际收支目标外的其他目标。货币政策的上述基本目标，是各种经济政策所要达到的共同目标。除这几项共同的货币政策目标外，根据具体情况还可以设定特定的目标，如稳定利率、稳定汇率、稳定金融经济秩序、防止金融机构破产等，它们共同构成货币政策目标体系的整体。货币政策目标体系不是任意确定的，它应是由法律明确规定的，是实施货币政策的最高准则。

三、货币政策目标的确定

货币政策基本目标体系主要由稳定币值、经济增长、充分就业和国际收支平衡构成，它的理想状态是能够使该目标体系中的全部目标同时实现。但是，现实经济生活是复杂的，这种复杂性决定了各项货币政策目标之间，既具有统一性也具有矛盾性。因此，在依法执行货币政策目标时，还应根据具体情况有所选择和侧重，"其核心在于找到这样一个最佳的边际均衡点"[1]。

(一) 目标之间的关系

货币政策目标体系中的各独立目标之间，是有客观的内在关系的。这种内在关系主要表现在，各货币政策目标之间的统一性和矛盾性两个方面。从长期来看，各独立的货币政策目标之间是具有统一性的。任何目标的实现都有助于其他目标的最终实现，任何目标出现问题都会对其他目标的实现造成不利的影响。如果价格的总体水平不稳定，就难以保证经济的持续、稳定、协调增长；没有经济的持续、稳定、协调增长，就难以从根本上改善劳动就业和国际收支状况，就难以实现充分就业和国际收支平衡，也难以保证利率和汇率的稳定，更难以实现金融秩序和经济秩序的稳定。

货币政策目标体系各目标之间不仅具有长期统一性，许多目标之间还具有短期的对立性和矛盾性。在短期内如果保持适当幅度的通货膨胀，就会刺激经济的高速增长，扩大劳动力需求，有利于实现充分就业。并会因进口的相对增加和出口的相对减少，而出现暂时的国际收支不平衡。如果这时实施稳定币值的货币政策、降低通货膨胀率，则会使企业的生产经营利润降低，投资边际效率与市场利息率的差额下降；从而降低社会总需求，导致社会总供给减少，并通过产业联系使经济增长速度下降，甚至出现循环衰退的现象。同时，出现失

---

〔1〕 刘少军：《法边际均衡论》，中国政法大学出版社2007年版，第70页。

业率增加和国际收支顺差的现象。

（二）目标确定的原则

货币政策目标确定的原则是决定实施目标应遵守的基本准则，它的主要内容包括各目标之间的层次性原则，基本目标的稳定性原则和附属目标的灵活性原则。在货币政策目标体系中，由于各目标间的制约关系不同，它们在整个目标体系中的地位也不同。其中，稳定币值是基础性目标。从长期来看，如果没有稳定的币值，其他任何目标都无法实现，它是其他目标实现的前提。经济增长是主导性目标，它是一切经济活动的起点和归宿，没有持续、稳定、协调的经济增长，其他目标就难以实现。货币政策体系中的其他目标都是附属性目标，它们都是保持经济持续、稳定、协调增长的手段。虽然充分就业目标带有一定的目的性，但它是经济增长的结果而不是前提。

货币政策基本目标是制约其他目标的目标，是依法实施货币政策目标所要达到的根本目的。并且，从长期来看，货币政策目标之间也具有统一性，只要能够确保基本目标的长期稳定实施，不仅能够保证基本目标的实现，同时也能够保证附属目标的实现。因此，必须保证基本目标的相对稳定性。从货币政策目标之间的相互关系来看，它们不仅具有长期统一性，还具有短期矛盾性。在短期内基本目标与附属目标出现矛盾时，如果坚持基本目标就必须牺牲附属目标，如果坚持附属目标就只能适当牺牲基本目标。这时，为保证基本目标的最终实现，保持基本目标的长期稳定，就必须保持附属目标的灵活性。按照这一原则，应以法律形式确定基本货币政策目标，以中央银行政策的形式确定附属性货币政策目标。如果中央银行不能按照这一原则实施货币政策，导致货币政策实施失误，相关责任人就必须承担法律责任。[1]

■ 第二节　货币政策中介目标

一、中介目标的选择

实施货币政策首先应确定政策目标，再进一步确定与政策目标相关性较强的中介目标，最后选择能够对中介目标产生敏感影响的货币政策工具，并以此具体调节与控制中介目标，通过中介目标对经济的调控作用实现货币政策目标。货币政策中介目标的选择，是在众多的金融变量中，按照中介目标的选择原则

〔1〕参见我国不同时期附属性货币政策目标的具体规定，由于它具有灵活性，通常不在法律中直接明确规定。

寻找中介目标，并以法规形式强制确定的过程。[1]

（一）目标选择的原则

货币政策中介目标的选择原则，是选择中介目标的基本准则。这些原则包括相关性原则、可测性原则、独立性原则、敏感性原则和适应性原则。相关性原则要求它必须与货币政策目标有稳定的相关关系，中介目标变动必须能够制约货币政策目标的变动，调节与控制中介目标就能够使货币政策目标得以实现。可测性原则要求它必须有明确的内涵和外延，能够迅速而准确地收集有关数据，以便于进行日常监测分析和控制。独立性原则要求它必须具有较强的抗干扰性，能够产生独立或相对独立的实施结果，如果实施结果不独立或仅仅是相对独立，也难以将其作为中介目标。敏感性原则要求它必须对货币政策工具有敏感的反应，即当中央银行利用货币政策工具对某中介目标进行调节、控制时，该中介目标必须有灵敏的变化。并且，它的变化程度和变化时间是中央银行能够控制的，以适应实现货币政策目标的需要。适应性原则要求它必须对现有的政治制度、经济制度和金融制度有良好的适应性，适合在现有法律环境下使用。

（二）目标选择的分析

在金融调控过程中，从中央银行运用各种货币政策工具开始，到对中介目标发挥作用，再到对货币政策目标产生影响，是个相当复杂的过程。在这个过程中，要使某个金融变量同时满足上述五项选择原则的要求是非常困难的。因此，货币政策中介目标往往不是某个金融变量，而是由多个金融变量组成的中介目标体系，由它们共同完成货币政策传导媒介的职能。通常，可供选择的货币政策中介目标主要包括准备金比率目标、股权收益率目标、市场利息率目标，以及贷款总规模目标和货币供应量目标。

这里的准备金特指普通金融机构为保证客户能够支取存款而准备的备付金。备付金比率，是备付金总额与各项存款总额的比率。备付金比率的体制适应性较宽，能够较好地适应各种金融制度和经济制度。它也具有良好的可测性，可以通过金融机构账册随时取得所需要的资料。它还具有稳定的相关性，可以直接影响金融机构的贷款总规模，进而影响货币政策目标。同时，它也具有较好的抗干扰性和结果的独立性，它对货币政策目标的影响可以通过计算直接获得。但是，它的调控敏感性往往难以准确确定，除法定存款准备金比率外，难以对总需求进行敏感的调节与控制。

股权收益率，是股权收益额与股权投资额的比率。它是影响投资人证券投

---

〔1〕货币政策中介目标，通常由法律或中央银行规章具体规定，它往往以某一目标为主，同时考虑确立一系列辅助性目标。

资行为和产业投资行为的重要指标，也是影响货币政策目标的重要中介目标。它具有良好的可测性，任何时刻都可以获得股权收益率的信息。它也具有较好的调控敏感性，可以用公开市场业务等行为，实施特定方向的调控。但是，它的体制适应性较差，主要适用于公司企业和证券市场发达的经济状况和经济制度。它与货币政策目标的相关关系也不够稳定，仅调控股权收益率往往难以实现货币政策目标。并且，它调控结果的独立性也较差，股权收益率的变动，并不完全取决于中央银行的调控。

市场利息率，是市场利息额与借款额的比率。它是影响货币供求关系和贷款总规模的重要指标，也是影响货币政策目标的重要中介目标。它具有良好的可测性，中央银行时刻可以获得利息率的各方面信息。它也具有良好的调控敏感性，中央银行可通过许多货币政策工具调节、控制利息率，甚至可通过法律直接规定利息率水平。但是，市场利息率的体制适应性较差，主要适用于金融经济比较发达的市场经济制度。它与货币政策目标的相关关系也不稳定，投资边际效率等并不完全取决于市场利息率。并且，其结果的独立性也较差，利息率变动并不完全取决于中央银行的调控。

贷款总规模，是指银行贷款总规模，不包括财政、商业和民间信用规模，这些信用规模不符合中介目标选择原则的要求。银行贷款总规模的体制适应性较强，在任何经济和金融制度下都有比较强的调节作用。它也具有良好的可测性，可以随时获得贷款总规模的各方面信息。它与货币政策目标之间也有较稳定的相关关系，对货币政策目标的实现可以发挥较好的作用。它还具有较好的敏感性，可以通过许多政策工具对其进行调节与控制，甚至可以通过法律直接规定贷款总规模。但是，它的调控结果并不完全具有独立性，许多其他因素都可能影响调控的结果。它的调控敏感性也不是绝对的，特别是在市场经济条件下，有时对中央银行的政策工具并不具有绝对的敏感性。

货币供应量，是指某时点处于流通中的货币总量，它是社会总需求的基本来源。它的体制适应性较强，能够适应任何经济和金融制度。它与货币政策目标也具有比较稳定的相关关系，对货币政策目标的实现具有决定性的影响。它也具有较好的敏感性，几乎所有的政策工具都能够影响货币供应量，进而影响政策目标的实现。它还具有较好的独立性和可测性，可以随时获得货币供应量的信息，也可以将其对货币政策的影响程度进行准确的计算和性质划分。但是，它的这些特征也不是绝对的，不同的政治经济制度和金融制度，都会使其适应性、相关性、敏感性、独立性和可测性有一定程度的强弱变化。通常，某个社会的市场经济发展越完善，它对货币政策目标的作用就越强。

（三）目标体系的确定

货币政策中介目标的选择分析说明，各种金融、经济指标都有其优缺点，任何中介目标都不可能绝对符合选择原则的要求，它们各自有其自身的特征。因此，在确定货币政策中介目标时，不可能完全以某个目标作为货币政策的传导媒介。必须根据各中介目标的特点，以某个或某几个比较接近选择原则的主要目标为核心，再辅之以其他辅助目标，组成货币政策的中介目标体系。以便根据不同情况和中介目标的特点，分别对不同的中介目标进行调节和控制，这样才能比较好地实现其货币政策传导媒介的功能。

在市场经济条件下，货币供应量是所有可供选择的各中介目标中，最接近各项选择原则要求的金融变量，在整个货币政策中介目标体系中居于主导地位。这是由于货币政策的基本目标是稳定币值和促进经济增长，而对它起决定作用的是社会总需求，决定社会总需求规模和状况的主要是货币供应量。另外，货币政策的其他中介目标如市场利息率、信用总规模、股权收益率等，也都在一定程度上直接或间接地受货币供应量的影响。因此，货币供应量是当代社会货币政策中介目标的核心，是货币政策的主要中介目标。各国法律、法规多将其规定为核心中介目标，其他为辅助中介目标。[1]

二、货币供应的调控

货币政策中介目标可以有许多种，根据不同时期的需要可以作出不同的规定和调整。但是，就总体上而言，由于货币供应量对社会总需求的调节、控制作用，以及社会总需求对经济运行和增长的作用，货币供应量应该是最主要的中介指标。要实现货币政策目标，必须首先调节、控制货币供应量。而要调节、控制货币供应量，必须明确货币供应数量的调节与控制机制。

（一）货币乘数的调控

货币供应量是基础货币量与货币乘数的乘积。货币乘数是基础货币的扩张倍数，对货币供应数量具有决定性影响，在货币供应量调控机制中占有重要地位。货币乘数的调节与控制机制主要包括两个方面：一是货币乘数的形成机制，二是货币乘数的决定机制，它们是调控货币乘数的基础。

当代金融体系是信用媒介机构和信用创造机构的统一体。中央银行向流通中投放的货币，一旦形成商业银行体系的存款，它就可以利用存款货币的二元

---

〔1〕各国法律或法规对货币政策中介目标的规定在不同时期也是不同的，这主要取决于不同时期金融调制的核心任务和货币政策基本目标的变化，以及各不同中介目标对货币政策目标适应性的变化。

性发放贷款，[1] 这笔贷款又会以借款人存款的形式形成银行系统的存款；商业银行再用它发放贷款，就会再以转账形式形成银行系统的存款。如此利用存款发放贷款，贷款又转化为存款；存款再用以发放贷款，贷款再转化为存款，就会形成存款规模与贷款规模的无限扩张。最终，使商业银行的存款规模和贷款规模都成为可以无限增大的变量。

存款的这种无限派生必须满足两个基本条件：一是存款人不提取法定货币；二是银行没有提取存款准备金。如果提取法定货币，存款货币的二元属性就会消失；如果银行提取了存款准备金，就不能再以该准备金发放贷款。如果假设银行系统每次吸收存款都被等比率地提取法定货币，并以 c 表示法定货币的漏损率；银行每次吸收存款都缴存相同比率的准备金，以 r 表示法定的存款准备率；每次都保留超额准备金，以 e 表示超额准备率；如果原始存款量为 D_p，则社会存款总额 D_g 就可以表示为：

$$D_g = \frac{D_p}{r + e + c}$$

货币供应量是某一时点流通中的货币量，它等于流通中的法定货币量与存款货币量之和。因此，如果以 C 表示流通中的法定货币量，则流通中的货币供应量 M_s 就可表示为：

$$M_s = C + D_g$$

货币乘数是货币供给的扩张倍数，它等于某一时点的货币供应量与形成这些货币量的货币原始供给量之比。如果以 m 表示货币乘数，则：

$$m = \frac{M_s}{C + D_p}$$

从最终结果来看，由于原始存款额等于准备金总额，准备金总额等于法定存款准备金与超额存款准备金之和。因此，货币乘数也可以表示为：

$$m = \frac{1 + c}{r + e + c}$$

货币乘数是原始货币的扩张倍数，它主要取决于法定存款准备率、超额存款准备率和法定货币漏损率。法定存款准备率是中央银行规定的各普通金融机构必须遵守的，向中央银行缴存存款准备金的比率；超额存款准备率是普通金

〔1〕 存款货币的二元性是指通过商业银行的特殊记账方法，可以将存款货币转化为同时直接归属于两个主体的财产。当存款人将法定货币存入商业银行时，它会形成直接归属于存款人的存款货币财产，该财产的数额直接记录在其存款账户上。但是，存款人存款账户上的存款同时也会计算在商业银行的存款总额中，也会形成商业银行的存款负债。商业银行可以依法在不改变存款人存款账户金额的条件下，利用存款人的存款发放贷款。

融机构为了满足存款人的提取存款要求，而在法定存款准备金之外依法自行提取的准备金比率；法定货币漏损率是普通金融机构存款转化为法定货币的比率。在决定货币乘数的三个基本因素中，提高存款准备率会使货币乘数下降，货币供应量减少；降低存款准备率，会使货币乘数提高，货币供应量增加。法定货币漏损率提高，会减少普通金融机构原始存款的数量，并同时使货币乘数下降，存款货币供应量减少；法定货币漏损率下降，会增加普通金融机构的原始存款数量，并同时使货币乘数提高，流通中的存款货币供应量增加。

（二）基础货币的调控

基础货币亦称货币基数或高能货币，它是在总量上由中央银行控制的，能够引起普通金融机构系统以此为基础创造出更多货币的货币，是货币供应的最初来源或原始增量。因此，如果认为货币乘数水平是决定货币供应量的核心，那么基础货币数量就是决定货币供应量的基础。基础货币在其创造存款的过程中会发生转化，它最终要转化为流通中的法定货币、普通银行业的超额存款准备金和中央银行的法定存款准备金。并且，在总量上，流通中的法定货币、超额存款准备金和法定存款准备金之和仍等于原货币原始增量总额。因此，调整法定存款准备率、超额存款准备率和法定货币漏损率，并不能改变基础货币量，只有进行中央银行的货币发行才能使基础货币量发生变化。

基础货币的性质和影响因素决定了它的最终来源只能是中央银行的货币发行，基础货币量的变动决定于中央银行货币发行量的变动。中央银行的货币发行包括法定货币发行和存款货币发行两种基本形式。[1] 这两种货币的发行既存在着密切的相关关系，同时又对流通中的货币供应数量发挥着各自不同的影响作用。基础货币量应等于存款货币发行量同中央银行直接对社会公众发行的法定货币量之和。如果中央银行不直接对社会公众发行法定货币，那么基础货币量就是存款货币发行量。

从法定货币发行与存款货币发行对流通中货币供应总量的影响来看，就货币供应的总体而言，法定货币发行与存款货币发行，都会使流通中的货币供应量以货币乘数倍增加。但实质上法定货币发行，只能使流通中的货币供应总量以相当于其自身的数额增加；中央银行的全部法定货币发行总额，形成流通中的全部法定货币量。而存款货币的发行，则会使流通中的货币供应总量以原始存款额的扩张倍数增加；中央银行全部存款货币发行总额，形成流通中的全部

〔1〕 这里的存款货币发行并非是从法学意义上讲的，而是从基础货币数量变化的意义上讲的。

存款货币。[1]

三、货币供应与流通

货币供应量是一定范围内某一时点流通中的货币总量，是整个社会的全部货币存量总额；货币流通量是一定范围内一定时期流通中的货币总量，是整个社会全部货币流通量总额。二者之间既有明显的区别又具有密切的联系，它们是货币政策中介目标调控的基本内容，是货币政策目标的实现基础。

（一）货币供应量的形成

在信用货币流通条件下，货币供应是从中央银行向普通金融机构系统提供基础货币开始的，这里基础货币的首先表现形式是增加普通金融机构的存款。普通金融机构系统在取得中央银行的基础货币后，会通过它们的存款创造机制，形成货币乘数倍的法定货币和存款货币。这些法定货币与存款货币的总和，就是流通中的货币供应总量。因此，货币供应量是由基础货币与货币乘数共同形成的，它在数额上等于中央银行向普通金融机构系统投放的基础货币量与货币乘数的乘积。如果以 B 表示中央银行投放的基础货币量，则：

$$M_s = B \cdot m$$

如果货币政策要求增加货币供应总量，中央银行可以通过货币发行增加基础货币的投放量；也可以通过调整法定存款准备率、超额存款准备率，或者法定货币漏损率等提高货币乘数。如果要求减少货币供应总量，中央银行可以通过货币回笼手段，减少基础货币投放量；也可以调整法定存款准备率、超额存款准备率，或者法定货币漏损率等降低基础货币乘数水平。

（二）货币流通量的形成

货币不仅是一个存量，同时也是一个流量，它不仅在某一时点以法定货币和存款货币的形式存在，还要在流通中不断充当交换媒介和社会财富的载体。在商品和服务领域，它们实现流通后便退出流通，进入生产经营或消费领域；而作为流通手段和支付手段的货币，则不会退出流通，它们要在流通领域不断地为各种社会财富的流通服务，使某单位的货币可以成为多倍于自身的流通媒介，该倍数的大小取决于其参与流通的次数。

如果一定时期内，单位货币充当流通媒介的平均次数多，流通中的货币流通就会增大，产生的社会总需求也就会增大。如果一定时期内，单位货币充当

第十三章

---

〔1〕从法学意义上讲，存款货币只是法定货币的转化形式。因此，只能有法定货币发行，不可能有存款货币发行。但是，在银行业务活动中，中央银行可以直接调节、控制商业银行的原始存款数量，这里将中央银行直接增加商业银行原始存款数量的行为称为存款货币发行，它是经济学意义上的“发行”，不是法学意义上的发行。

流通媒介的平均次数少，流通中的货币流通量就会减少，社会总需求就会相对缩小。因此，社会总需求规模不仅取决于某一时点的货币供应量，还取决于这些货币在一定时期内的平均周转次数或称货币流通速度。在此，如果以V表示某段时间内货币流通次数或称货币流通速度，则一定时期内的社会总需求，或称相应的货币流通总量Mc，就可以表示为：

$$Mc = B \cdot m \cdot V$$

在货币供应量一定的条件下，如果一定时期内货币流通速度提高，社会总需求也会增加；货币流通速度下降，社会总需求就会减少。社会总需求的变化会直接影响经济运行和增长状况，从而决定着货币政策目标的实现程度。从货币流通的角度看，货币流通速度的高低主要取决于产业密集程度，交通运输状况，货币的支付方式，收入数量、收入性质、收支间隔时间，利率、便利、安全、社会心理、流通环境等因素。其中，多数因素是短期内不可能发生较大变化的。因此，一般认为货币流通速度在短期内是基本稳定的，货币政策考虑货币流通速度变动的影响，主要是针对长期决策。

■ 第三节　货币政策实施工具

一、基础货币调控工具

货币政策工具是中央银行调节、控制货币政策中介目标，进而实现对货币政策目标调节、控制的工具。货币政策工具的基本类型主要包括基础货币的调控工具、货币乘数的调控工具和其他货币政策调控工具。基础货币调控工具，是指能够调节、控制基础货币总量和其他相关金融变量，进而实现对货币政策中介目标的调节与控制，并最终实现对货币政策目标调节与控制的工具。基础货币的调节、控制工具主要包括再贷款政策、再贴现政策、公开市场政策、基准利率政策和其他调节、控制工具。[1]

（一）再贷款政策规范

再贷款是指中央银行向普通金融机构发放的贷款，它是中央银行的重要业务，也是调节与控制基础货币量的重要工具。中央银行的再贷款政策规范，是规定中央银行再贷款的对象、种类，再贷款的审批权和管理权，以及再贷款利率的调整权限的法律规范。通常，按照再贷款政策规范的规定，中央银行再贷款的主要对象是银行业金融机构。中央银行再贷款的种类主要包括年度性贷款、季节性贷款、日拆性贷款和其他性质的再贷款。

---

〔1〕 参见《中国人民银行法》第4~7条、第23条、第28条，以及相关法律、法规的规定。

对于中央银行再贷款的审批权、管理权及利率的调整权，各国货币政策规范的规定不完全相同。再贷款政策工具的使用权，主要取决于中央银行的独立状况。通常，独立性较强的中央银行往往享有较大的权力，独立性较小的，再贷款政策的使用权往往有一定限制。有的法律按再贷款额度确定其决策权，有的则按再贷款时间确定其决策权。但无论决策权力的大小，它都是调节与控制基础货币投放量，以及市场利息率的重要货币政策工具，中央银行通过再贷款规模和利率的变动就能够实现货币政策。[1]

（二）再贴现政策规范

中央银行的再贴现是它对商业银行或其他金融机构，在贴现业务中所取得的未到期票据再次进行贴现的业务。它是中央银行的重要业务，也是调节与控制社会基础货币总量的重要工具。再贴现政策规范，是规定中央银行再贴现率的调整权、再贴现票据种类和再贴现规模管理权的规范。通常，再贴现政策的实施手段主要包括再贴现利率、再贴现票据和再贴现规模。

再贴现利率是普通金融机构以未到期票据，向中央银行融通资金的成本，它直接决定着普通金融机构的资金融通规模和资金贷放利率，从而影响基础货币的投放规模和市场利率。中央银行通过调整再贴现率，就能够调控基础货币规模和市场利息率。中央银行再贴现政策的另一实施手段，是规定普通金融机构能够办理再贴现的票据种类。它也能够起到调整再贴现规模和利率，进而调控基础货币投放量和市场利息率的作用，如规定贴现票据的真实性，规定贴现票据最长期限和出票人身份等。

中央银行再贴现政策，还可以通过规定再贴现规模实现。它也能够起到调整中央银行的再贴现规模和利率，进而起到调节与控制基础货币投放量和市场利息率的作用。中央银行可以在法律授权的范围内，通过规定不同经济运行条件下的再贴现规模，来控制普通金融机构的再贴现规模和中央银行的基础货币投放规模。并且，再贴现规模还可以分成许多层次，对不同层次的再贴现规模规定不同的贴现率，从而达到按照货币政策目标的要求，比较准确地调控基础货币投放量和市场利息率的目的。[2]

（三）公开市场政策规范

中央银行的公开市场业务，是指在开放性的公开市场上买进或卖出证券、

---

[1] 参见《关于中国人民银行分行再贷款管理若干规定的通知》《中国人民银行分行短期再贷款管理暂行办法》等的规定。

[2] 参见《商业汇票承兑、贴现与再贴现管理暂行办法》《中国人民银行关于切实加强商业汇票承兑贴现和再贴现业务管理的通知》《中国人民银行营业管理部再贴现业务管理办法》等的规定。

外汇和其他金融资产，借以调控货币政策中介目标的行为。[1] 公开市场政策规范，是规定中央银行买卖金融资产的具体种类、数量和市场等的法律规范。在国家信用比较发达的条件下，国家债券的发行量往往比较大，它在证券市场上的流通量也比较大，并且流动性好、价格稳定，同时它本身也具有重要的经济调节与控制功能。中央银行仅以国家债券为对象，就足以实现调节、控制基础货币量、股权收益率和市场利率的目的。

中央银行公开市场业务的规模和市场也有严格限制，它的交易规模通常被控制在金融调控需要的范围内，不允许中央银行任意扩大持有各种证券的数量。在公开市场业务的交易市场规范上，法律通常只允许在流通市场上买卖各种投资证券，不允许在发行市场上认购国家债券和其他准国家债券。并且，严格规定中央银行的业务身份，必须以普通市场主体的身份从事公开市场业务。利用这种货币政策工具，中央银行能够主动地控制基础货币投放规模，具有良好的准确性和可控性，可以不受外界其他因素的干扰。并且，由于它是纯粹的间接调控，可以避免对经济形成震荡性冲击。[2]

（四）基准利率政策规范

基准利率是指在整个社会的利率体系中，起主导作用的基础性利率。基准利率政策规范，是规定中央银行基础利率的管理形式和方法等的法律规范。市场利息率是货币政策目标的重要中介目标，它主要包括三种基本形式：一是中央银行与普通金融机构之间的存款和贷款利息率；二是普通金融机构与其他社会主体之间的存款和贷款利息率；三是金融市场的利息率。在这三种利息率中，中央银行与普通金融机构之间的利息率是最基本的利息率，它在整个利息率体系中居于主导地位，是整个社会利息率体系的核心，对其他两种利息率的变动起着重要的调节、控制作用。

基准利率政策规范的内容主要包括中央银行利率调控规范和法定限额利率调控规范。中央银行利率调控规范，是规定中央银行只能通过制定和调整再贴现率、再贷款利率，以及在公开市场上买卖证券的价格等，引导和调控整个金融体系的存款与贷款利率和金融市场利率，此外，不得再实行其他利率管制的政策规范。法定限额利率调控规范，是指除实行间接的利率调控政策外，还规

〔1〕目前一个比较常用的公开市场政策是发行中央银行票据，中央银行票据是中央银行为调节商业银行超额准备金规模而向商业银行发行的短期债务凭证，其实质是中央银行债券，之所以叫“中央银行票据”，是为了突出其短期性特点。从现在已经发行的中央银行票据来看，它们的期限最短的为3个月，最长的为3年。

〔2〕参见《公开市场业务暨一级交易商管理暂行规定》《全国银行间债券市场金融债券发行管理办法》《全国银行间债券市场债券交易管理办法》《全国银行间债券市场做市商管理规定》的规定。

定有存款与贷款利率和市场利率限额的政策规范。中央银行通过基准利息率的变化，能够影响到基础货币的投放量和需求量，进而影响到社会的经济运行和经济增长，决定货币政策目标的实现程度。[1]

二、货币乘数调控工具

货币乘数调控工具，是指能够调控货币乘数，进而实现对货币政策中介目标的调节与控制，并最终实现对货币政策目标的调节与控制的货币政策工具。在信用货币条件下，货币乘数的调控工具包括存款准备金和选择性工具。但是，这些工具的使用不是任意的，要受到法律的严格规范，这些规范主要包括法定准备金规范、超额准备金规范和选择性工具规范。[2]

（一）法定准备金规范

法定存款准备金规范是规定普通银行在吸收存款后，必须按法定交存比率和方式等向中央银行缴存存款准备金的规范。它是强有力的货币政策工具，会对货币乘数水平形成强烈的影响。完整的法定存款准备金规范主要包括法定准备率规范、准备内容规范和准备提取规范。

法定存款准备率规范，是规定法定存款准备金与银行存款总额之间法定比率的规范。由于存款准备金是不能用以发放贷款的，准备率的高低直接决定货币乘数的大小。法定存款准备率规范包括四项内容：一是对不同期限的存款规定不同准备率；二是对不同规模和不同经营环境规定不同的准备率；三是规定存款准备率的调整幅度；四是规定准备金中不同种类货币之间的比率。

法定存款准备金的内容规范，是规定可以充当法定存款准备金的内容及其结构的规范。它具体包括规定法定准备的内容、规定法定货币准备的性质和法定准备以外的准备制度三个方面。通常，能够作为存款准备金的只能是普通金融机构在中央银行的存款，普通银行持有的其他资产不能充当法定存款准备金。在法定货币的准备性质上，有的法律规定普通银行的库存法定货币本身就是法定存款准备金，有的规定只有存入中央银行才能作为存款准备金。在法定存款准备金以外的准备上，许多国家法律在规定的法定存款准备以外，还要求必须有其他准备制度，如规定货币准备和金融资产准备的关系等。其中，货币准备为一级准备，速动金融资产准备为二级准备。

法定存款准备金的提取规范，是规定法定存款准备金的计算与提取基础的制度。它主要包括两项内容：一是规定存款余额的确定方法，它是存款准备金

---

〔1〕参见《利率管理暂行规定》《中国人民银行关于实施〈利率管理暂行规定〉有关问题的通知》《中国人民银行关于进一步推进利率市场化改革的通知》等的规定。

〔2〕参见《中国人民银行法》第23条、第32条，以及相关法律、法规的规定。

的提取基础；二是规定缴存存款准备金基期的确定方法，它是计算存款余额的基础。存款余额的确定方法主要包括两种：一是以普通银行的日平均存款余额，扣除应付未付款项后的存款额为基础；二是以月末或旬末的存款余额，扣除相应的月末或旬末的应付未付款项后的存款额为基础。准备金基期的确定方法主要包括两种：一是当期准备金账户制度，以当期的存款作为计算基础；二是前期准备金账户制度，以某前结算期作为计算基础。[1]

（二）超额准备金规范

超额存款准备金规范是规定普通银行在吸收存款后，除缴存法定准备金外，还必须按照规定的储存比率和方式等储存一定比率的超额准备金的制度。完整的超额存款准备金制度主要包括法定超额存款准备金规范和自定超额存款准备金规范。

法定超额存款准备金规范，是为了严格控制普通银行业金融机构的经营风险，相关法规或中央银行依法规定的普通银行在吸收存款后，除缴存法定存款准备金外，自身必须储存的超额存款准备金的比率和方式等的制度，它主要通过制定和实施普通银行的业务经营制度来实现。

自定超额存款准备金规范，是普通银行自行规定的在吸收存款后，除缴存法定存款准备金、储存法定超额存款准备金之外，自身必须储存的超额存款准备金的比率和方式等的制度。它实质上是普通银行制定的，针对自身业务管理的内部控制制度，是普通银行的一种自律性业务经营制度。超额存款准备金规范同法定存款准备金规范一样，也是调控货币乘数的重要货币政策工具。在存款准备率提高时，它能够降低货币乘数水平，减少货币供应量；在存款准备率降低时，则提高货币乘数水平，增加货币供应量。从而起到调节、控制流通中的货币供应量和市场利息率的作用。[2]

（三）选择性工具规范

在现实金融调控过程中，中央银行除使用上述经常性货币政策工具，对货币乘数进行调控外，还可以根据法律授权使用选择性货币政策工具，调控货币乘数和其他货币政策中介目标。通常，这些选择性货币政策工具主要包括直接信用控制规范、间接信用控制规范，以及消费信用控制规范、证券信用控制规范和不动产信用控制规范等。

---

〔1〕 参见《商业银行法》第32条、第46条、第76条，以及《中国人民银行关于实行差别存款准备金率制度的通知》《中国人民银行关于改革存款准备金制度的通知》等的规定。

〔2〕 参见《商业银行法》第32条等的规定。

1. 直接信用控制规范

直接信用控制规范是中央银行在经常性货币政策工具外，对普通银行创造信用业务进行各种直接控制的制度总称。直接信用控制规范主要包括信用额度分配规范、直接信用控制规范和缴存特种存款规范等。

信用额度分配规范是中央银行依据法律授权，根据金融市场状况和客观经济需要，直接规定普通银行业金融机构的信用额度，或者直接决定普通银行的资产业务对象的制度。它能够起到控制普通银行的信用扩张能力，进而控制货币乘数和其他金融变量的作用。信用额度分配规范可以对普通银行的全部资产业务实施，也可以仅对其超过一定规模或额度的资产业务实施。

直接信用控制规范，是中央银行以业务监管主体的身份，直接对普通银行业金融机构的业务活动进行控制，从而对其信用创造能力进行调节、控制的制度。它的主要形式包括：直接限制放款的额度或直接限制银行存款；拒绝对商业银行办理再贴现，或者采取惩罚性利率；规定银行的放款或投资范围、方针和政策；规定银行的其他业务范围等。

缴存特种存款规范，是中央银行要求普通银行业金融机构按照存款总额或增加额的一定比例缴存特种存款，其目的是控制货币乘数和普通银行的信用创造能力。[1]

2. 间接信用控制规范

间接信用控制规定，是中央银行在经常性信用和直接信用控制政策之外，通过它的各种间接影响调节、控制普通银行业金融机构信用创造的信用控制制度。间接信用控制规范主要包括信用控制劝告和信用控制指导。

信用控制劝告，是中央银行利用它在金融体系中的特殊地位，通过对普通银行及其他金融机构的业务劝告，影响其资产业务的开展，从而实现调节、控制货币乘数和信用活动的业务制度。如中央银行可以通过说明它的货币政策意图，劝告普通金融机构注意控制贷款数量；也可以劝告普通银行业金融机构注意控制对某方面的贷款，从而调节贷款结构和货币乘数。

信用控制指导，是中央银行利用其在金融体系中的特殊地位，通过对普通银行及其他金融机构的业务指导，来影响它们各种资产业务的开展及它们的贷款规模、投资方向、备付金比率、贷款利息率等，从而实现调节、控制货币乘

[1] 直接信用控制规范是非市场化的信用控制规范，在正常情况下，法律往往严格禁止使用它，只有在特殊情况下法律才允许中央银行使用，甚至许多国家在任何情况下都禁止中央银行使用。并且，即使法律允许中央银行使用直接信用控制，也往往有许多程序性限制，中央银行不得随意直接侵犯普通银行业金融机构的经营自主权。

数和信用活动的业务制度。如中央银行可以根据商品市场情况、物价变动趋势、金融市场动向、货币政策的要求及以前年度的业务情况，向普通银行业金融机构提出具有指导性的业务计划，要求其参照执行，从而达到调节、控制货币乘数、信用规模和信用结构的目的。[1]

3. 其他信用控制规范

在选择性政策调控工具中，除直接和间接信用控制规范外，还可以采用消费信用控制规范、证券信用控制规范、不动产信用控制规范和其他信用控制规范等。其中，消费信用控制规范，是对不动产以外的各种耐用消费品的消费融资进行控制的制度。它的主要内容包括：规定分期付款消费信用第一次付款的最低金额；规定消费信用的最长期限；规定以消费信用方式购买耐用消费品的种类等。证券信用控制规范，是对有关证券交易贷款进行控制的制度。它的主要内容包括：规定金融机构是否有权对证券交易提供信用；规定贷款额占证券交易额的比率；规定以信用方式购买证券时，第一次付款的最低额度；根据金融市场状况，调整各种信用交易中的法定保证金比率等。[2] 不动产信用控制规范，是中央银行对普通金融机构的不动产信用业务进行控制的制度。它的主要内容包括：规定普通金融机构不动产信用的最高限额；规定每次不动产贷款的最高额度，或者限制这一最高额度；规定普通金融机构不动产贷款的最长期限；规定不动产交易中第一次付款的最低金额；规定不动产贷款中每次归还的最低金额等。货币供应和其他金融变量的调控工具还很多，如法定货币管理规范、货币流通速度调控规范等，都能在一定程度上影响货币供应数量、货币流通速度和其他金融变量，从而起到调节、控制货币政策中介目标，进而调控货币政策目标实现程度的作用。

【司法案例】

案情：我国自城市房地产市场改革以来，房地产价格不断上涨，过快的价格上涨速度导致居民购买住房的支出不断增加，已经到了难以承受的程度。同时，房地产价格的不断上涨也使房地产业迅速发展，导致中国经济发展速度过快，已经到了基础产业难以支撑的程度。为此，我国中央银行、各级政府部门不断颁发行政命令，采取了越来越严厉的限制措施。2003 年，中国人民银行颁布《关于进一步加强房地产信贷业务管理的通知》，对商业银行向房地产企业贷款的额度、抵押措施和贷款回收期限作出明确要求。同时，对个人购买第二套住房的首付款比例、贷款期限和利率也作出了限制性规定。2005 年，国务院建

---

〔1〕 间接信用控制规范是非强制性信用控制规范，这种劝告和指导只有引导意义，不具有法律强制力。

〔2〕 参见《证券法》《期货交易管理条例》《证券公司融资融券业务管理办法》等的具体规定。

设部、发展改革委、监察部、财政部、国土资源部、人民银行、税务总局、统计局、银监会联合制定《关于调整住房供应结构稳定住房价格的意见的通知》，再一次对银行向房地产企业和购房人贷款作出了进一步限制性规定。2010 年 1 月 7 日，国务院颁布《关于促进房地产市场平稳健康发展的通知》，要求商业银行对贷款购买第二套住房的家庭，贷款首付款不得低于 50%，贷款利率不得低于基准利率的 1.1 倍。2010 年 4 月 17 日，国务院颁布《关于坚决遏制部分城市房价过快上涨的通知》，要求商业银行将二套住房贷款的首付比例提高至 60%，首套房商业贷款的首付为 30%，第三套及以上住房不得发放商业贷款。许多地方政府颁布了更加严厉的限制购买住房政策，北京等市政府甚至严格限制外地人在本市购买住房。

结果：不断严厉的房地产贷款政策在一定程度上限制了需求的规模，特别是投资性房地产需求的规模。虽然并没有能够抑制住房地产价格上涨的趋势，却在一定程度上使住房价格的上涨速度得到了控制。再加之房地产成本的不断上涨和居民购买能力有限，房地产价格开始逐步趋于平稳。但是，不断严厉的房地产限制政策也引起了专家学者和社会公众的质疑，甚至许多人认为这些行政命令非法剥夺了商业银行和居民个人的合法权利，这些金融调控行为是非法的。最终导致了我国《立法法》的修改，增加了对这些权力的限制性规定。“部门规章规定的事项应当属于执行法律或者国务院的行政法规、决定、命令的事项。没有法律或者国务院的行政法规、决定、命令的依据，部门规章不得设定减损公民、法人和其他组织权利或者增加其义务的规范，不得增加本部门的权力或者减少本部门的法定职责。”

评析：金融调控行为是当代社会的必要行为，它是在不断总结经济、金融危机经验教训的基础上逐步建立和完善起来的。但是，金融调控不是任意的调控，如果调控的方向和目标不正确，就会加剧经济、金融的危机，如果调控的精确度不够，就会使社会和居民付出更高的代价。同时，金融调控的具体实施权力是一种行政性权力，这种权力的实施本身就是对民商事权利的限制或剥夺。因此，金融调控行为必须在严格的法律范围内进行，必须接受金融调控行为法的调整，以在最低限度地限制或剥夺单位和个人权利和最大限度地维护整体金融和经济利益之间，取得最佳的均衡。

第十四章 金融监管行为法

学习目的与要求 金融监管行为法是金融法中又一相对独立的行为法，它是金融监管机关或其授权的机构通过实施货币流通监管、金融机构监管和金融行为监管，维护整体金融效率、秩序和安全，以及金融业务特征和当事人权益的行为。金融监管行为法是金融法区别于民商法和行政法，并同经济法具有密切联系的核心标志。金融监管行为是当代社会新出现的金融行为，它在本质上同经济法行为具有一致性，明显区别于民商事行为，并同行政行为既有本质区别，又有一定联系。通过本章的学习，要求学生：

●重点掌握：金融监管的原则；金融监管的内容；金融监管的权力。

●一般了解：金融监管的本质；金融监管的边界；金融监管的目标。

●深入思考：金融监管与行政行为之间的关系；金融监管与诉讼的关系。

【核心概念】监管本质　监管边界　监管原则　监管内容　监管权力

【引导案例】

金融监管行为是当整体金融利益出现之后，为维护整体金融利益的法律、法规不断出现后的必然结果。这是由于维护整体金融利益的法律、法规是不可能按照传统私法的执行思路去实施的，也不应完全按照行政法的实施思路去执行。为保证维护整体金融利益的法律、法规的实施，就必然产生金融监管机关和监管行为，它们是在金融业的不断发展过程中形成的。

英国是金融业最发达的国家之一，全国的金融业从业人员在100万以上，金融业所创造的国内生产总值占整个国内生产总值的7%以上，同比高于美国、德国、日本等金融业比较发达的国家。但是，长期以来英国对金融业并没有严格的立法和监管，而是主要由行业协会实施自律管理。1973年，英国银行体系首次出现危机，对商业银行的监管仅靠英格兰银行的“道义劝说”和“君子协定”难以实现。于是在1979年颁布了《商业银行法》，这是英国银行监管向法制化迈进的初次尝试。1984年10月，英国发生了约翰逊·马修银行（Johnson Matthew Bankers Limited）破产事件，促成了1987年第二部《商业银行法》的实施，标志着英国银行监管进入规范化和法制化的轨道。但它仍保留传统风格，法律只作原则性的规定，英格兰银行拥有广泛的自决权。

此后，又发生了1991年国际信贷银行（BCCI）和1995年巴林银行（BB）破产等事件，1997年英国工党上台后不久，就颁布了《金融服务与市场法》，宣布改革金融监管体制，决定把包括英格兰银行在内的原9个机构的金融监管职能集中到一个机构，由新设立的金融服务监管局（Financial Services Authority）统一负责对银行、证券、保险、投资等全部金融机构和金融市场的监管。在金融服务管理局内设立金融监管部、审批执法部、客户保护部、行政部和管理部。金融监管部负责对各类金融机构、金融市场和养老金业务的监管。审批执法部负责审批各类金融机构的申请，起草金融监管标准和法规并负责推广执行。客户保护部负责客户调查，并受理客户投诉，对客户进行金融知识教育，查处金融犯罪等事务。行政部和管理部负责其内部人力资源管理、法律事务、内部审计、内部财务、信息系统和日常办公管理。英国的这项金融监管体制改革在国际上产生了极大的影响，被称为是第二次“金融大爆炸”（第一次“金融大爆炸”是1986年实行的金融自由化改革），这两次金融改革奠定了目前英国金融业繁荣的基础，对恢复其国际金融中心地位具有重要作用。

2008年美国次贷危机后，英国于2012年颁布了新的《金融服务法案》，该法案对英国金融监管体系再一次进行了改革，将原有金融服务监管局（FSA）的职能分拆由审慎监管局（PRA）和金融行为监管局（FCA）两个机构分别承担。其中，审慎监管局作为英格兰银行的附属机构，负责微观审慎监管，以提升受监管金融机构的安全性和稳健性为目标，负责存款机构、保险机构和系统重要性投资银行的审慎监管。金融行为监管局则是一个独立的监管机构，直接对英国财政部和议会负责，承担金融投资人（消费者）保护的职能，负责约2.6万家金融机构的行为监管，以及审慎监管局监管范围外的约2.3万家其他金融机构和约5万家消费信贷行业的监管。英国金融行为监管局的内部机构包括：负责审核金融机构相关申请的许可部门，负责对金融机构行为监管的监管部门，维护市场稳定和效率的市场部门，负责政策和风险评估的研究部门，以及负责执法监督的执法部门和综合服务部门等。

【案例导学】

金融业是目前世界上最具有活力的行业，金融经济是继农业经济、工业经济之后的第三个经济时代。不可否认，农业经济、工业经济是金融经济的基础，同时更不可否认的是金融经济才是当代经济的特征。当然，作为一种新兴的经济文明形式，它正处于不断的发展变化中。同金融经济的这种发展变化相适应，金融监管也处在不断创立和完善之中，这也决定了金融监管行为法只能是一个处于完善之中的法律体系。不断总结金融监管中的经验教训，不断完善金融监管行为法的内容是当代人的职责。

■ 第一节 金融监管的理论

一、金融监管的概念

金融监管是国家金融监管机关及其授权的机构，依法对金融机构和金融行为从维护整体金融利益的角度出发进行监督与管理的行为。首先，金融监管是国家权力，它只能由法定的监管机关及其授权的机构实施。其次，金融监管的内容包括金融机构和金融行为。其中，金融机构包括它的准入、运行和危机处置的监管；金融行为包括货币流通、货币融通、风险分配和金融调控行为的监管。再次，它是从整体金融利益的角度依法实施的监管，监管的范围取决于是否会对整体金融利益构成影响，监管的依据是法律、法规的授权。最后，监管行为方式包括执法监督和风险管理两个方面。

（一）金融监管的本质

监管是监督管理的简称，是当代社会新创的词汇，我国传统经典辞书中都没有收录。[1] 在英文中也没有可以被恰当地译为监管的词汇，只有相近的监督或管理（Supervision）、管制或管理（Regulation）等词汇。[2] 可见，在世界范围内，“监管”都是一种新型的法学行为和法学范畴。从传统法学的角度来讲，权力（利）被分为国家权力和公民权利，国家权力包括立法权、行政权和司法权，也不包括监管权，更不存在金融监管权。事实上，金融监管行为是随着它在社会经济中地位的不断提高、整体金融利益的形成，以及为维护整体金融利益而不断在传统商法的基础上制定各种金融法，为监督管理金融法的实施不得不设立中央银行、专业监管机关等而逐渐形成的。并且，目前还处在不断完善之中，不断独立于行政权。因此，金融监管的本质是为维护整体金融利益、保障金融法的实施而进行的监督管理行为。

---

〔1〕 监管的概念在我国《辞源》《辞海》等经典辞书中都没有收录，只有《现代汉语词典》和《汉语大词典》将其解释为“监督管理”。参见《现代汉语词典》，商务印书馆2005年版，第663页；《汉语大词典》（第七卷），汉语大词典出版社1986年版，第1451页。可见，“监管”一词在我国是一个新创的词汇。

〔2〕 在外国也没有明确表达“监管”含义的词汇，可见“监管”行为在外国也并非是传统性行为。

金融监管的本质包括执法监督和依法管理两个方面。从执法监督的角度讲，它是随着维护整体金融利益法律的制定，如中央银行法、商业银行法、信托业法、证券法、保险法和监管法等，以及必须设立新的国家机关体系监督这些法律的实施而发展起来的。就此而言，金融监管权与司法检察权具有共同属性，它们的目标都是执法监督，只是检察机关主要负责刑事执法的监督和法律实施的全面监督，金融监督机关则主要负责金融法的专业执法监督。从依法管理的角度讲，金融监管机关还要在授权范围内对金融机构和金融行为进行适当的管理。就此而言，金融监管权与行政权具有共同属性，它们都有在授权范围内依法管理社会整体事务的自由裁量权。但是，金融监管权中的监督权是本质性的、管理权是附属性的，行政权中的管理权是本质性的、执法监督权是附属性的，这是由它们的职能特点决定的。

司法检察权是严格的、从社会整体利益出发的执法监督权，基本上不享有管理权性质的自由裁量权。这是由于它所面对的是法律的执行而不是社会紧急事态的立即处置，并且它不是裁判机关，不需要对行为作出最终合法与非法以及承担相应法律责任的裁断。行政权是严格的、社会整体行为利益的管理权，这是由于它主要面对的是社会紧急事态，是事先难以预料的整体性社会事件，对此它必须立即从社会整体利益出发作出处理决定，即使这种处理在授权上或程序上是违法的，相对方也必须先执行，然后才能要求行政机关承担侵权或违约责任。金融监管权在本质上是执法监督权，它的基本职责是保障金融法中涉及整体金融利益内容的实施。但在此同时，某些被监管的金融机构和金融行为也有许多情况需要个别处置，如果不授予其一定的管理权会影响处置的效率。因此，金融监管权中也必须授予其一定的自由裁量权。

（二）金融监管的沿革

从历史发展的角度看，在个体经济条件下，金融业的经营除货币外基本上是自由的。现代金融监管始于银行券的发行，它使各国意识到监管的必要性，中央银行开始在某些国家出现，金融监管也随之产生。但在20世纪30年代大危机之前，“看不见的手”的信条在理论上与中央银行的金融监管相悖，致使这期间的金融监管在整体上并没有固定的制度，金融监管主要集中在实施货币监管和防止银行挤兑的层面上，很少有对金融机构经营行为的具体规范和监管。20世纪30年代的大危机，是个体经济发展为整体经济的突出表现，它使金融监管的方向和重点发生了变化，各国开始普遍关注金融的安全问题。“看不见的手”的神话破灭，主张国家干预的凯恩斯主义崛起，取得了在经济学中的主流地位，进而影响立法者和决策者。立法几乎对所有的金融行业和金融业务都制定了详细、系统的法律规范，初步形成了金融法律体系和法律实施监管体系。同时，金融监管理论也迅速发展，为实施严格而广泛的监管提供了强有力的支撑。这时的金融监管倾向于国家的直接管制，以维护金融体系的安全，监管的主要内容是对金融机构的经营范围和经营方式进行规范和管理。

20 世纪 70 年代，经济停滞与通货膨胀的持续并存，动摇了凯恩斯主义，以新古典经济学和货币主义、供应学派为代表的自由主义理论和思潮开始复兴，在金融监管方面体现为金融自由化理论逐渐发展起来。一方面，该理论认为国家实施的严格而广泛的金融监管，使得金融机构和金融体系的效率下降，压制了金融业的发展，效率应当成为衡量一切法律乃至公共政策适当与否的基本标准。另一方面，该理论认为“政府失灵”与“市场失灵”一样都会同时存在。在这种理论的影响下，国家对金融监管作出了许多适合于效率要求的调整，很多国家放松了对金融商品市场价格、金融市场利息率等方面的监管。由于金融监管的放松，一个全球化、开放式的统一金融市场雏形出现。但是，到 20 世纪 90 年代后期，一些大的金融机构相继破产，金融危机频繁发生，人们对金融自由化理论尊崇的效率优先原则开始重新审视。

20 世纪 90 年代的金融危机，促使金融监管理论逐步转向如何协调整体金融安全、秩序与效率的关系方面，21 世纪初出现的金融全球化、自由化、电子化浪潮，加速了金融监管理论的演变。现在除继续以市场的不完全性为出发点研究金融监管的问题之外，越来越注重金融业自身的独特性对金融监管的要求和影响，金融监管的理论朝着管理金融活动和防范金融体系中的系统性风险转变。2008 年美国次贷危机后，金融监管又加入了金融企业危机处置和金融企业客户（消费者）利益保护的内容。金融监管理论演变的结果可以概括为：强调效率、秩序与安全并重；追求效率、秩序与安全之间的融合与均衡。我国的金融监管体系也是在这一大的背景下，在改革开放和金融业迅速发展的过程中逐步发展和完善起来的，并逐渐形成了自己的概念体系、理论体系、法律体系和监管机关体系。目前，我国正逐步成为世界经济中心和金融中心，其金融监管理论、监管法律和监管机关正在发挥越来越大的影响。

二、金融监管的目标

金融监管是一种具有两面性的法律行为，如果法律对金融机构和金融行为的规范和监管过于严格，虽然能够保障其整体的安全和秩序却很可能牺牲效率；如果法律对其规范和监管得过于宽松，虽然可以提高金融效率却很可能导致秩序混乱和风险增加。因此，金融法必须规定比较明确的监管目标，只有确定了科学合理且又明确具体的监管目标才可能取得符合目标要求的监管结果，最终实现金融立法和执法的目的。按照金融监管的目标层次的不同，可以将其具体分为监管的基本目标和直接目标。

（一）监管的基本目标

金融监管的基本目标，是指金融监管的基本指导思想。金融监管的历史虽不长，但它的基本指导思想却经历了三个主要阶段，即合法监管、资本监管和风险监管。这三项内容既是金融监管目标的发展过程，也是当代社会同时追求的三个基本的监管目标。

合法监管是金融监管的首要基本目标，它要求监管机关首先要监督金融机构和金融行为的合法性。即保证社会上经营金融业务的机构都是经过合法审核并取得相应金融业务经营权的机构，没有取得相应金融业务授权的机构不得经营该业务。同时，保证各种金融业务经营行为都符合法定经营规范的要求，不得存在非法经营行为。[1]

资本监管是金融监管的第二基本目标，它要求监管机关必须对金融机构的资本状况进行严格的监督管理，必须建立严格的金融机构资本标准制度、资本控制制度和资本检查制度，在制度层面上保障金融机构的经营安全。首先，必须有严格的金融机构资本标准制度，严格规定金融机构设立的资本规模标准和资本与资产的比例标准，不达到资本规模标准，不得设立金融机构，不符合资本与资产比例标准，不得经营相关业务。其次，明确规定金融机构经营的资本控制制度，控制金融机构资本在业务经营资金中的比例，防止出现资本弱化或资本流失的现象。最后，严格规定金融机构资本状况的检查制度，定期、不定期地对金融机构资本状况进行监督检查，发现问题及时纠正。[2]

风险监管是金融监管的最终基本目标，它要求监管机关必须对金融机构的经营风险状况进行严格的监督管理。它必须建立严格的金融机构风险标准制度、风险预警制度和风险处置制度。首先，必须规定严格的风险控制标准，要求金融机构严格按照控制标准实施经营行为，达不到控制标准的，禁止或限制其经营某些风险较大的业务。其次，必须规定严格的风险控制预警指标体系，对金融机构的实际执行情况进行监督检查，并要求金融机构必须建立严格的内部风险控制制度，发现某些指标达到预警标准时及时进行风险处置。最后，必须规定明确的金融机构风险处置制度，如整顿制度、接管制度、救助制度、并购制

〔1〕 参见《中国人民银行法》《银行业监督管理法》《商业银行法》《证券法》《保险法》等的相关规定。

〔2〕 参见《中国人民银行法》《银行业监督管理法》《商业银行法》《证券法》《保险法》《金融企业会计制度》《巴塞尔协议三：关于流动性风险衡量、指标和监测的国际框架性协议》《商业银行资本管理办法（试行）》等的具体规定。

度、破产制度和保险制度等，努力防范和化解系统性金融风险。[1]

（二）监管的具体目标

金融监管的具体目标，是指金融监管行为所要达到的具体目的。它是金融监管的具体业务操作层面，也是最终检验金融监管效果的直接评价标准。金融监管的基本目标主要是提出金融监管的指导思想，它只能为金融监管的具体实施提供思路。按照各国现行法律、法规的规定，金融监管的具体目标，才是最终落实到监管实践中的具体操作性监管目标。按照各国现行法律、法规的规定，金融监管的具体目标主要包括：维护整体金融利益、保持金融市场繁荣，控制金融机构风险、规范金融业务经营，减少金融违法犯罪和保护投资人正当权益。[2]

维护整体金融利益是金融法产生和发展的核心目标，它是当代社会对金融业发展的基本要求。如果金融法不追求这一目标，就没有必要设立监管机关实施金融监管，金融法也就不可能从传统的民商法中独立出来。它是指导监管机关实施监管行为的总体目标，没有这一目标，金融监管就难以具体实施。保持金融市场繁荣实质上是维护整体金融利益在宏观上的进一步具体化，或者说金融市场繁荣是维护整体金融利益的具体表现。如果能够保持金融市场的持续、稳定繁荣，保持投资人对金融市场的信心，也就能够保持金融市场的整体效率、秩序和安全；否则，就必然会出现整体金融风险。

控制金融机构风险是从微观上具体控制单个金融机构的经营风险，它是维护整体金融利益和保持金融市场繁荣的前提。虽然单个金融机构的经营安全并不等于整体金融安全，但如果许多单个金融机构出现经营风险，肯定难以保障整个社会金融的安全和金融市场的繁荣。规范金融业务经营是控制金融机构风险的进一步具体化，金融机构的经营风险最终都来自于业务经营的风险。这里，还可以将金融机构和金融业务进一步区分为系统重要性和系统非重要性两类，它们的主要区别是经营风险的影响能力和影响范围，对于系统重要性的金融机构和业务应该给以更加严格的规范和监管。[3]

减少金融违法犯罪是从微观上具体监督当事人的金融行为，在其行为没有达到违法犯罪程度时及时指导和劝告，在达到违法犯罪程度时及时进行查处，以警示其他金融行为当事人严格遵守金融法规。同时，增进社会公众对金融知

〔1〕参见《中国人民银行法》《银行业监督管理法》《商业银行法》《证券法》《保险法》及相关法律、法规等的相关规定。

〔2〕参见《中国人民银行法》第1条、第2条、第31条、第33条，《银行业监督管理法》第1条、第3条，《证券法》第1条、第178条，以及《保险法》第1条、第136条、第138条等的规定。

〔3〕参见二十国集团的国际金融监督和咨询机构金融稳定理事会，2009年金融高峰会议决定。

识和金融市场的认识，使其合理规划自己的投资行为，尽量规避市场风险。

保护投资人正当权益，是从微观上协助投资人维护自己的正当投资权益。它具体包括进行投资人金融知识教育，监督金融机构建立投资人投诉机构，组织或协助设立投资人纠纷解决机构，组织或协助设立金融监管法庭，在授权范围内对侵害人进行直接处罚，支持投资人向法院提起诉讼等。[1]

三、金融监管的原则

金融监管的原则，是监管机关在进行金融监督管理的过程中所应遵守的基本行为准则，也是实现监管目标的基本要求。通常，金融监管应遵循依法监管、系统监管、区别对待、预防为主、内部控制、国际合作，以及加强自律与外部审计的原则。

依法监管的原则，是各国共同遵循的一项基本原则。它包括两方面的含义：一是监管机关的金融监督管理活动必须依法进行；二是被监管主体必须依法接受监管，不能存在任何例外或特权。依法监管原则体现了金融监督管理的严肃性、权威性和强制性。

系统监管与区别对待的原则，强调系统监管与区别对待的结合。在金融体系内部，各类金融机构和各种金融市场之间虽然有一定的划分，但彼此之间又是密切联系、相互影响、相互制约的。因此，必须将金融体系作为一个整体进行系统的监管。但是，不同的金融机构、金融市场又各自有其特殊性，在监管方法和手段上应有针对性，不同监管对象应有所区别。

预防为主的监管原则要求，金融监管的核心是预防系统性金融风险。金融体系中的风险是非常容易传播与扩散的。金融风险一旦发生，对处于危机中金融机构的挽救、金融风险的化解，代价是异常沉重的，效果也是难以预料的。因此，金融法才会既赋予监管机关执法监督权力，同时赋予其一定的管理权力，目的是使其在处理金融风险的过程中具有较大的自由裁量权，尽量把金融风险控制在萌芽状态，尽量预防金融风险的现实发生。只有这样才能够维护整体金融利益和金融市场的持续繁荣。

内部控制的监管原则要求，必须加强金融机构内部控制机制建设和监督执行。在正常条件下，监管机关不应干涉被监管主体内部的经营管理行为。但是，在混业经营、跨国经营、金融机构巨型化的条件下，没有规范而严格的内部控制制度，仅靠外部监管难以保障其经营的稳定性和安全性。20 世纪 90 年代以来一系列严重的金融危机，或多或少都与内部控制的混乱和失灵相关。因此，多数国家已不再将内部控制制度单纯看作是普通金融机构的内部事务，它已成为

---

〔1〕 参见《中国人民银行法》《银行业监督管理法》《商业银行法》《证券法》《保险法》等的规定。

预防金融风险的一道防线和重要措施，必须严格监督执行。

国际合作的监管原则要求，金融监管必须是国际合作监管。在金融全球化的条件下，金融业的经营已经不仅仅是国内的经营而是国际化经营。金融机构的跨国经营，使各国金融市场相互影响的程度不断加深。目前，已经基本上不存在独立的金融市场，金融风险出现后会跨越国界迅速在全球范围内传播，形成世界性金融风险。在世界性金融风险面前，任何一个国家的独立监管都难以保障其监管目标的最终实现。因此，必须加强国家之间的金融监管合作，建立国际金融监管合作体系，实现国际化联合监管。

行业自律和外部审计原则要求，除国家监管机关的监管外，还需要借助行业自律与外部审计的力量共同实现监管的目标。金融监管的任务是繁重的，国家公权力并不能及于一切事务，最为理想的监管应当是在行业自律基础上进行的监管，应当充分发挥行业自律组织在制定行业标准、行业纪律和会员管理方面的积极作用。同时，监管机关对金融机构监管的主要措施是非现场监督，如对银行强调并表监管，对证券市场强调信息披露等。在这方面，社会审计机构可以为监管机关提供一定的协助。除上述原则外，一些国家还确立了公开、公正与效率原则，鼓励竞争原则，鼓励创新原则等。〔1〕

■ 第二节　金融监管的内容

一、金融监管的边界

金融监管是具体的执法监督和授权管理行为，既需要实际对违法行为进行处置，也需要实际对不当经营行为进行纠正，甚至进行直接的经营接管。这些行为从民商法的角度看都是对被监管主体民商事权利的侵犯，都涉及权力与权利之间的对抗。因此，金融监管行为的实施过程实际上也就是寻找监管权力与民商事权利之间边际均衡点的过程，是寻找金融监管权力边界的过程。由于具体的金融监管主要是针对金融机构和金融行为实施的，它们的边界应包括机构监管的边界和行为监管的边界。

（一）机构监管的边界

金融监管首先是对金融机构的监管，金融机构是金融法的一个重要范畴，它直接决定着金融法规范和金融监管所指向的对象。就一般意义上讲，金融机

〔1〕 参见《中国人民银行法》第2条、第34条、第37条，《银行业监督管理法》第4条、第7条、第21条、第32条、第34条，《证券法》第178条、第179条，《保险法》第136条、第138条、第140条等的规定。

构是指专业经营金融业务的单位和个人。事实上，并不是这些主体都是金融法规范和监管指向的对象，金融法规范和监管指向的对象是可能影响整体金融利益，具体来讲是可能发生系统性金融风险的单位和个人。如果某金融机构的经营行为不会发生系统性金融风险，该金融机构就没有必要纳入金融法的调整，监管机关也没有必要对其实施监管，而应该允许其按照民商法的规则自由经营。因此，金融法和金融监管中所称的金融机构并不是指所有的金融机构，而是特指可能对整体金融利益构成影响或引发系统性金融风险的金融机构，这些金融机构必须纳入金融法的调整、接受金融监管。

在现实生活中，纳入金融法调整和接受金融监管的金融机构也是多种多样的，按照它们在调整和监管中的地位，可以将其分为纯粹金融机构、准金融机构和非金融机构。纯粹金融机构是指经营的金融业务对整体金融利益构成显著影响，或具有显著的系统性金融风险，必须完全纳入金融法调整和金融监管的金融机构，如商业银行、合作银行、专业银行、信托公司、证券公司、保险公司、金融公司等。准金融机构是指经营的金融业务对整体金融利益构成一定影响，或具有一定的系统性金融风险，需要在一定程度上纳入金融法调整和金融监管的金融机构，如小额贷款公司、融资担保公司、网络支付结算公司等。非金融机构是指虽然经营金融业务，但它的业务经营行为不会对整体金融利益构成明显影响，也基本上没有系统性金融风险，不需要纳入金融法调整和金融监管的金融机构，如普通担保公司、普通投资公司、货币兑换公司、普通租赁公司、资产评估公司、金融信息公司等。[1]

（二）行为监管的边界

金融监管同时还是金融行为的监管，金融行为也是金融法的一个重要范畴，它也直接决定着金融法规范和金融监管所指向的对象。就一般意义上讲，金融行为是指从事具有金融属性的行为，如货币流通经营行为、货币融通经营行为和风险分配经营行为等。按照金融行为的性质，可以将其分为经营性行为与非经营性行为，主营性行为与兼营性行为。经营性金融行为是指经常性对外从事为他人提供金融属性业务服务的行为；非经营性金融行为是指对内从事内部的金融属性行为，或者偶然性对外从事为他人提供金融属性服务的行为。金融行为是指经营性金融行为，不包括非经营性金融行为。主营性金融行为是指某单位或个人，主要经营的全部业务为金融属性业务的行为；兼营性金融行为是指某单位或个人，主要经营的是其他属性的业务，只是兼营金融属性业务的行为。

〔1〕参见《中国人民银行法》《银行业监督管理法》《商业银行法》《信托法》《证券法》《保险法》《反洗钱法》及同这些法律相配套的各类“金融机构”管理办法等法规的具体规定。

金融行为既包括主要经营金融属性的业务，也包括兼营金融属性的业务，它们都属于经营性质的金融行为。

按照金融行为在金融法调整和金融监管中的地位，可以将其分为纯粹金融行为、准金融行为和非金融行为。纯粹金融行为是指某单位或个人经营的金融业务，对整体金融利益构成显著影响，或具有显著的系统性金融风险，必须完全纳入金融法调整和金融监管的金融行为。如货币流通结算行为、吸收公众存款行为、信托产品管理行为、证券或期货经纪行为、保险基金经营行为等。准金融行为是指某单位或个人经营的金融业务，对整体金融利益构成一定影响，或具有一定的系统性金融风险，需要在一定程度上纳入金融法调整和金融监管的金融行为。如以自有资金放款的行为、为融资提供担保的行为、小额交易支付结算的行为等。非金融行为是指虽然属于金融行为，但该行为不会对整体金融利益构成明显影响，也基本上没有系统性金融风险，不需要纳入金融法调整和金融监管的金融行为。如对外经营普通担保的行为、以自有资金进行投资的行为、为金融业务提供信息服务的行为等。[1]

（三）机构与行为协调

金融机构与金融行为是既有联系又有区别的，通常金融机构实施的经营行为都属于金融行为，或主营业务都属于金融行为，许多国家法律、法规限制金融机构经营非金融业务。但是，也并不能否认金融机构也可以经营某些非金融业务，实施某些非金融行为。同时，非金融机构也可以合法经营某些准金融业务，或者非法经营某些纯粹的金融业务。并且，在混业经营的条件下，银行业、信托业、证券业和保险业金融机构，都可以经营其他金融行业的金融业务、实施其他金融行为。这就必然产生金融机构调整与监管同金融行为调整与监管的协调。这些问题主要包括：法律规范之间的协调、监管机关之间的协调、中央地方之间的协调和监管范围之间的协调等。

首先，在法律规范的调整范围上，存在以金融行为还是以金融机构为标准划分的问题。它们之间不同的划分直接关系到某金融法律的调整范围，如银行法、信托法、证券法、保险法等。其次，在监管机关的设置上，无论分业设置还是综合设置都存在职责划分问题，按照金融机构与金融行为划分会形成不同的监管体系。再次，在中央与地方机关的关系上，也存在着职责划分的问题，按照不同的标准划分会形成不同的监管机关结构。最后，在监管范围的界定上，按金融机构划分只能监管某机构的金融行为，按金融行为划分会形成金融机构

〔1〕参见《中国人民银行法》《银行业监督管理法》《商业银行法》《信托法》《证券法》《保险法》，以及同这些法律相配套的各类法规中关于受金融法调整与监管的“金融行为”的具体规定。

的多头监管。因此，机构监管和行为监管是一对难以绝对解开的监管矛盾，必须在机构监管与行为监管之间进行协调，既不能绝对按某一标准也不能两个标准平等使用。在金融法和金融监管的划分上，只能以某一标准为主再辅之以另一标准，从而形成不同的监管体系。[1]

二、金融机构的监管

金融法既可依金融行为也可依金融机构为主设计法律和监管体系，无论如何设计，金融机构都是法律与监管的起点与归宿，金融机构的法律与监管都是金融法的重要内容。金融机构既可以是仅经营某类业务的分业型机构，也可以是综合经营多类业务，甚至全部业务的混业型机构。无论是何种类型的金融机构，它的监管主要包括准入监管、运行监管和危机处置。

（一）机构准入的监管

金融机构准入的监管是监管的起点，它的主要内容包括准入监管的范围、准入标准的监管，以及准入的方式与程序。其中，金融机构准入监管的范围，是指按照金融法的授权设立何种类型的金融机构需要接受监管机关的准入监管，以及由何种级别的机关监管。通常，设立纯粹金融机构和准金融机构都必须接受准入监管，跨区域设立分支机构的应由上一级机关监管，重要的纯粹金融机构应由中央监管机关监管，准金融机构应由地方监管机关监管。监管的核心内容是审核拟设立的金融机构是否达到法定的准入标准，这些标准主要包括性质标准、名称标准、资本标准、股东标准、员工标准、组织标准、场所标准、运营标准等。同时达到上述法定标准的可以授予其“经营许可证”，取得设立金融机构的资格，不能同时达到上述标准的不得取得授权。

金融机构的准入方式包括批准方式、核准方式和备案方式。批准方式是指设立该类金融机构必须取得监管机关的批准，没有经过批准即没有取得监管授权，不得设立该类金融机构。通常，特殊金融机构的设立采取批准方式，以控制它的数量和经营秩序。核准方式是指设立该类金融机构必须取得监管机关的核准，没有经过核准即没有取得监管授权，不得设立该类金融机构。核准与批准不同，批准没有具体标准，核准则具有法定标准，达到标准必须允许设立。备案方式是指设立该类金融机构不需要首先取得监管授权，只需要设立后向监管机关备案。金融机构的准入程序包括先授权后登记和先登记后备案两种，分

〔1〕 参见世界各国金融法的具体调整范围，以及金融监管机关的具体职责划分情况。有些国家是以金融行为，有些国家是以金融机构为核心，划分金融法的调整范围和监管机关的监管职责，以及它们之间关系的协调。

别适用于不同类型的金融机构准入监管。[1]

（二）机构运行的监管

金融机构运行的监管是监管的核心，它的主要内容包括：运行合法性的监管、运行安全性的监管、运行公开性的监管，以及投资人保护的监管和纠纷解决的监管。

其中，运行合法性的监管，是指监管机关应定期或不定期地监督检查金融机构的运行是否符合相关法规的要求，发现违法犯罪经营问题应及时采取措施纠正和处置。运行安全性的监管，是指监管机关应定期或不定期地监督检查金融机构的运行是否达到安全性控制标准，发现可能存在的经营风险应及时采取措施纠正和处置。运行公开性的监管，是指金融机构应按照规定向监管机关和社会公众公开其重要经营信息，以便对其经营情况进行国家监督和社会公众监督，及时发现运行中的问题和保障社会公众的知情权。投资人保护的监管，是指监管机关应严格监督金融机构运行过程中同投资人的关系，如果发现利用优势地位、格式合同、专业知识等事实上侵害投资人利益的行为应及时纠正，并协助投资人主张合法权益，保护投资人的正当利益，维护金融市场的公开、公平与公正。纠纷解决的监管，是指监管机关应监督检查金融机构内部纠纷解决机制、外部纠纷解决机制的建设情况，依法建立多层次的金融纠纷解决机制体系，使各种金融纠纷能够得到方便、快捷、公正合理的解决。金融机构运行的监管是监管机关的日常监管任务，是维护整体金融利益、保障金融机构安全、稳定金融市场秩序、保持金融市场繁荣的重要措施，也是保证各项法律、法规得以贯彻执行的重要外部手段。[2]

（三）机构处置的监管

金融机构处置的监管是监管的终点，特指在金融机构出现经营风险时依法可以采取的监管处置措施，它的主要内容包括：解散监管、撤销监管、整顿监管、接管监管、破产监管和保险监管。

其中，解散监管是指监管机关对金融机构解散行为进行的监管，包括对解散合法性的监管、金融机构财产清算的监管，以及剩余财产分配的监管等。撤销监管是指金融机构发生严重违法犯罪行为，或者已经不具备正常的经营条件

〔1〕参见《中国人民银行法》《银行业监督管理法》《商业银行法》《证券法》《保险法》，以及相关金融法的配套性“金融机构”管理办法中关于各类金融机构准入范围、准入标准、准入方式、准入程序等的规定。

〔2〕参见《中国人民银行法》《银行业监督管理法》《商业银行法》《证券法》《保险法》，以及相关金融法的配套性“金融机构”管理办法中关于各类金融机构运行规范、风险控制、信息公开、投资人保护、纠纷解决等的规定。

被依法实施撤销行为的监管，包括撤销条件的监管、撤销程序的监管和财产分配的监管等。整顿监管是指金融机构发生违法经营行为，或者存在严重的经营问题，被依法实施业务整顿行为的监管，包括整顿条件的监管、整顿程序的监管和整顿结果的监管等。接管监管是指金融机构已经或可能发生经营危机、严重影响客户利益或整体金融利益，被依法实施业务经营接管行为的监管，包括接管条件的监管、接管组织的监管、接管行为的监管、挽救措施的监管、接管期限的监管和接管终止的监管等。破产监管是指金融机构已经持续不能清偿到期债务，被要求进行财产清算，且法院已经依法受理的行为监管，包括破产条件的监管、法院受理的监管、债务重整的监管、财产清算的监管和财产分配的监管等。保险监管是指吸收公众存款且依法投保了存款保险的银行业金融机构，在被法院依法宣告破产后实施保险赔偿行为的监管，包括投保行为的监管、保险经营的监管、保险理赔的监管、赔偿方式的监管和赔偿数额的监管等。[1]

三、金融行为的监管

金融行为与金融机构既具有从属性又具有独立性，它既可以是金融机构的从属性金融行为，也可以是非金融机构的独立性金融行为。但是，它必须是已经纳入金融法的调整范围，并由监管机关负责监督管理的金融行为，即可能对整体金融利益构成影响或具有显著系统性金融风险的行为。这些金融行为在目前社会主要包括货币流通行为、货币融通行为和金融调控行为。

（一）货币流通的监管

货币流通行为是金融行为的起点，没有货币的流通就不可能有货币的融通，以及风险的分配和金融调控。因此，金融行为监管首先是货币流通行为的监管。按照货币流通行为的方式可以将其分为，法定货币流通行为和存款货币流通行为的监管；法定货币流通行为的监管又可以分为，区域内流通行为的监管和区域间流通行为的监管。

法定货币流通行为的监管，是指货币发行机关对法定货币本身及流通主体行为的监管，它的主要内容包括货币制造的监管、货币发行的监管、货币回笼的监管、货币使用的监管、货币保护的监管、货币兑换的监管、代币票券的监管、伪造变造的监管等。

存款货币流通行为的监管，是指货币发行机关对存款货币本身及流通主体行为的监管，它的主要内容包括经营行为的监管、流通账户的监管、流通方式

---

〔1〕 参见《中国人民银行法》《银行业监督管理法》《商业银行法》《证券法》《保险法》《企业破产法》，以及相关金融法的配套性法规中关于金融机构解散、撤销、整顿、接管、破产和存款保险等的规定。

的监管、流通规范的监管和流通清算的监管。其中，经营行为的监管主要是经营主体行为资格的监管，没有取得存款货币流通经营权的主体，不得经营存款货币流通业务。流通账户的监管主要是对账户性质、账户类型、开立条件、开立程序、撤销程序等行为的监管。流通方式的监管主要是对流通方式的类型、使用条件、使用主体等情况。流通规范的监管主要是监管流通过程中对流通规范的遵守情况。流通清算的监管主要是监管流通清算的主体资格，以及清算的条件、程序等是否符合清算法规的规定。[1]

（二）货币融通的监管

货币融通行为是金融行为的核心，也是金融监管的核心。货币融通行为的监管主要包括：存贷融通行为的监管、信托融通行为的监管、证券融通行为的监管和保险通融行为的监管。

存贷融通行为的监管，是指监管机关对吸收公众存款行为和发放贷款行为的监管。它具体包括吸收公众存款资格的监管，公众存款安全的监管，发放贷款资格的监管，以及存贷款公平性的监管等。信托融通行为的监管，是指监管机关对经营信托业务行为的监管。它具体包括信托业务经营资格的监管，信托业务类型的监管，信托财产独立性的监管，受托人义务履行情况的监管和受益人保护的监管等。证券融通行为的监管，是指监管机关对证券及其衍生品市场融通行为的监管。它具体包括证券市场准入行为的监管，证券及其衍生品准入行为的监管，证券及其衍生品经纪人准入行为的监管，证券上市与上柜行为的监管，证券及其衍生品交易行为的监管，证券及其衍生品清算行为的监管等。保险融通行为的监管，主要是指监管机关对保险当事人行为的监管。它具体包括保险人经营资格的监管，保险代理人经营资格的监管，保险经纪人经营资格的监管，受益人受益资格的监管，保险品种创立的监管，保险费用标准的监管，保险理赔程序的监管和保险投资规模与范围的监管等。[2]

（三）金融调控的监管

金融调控行为是金融行为的主导，是中央银行利用其货币发行功能对货币供应量进行调控，进而调控其他主要金融变量的行为。金融调控行为虽然是中央银行的行为，但也要依法运用货币政策工具按照货币政策目标进行。因此，金融调控行为也必须接受监管。金融调控行为的监管，是指监管机关对中央银

---

〔1〕参见《中国人民银行法》《商业银行法》《票据法》《人民币管理条例》《现金管理暂行条例》《支付结算办法》《非银行支付机构网络支付业务管理办法》《人民币银行结算账户管理办法》等的规定。

〔2〕参见《中国人民银行法》《商业银行法》《信托法》《证券法》《保险法》及相关金融行为配套性法规的规定。

行金融调控行为合法性和适当性的监管。就金融调控行为的合法性来讲，中央银行的调控行为必须遵守法律的具体规范，不得进行超越权力性调控。就金融调控行为的适当性来讲，中央银行的调控行为结果必须符合货币政策目标的要求，并且能够达到适当的精确度。

第三节 金融监管的权力

金融监管的权力是指金融监管机关的权力，它实际上既是权力也是职责。按照法律规定，金融监管权力主要包括：规章制定权、审核检查权、有限管理权、违法侦查权、有限处罚权和金融公诉权。

一、规章制定权

规章制定权是指监管机关享有依据国家法律、法规，制定和颁布具体管理或实施办法的权力。金融业是一种业务经营非常复杂的行业，各项业务的发展也非常迅速，国家法律、法规不可能对所有金融业务都规定得非常详细具体；否则，法律、法规的数量就会非常庞大，也难以适应不断发展的各项业务需要。因此，世界各国都会授权监管机关依据国家法律、法规，结合某金融行为目前的具体情况，制定具体的管理或实施办法的权力，以协调立法权与执法权之间的合理关系。

但是，从本质上讲，金融监管机关的规章制定权并不是立法权，它只是根据国家法律、法规制定具体管理或实施办法的权力，属于国家金融立法的具体实施权和解释权。并且，各国对监管机关的这项权力有严格的限制，它所规定的事项仅限于具体执行国家法律、法规的需要，不得设定减损公民和金融机构权利或增加其义务的规范，不得增加本机关的权力或减少本机关的法定职责。同时，立法权是具有普遍性的，它应该对全社会都发生法律效力。但是，监管机关的规章通常只能规范其被监管对象的行为，无权规范全体社会公众的行为，也无权为自己设定新的权力或职责。[1]

二、审核检查权

审核检查权具体包括审查许可权和执法检查权。

审查许可权是指监管机关依法享有，审查许可金融机构和金融业务准入的权力。其中，金融机构准入的审查许可权，是指监管机关依法享有的审查金融机构准入条件，并对符合条件的金融机构按照法定方式和程序许可准入的权力。

〔1〕 参见《中国人民银行法》第4条，《银行业监督管理法》第15条，《证券法》第179条，《保险法》第135条，《立法法》第2条、第80~86条，以及相关法律、法规的规定。

这些权力具体包括：金融机构内涵外延的认定权，准入标准审核权，内部管理制度审核权，运营条件审核权，准入证书颁发权，主要负责人的审核权等。金融业务准入的审查许可权，是指监管机关依法享有的审查金融业务准入条件，并对符合条件的金融业务按照法定方式和程序许可准入的权力。这些权力具体包括金融业务内涵外延的认定权和金融业务准入标准审核权。

执法检查权是指监管机关依法享有，金融法律、法规和规章执行情况的监督检查权力。这些权力具体主要包括现场执法检查权、非现场执法检查权和授权执法检查权。现场执法检查权，是指监管机关有权按照规定的程序对被监管对象进行现场执法检查，被监管对象不得拒绝接受检查。非现场执法检查权，是指监管机关有权按照规定的程序和方法，以要求被监管对象报送业务情况报告、业务备案报告、业务分析报告、财务会计报表、任职资格报告等形式进行非现场执法检查，被监管对象不得拒绝报送相关资料。授权执法检查权，是指监管机关有权按照规定的程序和方法，授权具体的金融业务经营机构或行业自律机构代行部分执法检查权力，或者要求提供某些执法检查需要的资料的权力。金融业务经营是非常具体的，授权交易所、行业协会行使某些执法检查权往往会收到更好的监管效果。[1]

三、有限管理权

有限管理权是指监管机关对金融机构享有具有严格限制的管理权力。国家机关的管理权力属于行政性权力，即在严格的授权范围内可以按照程序行使自由裁量权。从法律性质上来看，监管机关属于执法监督机关，不属于行政机关，法律不应该授予其行政性权力。当然，任何事务都不是绝对的，为节约国家执法资源和对被监管对象进行有一定灵活度的监管，行政机关在传统行政权的基础上也往往被授予一定的执法监督权，监管机关在执行监督权的基础上也往往被授予一定的行政管理权。但是，这些行政管理权是受到法律严格限制的，否则就会改变监管机关的法律性质。

监管机关有限的管理权主要包括金融机构指导权、金融行为劝告权和突发事件处置权。其中，金融机构指导权是指监管机关通过颁布业务指引性文件，引导金融机构按照期望的方向实施某经营行为。这些指引性文件不具有强制性，金融机构可以执行也可以不执行。金融行为劝告权是指监管机关通过现场劝告或指导，引导金融机构按照期望的方向实施某经营行为，这些劝告或指导也不具有强制性。突发事件处置权是指监管机关对可能引发系统性金融风险或影响

〔1〕 参见《中国人民银行法》第30～36条，《银行业监督管理法》第15～36条，《证券法》第178、179条，《保险法》第136～138条，以及相关法律、法规的规定。

社会稳定的突发事件，在法律、法规授权范围内享有依法处置权，以维护整体金融利益、防止出现系统性金融风险。[1]

四、违法侦查权

在传统法学体系中，侦查权是检察机关和警察机关的权力，它是指为了查明犯罪事实、抓获犯罪嫌疑人，依法进行的专门调查工作和采用有关强制性措施的活动，它具体包括刑事调查权和强制措施权。刑事调查权包括普通调查权和强制调查权，普通调查权是依法对当事人享有的，讯问、询问、勘验、检查等的权力。强制调查权是依法对当事人享有的，搜查、扣押物证或书证、鉴定、冻结账户等的权力。强制措施权是对犯罪嫌疑人依法享有的，通缉、拘传、取保候审、监视居住、拘留和逮捕等的权力。在当代社会，金融监管机关也是以维护整体利益为目标的执法监督机关，金融领域的违法犯罪行为通常首先是监管机关发现的，也应授予其侦查权。

金融监管机关的违法侦查权，同传统的刑事侦查权既有联系又有区别。从联系的角度看，监管机关的违法侦查权同刑事侦查权具有共同属性，都是对违法犯罪行为以国家权力进行侦查。从区别的角度看，监管机关的侦查首先是违法行为的侦查，然后才是犯罪行为的侦查；它侦查的范围仅限于被监管对象，不包括普通的社会公众；它享有侦查权的范围要小于刑事侦查权，不享有对犯罪嫌疑人采取强制措施的权力，如果需要采取强制措施应移送检察机关或警察机关处理。当然，有些国家的监管机关也享有对犯罪嫌疑人的强制措施权，但这会导致强制措施权力机关的重复设置，虽然有利于执法监督，却不利于节约国家执法成本、统一分配刑事权力。[2]

五、有限处罚权

从法理的角度来讲，处罚权属于司法权。国家对任何主体的处罚，都必须以被处罚主体违反法律、法规为前提，有权判断某主体是否违反法律、法规的只能是裁判机关，其他任何机关都不应该享有裁判的权力。但是，如果把所有违反法律、法规行为的裁判权力都分配给裁判机关，会极大地增加裁判成本、降低裁判效率。特别是对于比较轻微、事实又比较清楚的违法行为，可以考虑由执法监督机关依法进行直接处罚，当事人对处罚不服的再提起诉讼。这里需要强调的是，这种做法只是一种变通的办法，并不是法律、法规实施的应有含

---

〔1〕参见《中国人民银行法》第3条、第32～34条，《银行业监督管理法》第3条、第23～29条，《证券法》第178、179条，《保险法》第137～154条，以及相关法律、法规的规定。

〔2〕参见《中国人民银行法》第32条，《银行业监督管理法》第34～42条，《证券法》第179～186条，《保险法》第153～157条，以及《刑事诉讼法》《人民检察院组织法》《公安机关组织管理条例》等法律、法规的规定。

义。因此，执法监督机关的违法处罚权应该受到严格限制，如果集执法监督权与违法处罚权于一体，必然导致执法腐败或强制执法。

金融监管权在本质上是执法监督权，从法理上来讲，它不应该享有违法处罚权。否则，如果监管机关既享有规章制定权、执法监督权和有限管理权，再享有违法处罚权，它在某种程度上就会变成集所有国家权力于一体的超级霸权机关，它的权力行使可以基本上不受任何其他权力的制约。在此条件下，被监管主体在某种程度上就会成为监管机关任意处罚的对象。因此，即使赋予监管机关违法处罚权，这种处罚权也要受到非常严格的限制，应仅限制在金融机构或金融行为的范围之内。并且，一旦涉及基本的民商事权利，在经过法院的司法审查前，不得进行处罚。同时，对于超过处罚轻微和事实清楚这一范围的，必须由监管机关提起诉讼，由作为第三方的法院进行违法与处罚的裁判。[1]

六、金融公诉权

金融公诉权是指金融执法监督机关，代表国家整体金融利益，就金融违法犯罪行为提起公共诉讼的权力。金融法的核心特征之一，是维护整体金融利益。整体金融利益是一种公共利益，必须有能够代表该公共利益的主体，就金融违法犯罪行为提起公共诉讼。按照金融公共诉讼的主体不同，可以将其分为个体公诉、监管公诉和检察公诉。

其中，个体公诉是指某社会个体，为维护自身个体和整体金融利益，或者仅为维护整体金融利益而提起的诉讼。通常，个体金融利益是整体金融利益的组成部分，侵害整体金融利益往往同时也会侵害个体利益。在此条件下，社会个体或群体为维护个体利益，或者为维护整体金融利益，就有权向裁判机关提起金融公诉。监管公诉是指金融监管机关为维护整体金融利益或同时维护个体利益，就侵害行为向裁判机关提起的金融公诉。监管机关是法定的金融执法机关，除依法享有直接处罚权的案件外，都应该向裁判机关提起诉讼，由第三方机关作出公正的裁判，以达到维护整体金融利益的目的。在日常的金融纠纷中，绝大多数案件都应该以监管公诉的形式得到解决。检察公诉是指检察机关，为维护整体金融利益或同时维护个体利益，就侵害行为向裁判机关提起的金融公诉，它又可以具体分为刑事公诉和补充公诉。其中，刑事公诉是指金融犯罪案件，由检察机关专业提起的刑事公诉；补充公诉是指非金融犯罪案件，在没有个体公诉和监管公诉的条件下，由检察机关作为补充提起的金融公诉，它是个体公诉、监管公诉的必要补充。个体公诉、监管公诉、刑事公诉和补充公诉，

〔1〕参见《中国人民银行法》第41～50条，《银行业监督管理法》第43～49条，《证券法》第188～234条，《保险法》第158～179条，以及世界各国监管机关违法处罚权的相关的规定。

构成金融公共诉讼的整体，缺少任何一个都会出现诉讼的漏洞。[1]

【司法案例】

案情：1998年11月，中国证监会依法查处了成都红光实业股份有限公司编造虚假利润、骗取上市资格、隐瞒重大事项、挪用募集资金买卖股票等严重违法、违规行为，这是我国证券法的著名案例。红光实业公司的前身是国营红光电子管厂，1993年5月改组为定向募集的股份有限公司。经批准，该公司于1997年5月向社会公开发行股票，实际募集资金41,020万元。经证监会查实，公司在股票发行期间及上市之后，存在以下违法、违规行为：

1. 编造虚假利润骗取上市资格。红光实业公司在上市申报材料中，采取虚构产品销售、虚增产品库存和违规账务处理等手段，将1996年度实际亏损10,300万元虚报为盈利5,400万元骗取上市资格。

2. 少报亏损、欺骗投资者。红光实业公司上市后继续编造虚假利润，将1997年上半年亏损6,500万元披露为盈利1,674万元，虚构利润8,174万元；1998年4月，该公司在公布1997年年度报告时，将实际亏损22,952万元（相当于募集资金的55.9%）披露为亏损19,800万元，少报亏损3,152万元。

3. 隐瞒重大事项。自1996年下半年起，红光实业公司关键生产设备彩玻池炉就已出现废品率上升、不能维持正常生产等严重问题，对此红光实业公司在申请股票发行上市时故意隐瞒，未予披露。

4. 未履行重大事件的披露义务。经查实，红光实业公司仅将41,020万元募集资金中的6,770万元（占募集资金的16.5%）投入招股说明书中所承诺的项目，其余大部分资金被改变投向，用于偿还境内外银行贷款和填补公司的亏损，改变募集资金用途，但对此却未按规定进行披露。

5. 挪用募集资金买卖股票。1997年6月红光实业公司将募集资金中的14,086万元（占募集资金的34.3%）投入股市买卖股票，通过其开立的217支个人股票账户自行买卖股票，动用资金9,086万元；以委托投资名义将其余5,000万元交由其财务顾问中兴发企业托管有限公司，利用11支个人股票账户买卖股票。红光实业公司在上述股票交易中共获利450万元。

6. 涉嫌犯罪。红光实业公司在股票发行与上市过程中，按协议应支付发行上市费用1,496万元，占募集资金总额的3.53%，比公开披露需支付的发行上市费用1,330万元多出166万元，其中白条入账等非正常开支达13万元，从账外支付100万元有涉嫌犯罪问题。

监管处罚：红光实业公司的上述行为，违反了《证券法》《股票发行与交易

〔1〕参见《民事诉讼法》《刑事诉讼法》《检察机关提起公益诉讼改革试点方案》等法律、法规的规定。

管理暂行条例》《禁止证券欺诈行为暂行办法》《证券市场禁入暂行规定》和国家其他有关规定。为此，中国证监会依法决定对红光实业公司、有关中介机构及主要责任人作出以下处理：

1. 没收红光实业公司非法所得450万元，并罚款100万元；认定实业红光公司原董事长何某、原总经理焉某和原财务部副部长陈某为证券市场禁入者，永久性不得担任上市公司和从事证券业务机构的高级管理人员职务；对负有直接责任的王某等12名红光实业公司董事给予警告处分。

2. 对红光实业公司股票发行主承销商中兴信托投资有限责任公司和财务顾问中兴发企业托管有限公司，分别没收非法所得800万元和100万元，并分别罚款200万元和50万元；认定两公司主要负责人于某、李某和直接责任人吴某、傅某为证券市场禁入者，永久性不得从事证券业务；撤销中兴信托投资有限责任公司承销和证券自营业务许可。

3. 对为红光实业公司出具有严重虚假内容的财务审计报告和含有严重误导性内容的盈利预测审核意见书的成都蜀都会计师事务所，没收非法所得30万元，并处罚款60万元；暂停该事务所从事证券业务3年；认定该事务所在为红光实业公司出具的审计报告上签字的注册会计师汪某、张某为证券市场禁入者，永久不得从事证券业务。

4. 对承担红光实业公司股票发行相关中介业务的成都资产评估事务所和四川省经济律师事务所，分别没收非法所得10万元和23万元，并分别罚款20万元和46万元；暂停上述机构从事证券业务3年；认定有关直接责任人寇某、刘某为证券市场禁入者，3年内不得从事证券业务和担任上市公司高级管理人员。对股票发行主承销商中兴信托投资有限责任公司法律顾问北京市国方律师事务所，没收非法所得20万元并罚款40万元；暂停该事务所和有关直接责任人丛某、冯某从事证券业务1年。

5. 对红光实业公司上市推荐人国泰证券有限公司和成都证券公司，分别处以罚款132万元和50万元，建议主管部门对有关责任人给予撤销行政职务的处分。

6. 对红光实业公司、有关单位和个人除给予处罚外，涉嫌犯罪的移送司法机关处理。

法院判决：由于红光实业公司的许多问题已经涉及刑事犯罪，除必须接受监管处罚外，成都市检察院于2000年1月4日向成都市中级人民法院提起公诉，指控红光实业公司犯欺诈发行股票罪。成都市中级人民法院一审判决红光实业公司欺诈发行股票罪成立，对红光实业公司罚款人民币100万元；对有关责任人员何某、焉某、刘某、陈某分别判处3年以下有期徒刑。同时，许多投资人还另案向法院提起公司“虚假陈述赔偿”诉讼，后经法院调解向投资人赔偿因“虚假陈述”而导致的直接损失22.5万元。

评析：按照我国现行诉讼法体系，金融企业实施违法经营行为应首先由监管机关进行调查，对于非刑事问题和非财产赔偿问题可以直接给予监管处罚。如果发现某些问题已经构成犯罪，再向检察机关就犯罪部分进行案件移送，由检察机关提起公诉。对其普通社会公众提出的财产赔偿请求，只能另案由受侵害人自己提起财产赔偿诉讼，监管机关、检察机关不负责财产赔偿问题的诉讼。采取这种执法模式，有利于监管机关迅速直接地处理金融企业违反整体金融利益的行为，提高金融监管的权威性。但是，它也导致了立法者自行执法，使问题难以公正解决，甚至可能引起监管机关的监管腐败问题。

第十五章 金融纠纷裁判法

学习目的与要求 金融纠纷裁判法是金融主体法、客体法、行为法之外，一个相对独立的法律体系。它是规定各金融行为当事人之间发生纠纷时，可以采取的裁判机制和应用的裁判规范的法律体系。金融纠纷裁判法与其他纠纷裁判法既具有密切的联系也有明显的区别，既同民商法、行政法、经济法的纠纷裁判机制具有一致性，又具有适合解决金融纠纷的特殊性，是一种综合的纠纷裁判体系。充分认识这种纠纷裁判的特殊性，对于设计适当的纠纷裁判规则，选择合理的纠纷裁判程序，公平地分配裁判权力，公正地保护投资人和其他当事人的利益具有重要意义。通过本章的学习，要求学生：

●重点掌握：投资人的概念；金融纠纷解决程序；金融诉讼证明责任。

●一般了解：投资人保护制度；金融公诉程序；金融违法责任标准。

●深入思考：金融裁判与其他裁判的关系；金融诉讼与其他诉讼的关系。

【核心概念】投资人的保护　纠纷解决程序　金融诉讼程序　金融违法责任

【引导案例】

近年来，随着我国居民拥有财富数量的不断增加，以及金融活动在社会经济中地位的不断提高，各种各样的金融纠纷也不断增多。目前，金融纠纷不仅数量大，同传统纠纷相比，具有专业性强、法律关系复杂、群体性纠纷多等特点。为此，世界各国都在传统纠纷解决机制的基础上，不断探索新的多层次的纠纷解决机制。这个多层次的金融纠纷解决机制体系主要包括：金融企业投诉解决机制、监管机关投诉解决机制、第三方纠纷调解或裁决机制、金融监管法庭体系、法院金融审判法庭体系，以及法院的传统审判法庭等。

我国正在构建多层次的金融纠纷解决机制，已经初步建立起了金融企业投诉解决机制、监管机关投诉解决机制、法院的金融审判法庭体系等。目前正在构建第三方金融纠纷裁决中心体系和金融监管法庭体系，各地成立了多家纠纷调解机构。2015年4月13日，经中国人民银行上海总部批准，上海市民政局、上海市社团管理局注册登记，上海市金融消费纠纷调解中心正式成立。6月18日，上海市高级人民法院和中国人民银行上海分行签署《关于建立金融消费纠纷诉调对接工作机制的会议纪要》，规定纠纷调解中心作出的调解协议，可由当事人在30日内申请法院司法确认。经确认的纠纷调解协议，如一方拒绝履行或未完全履行的，另一方可依法向法院申请强制执行。同时，法院在受理涉及金融消费纠纷的案件前或受理案件后，经当事人同意，可以将争议委托、委派调解中心进行调解，也可邀请调解中心推荐的专家、专业人员共同参与调解，或者提供专业意见。法院还鼓励、支持调解中心人员参与法院设立的诉调对接中心工作。具备身份的，还可作为陪审员，参与相关案件审理。

2011年4月，我国保险监督管理委员会设立保险消费者权益保护局；2011年12月，证券监督管理委员会设立投资者保护局；2012年11月，银行业监督管理委员会设立银行业消费者权益保护局；2012年12月，中国人民银行成立金融消费者保护局。2015年7月，我国最高人民检察院颁布《检察机关提起公益诉讼试点方案》，规定检察机关在履行职责中发现监管机关违法行使职权或者不作为，造成国家和社会公共利益受到侵害，公民、法人和其他社会组织由于没有直接利害关系，没有也无法提起诉讼的，可以向法院提起公益诉讼。由此初步建立起了我国的金融投资者保护体系。

【案例导学】

金融纠纷裁判体系是以金融投资人或消费者保护为核心，建立起来的集投资人或消费者投诉机制、第三方纠纷调解机制、监管机关纠纷裁判机制、法院金融法庭纠纷审判机制为一体的，多层次纠纷解决机制。这些纠纷解决机制既同传统的纠纷解决机制具有联系，又同它们具有明显的区别。特别是其中的第三方纠纷调解或裁判机制、监管机关的纠纷裁判机制，是传统纠纷解决机制中没有的新型机制。它们是为适应金融纠纷案件的专业性、复杂性和群体性的特点而产生的，并且随着金融经济在整个社会经济中地位的不断提高，金融纠纷的不断增多，这些机制还会不断加强和完善。

■ 第一节 金融纠纷的解决

一、投资人的保护制度

金融关系主要是存款人、贷款人、结算人、委托人、投资人、投保人、受益人等客户，同银行业、信托业、证券业、保险业等金融机构之间，这些金融机构与交易所、交易中心等市场管理机构之间，以及这些主体与监管机关之间的关系。在这些金融关系中，经常发生的主要是客户与金融机构之间的纠纷，解决这些纠纷的前提是明确投资人保护制度。

（一）金融投资人的概念

金融投资人是指与金融法承认的金融机构之间，发生货币流通、货币融通、风险分配关系的金融业务当事人，或称金融法承认的金融机构的客户。它们既可以是普通社会公众，也可以是其他的金融机构。金融法承认的金融机构的客户与普通企业的客户不同，普通企业客户与企业之间形成的主要是民商法关系，这种关系主要是由民商法规定或自由约定的。金融机构客户与金融机构之间形成的既是民商法关系也是金融法关系，它们不仅受民商法调整，还在民商法的基础上进一步受金融法的调整。因此，金融投资人是特殊的法律主体，它既区别于普通投资人，也区别于普通的社会公众。

金融投资人按照其投资能力不同，可以进一步分为普通投资人和专业投资人。专业投资人是指具有专业性金融投资知识，收入能力和金融投资规模在法定标准以上的专业经营性投资人；普通投资人是指不具有专业性金融投资知识，收入能力和金融投资规模在法定标准以下的消费性投资人。由于专业投资人与金融机构的投资专业水平基本相当，金融法往往不给他们以特殊的保护；由于普通投资人与金融机构具有较大的投资能力差异，金融法必须给他们以特殊的保护，甚至需要制定有专门的“金融投资人或消费者保护法”，赋予投资人或消费者更多的权利，让金融机构承担更多的义务。[1]

（二）金融投资人的保护

金融投资人的保护问题首先是投资人与消费者的关系问题，以及进一步的法律适用问题。如果认为金融投资人也是消费者，那就必然要适用普通消费者保护方面的法律；如果认为金融投资人不是消费者，就不能适用普通消费者保护法律，只能适用金融投资人保护法。从消费者权利的角度来看，有些权利也适用于投资人，如知情权、选择权、结社权、教育权、监督权等。有些权利则完全不能适用于投资人，如安全权、公平权、索赔权等，这些权利与投资的本质是相违背的。因此，即使是对普通投资人也难以适用普通消费者保护方面的法律。并且，普通消费者保护法律对消费者的界定是非常明确的，它仅适用于

---

〔1〕“金融消费者”的概念起源于美国，它主要是指银行的个人客户（包括家庭），或者代表个人实施该行为的代理人或受托人；在英国还包括小型企业。此概念并不是指所有金融机构的客户。并且，在英美国家的法律中，消费者、投资人和客户的概念往往是通用的，并不是如同成文法国家那样的专业性法学概念。因为金融行为不是《消费者权益保护法》意义上的消费行为，且还要包括信托业、证券业和保险业的客户，还是统称为“投资人”更加符合社会现实。

"为生活消费需要购买、使用商品或接受服务"，金融机构经营的货币流通、货币融通和风险分配等业务都不属于生活消费的内容。同时，它们在保护目标、保护内容、保护程度、侵权认定、归责原则、赔偿责任、资金来源、支付方式等，都与消费者权益保护法律有本质的区别。[1]

金融投资人的保护主要是普通投资人的保护，这些保护的内容非常复杂、具体，不可能统一进行完整的规定，只能在各项金融业务规范中具体进行区分和规定。但是，原则性内容还是能够进行统一规范的。这些规范主要包括投资适当、风险提示、特别说明、证明责任、先行赔付和监管审核规范等。投资适当规范是指销售投资品必须对投资人进行适当性评价，不适当投资的不允许成为投资人；风险提示规范是指销售投资品必须进行风险提示，没有充分提示风险的投资行为无效；特别说明规范是指金融机构对明显影响投资人利益的约定必须特别说明，否则该条款无效；证明责任规范是指发生纠纷时，金融机构应承担主要的本证责任；先行赔付规范是指不能证明投资人存在过错的，金融机构应承担先行赔付义务；监管审核规范是指对普通投资人公开发行的投资品，必须经过监管审查核准或注册、不得任意发行。[2]

二、金融纠纷解决程序

任何纠纷的公正解决都必须首先依据正当的程序，它构成程序法的基本内容。传统的程序法主要包括调解程序法、民事诉讼法、行政诉讼法和刑事诉讼法，金融纠纷解决程序与这些程序既有联系也有区别。首先，金融纠纷解决程序是以这些程序为基础的，它是在这些程序的基础上专门设定的解决程序，有些程序并不包括在传统纠纷解决程序的范围内。通常，金融纠纷解决的程序主要包括：金融投诉程序、金融调裁程序和金融诉讼程序。

（一）金融投诉程序

金融纠纷的投诉程序是指投资人在认为权益受到金融机构侵害后，向纠纷解决投诉机构进行投诉，由专门的投诉机构依法予以解决的程序。按照我国相关法规的规定，金融机构、监管机关都必须设立专门的投资人投诉解决机构，受理投资人的投诉案件，在规定时间内对案件依法作出处理。金融纠纷的投诉是一种在金融领域内部解决纠纷的机制，它具有了解情况比较方便、处理问题比较及时、处理结果弹性较强、结果执行比较迅速等优点。金融纠纷的投诉程

---

〔1〕参见《消费者权益保护法》第2条、第3条、第7~15条，以及相关法律、法规的规定。

〔2〕参见《中国人民银行法》《商业银行法》《信托法》《证券法》《保险法》《证券公司客户资产管理业务管理办法》《商业银行个人理财业务管理暂行办法》《商业银行开办代客境外理财业务管理暂行办法》等的规定。

序主要包括投资人投诉的受理、受理案件的调查、作出纠纷处理的决定、处理决定的监督执行和执行结果的意见反馈等。

投资人投诉的受理是指投诉解决机构接受投资人的投诉，并决定予以立案调查处理的程序。它的具体内容包括投诉的受理方式、受理范围的审查和作出受理决定。通常，投资人投诉的受理方式主要包括信件投诉、电话投诉和当面投诉三种基本形式。金融纠纷投诉解决机构在收到投资人的投诉后，应进行认真的受理审查，以确定该案件是否属于本投诉解决机构受理的范围，是否符合受理案件的条件。经审查最终作出受理或不予受理的决定，通知投资人和被投诉的金融机构。对于决定受理的案件，则进行进一步处理。

投诉机构受理投诉后，应在规定时间内对案件情况进行认真调查，要求双方或全部相关方充分表达自己的主张，提供各自主张权利的证据。在依法进行分析判断的基础上提出初步处理意见、征求纠纷当事人对处理意见的看法，并在综合考虑当事人意见的基础上作出最终的处理决定。如果当事人都认可处理决定，则应监督处理意见的执行，并及时反馈处理决定的执行情况。如果当事人某方不同意投诉机构的处理决定，则只能寻求其他的纠纷解决程序，不能够再通过投诉程序解决这一纠纷。[1]

（二）金融调裁程序

金融纠纷的调裁程序是指投资人在认为权益受到侵害后，或者在某方不同意投诉机构的处理意见后，向纠纷解决调裁机构申请调解或裁决，由第三方调解或裁决机构予以解决的程序。调裁机构主要包括第三方普通仲裁机构和第三方金融调裁机构，它们是依法设立的非隶属于某投资人、金融机构或监管机关的第三方调裁机构。其中，普通仲裁机构并不专业审理金融纠纷案件，它的裁决直接具有法律效力；金融调裁机构则专业审理金融案件，通常在各监管机关的指导下独立开展调解和裁决工作，它的裁决本身或经法院确认即具有法律效力，对裁决不服的还可以向法院起诉。金融调裁程序主要包括调裁的受理、调查、调解、裁决、执行和起诉。

调裁的受理是指调裁机构接受当事人的共同委托，同意为当事人调裁纠纷的程序。对于普通仲裁来讲，受理当事人的仲裁申请必须有仲裁协议，共同委托仲裁机构予以裁决。同时，仲裁的内容必须符合其受案的范围。对于金融专业调裁来讲，它不需要当事人之间有调解或裁决的协议，只要某方当事人向调裁机构申请，并且申请的内容又符合受案范围就可以受理案件。这是由于金融调裁的目的不是侧重于平等地保护双方或各方当事人的利益，而是侧重保护投

---

〔1〕 参见各国关于金融机构、监管机关设立投诉机构，以及金融投诉机构投诉程序的相关规定。

资人的利益，能够方便、快捷地解决投资人的金融纠纷。因此，只要当事人提出调裁申请且对方不拒绝，调裁机构就应受理。

调裁机构在受理案件后应进行调裁调查，普通仲裁的调查方式主要是在开庭时各方当事人的举证、质证。虽然仲裁庭也有权收集证据，但不以主动收集证据为特色。金融专业调裁机构的调查方式主要是当事人的举证、质证与主动收集证据相结合，这是由于投资人与金融机构相比往往处于提供证据的弱势地位，许多权利主张难以直接提供证据，必须对它们的证明责任进行合理分配。通常，分配给金融机构比较重的证明责任，甚至直接要求金融机构承担本证责任。这同普通仲裁具有较大的区别。同时，金融调裁机构还应承担一定的主动收集证据的义务，以尽量查明事实真相。

在调解与裁决的关系上，普通仲裁机构通常轻调解重裁决，金融调裁机构通常重调解轻裁决。普通仲裁机构在案件审理过程中可以先行调解，或者是由当事人自愿申请或是仲裁庭提议，但“除非经当事人申请”并非必要程序，仲裁庭有权直接进行仲裁。金融调裁机构必须首先进行调解，通过调裁机构的排解疏导，促使纠纷当事人依法自愿达成和解协议。这是由于金融案件比较复杂，许多还涉及投资人的群体利益，严格按照法定程序和规则解决需要较高的成本，并且也不一定能够取得较好的效果。如果能够在投资人与金融机构之间迅速达成和解协议，能够极大地节约时间成本和司法成本，往往也能够取得比较好的解决效果。但是，在不能达成和解协议的条件下，金融调裁机构也有权作出裁决，该裁决同普通仲裁机构的裁决具有同等效力。

通常，纠纷和解协议经法院确认后即具有法律效力，纠纷裁决直接具有法律效力。但是，普通仲裁的裁决与金融调裁的裁决，往往在效力上具有不同的规定。普通仲裁机构的裁决如果不存在违法、违约的情况即为必须执行的裁决，不得再向法院提出诉讼，除非某方当事人主张裁决存在可以被撤销的情况，否则即可向法院申请强制执行。金融调裁的裁决结果即使不存在违法、违约的情况，如果投资人认为裁决的结果不公正，为充分保护投资人利益也有权向法院提起诉讼，而金融机构通常则无权向法院提起诉讼；如果投资人接受了裁决的结果，金融机构就必须接受裁决的结果。金融法作出这样的规定，主要是考虑到尽量降低投资人的纠纷解决成本和保护弱者利益。[1]

（三）金融诉讼程序

金融纠纷的诉讼程序是指金融行为当事人认为权益受到侵害后，或者在某

---

〔1〕参见《仲裁法》和有关金融调解裁决机构调裁程序的规定，英国、新加坡等金融纠纷调解裁决机构调裁程序的规定，以及我国香港地区、台湾地区和内地金融纠纷调解裁决机构调裁程序的规定。

方不同意投诉机构的处理意见后，或者投资人不同意金融调裁机构的裁决后，可以向审判机关提起金融诉讼，通过诉讼方式予以解决的程序。金融纠纷的审判机关主要包括监管法庭和金融法庭。这里的金融法庭是指受理普通诉讼案件的法院系统设立的金融专业法庭，监管法庭是在监管机关内部设立的审判系统，它们分别属于不同类型的审判系统。监管法庭通常设置在监管机关，属于监管机关和法院的联合裁判机构或金融监管机关的独立裁判机构，它的审判人员由法官和监管机关工作人员金融领域的专家组成。监管法庭具有较高的专业性和业务性，能够比较充分地理解金融案件的特殊法学思维，有利于公正、合理、迅速地解决金融纠纷。金融诉讼程序主要包括起诉与受理程序、举证质证程序、判决裁定程序和上诉申诉程序等。

金融诉讼的起诉和受理是相对的概念，起诉是金融行为当事人认为自己的权益受到侵害，请求法院或法庭通过诉讼给予法律救济的程序；受理是收到起诉的法院或法庭，经审查认为该案件符合起诉条件决定立案审理的程序。诉讼是最正式也是最终的纠纷解决方式，案件起诉被受理后就不得再进行投诉、调解或裁决；否则，就会引起纠纷解决程序之间的混乱，影响法庭判决的权威性。采取诉讼方式解决金融纠纷既有优点也有缺点，它的优点是通过法庭的专业审理会得到明确、公正、合法的裁判结果；它的缺点是审判的程序非常严格、复杂，审判依据明确、确定，审判考虑的因素相对较少，并不一定能得到最佳的结果，还需要较长的审判时间和较高的诉讼成本。因此，发生金融纠纷应首先考虑采取投诉、调解和裁决的方式解决，然后才应该考虑以诉讼的方式解决，并且应首先考虑向监管法庭起诉。

在诉讼程序中，案件的调查以法庭调查为主，法庭调查的主要方式是举证质证，除非必要，法官通常不直接调查案件事实，并最终根据自己对事实的确信作出案件的判决。通常，如果是监管法庭作出的判决，当事人可以向法院的金融法庭上诉。在此条件下，监管法庭的判决属于一审判决，法院法庭的判决属于二审判决。在当事人直接向法院金融法庭起诉的条件下，法院的判决属于一审判决，对一审判决不服的，还可以向上一审级法院申请二审。目前，多数国家采取二审终审制，二审的判决即为最终判决。当然，如果对判决不服还可以提起申诉或抗诉。申诉是认为已经发生效力的判决、裁定或调解确有错误的，向原审法院和上级法院提出重新审理的诉讼请求；抗诉是检察院认为法院作出的判决、裁定确有错误时，依法提出要求重新审理的诉讼请求。如果被法院受理，就会重新对案件进行审理。[1]

第二节　金融诉讼的特征

一、金融诉讼的起诉权

金融诉讼是关于金融法调整的权利义务的诉讼，它既同其他诉讼具有内在的联系又具有自身的特征。这些特征不仅表现在法庭的设置和法官的组成上，从诉讼程序的角度来看，更表现在金融纠纷当事人的起诉权和证明责任上。金融诉讼的起诉权是金融纠纷当事人，向监管法庭或金融法庭提起金融权利义务诉讼的权利。它是投资人或金融机构的基本权利，没有起诉权实质上就剥夺了请求法庭为其解决纠纷的权利，也就部分或全部失去了受到法律、法规保障的利益。因此，除非在紧急事态下，需要首先执行有权机关发布的行政命令外，不得直接对投资人或金融机构予以处罚，不得剥夺他们的起诉权和应诉权。金融纠纷的起诉权主要包括金融自诉权和金融公诉权。

（一）金融自诉权

金融自诉权是投资人或金融机构，在认为自己金融法上的权益受到侵害时享有的，以自己的名义向法庭提起诉讼的权利。从民商法的角度来看，自诉权是起诉权的基本形式，如果当事人不能够自己或通过代理人提起诉讼，即视为放弃自己的权利。由于金融法主要是从整体金融利益角度作出的规范，设立有专门的监管机关监督法律的实施，如果以监管机关的执法行为代替了投资人或金融机构的权利主张，事实上就剥夺了他们自己提起诉讼的权利，实质上是以整体金融利益取代了个体金融利益。这是对投资人或金融机构个体利益的剥夺，是以整体金融利益取代个体金融利益的行为。

整体金融利益与个体金融利益是密切相关的，它的最初起源和最终目的都是个体金融利益。虽然整体金融利益不等于单个的个体金融利益之和，通常整体金融利益要大于单个个体利益之和，但它的基本构成要素还是个体金融利益。并且，维护整体金融利益的最终目的还是在于保护个体利益。因此，任何法律、法规都不得以维护整体金融利益之名否定个体利益，以金融监管权力取代个体权利，剥夺投资人或金融机构的自诉权。金融法上的自诉权具体是指投资人或

---

〔1〕参见《民事诉讼法》《刑事诉讼法》和相关法律、法规的规定，英国2000年《金融服务与市场法》中关于“金融服务与市场特别法庭”的规定，以及其他国家关于监管法庭或法院的规定。美国《联邦行政程序法》和相关法律规定了“行政法官制度”，它是由“听证官制度”发展而来的，“行政法官”在行政机构中具有相对独立地位，有权对行政案件作出初步裁判。在一些经济监管机关中，也引入了“行政法官制度”，由这些“内部法官”相对独立地对案件作出初步裁判。

金融机构从维护自身利益出发，对侵害整体金融利益同时侵害个体金融利益的行为，或者对仅侵害个体金融利益的行为提起诉讼的权利。它具体包括投资人的自诉权和金融机构的自诉权。

投资人的金融自诉权，是投资人对金融机构或监管机关、行政机关侵害其个体金融利益，或者同时侵害整体金融利益的违法或违约行为，以自己的名义提起诉讼的权利。它的具体权利主张是消除对自身利益的妨害，同时赔偿因此造成的损失。它可以具体分为单个投资人的自诉权和投资人群体的自诉权。金融机构的自诉权，是金融机构对其他金融机构或监管机关、行政机关侵害其个体利益，或者同时侵害整体金融利益的违法或违约行为，以自己的名义提起诉讼的权利。它也可以具体分为单个金融机构的自诉权和金融机构群体的自诉权。通常，投资人或金融机构自诉案件，在诉讼程序法上应该适用民商事诉讼法，在实体法上既适用民商法也同时适用金融法。[1]

（二）金融公诉权

金融公诉权是金融执法监督机关，在认为金融法上的整体金融利益受到侵害时享有的，以自己的名义向法庭提起诉讼的权力。整体利益纠纷的解决有两种基本方式，一是按照行政法的模式，首先由行政机关作出处罚决定，被处罚的主体认为行政机关侵害了其个体权益时，向法庭提起行政诉讼；二是按照经济法的模式，由监管机关向法庭提起经济监管诉讼，由作为第三方的法庭作出是否应予以处罚，以及处罚程度的决定。金融行为当事人如果违反了整体金融利益，金融监管机关既可以按照行政法的模式先予以处罚，被处罚的主体不服时再对监管机关提起诉讼；也可以按照经济法的模式向法庭提起金融监管诉讼，由法庭作出是否予以处罚及处罚程度的决定。

金融监管机关对于违反整体金融利益的行为，是直接依法进行处罚还是提起金融公诉，取决于面临的是何种性质的整体金融事务，以及监管机关的法律性质。对于紧急事态和突发性事件，监管机关必须依据法律授权作出及时的处理，不可能通过诉讼程序来解决，如果在处理过程中有侵害他人权益的情况再由当事人提起诉讼。对于非紧急事态和非突发性事件，则不应该授予监管机关直接的处罚权；如果其同时享有执法权和处罚权，必然导致执法的不公正和腐败。因此，只能按照经济法的程序向法庭提起金融公诉，由作为第三方的法庭对是否违法及违法处罚的程度作出公正的裁决。这也是金融监管机关执法监督职责与依法管理职责的分界，不能将两种不同性质的职责混淆。

---

〔1〕 参见《民事诉讼法》《商业银行法》《信托法》《证券法》《保险法》等相关法律、法规的规定，以及世界各主要国家金融法律、法规中关于金融自诉权的相关规定。

金融公诉权首先是监管机关的公诉权，在金融监管机关发现某金融机构或投资人实施了违反整体金融利益的行为时，依法向法庭提起金融法意义上的公诉。金融公诉必须向法院的金融法庭提起，而不能向监管机关内部的监管法庭提起，监管法庭只能审理投资人与金融机构之间的纠纷，无权审理监管机关与被监管对象之间的诉讼。金融公诉的诉讼请求应既包括整体金融利益的请求，同时也应包括被侵害人个体利益的请求，以通过金融公诉一次性解决全部的法律问题。并且，维护投资人的个体利益也是监管机关的职责。金融公诉权不仅应包括监管机关的基本公诉权，还应包括检察机关的补充公诉权。补充公诉权是指在金融监管机关由于各种原因，未能行使基本公诉权的条件下，检察机关有权补充行使监管机关的公诉权，以防止出现监管和公诉的漏洞。在金融刑事案件中，检察机关还享有完全的刑事公诉权。[1]

二、金融诉讼证明责任

证明责任是指诉讼当事人向法庭提供证据，并说服法庭支持自己诉讼主张的责任，它可以具体分为本证责任、反证责任、证明程度和证明责任的分配标准四项内容。其中，本证方是指依法需要承担证明责任中说服责任的诉讼主体，反证方是指依法不需要承担说服责任的主体，证明程度是能够说服法庭争点事实的标准，证明责任的分配标准是指本证责任与反证责任及其证明程度的分配标准。在金融诉讼中，如何确定证明责任在很大程度上决定着审判程序的公正性，决定着当事人的利益能否得到真正的维护。

（一）自诉证明责任

在金融自诉案件中，主张某事实存在的一方通常是投资人，主张某事实不存在的一方通常是金融机构。按照传统民商法的证明责任分配原则，应该由主张事实存在的一方为本证方，由主张事实不存在的一方为反证方，只要本证方不能说服法庭事实的存在就必须承担不利的诉讼后果。在金融纠纷中，投资人通常是向金融机构投入资金的主体，他只能证明自己将投资转移给金融机构这一事实，至于金融机构是否已经尽到了合理的管理责任，投资人往往难以证明。在此条件下，如果仍然要求投资人承担本证责任，他往往难以有足够的证据证明自己主张的事实实际存在，不得不承担不利的诉讼结果，这种证明责任的分配标准显然是不公正的。因此，在多数金融自诉案件中，法律都规定应由金融机构承担本证责任，证明投资人主张的事实不存在，如果不能说服法庭，就说明投资人主张的事实存在。

---

〔1〕 参见《行政诉讼法》《刑事诉讼法》《检察机关提起公益诉讼改革试点方案》等相关法律、法规的规定，以及世界各主要国家关于金融监管机关和检察机关公诉权力的相关规定。

当然，以金融机构作为本证方、投资人作为反证方的证明责任分配原则也不是绝对的，如果严格按照这一原则分配证明责任，在许多案件中对金融机构也是不够公正的。因此，在金融自诉案件中，应该按照比例分配的原则分配证明责任。投资人必须证明他主张的应该能够证明的事实，金融机构也必须证明投资人主张的金融机构应该能够证明的事实，以实现证明责任的公平分配。如果投资人不能证明他主张的应该能够证明的事实存在，或者金融机构不能证明投资者主张的金融机构应该能够证明的事实存在，就应该承担不利的司法裁判结果。在证明程度上，应以真实性标准为原则，以证据优越为例外。在通常情况下，应要求本证方达到排除合理性怀疑的程度，或者能够达到使法庭确信的程度；在双方都不能达到这一真实性标准的条件下，应以证据更优越的一方主张的事实为确认的事实。[1]

（二）公诉证明责任

在金融公诉案件中，主张某事实存在的一方通常是监管机关或检察机关，主张某事实不存在的一方通常是金融机构或投资人。金融监管机关享有监管规章制定权、审核检查权、有限管理权、违法侦查权等权力，拥有庞大的专业监管工作人员群体。同时，作为金融监管主体，承担着维护整体金融利益和相关个体利益的职责。因此，金融公诉中的本证方应该是监管机关，它承担主张被监管对象违反金融法，并举证证明自己的主张，说服法庭确信其主张的事实存在的责任。否则，就必须承担判决其主张不能够成立，被监管对象没有违反整体金融利益和相关的个体利益，不承担金融法责任的后果。

检察机关是金融补充公诉和金融刑事公诉的主体，在金融补充公诉中，它虽然也享有金融法执行的监督权和违法侦查权。但由于它并不是专业的金融监管机关，许多金融法方面的问题它并不具有较强的专业侦查能力。因此，必须同金融监管机关密切配合，才能比较好地履行其补充公诉的职责。但是，无论其实际的侦查能力如何，作为代表国家提起公诉的主体，它必须承担基本的本证方责任，以确实、充分的证据说服法庭被起诉对象违反金融法的事实存在，请求法庭判决其承担违法责任。在金融刑事公诉中，检察机关虽然不是专业侦查主体，由于案件是经过监管机关和警察机关联合侦查的，并且是代表国家提起公诉的主体，它也必须承担本证方的说服责任。同时，由于刑事案件涉及人的自由和生命，它的证明程度标准还要高于其他案件，不仅要求证明法律事实，

---

〔1〕 参见《民事诉讼法》《商业银行法》《信托法》《证券法》《保险法》等相关法律、法规的规定，以及世界各主要国家金融法律、法规中关于金融自诉案件证明责任分配的相关规定。

还要求达到证明客观事实的程度。[1]

■ 第三节　金融违法的责任

一、金融违法责任类型

在金融案件中，一旦法庭确认某方违反金融法的规定或约定的事实存在，就必然按照这一事实判决其承担相应的违法责任。金融违法责任是指因违反了金融法规定或约定的义务，或不当行使金融法赋予的权利或权力，产生的由行为人承担的不利法律后果。违法责任可以有许多种类型，不同的责任形式对弥补违法行为造成的后果具有不同的影响。从设置违法责任的目标来看，它主要是恢复被违法行为破坏的金融秩序，补偿违法行为造成的个体和整体利益损失，预防正常情况下再出现同类违法行为。因此，金融违法的责任类型应该主要包括行为责任、财产责任和人身责任。

（一）行为责任

行为责任是指以违法主体的行为作为责任的承受对象的责任形式，即要求违法主体通过实施某些具体的行为来承担违法责任。以违法主体的行为承担责任，不仅与该主体实施的违法行为具有一致性，可以令被侵害主体受到的侵害得以恢复，使受侵害的利益得到一致性的补偿，还可以通过强制责任主体实施特定的行为，限制其再次产生违法行为的动机。特别是在受侵害主体需要通过某行为补偿其被破坏的利益，且违法主体又能够方便地满足这一利益的条件下，更有利于损害的弥补。因此，在金融违法责任的确定中，行为责任是首选责任，任何金融违法责任中，通常都应包括行为责任。

行为责任按照其具体类型可以分为规范性行为责任和补偿性行为责任。其中，规范性行为责任是指通过实施某些规范属性的行为来承担违法责任，主要包括改变不合法的决定，撤销不合法的协议或修改协议中不公平的条款等，以使由违法行为导致的权利失衡现象得到重新的平衡。补偿性行为责任是指通过实施某些补偿属性的行为来承担违法责任，主要包括停止侵害某金融主体利益的行为，采取补救措施防止损失继续扩大，变更被违法修改的金融票证、账户等，更正虚假的金融市场信息，重新提供某种金融服务等，以使由违法行为导致的损失破坏得到一定程度的弥补。[2]

---

〔1〕参见《行政诉讼法》《刑事诉讼法》《检察机关提起公益诉讼改革试点方案》等相关法律、法规的规定，以及世界各主要国家关于金融监管机关和检察机关公诉案件证明责任分配的相关规定。

〔2〕参见《侵权责任法》《商业银行法》《信托法》《证券法》《保险法》等的责任规定。

（二）财产责任

财产责任是指以违法主体的财产作为责任的承受对象的责任形式，即要求违法主体以自己拥有的财产来承担责任。虽然从本质上讲，只有主体本身才应该是违法责任的承担者。但是，财产同样是重要的利益，财产的丧失同样会对主体的行为产生重要影响。特别是主体实施的是以财产为目的的违法行为时，以财产为责任承受对象会对其行为产生决定性的影响。同时，从受侵害人的角度看，金融违法主要侵害的是主体的财产利益，以财产作为补偿能够恢复被违法行为破坏的利益关系。即使在被侵害的对象为非财产的条件下，如果无法以其他方式补偿，也能够在价值层面上恢复被破坏的社会关系。因此，在金融违法责任的确定中，通常应包括财产责任。

财产责任按照其具体类型可以分为补偿性财产责任和惩罚性财产责任。其中，补偿性财产责任是指通过对受侵害人进行财产补偿来承担责任，主要包括赔偿违法行为造成的财产损失，返还被非法占有的财产，支付相关的财产费用等。补偿性财产责任通常是针对个体受侵害人设计的，通过财产利益使其受侵害的利益得以恢复。惩罚性财产责任是指通过对侵害人进行财产惩罚来承担违法责任，主要包括支付一定数额的罚金，没收违法行为获得的财产，没收违法行为取得的收益等。惩罚性财产责任通常是针对侵害整体金融利益设计的，通过财产利益使被侵害的整体金融利益得到恢复，同时为避免同类违法行为的再次发生，从财产利益上控制产生违法行为的动机。[1]

（三）人身责任

人身责任是指以违法主体的人格和身体作为责任的承受对象的责任形式，即要求违法主体以自己的人格和身体来承担责任。从本质上讲，任何违法责任都应该由实施主体的人身来承担。并且，以人身来作为违法责任的承受对象可以使其主动地控制金融行为，甚至可以消除实施违法行为的能力，能够有效地控制违法行为的再次发生。但是，以违法者的人格和身体承担责任也有其缺点，它虽然可以从自身违法后果或能力上控制行为的实施，却难以使受侵害人的损失因此得到补偿，从而恢复被破坏的原有财产关系，或者修复被破坏的原有社会关系。因此，人身责任不是必需的责任，但它是金融违法的必要责任，特别是对维护整体金融利益而言更是必要的。

人身责任按照其具体类型可以分为人格责任和身体责任。其中，人格责任是以侵害人的社会评价和金融从业资格来承担违法责任，主要包括对违法主体

---

〔1〕 参见《中国人民银行法》《银行业监督管理法》《商业银行法》《信托法》《证券法》《保险法》等的责任规定。

进行降低性人格评价，限制或禁止违法主体从事某类金融行为，甚至剥夺违法主体的政治权力等。身体责任是以侵害人的身体来承担违法责任，主要包括对侵害人的身体进行拘留，对侵害人的行为进行管制，剥夺侵害人的人身自由，甚至剥夺侵害人的生命等。由于人身责任主要是对侵害人本身的惩罚，除心理因素外并不能给被侵害人带来直接的利益。因此，人身责任主要用于对侵害整体金融利益的处罚，特别是对于严重危害整体金融利益的违法犯罪行为，除应承担行为责任和财产责任外，还必须承担人身责任。[1]

二、金融违法责任标准

金融违法责任的标准，是指金融违法主体应承担责任的类型和数量限度。就责任类型而言，行为责任和财产责任主要适用于个体责任，行为责任和人身责任主要适用于整体责任。就承担责任的数量限度而言，它主要取决于违法行为的收益状况、被追究责任的概率状况、被侵害人的损失状况和设定金融违法责任的目标等。如果违法行为收益高、被追究责任的概率低、被侵害人的损失大、并尽量使其不再发生同类的违法行为，违法责任的水平就应该规定得比较高；否则，就应该规定得相对比较低。

（一）个体责任标准

金融违法责任首先是个体责任，即侵害人应承担的对被侵害个体的违法责任。这是由于金融违法行为通常都指向相对人的财产利益或行为利益，它首先指向的是其他投资人或金融机构的个体利益。并且，侵害人的违法收益也主要是来自于其他个体的损失。同时，从法律所维护的利益来看，首先也应该是维护个体利益，只有个体利益才是某社会个体的实际损失，也是整体金融利益的最终损失。如果个体利益损失得不到补偿，个体的原有利益状况没有能够得到恢复，市场化的金融经济也就无从谈起。因此，无论是何种金融违法行为，都首先涉及受侵害的个体责任标准问题。

金融违法的个体责任标准，应该是被违法行为侵害的全部合法利益。它首先是指合法利益，是被民商法所承认的没有被金融法剥夺的利益。不享有民商法上的权利就不会形成个体利益，如果该利益已经被金融法所剥夺，也就不再是受法律保护的合法利益。其次，它是指受法律保护的全部利益。从利益可能受到侵害的状况来讲，它应该包括直接利益、间接利益和预期利益；从利益的构成内容来讲，它应该包括人身利益、财产利益和行为利益。这些利益都是受法律保护的利益，因此当其受到侵害时就应该得到补偿，补偿的标准就应该是

---

〔1〕 参见《刑法》《中国人民银行法》《银行业监督管理法》《商业银行法》《信托法》《证券法》《保险法》及相关法律、法规等关于人身责任的具体规定。

全部合法利益受侵害的数量。

（二）整体责任标准

金融违法的整体责任，是指侵害人应承担的对被侵害整体的违法责任，这是由金融法要维护整体金融利益决定的。整体责任标准主要应考虑三个基本要素，即金融违法收益标准、整体金融损害标准和预防未来侵害标准。其中，违法收益标准是责任承担的最低标准，如果实现的违法责任低于这个标准，就失去了预防违法行为的目的，甚至成为鼓励违法行为的措施。整体金融损害标准是被破坏的整体利益恢复标准，只有承担这个标准的责任才可能恢复被其破坏的整体金融利益。预防未来侵害标准是从正常情况下预防未来再出现这种违法行为的标准，它要求责任水平要高于违法收益水平。

在具体确定金融违法的整体责任标准时，应综合考虑这三个方面的因素。以违法收益标准为最低标准，以预防未来侵害标准为核心标准，以整体金融损害标准为参考标准，最终根据具体情况确定金融违法的整体责任标准。这里之所以考虑以预防未来侵害标准为核心标准，是由于金融法律责任的核心目标，应该是预防未来在正常条件下再次出现这类违法行为。如果不能达到这一目标，整体经济责任制度就会失去其基本的作用。但是，也必须注意预防未来侵害标准还可以有两个标准，即威慑标准和功利标准。威慑标准强调使责任远高于违法收益，以起到对违法行为威慑的作用；功利标准强调使责任略高于违法收益，以对正常的违法行为起到控制作用。在金融经济运行正常的情况下，应选择功利标准；在出现较大问题的情况下，可以考虑选择威慑标准。

【司法案例】

案情：高盛集团有限公司是世界著名的投资银行、证券和投资管理公司。2010年4月16日，美国证券交易委员会向纽约曼哈顿联邦法院提起诉讼，指控高盛公司在销售次级住宅抵押贷款产品过程中，涉嫌以虚报和漏报关键信息的方式欺骗投资者，导致投资者在不知情的情况下购买正在被该对冲基金卖空的产品，造成投资者损失超过10亿美元。美国证券交易委员会在其指控中称，高盛公司在设计并销售一种次级住宅抵押贷款产品的过程中，保尔森对冲基金公司向其支付了约1,500万美元的设计和营销费用。但是，高盛公司并没有向投资者披露保尔森对冲基金在这个投资组合中起的作用，并向投资人隐瞒了保尔森对冲基金对此产品进行了卖空操作的事实，构成对投资者的欺诈。高盛公司承认，它在2007年2月发行次级抵押贷款产品的市场推广过程中进行的信息披露不完全。特别是错误地在市场推广文件中称："这项证券产品是由独立客观的第三方所选择的投资产品"，而没有披露保尔森基金公司的参与，而保尔森基金公司的经济利益恰恰是与该证券的投资方相对立的。因此，欺诈了投资者。

结果：根据上述事实，2010年7月20日，曼哈顿联邦法院芭芭拉·琼斯法官正式批准了美国证券交易委员会与高盛公司达成的和解协议。对高盛公司征收5.5亿美元罚款。其中，2.5亿美元作为对受害者的赔偿金。同时赔偿德国工业银行1.5亿美元，苏格兰皇家银行1亿美元。另外3亿美元罚款上缴美国财政部。这是美国华尔街金融史上金额最大的罚款。

评析：美国的金融监管体制与我国既有许多相同之处，也有许多区别。在监管执法上，它们通常不选择直接进行监管处罚，而是选择向法院提起监管诉讼，由第三方确定被监管主体是否违法及所应受到的处罚。采取这种监管执法方式，有利于监管执法的公正性和客观性，也能够有效地防止监管机关因此产生监管腐败，并充分体现了行政执法与监管执法的区别。当然，它也存在执法成本较高和效率较差的问题。究竟应该采取何种违法责任追究制度，应结合具体情况，根据实际需要和现实可能来确定。